Ditos anônimos dos

PAIS DO
DESERTO

Dados Internacionais de Catalogação na Publicação (CIP)
(Câmara Brasileira do Livro, SP, Brasil)

Ditos anônimos dos pais do deserto / tradução Gentil Avelino Titton ; editado por John Wortley. – 1. ed. – Petrópolis, RJ : Editora Vozes, 2023.

Título original: The Anonymous sayings of the desert fathers
ISBN 978-65-5713-720-8

1. Deserto Pais – Cotações 2. Vida espiritual – Cristianismo – Citações, máximas etc. 3. Vida espiritual – Cristianismo – Primeiros trabalhos até 1800 4. Vida monástica e religiosa – Citações, máximas, etc. 5. Vida monástica e religiosa – Primeiros trabalhos de 1800 I. Wortley, John.

22-134716   CDD-248.4

Índices para catálogo sistemático:
1. Vida espiritual : Cristianismo 248.4

Aline Graziele Benitez – Bibliotecária – CRB-1/3129

Ditos anônimos dos

PAIS DO DESERTO

Editados por John Wortley

Traduzidos por Gentil Avelino Titton

Petrópolis

© John Wortley, 2013.

Tradução realizada a partir do original em inglês intitulado *The Anonymous Sayings of the Desert Fathers*. Esta tradução é publicada mediante acordo com a Cambridge University Press.

Direitos de publicação em língua portuguesa – Brasil:
2023, Editora Vozes Ltda.
Rua Frei Luís, 100
25689-900 Petrópolis, RJ
www.vozes.com.br
Brasil

Todos os direitos reservados. Nenhuma parte desta obra poderá ser reproduzida ou transmitida por qualquer forma e/ou quaisquer meios (eletrônico ou mecânico, incluindo fotocópia e gravação) ou arquivada em qualquer sistema ou banco de dados sem permissão escrita da editora.

CONSELHO EDITORIAL

Diretor
Volney J. Berkenbrock

Editores
Aline dos Santos Carneiro
Edrian Josué Pasini
Marilac Loraine Oleniki
Welder Lancieri Marchini

Conselheiros
Elói Dionísio Piva
Francisco Morás
Gilberto Gonçalves Garcia
Ludovico Garmus
Teobaldo Heidemann

Secretário executivo
Leonardo A.R.T. dos Santos

Diagramação: Raquel Nascimento
Revisão gráfica: Nilton Braz da Rocha /
Fernando Sergio Olivetti da Rocha
Capa: Érico Lebedenco

ISBN 978-65-5713-720-8 (Brasil)
ISBN 978-1-108-43802-2 (Reino Unido)

Este livro foi composto e impresso pela Editora Vozes Ltda.

Sumário

Agradecimentos da versão inglesa, 7

Nota sobre a tradução, 8

Abreviações, 9

Introdução, 11

Os ditos anônimos dos Pais do Deserto, 27

Bibliografia seleta, 585

Índice, 589

Agradecimentos da versão inglesa

O editor e tradutor deseja expressar sua profunda gratidão a dois caros colegas, sem cuja generosa e ampla ajuda este projeto nunca teria sido realizado: Dr. Evaggeli Skakce na Grécia, que habilidosamente executou a maior parte da transliteração, e Dr. Robert Jordan em Belfast, que conferiu incansavelmente e corrigiu pacientemente a tradução.

Nota sobre a tradução

Algumas palavras gregas hoje correntes em nossa língua foram apresentadas em sua forma portuguesa, por exemplo: *acédia, hegúmeno*.

Quando o texto grego usa uma palavra copa, esta foi mantida, por exemplo: *abba, amma* (pai, mãe).

Foram mantidas algumas palavras gregas porque seriam necessárias muitas palavras para traduzi-las (por exemplo, *porneia*, que significa uma atividade sexual ilícita expressa na mente, em palavras ou em atos) ou por causa da ambivalência peculiar da palavra (por exemplo, *logismos, -oi, synaxis* e *hêsychia*) cujo sentido o leitor precisa interpretar a partir do contexto. "Mundano" traduz *kosmikos* (*biôtikos* em N.295), uma pessoa que não é monge, que caso contrário exigiria uma paráfrase significativa. "Senhor-e-mestre" traduz a palavra *despôtes*.

Abreviações

AB	*Analecta Bollandiana*
AP	*Apophthegmata Patrum*
APalf	*Apophthegmata Patrum*, coleção alfabética (cf. *Apophthegmata Patrum* e Ward, *The Sayings* na Bibliografia)
APanon	*Apophthegmata Patrum*, coleção anônima (Nau) (cf. Regnault, *...série des anonymes* na Bibliografia)
APsis	*Apophthegmata Patrum*, coleção sistemática (cf. Guy, *Les sentences*, e Wortley, *The Book* na Bibliografia)
BHG	François Halkin, *Bibliotheca Hagiographica Graeca*, 3ª ed., 3 volumes, *Subsidia Hagiographica* n. 8a (Bruxelas 1957); e idem, *Novum auctarium Bibliothecae Hagiographicae Graecae*, *Subsidia Hagiographica* n. 65 (Bruxelas 1984)
C	Cf. Introdução, p. 11
CPG	*Corpus Patrum Graecorum*
GRBS	*Greek Roman and Byzantine Studies*

LXX	Septuaginta
N	(Nau) = *APanon*
PG	*Patrologia Graeca*
PL	*Patrologia Latina*
PO	*Patrologia Orientalis*
P&J	Pelágio e João (cf. Bibliografia)
ROC	*Revue de l'Orient Chrétien*
S	Cf. Introdução, p. 11
SC	*Sources Chrétiennes*
V	Cf. Introdução, p. 11

Introdução

Este volume contém uma primeira tradução completa da segunda entre as três grandes formas em que os chamados "Ditos dos Pais do Deserto" (*Apophthegmata Patrum, AP*) chegaram até nós. A primeira forma é conhecida como coleção "Alfabética" (*APalf*), porque seus aproximadamente 1000 apoftegmas[1] estão organizados em forma mais ou menos *alfabética*, referindo-se aos aproximadamente 120 pais que supostamente pronunciaram os ditos ou são mencionados nas historietas, que vão desde Abba Antão até Abba Ôr, A-Ω. Uma versão do texto da *APalf* estava disponível desde o século XVII na conhecida edição, com tradução latina, de Jean-Baptiste Cotelier[2]. *Par contre* (desconsiderando, por um

---

1. Existem 948 apoftegmas na edição; outros 53 foram estabelecidos por Jean-Claude GUY em *Recherches sur la tradition grecque des apophthegmata Patrum*. Bruxelas 1962, reimp. 1984 com correções.

2. *Monumenta Ecclesiae Graecae*, vol. 1. Paris, 1647, reimp. em *PG* 65: 71-440; tr. Lucien REGNAULT (com suplemento de Guy). *Les Sentences des Pères du Désert: collection alphabétique*. Solesmes 1981; trad. Benedicta WARD. *The Sayings of the Desert Fathers: the Alphabetical Collection*. Oxford/Kalamazoo 1975. É urgentemente necessária uma edição crítica do texto grego.

momento, a segunda coleção [*APanon*]), existe hoje uma excelente edição crítica da terceira forma, a coleção "sistemática" de *apophthegmata* (*APsis*)[3]. Numa forma ou na outra, a maioria dos conteúdos da *APsis* pode ser encontrada na primeira ou na segunda coleção (mas raramente em ambas); extratos dos *Discursos ascéticos* de Isaías de Scete[4] e diversos segmentos de outros lugares foram subsequentemente acrescentados a estas coleções. A coleção *APsis* é *sistemática* porque nela os apoftegmas (cerca de mil e duzentos nos manuscritos gregos conservados) foram reorganizados *sistematicamente* sob vinte e um títulos (κεφάλια), cada um trazendo o nome de alguma virtude ou dificuldade monástica: por exemplo, Compunção (3), *Porneia* (5), Obediência e Humildade (14, 15). As seções não são iguais em tama-

---

3. Jean-Claude GUY. *Les Apophtegmes des Pères: collection systématique. SC* 387 (1993), 474 (2003) e 498 (2005). Uma tradução anterior de Dom Lucien REGNAULT. *Les chemins de Dieu au désert: collection systématique des Apophtegmes des Pères* (Solesmes 1992) é particularmente útil, porque inclui alguns apoftegmas das várias "versões orientais" (copta, siríaca, armênia, georgiana, etiópica etc.), não encontrados em outros lugares. Tradução inglesa de John WORTLEY. *The Book of the Elders: Sayings of the Desert Fathers, the Systematic Collection*. Collegeville/MN 2012.

4. Ed. Αὐγουστίνος μοναχὸς Ἰορδανίτης, *Τοῦ ὁσίου πατρός ἡμῶν Ἀββᾶ Ἡσαΐου λόγοι κθ'*. Jerusalém 1911, reimp. Volos 1962, tr. John Chryssavagis e Pachomios Penkett. Kalamazoo 2002; cf. p. 31-35 sobre a edição crítica inédita feita pelo ἀείμνηστος Derwas Chitty.

nho, a mais longa sendo a seção sobre a Discrição/ *diakrisis* (10) com 194 apoftegmas[5], ao passo que a mais curta (13, referente à Hospitalidade e à Esmola) contém apenas dezenove. A classificação não é nada rígida; numa seção ocorrem apoftegmas que poderiam muito bem ser colocados sob outro título ou sob diversos títulos. Em cada seção o padrão é mais ou menos o mesmo: os extratos de *APalf* vêm primeiro, depois os extratos de Isaías de Scete seguidos de alguns apoftegmas estranhos e, por fim, os segmentos de *APanon*. Como geralmente se pensa que *APalf* e *APanon* foram compostos no final do século V, a primeira versão de *APsis* não deve ter sido muito anterior a 500 d.C. aproximadamente. Um *terminus ante quem* é fixado em meados do século VI devido à existência de uma tradução latina do texto feita pelo diácono Pelágio e pelo subdiácono João (*P&J*)[6], cada um dos quais se tornou mais tarde bispo de Roma, de 556 a 561 e de 561 a 574 respectivamente. Os conteúdos de *P&J*, no entanto, constam de apenas 737 apoftegmas, apenas dois

---

5. Cf. J. WORTLEY. "Discretion: greater than all the virtues". *GRBS* 51 (2011), p. 634-652.

6. PELÁGIO & JOÃO (trads.). *Apophthegmata Patrum*. Ed. Heribert Rosweyde em *Vitae Patrum* VI e VII. Antuérpia 1615 e 1623, reimp. em *PL* 73: 851-1022, trad. Benedicta WARD. *The Desert Fathers: Sayings of the Early Christian Monks*. Londres/Nova York 2003.

terços do que se encontra na edição crítica. Um exame dos manuscritos gregos existentes de *APsis* sugere que *P&J* representa a primeira evidência remanescente de um texto num estado de evolução, do qual são perceptíveis dois estágios ulteriores. Não existem em *P&J* extratos de Isaías de Scete, enquanto uma segunda versão de *APsis* se caracteriza pela incorporação de um pouco do material deste autor. Uma terceira versão (a que chegou até nós) contém uma quantidade significativa de material de Isaías e apresenta também evidência de que os outros conteúdos foram de alguma forma reorganizados para acomodá-lo[7].

Passando agora para a segunda coleção, a *APanon*, podemos dizer que, em vez de "uma coleção", ela poderia provavelmente ser designada como "a segunda parte da primeira coleção (ou um apêndice dela)". Porque, depois de explicar o arranjo alfabético dos apoftegmas, o autor do *Prólogo* de *APalf* continua:

> Já que existem também outras palavras e atos [λόγοι ... καὶ πράξεις] dos santos anciãos que não indicam os nomes dos que os pronunciaram ou realizaram, nós os dispusemos sob títulos [ἐν κεφαλαίοις] após a conclusão da sequência alfabética. Mas, após procurar e examinar muitos livros, registramos

---

7. Esta é a conclusão de GUY. *Recherches*, p. 182-184.

no final dos cabeçalhos tudo o que pudemos encontrar[8].

Esta passagem é de interesse, particularmente, por afirmar que (como os compiladores já haviam insinuado[9]) não era sua primeira tentativa de registrar por escrito esse material. Mas os autores afirmam ter produzido um suplemento ou apêndice à primeira coleção; e as três coisas de especial interesse que eles dizem sobre esse apêndice são: a) que seus conteúdos são *anônimos*; b) que estão organizados por títulos; e c) que todo o resto que chegou ao seu conhecimento foi acrescentado no final, ou seja, após a seção com os títulos. Há vários motivos para acreditar que o texto apresentado por este volume é realmente o apêndice de que fala a citação acima. Não menos importante é o fato de que, nos principais manuscritos que contêm *APalf*, o texto de *APanon* segue logo depois. Mas, enquanto os conteúdos da primeira coleção são quase todos ligados claramente ao nome de uma pessoa, os conteúdos de mais da primeira metade da segunda coleção se distinguem nitidamente dos conteúdos de *APalf* precisamente por registrar os atos e ditos de pessoas *anônimas*. Além disso, na mesma seção os

---

8. Prólogo a *APalf*, *PG* 65: 73BC.

9. Ibid. *PG* 65: 72A; as obras referidas já não existem.

conteúdos de *APanon* estão realmente dispostos por títulos (ou seja, ἐν κεφαλαίοις), por exemplo:

Sobre os funcionários imperiais [n. 37ss].

Sobre o santo hábito dos monges [n. 55].

Sobre os anacoretas [n. 132*bis*ss].

Devemos procurar a *hêsychia* e a compunção [n. 133ss].

Sobre a temperança [n. 144ss].

Sobre a batalha que a *porneia* trava contra nós [n. 163ss].

Narrativas propícias à paciência e à perseverança [n. 192ss]

Sobre a discrição [n. 216ss].

Devemos estar atentos para não julgar ninguém [n. 254s].

Nada deve ser feito por ostentação e a avareza deve ser repudiada [n. 256ss].

Devemos estar sempre vigilantes [n. 264ss].

Sobre a necessidade de ser alegre, compassivo e hospitaleiro [n. 281ss].

Sobre a obediência [n. 290ss].

Sobre a humildade [n. 298ss].

Sobre a resignação [n. 335ss]

Sobre a caridade [n. 344ss].

Sobre os que têm o dom da clarividência [n. 359ss].

Sobre a *porneia* [n. 454ss].

Sobre não julgar [n. 475ss].

Sobre a compunção [n. 519ss].

Os conteúdos da segunda parte da coleção estão muito misturados e podem muito bem ser aquilo que os compiladores conseguiram reunir de várias fontes, como dizem na passagem supracitada. Há pouca dúvida de que os copistas posteriores acrescentaram outros materiais, a maioria dos quais não pode ser anterior ao século VII; mas parece seguro concluir que o corpo principal de *APanon* é realmente o apêndice de que falam os compiladores.

APanon viu a luz do dia pela primeira vez quando François Nau transcreveu seus primeiros 400 apoftegmas do Cod. Paris. Coislin. 126 e os publicou com uma tradução parcial francesa no início do século passado[10]. Posteriormente, Dom Lucien Regnault publicou uma tradução de toda a coleção, aparentemente baseando-se diretamente em cinco manuscritos do texto[11]. A presente publicação é uma tentativa de completar o trabalho desses estudiosos: é preciso, no entanto, enfatizar que esta não é *uma* edição, nem a "edição crítica" definitiva de textos antigos que os estudiosos gostariam de ver. Na verdade, é duvido-

---

10. *ROC* 12 (1907) – 18 (1913), *passim*.

11. *Les Sentences des Pères du Désert, série des anonymes*. Solesmes/Bellefontaine 1985, principalmente dos Cod. Sinai 448 e Coislin 126.

so que se possa algum dia fazer uma tal edição, já que isso pressuporia a existência, em algum momento, de um texto definitivo, como o que provém da mão de um único autor. Para o material apoftegmático não existiu essa pessoa; o material deriva de uma tradição oral (enraizada numa língua diferente) já amplamente disseminada e com várias décadas de existência no momento em que foi posto por escrito. Isto se torna abundantemente claro quando se pergunta: o que se entende por *apoftegma* na era cristã?

Era habitual durante alguns séculos denominar como *apophthegmata* a maior parte dos *fragmentos* literários das gerações anteriores de monges cristãos: os muitos homens e algumas mulheres que renunciaram "ao mundo" e se retiraram para os desertos do Egito e da Síria-Palestina desde o século IV até o fim do século VII da presente era. As versões gregas deste material que recebemos representam uma tradição que em sua origem era copta e oral; ao que parece, foram os primeiros compiladores e editores que aplicaram a este material o termo grego *apophthegma*, "um dito conciso contundente que encarna uma importante verdade [monástica] em poucas palavras" (*OED*). A definição é inteiramente apropriada à maior parte do material, que consiste realmente em ditos dos Pais (e de umas poucas Mães) do Deserto, que gerações de ascetas memorizavam cuidadosamente e muitas vezes repetiam. Mas, entremeadas com estes ditos (como cascalho na areia), existem historietas (διηγήσεις) – e estas são um assunto diferente. Menores em número, mas mais longas, estas historietas são de dois tipos. Existem historietas que narram um acontecimento (ou uma série de acontecimentos) da vida de um pai (que pode ou não ser identificado) e que podem ou não incluir um dito. Estas historietas complementam os ditos, já que, embora expressem uma *teoria*, elas ilustram a *prática* do monaquismo eremítico; como tais, estas historietas chegaram a ser conhecidas como "Vidas dos Pais"[12].

Mas existem outras narrativas, nem sempre nitidamente distintas das anteriores nem tão facilmente definidas, hoje conhecidas como "historietas espiritualmente edificantes (διηγήσεις ψυχωφελεῖς)[13]. Citando Hippolyte Delehaye, François Halkin diz que elas são "pequenas histórias destinadas a ressaltar uma doutrina religiosa"[14]; depois prossegue dizendo: "Sem vínculos nítidos com um país ou região nem com alguma época determinada [estes relatos] dei-

---

12. *Patrum vitae. BHG*[3] Apêndice VI, 1433-5022; cf. também *Pratum Spirituale.*

13. As *narrationes animae utiles* dos Bolandistas. *BHG*[3] Apêndice IV, 1318-1394t; J. WORTLEY. "The genre of the spiritually beneficial tale". *Scripta & e-scripta* 8 (2010), p. 72-91.

14. Hippolyte DELEHAYE. "Un group de récits 'utiles à l'âme'". *Mélanges Bidez.* Bruxelas 1934, p. 257.

xam num anonimato inexpressivo os personagens fictícios cujas proezas eles relatam"[15]. Em outro lugar ele afirma que as historietas edificantes são "tipos de parábolas desenvolvidas, cujos heróis nem sempre são imaginários... [relatos] que por assim dizer encarnam num exemplo impressionante, ou mesmo paradoxal, um ensinamento teórico difícil e transcendente"[16]. Poderia ter acrescentado que elas se parecem com as parábolas no Evangelho segundo Lucas, com as quais seus autores tinham sem dúvida familiaridade. Estas observações são especialmente pertinentes para a presente coleção, porque *APanon* contém uma proporção significativamente maior de historietas edificantes do que as outras duas coleções.

O material apoftegmático sobreviveu num desconcertante leque de manuscritos altamente díspares. Afirmou-se com razão que "o problema filológico dos *Apophthegmata Patrum* é um dois mais complexos apresentados pela edição dos textos patrísticos"[17], tão grande é a variação tanto na composição de cada

---

15. François HALKIN. "La vision de Kaioumos et le sort éternel de Philentolos Olympiou (*BHG* 1322w)". *AB* 63 (1945), p. 56.

16. François HALKIN. *Recherches et documents d'hagiographie byzantine; Studia Hagiographica* 51. Bruxelas 1971, p. 261, 303.

17. J.-Cl. GUY. *Recherches sur la tradition grecque des* Apophthegmata Patrum, 2ª ed. Bruxelas 1984, p. 7 e n. 1 para comentários semelhantes de W. Bousset e R. Devreesse.

manuscrito quanto nos conteúdos individuais. Os escribas, que normalmente se esforçavam para reproduzir da forma mais exata possível o exemplar que tinham diante de si, atribuíram-se, ao que parece, a mais ampla licença de emendar, revisar, abreviar e aumentar o material como lhes convinha quando o material era de natureza apoftegmática. Reorganizaram os conteúdos como se fossem folhas num arquivo e não hesitaram em reformular uma historieta a seu bel-prazer, ajustando o lugar, os personagens e ocasionalmente até o ponto principal da historieta. Os ditos reais tiveram sorte melhor, mas às vezes foram acrescentados comentários adicionais, para não falar de atribuições cuja exatidão é duvidosa. Esta extraordinária instabilidade pode ser explicada pela natureza da tradição apoftegmática. Muito antes de se tornarem literatura, as historietas e ditos circularam como folclore, mas eram tradições com um objetivo: exercitar e estimular os que aspiravam aos ideais monásticos. Não há motivo para supor que este material tenha deixado imediatamente de circular oralmente logo que foi posto por escrito. As formas orais e escritas coexistiram por alguns séculos, contaminando-se constantemente. Portanto, um escriba podia muito bem registrar não o texto morto encontrado em seu exemplar, mas a palavra viva que recebeu (direta ou indiretamente) da boca de algum abba carismático.

Acrescente-se o fato de que o copta foi a língua da maioria dos primeiros monges e que o grego foi a língua dos sofisticados habitantes das cidades do norte e não é difícil imaginar que houvesse os que preferiam a tradição oral à tradição escrita, especialmente se escrita numa linguagem que parecia invasiva.

Muitas das historietas e ditos provêm do noroeste do Egito, especialmente dos assentamentos monásticos da Nítria, de Kellia e (sobretudo) de Scete; mas o trabalho de codificar e registrar a matéria pode muito bem ter ocorrido alhures. Pode-se observar que houve uma crescente migração de monges do Egito para a Síria-Palestina, que começou depois da primeira devastação de Scete pelos Mazices em 407/408[18]. É bem possível que foram monges refugiados do deserto da Nítria, reassentados no deserto da Judeia, que empreenderam esta tarefa. Temendo pela futura transmissão da tradição oral em tempos conturbados, procuraram registrar por escrito o que "os pais costumavam dizer" – para estar "no lado seguro". Mas, como dissemos, por mais que corresse perigo, não há razão para supor que a tradição oral tenha morrido, nem mesmo que estivesse moribunda. É provável que os monges continuaram a ser formados memorizando e refletindo sobre os ditos e historietas

---

18. Derwas J. CHITTY. *The Desert a City*. Oxford 1966, p. 71-73.

dos anciãos, ensinados e contados a eles por anciãos. Inevitavelmente, cada vez que era repetido ou recontado, cada dito e *a fortiori* cada historieta passavam por uma pequena transformação. O presente autor foi até levado a suspeitar, dada a natureza lacônica das historietas existentes, que a versão escrita não passa de um esboço ou esqueleto e esperava-se que o narrador a detalhasse e a enfeitasse conforme julgasse conveniente[19]. A instabilidade do material apoftegmático é tamanha que não é inapropriado compará-lo com alguma criatura que passou vários séculos em estado de evolução. Já que o pretenso editor carece dos meios para transformar num filme seu processo evolutivo, o melhor a fazer é realizar um estudo de natureza-morta (por assim dizer) de um cadáver como ele era num determinado estágio de sua evolução. Felizmente, no caso de *APanon*, sobreviveram três manuscritos aproximadamente contemporâneos que apresentam uma versão relativamente coerente do texto. Eles são:

C: Paris Coislin 126, dos séculos X-XI[20], contém: ff. 1-158r (mutilado no começo) *APalf*

---

19. Para um exemplo impressionante da maneira como uma historieta pode variar nos manuscritos, cf. J. WORTLEY. "A *narratio* of rare distinction: de *monacho superbo*" [*BHG* 1450x] (N. 620). *AB* 100 (1982), p. 353-363.

20. GUY. *Recherches*, p. 63-74.

ff. 158r-353v (mutilado no final) *APanon* intitulado: Ἀποφθέγματα τῶν ἁγίων γερόντων, n. 1-676.

S: Sinai Santa Catarina 448[21], 1004 AD, contém:
ff. 1rv Prólogo (cf. *PG* 65: 72A-76A)
ff. 2r-148r Ἀποφθέγματα γερόντων κατὰ στοχεῖον (*APalf*)
ff. 149r-340v Ἀποφθέγματα τῶν ἁγίων γερόντων (*APanon*) n. 1-765

V: Vat. Graec. 1559, século X[22], contém:
ff. 1-115v *APalf*
ff. 116r-307v Ἀποφθέγματα τῶν ἁγίων γερόντων (*APanon*) n. 1-765

Embora não sejam textos absolutamente idênticos, os três estão suficientemente alinhados entre si para permitir-nos chegar a um consenso. Utilizando C e S até o ponto onde C é interrompido, em seguida S e V até o final, procuramos apresentar esse consenso (observando devidamente as principais variantes, mas não as pequenas aberrações de ortografia) no *apparatus*. Mas este consenso, como é possível verificar, não esconde o fato de que a tradição continuou evoluindo. Onde as historietas e ditos ocorrem na *Synagogê* de Paulo Euergetês, reunida aproximada-

---

21. Ibid. p. 16-17, 94-97. Este é o ms J de Regnault.

22. Ibid., p. 253-257.

mente um século e meio mais tarde, eles apresentam muitas vezes indícios de um desenvolvimento ulterior e não faltam manuscritos ainda mais tardios nos quais se pode ver que o processo continuou posteriormente.

Os ditos anônimos dos Pais do Deserto

Ditos dos santos anciãos

N.1/10.17
Perguntaram ao nosso santo pai Atanásio, bispo de Alexandria: "De que maneira o Filho é igual ao Pai?" Ele respondeu: "Da mesma maneira como existe visão nos dois olhos".

N.2
Perguntaram a nosso santo pai Gregório o Teólogo: "Como o Filho e o Espírito são iguais ao Pai?" Ele respondeu: "A Divindade é uma fusão única da luz em três sóis adjacentes um ao outro".

N.3
O mesmo pai disse: "Deus exige três coisas de cada homem que foi batizado: reta fé de sua alma, verdade de sua língua e sobriedade de seu corpo".

N.4
Viviam em Scete dois irmãos consanguíneos e aconteceu que um deles ficou doente. Seu irmão entrou na igreja pedindo ao sacerdote o Sacramento.

Ao ouvir isso, o sacerdote disse aos irmãos: "Vamos visitar o irmão". Eles chegaram, rezaram e se retiraram. Novamente, no domingo seguinte, o sacerdote perguntou-lhe como estava o irmão. Ele disse: "Reza por ele". Novamente, tomando consigo os irmãos, o sacerdote foi com eles até o irmão doente. Quando chegaram e se sentaram, o irmão estava prestes a morrer. Os irmãos começaram a discutir, alguns dizendo que ele era digno do Paráclito, enquanto outros assumiram a posição contrária. Olhando para eles, seu irmão lhes disse: "Por que estais discutindo uns com os outros? Quereis saber quem tem o poder?" E, voltando-se para o irmão, disse-lhe: "Estás partindo, meu irmão?" E o doente disse: "Sim, mas reza por mim". Ele lhe disse: "Meu irmão, de modo algum te deixarei partir antes de mim". E, voltando-se para os irmãos sentados, disse: "Dai-me uma esteira rústica e um travesseiro". Ao recebê-los, reclinou a cabeça e entregou sua alma primeiro; depois o doente fez o mesmo. Logo depois de realizar as exéquias para ambos, os irmãos os removeram e os sepultaram festivamente, pois haviam recebido a luz perceptível pela inteligência [cf. 1Jo 2,8].

N.5

Havia dois irmãos que viviam juntos no deserto. Um deles, depois de recordar muitas vezes o julgamento de Deus, fugiu perambulando pelo deserto; o outro saiu à sua procura. Depois de muito afadigar-se até encontrá-lo, disse-lhe: "Por que foges desta maneira? És o único que cometeu os pecados do mundo?" Seu irmão lhe disse: "Pensa que eu não sei que meus pecados estão perdoados? Sim, eu sei que Deus perdoou meus pecados. Mas estou labutando desta maneira para poder ser uma testemunha dos que estão sendo julgados no Dia do Julgamento".

N.6
Havia dois irmãos que eram vizinhos um do outro. Um escondia tudo o que tinha – mesmo pequenas moedas ou côdeas de pão – e as jogava entre as coisas do vizinho. Não sabendo disto, o outro ficou admirado porque suas posses estavam aumentando. Então, certo dia, topou acidentalmente com seu vizinho fazendo isto e o questionou, dizendo: "Com os teus dons carnais me despojaste dos dons espirituais". Exigiu que o outro prometesse nunca mais fazê-lo e o perdoou.

N.7 *BHG* 1322hf, *de clave adulterina*
Um irmão fez uma chave falsa e a usava para abrir a cela de um dos anciãos e roubar seus trocados. Mas o ancião escreveu um bilhete no qual dizia: "Irmão, seja quem fores, faze-me o favor de deixar a metade para minhas necessidades". Depois, dividiu seus trocados em duas porções e colocou junto o bi-

lhete. O outro entrou novamente, rasgou o bilhete e levou toda a quantia. Dois anos mais tarde, ele estava prestes a morrer, mas sua alma não saía. Então chamou o ancião e disse: "Reza por mim, pai, porque era eu quem roubava teus trocados". O ancião disse: "Por que não falaste isso antes?" No entanto, depois de ele rezar, o irmão entregou sua alma.

N.8

Um irmão tinha um ancião que – como ele próprio observou – sepultava os mortos de maneira maravilhosa. Disse-lhe: "Quando eu morrer, tu me sepultarás também desta maneira?" O ancião lhe disse: "Sepultar-te-ei desta maneira até dizeres que basta". Pouco tempo depois, o discípulo faleceu e a palavra se tornou fato. Após o ancião realizar devotamente as exéquias, disse para todos ouvirem: "Meu filho, foste bem sepultado, ou ainda falta algum detalhe?" O jovem deixou ouvir uma voz: "Fizeste bem, pai, porque cumpriste tua promessa".

N.9

Abba Bessarion disse que havia um homem que renunciou ao mundo, embora tivesse uma esposa e também uma filha que era cristã, mas ainda na fase do catecumenato. Então dividiu seus bens em três partes. Entrementes, a filha que era catecúmena morreu e então o pai deu a parte dela aos pobres como resgate por sua alma e também pela de sua esposa e por sua própria. Não cessava de suplicar a Deus por ela. Enquanto estava rezando, ouviu uma voz que dizia: "Tua filha foi batizada; não te preocupes". Mas ele não acreditou. Novamente a voz invisível lhe falou: "Cava sua sepultura para ver se a encontrarás!" Ele foi até a sepultura e cavou, mas não a encontrou, porque ela havia sido transferida para estar com os fiéis.

N.10
Um ancião disse: "A própria voz grita para o homem até seu último suspiro: 'Converte-te hoje!'"

N.11/9.15/Teódoto S.1
Abba Teódoto disse: "Se és casto, não julgues aquele que se entrega à *porneia*, porque desta forma transgrides a lei. Pois aquele que diz: "Não te entregues à *porneia*' [Mt 5,27] diz também: 'Não julgueis' [Mt 7,1]".

N.12
Uma pessoa possuída por um demônio chegou certa vez a Scete e passou um longo tempo sem ficar curada. Mas, tomado por compaixão, um dos anciãos fez o sinal da cruz sobre o possesso e o curou. Exasperado [cf. At 4,2], o demônio disse ao ancião: "Eis que me expulsaste: eu virei sobre ti". O ancião lhe

disse: "Então vem; aceito com todo o prazer". Assim o ancião passou doze anos tendo o demônio e humilhando-o, comendo doze caroços de tâmara cada dia. Então, pulando fora, o demônio se afastou dele. Ao ver que o demônio saíra dele, o ancião lhe disse: "Por que foges? Fica um pouco mais!" Mas, em resposta, o demônio lhe disse: "Deus te inutilizará, porque ninguém senão Ele tem poder sobre ti".

N.13

A respeito de alguém que vivia no Egito numa cela de um só quarto, dizia-se que um irmão e uma virgem tinham o hábito de visitá-lo. Certo dia, os dois foram encontrar-se com o ancião. Ao cair da noite, ele estendeu sua esteira de dormir e deitou-se entre os dois, mas o irmão foi tentado; acordou a virgem e cometeram o pecado. O ancião percebeu, mas não lhes disse nada. Quando chegou a manhã, o ancião os despediu, sem manifestar qualquer sinal de desaprovação. Enquanto caminhavam pela estrada perguntaram-se se o ancião notara ou não. Então retornaram ao ancião, prostraram-se diante dele e disseram: "Abba, notaste como satanás nos desencaminhou?" Ele disse: "Notei". E eles lhe disseram: "E onde estava tua mente nesse momento?" Ele lhes disse: "Nesse momento minha mente estava lá onde Cristo foi crucificado, de pé e chorando". Depois de receberem a penitência [*metanoia*] do ancião, seguiram seu caminho e se tornaram vasos escolhidos [At 9,15].

N.14

Abba Zoilos, sacerdote em Tamiathis, disse que ouviu seu pai, Abba Natanael, dizer que outros sete senadores seguiram o exemplo de Abba Arsênio e praticaram o monaquismo em Scete. Tendo renunciado a todas as suas posses pessoais, usavam vasilhas grosseiras de cerâmica, dizendo: "Isto é para que o grande Deus veja e, apiedando-se de nós, nos absolva de nossos pecados".

N.15/15.9/Arsênio S.1

A respeito de Abba Arsênio costumava-se dizer que ninguém compreendia a maneira como ele levava sua vida.

N.16

Dizia-se que Abba Macário o Grande passou quatro meses visitando diariamente um irmão em Scete e nunca o encontrou ocioso. Ao visitá-lo mais uma vez, enquanto estava junto à porta do lado de fora, ouviu-o dizer aos prantos: "Senhor, mesmo que teus ouvidos não repercutam os clamores que a ti dirijo, tem piedade de mim no tocante aos meus pecados, porque não me canso de implorar-te".

N.17

Havia um noviço que desejava renunciar ao mundo e disse ao ancião: "Quero tornar-me monge". O ancião disse: "Não és idôneo". Ele disse: "Eu sou". O ancião lhe disse: "Se estás disposto, vai e renuncia ao mundo e depois vem residir em tua cela". Ele saiu e, conservando cem moedas de ouro para si, distribuiu o que possuía e veio procurar o ancião. Mas o ancião lhe disse: "Vai residir em tua cela". Ele foi e passou a residir na cela. Mas enquanto ali residia, os *logismoi* disseram: "A porta é velha e precisa ser substituída". Achegando-se ao ancião, ele disse: "Os *logismoi* me dizem que a porta é velha e precisa ser substituída". O ancião lhe disse: "Tu não renunciaste ao mundo. Mas vai, renuncia ao mundo e fixa residência ali". Imediatamente ele foi e distribuiu noventa moedas de ouro, reservando dez para si. Achegando-se ao ancião, disse: "Eis que renunciei ao mundo". O ancião lhe disse: "Vai residir em tua cela". Ele foi e fixou residência ali. Mas, enquanto ali residia, os *logismoi* disseram que o telhado estava velho e precisava ser renovado. Ele foi e disse ao ancião: "Meus *logismoi* estão me dizendo que o telhado está velho e precisa ser renovado". O ancião disse: "Vai e renuncia ao mundo". Ele partiu e distribuiu também as dez moedas de ouro, voltou e disse ao ancião: "Eis que renunciei ao mundo". Quando ele fixou residência, os *logis-*

moi lhe disseram: "Tudo aqui está velho e o leão está chegando para me devorar". Ele contou seus *logismoi* ao ancião e o ancião lhe disse: "Estou esperando que tudo desabe sobre mim e que o leão venha e me devore para eu poder descansar. Vai, fixa residência em tua cela e reza a Deus".

N.18
Um ancião disse a outro ancião que tinha um grande amor fraterno e se confraternizava tanto com os monges quanto com os mundanos: "Uma lâmpada lança luz sobre muitos, mas queima sua própria boca".

N.19/20.23, só em latim
A respeito de um ancião costumava-se dizer que, enquanto caminhava pelo deserto, dois anjos o acompanhavam, um à direita e o outro à esquerda. Enquanto andavam, encontraram um cadáver pelo caminho e o ancião cobriu o nariz por causa do mau cheiro e os anjos fizeram o mesmo. Depois de caminhar mais um pouco, o ancião lhes disse: "Vós também sentis o cheiro destas coisas?" Eles disseram: "Não. Mas nós também cobrimos nossos narizes por causa de ti, já que não sentimos o cheiro da impureza deste mundo nem ela nos atinge. Mas as almas que exalam odor de pecado, destas sentimos o cheiro".

N.20/9.24 *BHG* **1440p,** *de non iudicando fratre*

Havia um ancião que costumava comer três pães secos cada dia. Um irmão foi visitá-lo. E, ao sentar-se para comer, ele colocou três pães secos diante do irmão. Quando o ancião viu que ele precisava de mais, trouxe-lhe mais três. Após comerem o suficiente e se levantarem, o ancião reprovou o irmão e lhe disse: "Irmão, não devemos ser escravos da carne". Então o irmão se prostrou diante do ancião e depois saiu. No dia seguinte, quando era hora de comer, o ancião colocou três pães secos diante de si como de costume; após comê-los sentiu fome novamente, mas se absteve de comer mais. A mesma coisa aconteceu novamente no dia seguinte. O ancião começou a ficar fraco e percebeu que fora abandonado por Deus. Pondo-se em prantos diante de Deus, suplicou-lhe acerca do abandono em que se encontrava e viu um anjo que lhe dizia: "Isto te aconteceu porque desaprovaste o irmão. Não esqueças: quem é capaz de jejuar ou de fazer qualquer outra coisa boa não o faz em virtude de sua própria força. É a bondade de Deus que fortalece o homem".

N. 21

Costumava-se dizer que um ancião de Kellia vivia em confinamento e nem sequer ia à igreja. Ele tinha um irmão consanguíneo que morava em outra cela. Este caiu doente e mandou chamar seu irmão para poder vê-lo antes de abandonar o corpo. O outro disse: "Não posso, porque ele é meu irmão consanguíneo". Novamente o outro mandou dizer: "Vem pelo menos hoje à noite para eu poder ver-te". Mas ele disse: "Não posso, porque senão meu coração não será puro aos olhos de Deus". O irmão doente morreu e eles não se viram.

N.22/7.60

Os pais contavam que havia um pai de um cenóbio e aconteceu que seu assistente se tornou negligente, deixou o mosteiro e partiu para outro lugar. O ancião o procurava quase todos os dias, insistindo para que voltasse, mas ele se recusava. Por três anos o ancião manteve este hábito e convenceu o assistente a retornar. Então o ancião mandou-o sair e ajuntar palha e, enquanto o fazia, o assistente perdeu um olho por obra de satanás. O ancião ficou muito angustiado e começou a aconselhá-lo em seu sofrimento. O assistente disse: "A culpa é minha; sofri isso por causa do aborrecimento que te causei". Finalmente a dor diminuiu enquanto a condição permanecia. Novamente o ancião mandou-o cortar alguns ramos de palmeira. Enquanto estava trabalhando, um pequeno ramo o atingiu por obra do inimigo e ele perdeu o outro olho. Por isso, retornou ao mosteiro e praticou a *hêsychia*, não fazendo mais nada. O abba ficou novamente aborrecido e, quando chegou a hora de seu chamado, ciente disso, mandou chamar todos os irmãos e lhes disse: "Meu chamado está próximo; cuidai de vós mesmos". Eles começaram a dizer: "A quem nos confias, abba?" Mas o ancião permaneceu em silêncio. Mandou chamar o irmão cego e lhe falou sobre seu chamado. O monge chorou e disse: "A quem me confias, eu que sou um homem cego?" Mas o ancião disse: "Reza por mim, para eu ser capaz de falar livremente na presença de Deus e espero que conduzirás a *synaxis* no domingo". Poucos dias após sua morte, o monge recuperou a visão e se tornou pai do cenóbio.

N.23/14.31
Um criado doméstico tornou-se monge e por quarenta e cinco anos se contentou com sal, pão e água. Depois de um tempo considerável, seu patrão sentiu remorsos, retirou-se também do mundo e, com grande obediência, tornou-se discípulo de seu próprio escravo. Quando estava próximo o tempo de seu chamado, ele disse ao ancião: "Abba, vejo os poderes das trevas se aproximando de mim e recuando novamente através de tuas orações". Quando também o chamado do ancião estava próximo, ele viu um anjo à sua direita e outro à sua esquerda, que lhe diziam: "Queres vir, abba, ou devemos ir embora?" E o an-

cião lhes disse: "Quero; permanecei e levai minha alma". E foi assim que ele morreu.

N.24/10.134

Um ancião disse: "José de Arimateia tomou o corpo de Jesus e o colocou, envolto num lençol limpo, num sepulcro novo [cf. Mt 27,57-60], ou seja, num homem novo. Cada um se esforce diligentemente para não pecar, a fim de não fazer violência ao Deus que nele habita e não o expulsar de sua alma. A Israel foi dado o maná para se alimentarem no deserto; ao verdadeiro Israel foi dado o Corpo de Cristo".

N.25/21.51

Um ancião disse: "Desembainha tua espada". O irmão disse: "Minhas paixões não me permitem". O ancião replicou: "'Invoca-me em teu auxílio nos dias de tua tribulação e eu te libertarei e tu hás de glorificar-me" [Sl 50,15]. Invoca-o, portanto, e ele te libertará de toda tentação".

N.26/10.183

Um irmão que vivia em exílio voluntário interrogou um ancião, dizendo: "Quero voltar para minha terra". E o ancião lhe disse: "Presta atenção nisto, irmão: quando vieste de tua terra para cá, tinhas o Senhor a te guiar; se retornares, não o terás mais".

N.27/19.21

Um dos anciãos mandou seu discípulo tirar água, mas o poço estava bem distante de sua cela. Ele esqueceu de levar a corda e, ao chegar ao poço, deu-se conta de que não a tinha trazido. Pronunciou uma oração clamando e dizendo: "Cisterna, cisterna: meu abba disse: 'Enche o cântaro com água'". E o nível da água subiu imediatamente. E, depois de o irmão ter enchido seu recipiente, a água voltou ao nível anterior.

N.28/4.103

Um dos bispos visitava os pais em Scete todos os anos. Um irmão se encontrou com ele e o conduziu para sua própria cela e ofereceu-lhe pão e sal, dizendo: "Perdoa-me, meu senhor, por não ter nada mais a oferecer-te". O bispo lhe disse: "Quando eu vier no próximo ano, não quero nem mesmo encontrar sal".

N.29/4.97

Um dos irmãos costumava dizer que ocorreu um interrogatório na Laura do Egito e todos falaram, grandes e pequenos; só um não falou. Ao saírem, um irmão lhe perguntou, dizendo: "Por que não falaste?" Pressionado pelo irmão, o outro disse: "Perdoa-me, mas eu disse ao meu *logismos*: 'Se a almofada na qual estás sentado não falar, não fales'. E por isso permaneci em silêncio sem pronunciar nenhuma palavra".

N.30

Havia um ancião que estava doente e, como lhe faltasse o necessário para a vida, o pai de um cenóbio o acolheu e cuidou dele. Ele disse aos irmãos: "Refreai-vos um pouco para podermos cuidar do doente". Ora, o doente possuía um pote de ouro e, cavando um buraco embaixo de sua cama, o escondeu. Ora, aconteceu que ele morreu sem confessar o fato. Depois de sepultá-lo, o abba disse aos irmãos: "Retirai este leito de palha". E, ao removê-lo, encontraram o ouro. Disse o abba: "Já que ele não disse nada sobre isto enquanto vivia nem falou disso quando estava prestes a morrer, mas tinha sua esperança nele, eu não o toco. Ide e enterrai-o com ele". E caiu fogo do céu e permaneceu sobre seu túmulo por muitos dias à vista de todos. Os que presenciaram o fato ficaram maravilhados.

N.31 *BHG* 1322hb, *de episcopo fornicato*

Havia numa cidade um bispo que, por obra do diabo, caiu na *porneia*. Ninguém sabia de seu pecado; mas, certo dia em que houve uma *synaxis* na igreja, ele confessou espontaneamente na presença de toda a assembleia, dizendo: "Eu caí na *porneia*". E depositou seu pálio sobre o altar, dizendo: "Não posso mais ser vosso bispo". Então toda a assembleia gritou e se lamentou, dizendo: "Este pecado caia sobre nós [cf. Mt 27,25], mas permanece na função de bispo". Em resposta, ele disse: "Se quereis que eu permaneça na função de bispo, fazei o que vou dizer". Depois de mandar fechar as portas da igreja, ele se deitou de bruços junto a uma das portas laterais e disse: "Quem não pisar em mim ao sair não tem parte com Deus". Depois de fazer o que ele ordenou e quando a última pessoa estava saindo, veio uma voz do céu dizendo: "Por causa de sua grande humilhação eu perdoei seu pecado".

N.32 *BHG* 1322h, *de paenitentia episcopi*

Havia outro bispo numa cidade e aconteceu que ele caiu doente, resultando que todos o abandonaram. Havia ali um mosteiro de mulheres. Quando ficou sabendo que o bispo havia sido abandonado, a superiora foi visitá-lo levando consigo duas irmãs. Enquanto o bispo falava com ela, uma das suas discípulas que estava perto do pé dele tocou o pé, para verificar como ele estava. Estimulado pelo toque, ele suplicou à superiora, dizendo: "Não recebo nenhuma assistência dos que estão perto; por favor, deixa esta irmã ficar comigo para me assistir". E ela, não suspeitando nada de mal, a deixou. Estimulado pelo diabo, pediu a ela: "Prepara um pouco de comida para eu comer". E ela fez como ele pediu. Depois de comer, ele lhe disse: "Deita comigo". E ele cometeu o pecado. Quando ela ficou grávida, o clero a deteve, dizendo: "Dize-nos quem te engravidou?" Mas ela não quis confessar. Então o bispo disse: "Deixai-a ir, porque fui eu que cometi este pecado". E, recuperado de sua doença, foi à igreja e depositou seu pálio sobre o altar. Ao sair, tomou um bastão e partiu para um mosteiro onde ninguém o conhecia.

Mas o abba do cenóbio, que tinha o dom da clarividência, soube que um bispo estava para chegar ao mosteiro e falou ao porteiro: "Fica atento, porque um bispo está para chegar hoje". Mas o porteiro, esperando que ele viesse numa liteira ou com alguma comitiva como ocorre com um bispo, não se apercebeu de nada. O abba saiu para encontrar-se com ele e o abraçou, dizendo: "Bem-vindo, senhor bispo". O bispo ficou arrasado por ter sido reconhecido e quis fugir para outro mosteiro, mas o abba lhe disse: "Não importa para onde fores, eu irei contigo". Após implorar-lhe por algum tempo, o abba o introduziu no mosteiro. Então, quando estava realmente arrependido, morreu em paz, de modo que ocorreram prodígios em sua partida.

N.33
Havia na região da Tebaida um ancião chamado Hierax, que viveu aproximadamente noventa anos. Querendo fazê-lo cair na acídia por causa de sua longevidade, certo dia os demônios investiram contra ele, dizendo: "O que vais fazer, ancião, já que não tens outros cinquenta anos para viver?" Em resposta, ele lhes disse: "Vós me atormentastes muito, porque

me havia preparado para viver duzentos anos". E eles foram embora, uivando.

N.34 *BHG* 1450zh, *de anachoreta non tentato*

Havia na região do Jordão um anacoreta que combateu o bom combate por muitos anos e foi considerado digno da graça de não sofrer assaltos do inimigo, de modo que, na presença de todos os que vinham até ele para benefício de suas almas, ele proferia insultos contra o diabo, dizendo que o diabo não era nada e era incapaz de fazer alguma coisa contra os que combatiam o bom combate. Mas, se encontrava pessoas semelhantes a ele próprio – impuras e mesmo escravas do pecado –, ele as desencorajava. Este anacoreta não tinha consciência de que era com a ajuda de Deus que ele estava protegido e assim não sofria ataques do adversário. Então, certo dia, por permissão divina, o diabo lhe apareceu face a face e lhe disse: "O que te fiz, abba? Por que me cobres de insultos? Causei-te algum aborrecimento?" Mas o outro cuspiu nele e usou as mesmas palavras: "'Afasta-te de mim, satanás' [Mc 8,33 etc.], porque nada podes contra os servos de Cristo". Mas o demônio retrucou gritando: "Muito bem. Mas, já que tens ainda outros trinta anos de vida pela frente, será que não encontrarei uma hora, durante todo este tempo, para fazer-te tropeçar?" E, tendo lançado a isca, desapareceu.

Assaltado imediatamente por *logismoi*, o anacoreta começou a dizer: "Estive me desgastando aqui todos estes anos e agora Deus quer que eu viva outros quarenta? Vou sair e retornar ao mundo. Verei os que são diferentes de mim e passarei com eles alguns anos; depois retornarei e reassumirei minha vida ascética". Logo que este pensamento lhe veio à mente, ele o pôs em prática: abandonou sua cela e se pôs a caminho. Mas, ainda não se afastara muito, quando um anjo foi enviado pelo Senhor em sua ajuda e lhe disse: "Abba, aonde vais?" Ele disse: "À cidade". E o anjo lhe disse: "Volta para tua cela e evita qualquer relacionamento com satanás; considera-te um iludido por ele". Caindo em si, ele voltou para sua cela, viveu três dias e depois morreu.

N.35
Um grande anacoreta disse: "Por que lutas contra mim desta maneira, satanás?" Satanás ouviu e disse: "És tu que lutas poderosamente contra mim".

N.36/12.19
Um anacoreta viu um demônio incitando outro demônio a ir acordar um monge que dormia e ouviu o outro dizer: "Não posso fazer isso, porque eu o acordei uma vez. Ele se levantou e me queimou, cantando salmos e rezando".

Sobre os funcionários imperiais

N.37 *BHG* 1318r, *de magistriano juniore*

Alguém contou que havia um funcionário, um coletor de impostos jovem e de boa aparência, a serviço dos negócios do Império. Numa cidade ele tinha um amigo entre os cidadãos notáveis que tinha uma esposa mais jovem. Quando ele se dirigia para lá, seu amigo o recebia como hóspede. Podia alojar-se em sua casa e comer na presença de sua esposa, que sentia uma atração de amor por ele. Devido à frequência das visitas que lhes fazia, a mulher começou a ter *logismoi* acerca dele sem ele saber. Sendo uma mulher discreta, ela não lhe revelou nada disso, mas continuou sofrendo. Aconteceu que ele viajou como de costume, mas ela ficou doente por causa dos *logismoi* e foi para a cama.

O marido trouxe médicos que, depois de examiná-la, disseram ao marido: "Talvez ela tenha alguma doença mental, porque não tem nenhum mal físico". Sentado a seu lado, o marido implorou-lhe demoradamente, dizendo: "Dize-me o que tens". Prudente e envergonhada, de início ela não confessou nada, mas depois confessou dizendo: "Sabes, meu senhor, que, movido por amor ou por generosidade, trazes pessoas jovens para cá, e eu, sendo mulher, me apaixonei pelo funcionário". Ouvindo isso, o marido permaneceu em silêncio e quando, alguns dias depois, o funcionário chegou, saiu ao seu encontro e lhe disse: "Meu irmão, sabes como te amei e que, por esse amor, te acolhi e tu comeste na companhia de minha esposa?" O outro disse: "É isso, meu senhor-e-mestre". E ele lhe disse: "Ora, minha esposa teve *logismoi* por ti". Ao ouvir isto, o jovem não só não teve *logismoi* por ela, mas, movido por seu amor ao marido, ficou profundamente aflito e lhe disse: "Não te angusties; Deus vai te ajudar".

Ele foi embora e raspou o cabelo; tomou *lamnin* e besuntou com ele a cabeça e o rosto até chamuscá-los e também as sobrancelhas. Destruiu toda a sua beleza e parecia um velho leproso. Coberto com um véu, veio e encontrou-a deitada doente, com o marido sentado a seu lado. Descobrindo-se, mostrou-lhes a cabeça e o rosto e começou a dizer: "O Senhor me fez assim". Ela ficou pasma à vista dele: tamanha beleza transformada em tamanha feiura. Vendo a ação do homem, Deus removeu dela a aflição; imediatamente ela se levantou, abandonando todos aqueles *logismoi*. Então o funcionário tomou o marido à parte e lhe disse: "Eis que pela graça de Deus tua esposa não tem mal nenhum; ela nunca verá meu rosto novamente". Vede: isto se chama dar sua vida por amor [Jo 15,13] e retribuir o bem com o bem.

N.38 *BHG* 1445x, *de magistriano et cadavere nudo*

Um dos pais costumava dizer que um funcionário foi enviado em missão imperial e encontrou um mendigo morto, estendido nu na estrada. Movido por compaixão, disse ao seu criado: "Toma o cavalo e segue adiante um pouco". Ele apeou, tirou uma das suas camisas, colocou-a sobre o homem morto ali estendido e seguiu seu caminho. Alguns dias mais tarde, o mesmo funcionário foi enviado novamente numa missão e, ao sair da cidade, aconteceu que caiu do cavalo e fraturou o pé. Seu criado levou-o de volta para sua casa e os médicos cuidaram dele; mas, depois de cinco dias, seu pé ficou preto. Quando os médicos viram que o pé ficara preto, decidiram juntos que o pé devia ser amputado; caso contrário a infecção se espalharia por todo o corpo e ele morreria. Disseram a ele: "Viremos amanhã de manhã e te curaremos". Mas o doente mandou seu criado seguir os médicos e informar-se com eles sobre o que queriam fazer. Eles lhe disseram: "O pé de teu patrão ficou preto; o homem está perdido se não o amputarmos. Viremos amanhã de manhã e faremos o que Deus quer". O escravo aproximou-se de seu senhor-e-mestre chorando e disse: "Eles estão planejando isto e isto no vosso caso". Ao ouvir isto, o funcionário ficou angustiado e tão desanimado que não dormiu.

Ora, havia uma lâmpada queimando e, por volta da meia-noite, ele viu um homem entrando pela janela, vindo em sua direção e dizendo-lhe: "Por que choras? Por que estás angustiado?" Ele disse: "Senhor, não queres que eu chore e esteja angustiado porque meu pé está fraturado e os médicos estão planejando fazer isto e isto no meu caso?" Então a aparição lhe disse: "Mostra-me teu pé". E o ungiu, dizendo: "Agora levanta-te e caminha". O doente disse: "O pé está fraturado e eu não consigo". Disse-lhe o outro: "Apoia-te em mim". Ele se apoiou nele e caminhou, claudicando. A aparição lhe disse: "Ainda estás claudicando? Senta-te novamente". E depois ungiu-o novamente da mesma forma nos dois pés e lhe disse: "Agora levanta-te e caminha". Ele se levantou e caminhou cheio de saúde. A aparição disse: "Senta-te e descansa". E acrescentou algumas palavras sobre a esmola: o Senhor disse: "Felizes os misericordiosos porque obterão misericórdia" [Mt 5,7] e: "Quem não mostrou misericórdia será julgado sem misericórdia" [Tg 2,13] e outras coisas semelhantes. Então lhe disse: "Adeus!" O funcionário disse: "Estás partindo?" E ele disse: "O que mais queres, já que estás novamente saudável?" O funcionário lhe disse: "Pelo Deus que te enviou, dize-me quem tu és". Ele lhe disse: "Olha para mim; certamente reconheces esta roupa de linho?" Ele lhe disse: "Reconheço, senhor. É minha". E o outro lhe disse: "E eu sou o cadáver que viste estendido no caminho e que cobriste com tua camisa. E Deus me enviou para te curar. Sê sempre agradecido a Deus". E saiu novamente pela janela pela qual entrara. Tendo recuperado a saúde o funcionário começou a glorificar a Deus, causa de todas as coisas boas.

N.39 *BHG* 1322a, *de mendico caeco*

Outro funcionário estava retornando da Palestina para Constantinopla quando, na região de Tiro, encontrou pelo caminho um homem cego que não tinha guia. Afastando-se um pouco do caminho ao ouvir os palafreneiros discutindo, estendeu as mãos e começou a proferir palavras de lástima e compaixão, pedindo esmola; mas o funcionário não prestou atenção e seguiu em frente. Mas, um pouco adiante, mudou de opinião e freou o cavalo. Tomando sua bolsa, tirou um *trimesis**, voltou pessoalmente até o mendigo e o presenteou com o *trimesis*. Ao recebê-lo, o cego lhe fez esta declaração: "Confio em Deus que o próprio preceito te livrará da tentação" [cf. Mt 6,13; Lc 11,4]. O funcionário recebeu a declaração com confiança. Entrou na cidade e ali se encontrou com o governador, mas também com alguns soldados em serviço e lanceiros que lhe pediam para embarcar. Quando os soldados viram o funcionário, rogaram-lhe que pedisse ao governador que lhes desse um navio para poderem sair da cidade. Influenciado pelo pedido, ele se apresentou ao governador e, ao pedir-lhe que providenciasse cavalos de posta para si próprio, falou-lhe também a respeito dos soldados. Com um sorriso, o governador disse aos soldados: "Se quereis que eu vos dispense, convencei o funcionário a embarcar convosco e sereis dispensados imediatamente". Ouvindo isto, eles insistiram pedindo ao funcionário que consentisse em navegar com eles e, quando ele concordou, o governador lhes deu o navio.

Zarparam juntos, o funcionário e os soldados, aproveitando um vento favorável. Mas aconteceu que, durante a noite, com problemas de barriga, o funcionário se levantou para fazer suas necessidades. Quando estava na amurada do navio, foi golpeado pela vela e caiu no mar. Os marinheiros ouviram o barulho da queda. Mas, como era noite e o vento era favorável, não conseguiram resgatá-lo. O funcionário foi arrastado pela água, aguardando a morte. No dia seguinte, no entanto, por vontade de Deus, uma embarcação se aproximou e, quando os que estavam a bordo o viram, içaram-no e entraram na cidade – à qual também os soldados haviam chegado. Ora, tendo desembarcado, aconteceu que os marinheiros das duas embarcações dirigiram-se a certa pousada e sucedeu que o funcionário foi reconhecido por um dos marinheiros da embarcação da qual ele caíra. Este suspirou e disse: "O que foi que aconteceu com aquele funcionário?" Quando os marinheiros da outra embarcação ouviram isto, perguntaram a qual funcionário ele se referia. Ao saber do ocorrido, disseram-lhes: "Nós o salvamos e o trouxemos conosco!" Os outros ficaram encantados ao saber disso; aproximaram-se e o levaram consigo. O funcionário lhes explicou: "O cego a quem dei o *trimesis* no caminho me levantou, caminhando sobre a água". Ouvindo isto, eles deram glória ao Salvador e Deus. Disto aprendemos que a esmola dada intencionalmente não se perde, porque Deus recompensa o doador num momento de necessidade. Seguindo a Escritura divina, não nos abstenhamos de fazer o bem a alguém que passa necessidade quando nossa mão pode ajudá-lo.

* *trimesis*, um terço de uma moeda de ouro (*nomisma*) que pesa pouco mais de 1,5g.

N.40

Um dos que amam a Cristo, que possuía o dom de dar esmolas, costumava dizer que aquele que dá esmolas precisa dar como se ele próprio a estivesse recebendo. Esta é a esmola que aproxima de Deus.

N.41

Dois irmãos foram arrastados para o martírio. Foram torturados uma primeira vez e jogados na prisão, mas costumavam estar em inimizade um com o outro. Por isso, um deles prostrou-se diante do irmão dizendo: "Acontece que amanhã vamos morrer; por isso ponhamos um fim à inimizade que existe entre nós e vivamos em amizade". Mas o outro não se convenceu. No dia seguinte foram levados e torturados novamente. Aquele que não aceitara a mudança de coração sucumbiu ao primeiro assalto e o governador lhe disse: "Por que não me obedeceste ontem, quando foste torturado com a mesma intensidade?" Em resposta, ele lhe disse: "Hoje alimentei um ressentimento contra meu irmão e não mostrei amor para com ele e, por este motivo, fui privado do conforto de meu Deus".

N.42

Houve um outro que foi delatado e entregue ao martírio pela própria criada e, quando estava prestes a ser executado, viu sua criada que o delatara. Tirou o anel de ouro que trazia e o deu a ela, dizendo: "Agradeço-te por teres conseguido para mim essas coisas boas".

N.43 *BHG* 1438h, *de scorto converso*

Havia um irmão que vivia numa cela no Egito e se distinguia por sua grande humilhação. Ele tinha uma irmã que trabalhava como prostituta na cidade, onde causava a perdição de muitas almas. Embora importunassem o irmão frequentemente, os anciãos foram incapazes de convencê-lo a ir encontrar-

-se com ela para ver se, de alguma forma, mediante uma admoestação, ele poderia eliminar o pecado que ocorria através dela. Mas, quando ele chegou ao lugar, um familiar dela o viu e, antecipando-se, foi informá-la dizendo: "Eis que teu irmão está à porta". Com o coração aflito, ela abandonou os amantes que estava entretendo e, com a cabeça descoberta, apressou-se a ir ver seu irmão. Quando tentou abraçá-lo, ele lhe disse: "Querida irmã, tem piedade de tua alma, porque através de ti muitos estão se perdendo. Como conseguirás suportar o tormento cruel e eterno?" Toda trêmula, ela lhe disse: "Sabes se existe salvação para mim doravante?" E ele lhe disse: "Existe salvação se a quiseres". Ela se lançou aos pés do irmão e pediu-lhe que a levasse consigo para o deserto. Ele lhe disse: "Põe o véu na cabeça e segue-me". Ela lhe disse: "Vamos! É melhor para mim passar vergonha com a cabeça descoberta do que retornar à oficina da iniquidade".

Pelo caminho, enquanto ele a instruía sobre o arrependimento, viram algumas pessoas vindo ao seu encontro. Então ele lhe disse: "Já que nem todos sabem que és minha irmã, afasta-te um pouco do caminho até eles passarem. Depois ele lhe disse: "Prossigamos nosso caminho, irmã". Como ela não respondia, ele olhou para o lado e a encontrou morta. Viu também que suas pegadas estavam manchadas de sangue, porque estava descalça. Quando o irmão contou aos anciãos o que acontecera, eles comentaram o assunto entre si. Mas Deus revelou a situação dela a um dos anciãos: "Já que ela estava totalmente indiferente a qualquer coisa referente à carne e também desdenhou seu próprio corpo, não se queixando de sua grande ferida, por esta razão eu aceitei seu arrependimento".

N.44 *BHG* 1448zd, *tentatus discipulus a seniore salvatur*

Havia um ancião que tinha um discípulo e este irmão era tentado a ceder à *porneia*. O ancião o exortava, dizendo: "Permanece firme, meu filho, porque é uma tentação do inimigo". Mas ele lhe disse: "Não consigo mais permanecer firme, abba, a não ser que pratique a ação". Fingindo, o ancião lhe disse: "Eu também estou sendo tentado, meu filho. Vamos juntos e pratiquemos a ação e depois voltaremos para nossa cela". Ora, o ancião possuía uma moeda de ouro e a levou consigo. Quando chegaram ao lugar, o ancião disse ao discípulo: "Espera aqui fora; eu vou entrar primeiro e depois será tua vez". Ele entrou e deu a moeda de ouro à prostituta e suplicou-lhe, dizendo: "Não macules este irmão". E a prostituta prometeu ao ancião que não iria macular o irmão. O ancião saiu e mandou o irmão entrar.

E, logo que ele entrou, a prostituta lhe disse: "Espera, irmão. Porque, embora eu seja uma pecadora, nós temos uma norma e somos obrigadas a cumpri--la primeiro". Por isso ela pediu que ele ficasse de um lado e executasse cinquenta prostrações, enquanto ela fazia o mesmo do outro lado. Depois de o irmão ter executado vinte ou trinta prostrações, a consciência o alfinetou e ele disse a si mesmo: "Como estou rezando a Deus, enquanto aguardo para fazer essa ação abominável?" Saiu imediatamente, sem se macular. Quando viu a labuta do ancião, Deus cancelou a tentação do irmão e eles retornaram à cela glorificando a Deus.

N.45
Um ancião estava saindo para vender seus cestos feitos com folhas de palmeira. Um demônio que se encontrou com ele os tornou invisíveis. O ancião recorreu à oração, dizendo: "Eu te agradeço, ó Deus, por livrar-me da tentação". Incapaz de superar o estilo de vida* do ancião, o demônio se pôs a gritar, dizendo: "Aqui estão teus cestos, ancião malvado!" O ancião os tomou e os vendeu.

* *philosophia*, significando na verdade toda a prática monástica.

N.46/14.32
Um dos pais falou a respeito de um advogado [*scholastikos*] piedoso de Theoupolis [Antioquia] que costumava sentar-se ao lado de um recluso [*egkleistos*] e lhe pedia que o acolhesse e fizesse dele um monge.

O ancião lhe disse: "Se quiseres que eu te acolha, 'vai, vende tudo o que possuis e dá o dinheiro apurado aos pobres' [Mt 19,21 etc.], de acordo com o mandamento do Senhor, e então te receberei". Ele foi e o fez. Depois o ancião lhe disse: "Precisas guardar outro mandamento: não deves falar". Ele concordou e permaneceu cinco anos sem falar. Algumas pessoas começaram a elogiá-lo e por isso o abba lhe disse: "Não é bom para ti permanecer aqui; vou enviar-te a um cenóbio no Egito". E o enviou para lá. Mas, ao enviá-lo, não lhe falou sobre falar ou não falar; e assim, observando o mandamento, ele permaneceu sem falar.

Ora, o abba que o acolheu quis testá-lo para saber se ele era mudo ou não e por isso enviou-o para uma missão quando o rio estava transbordando. Fez isso para forçá-lo a dizer: "Não posso atravessar o rio". E enviou um irmão para segui-lo a fim de ver o que ele faria. Quando chegou ao rio e não conseguia atravessá-lo, ajoelhou-se. Então chegou um crocodilo que o pôs nas costas e o levou para a outra margem. Após cumprir sua missão, chegou ao rio e novamente o crocodilo o trouxe para a margem oposta. O irmão que foi enviado para segui-lo observou o ocorrido e, ao voltar, relatou tudo ao abba e aos irmãos e eles ficaram estupefatos. Algum tempo depois aconteceu que este irmão morreu e o abba mandou dizer ao abba que o enviara ao Egito: "Enviaste-me um homem mudo; no entanto, ele é um anjo de Deus". Então o recluso mandou dizer-lhe: "Ele não era mudo; mas, guardando o mandamento que lhe dei no início, ele permaneceu em silêncio". Todos ficaram maravilhados e glorificaram a Deus.

N.47 *BHG 1322zj, de divite sanato quem factae eleemosynae paenitet*

Alguém costumava dizer que havia em Alexandria um homem rico que caiu doente. Temendo a morte, tomou trinta libras de ouro* e deu-as aos pobres. Mas depois recuperou a saúde e começou a arrepender-se do que fizera. Ele tinha um amigo que era devoto e confidenciou-lhe o arrependimento pelo que havia feito. Mas este lhe disse: "Deverias antes regozijar-te por tê-las dado a Cristo". Mas ele não se convenceu. O amigo – que também era rico – lhe disse: "Aqui estão trinta libras de ouro. Mas vem para a igreja de São Menas e dize: 'Não fui eu quem cumpriu o mandamento: foi ele'. E receberás este dinheiro". Quando chegaram à igreja de São Menas, ele pronunciou aquelas palavras e tomou as trinta libras. E, no momento em que saía pela porta, morreu. Disseram ao antigo proprietário das moedas de ouro: "Toma o que é teu". Mas ele disse: "De modo algum, pelo Senhor! Desde que as dei a Cristo, são dele. Sejam dadas aos pobres". Os que ouviram o que aconteceu ficaram amedrontados e glorificaram a Deus pela conduta do homem.

* 30 x 72 = 2,160 *nomismata*, quase 10kg de ouro.

N.48 *BHG* 1328g, *de ponderatore*

Havia numa cidade um cambista. Um dos moradores veio trazer-lhe uma pedra preciosa que valia quinhentas moedas de ouro e lhe disse: "Toma esta pedra e providencia-me uma porção de seu valor quando surgir uma necessidade". Mas não havia ali ninguém quando ele lhe entregou a pedra. Mas um dos notáveis da cidade passava na frente da casa de câmbio voltando para casa. Ele ouviu e o viu entregar-lhe a pedra, sem o cambista perceber que ele ouvira. Alguns dias mais tarde, o homem que lhe entregara a pedra chegou e disse ao cambista: "Dá-me uma parte do preço da pedra, porque estou passando necessidade". Ele, porém, confiante de que não havia ninguém presente quando o outro lhe entregou a pedra, recusou-se dizendo: "Nunca me destes nada".

Ao sair, muito abalado, deparou-se com o notável e este lhe disse: "O que aconteceu contigo?" Ele contou-lhe sobre o negócio e o outro lhe disse: "Entregaste-lhe realmente a pedra?" Ele disse: "Sim". E o notável lhe disse: "Dize a ele: 'Vem e assegura-me disso na igreja de Santo André' e isto te será suficiente" – pois havia nela um *martyrion* de Santo André. Quando o cambista estava indo prestar o juramento, o notável tomou seu escravo e dirigiu-se à igreja de Santo André, dizendo a seu escravo: "Seja o que for que eu fizer hoje, não te perturbes; apenas sê paciente". Chegando à capela do mártir, ele tirou a roupa e começou a comportar-se como um possesso do demônio, gritando de maneira desordenada e confusa. Quando entraram, ele começou a dizer: "Santo André diz: 'Eis que este companheiro malvado tomou as quinhentas moedas de ouro do homem e quer prestar falso juramento em meu nome'". Depois saiu e agarrou-o pela garganta, dizendo: "Santo André diz: 'Entrega as quinhentas moedas de ouro do homem'". O outro, perturbado e aterrorizado, confessou, dizendo: "Vou buscá-las". O outro disse: "Traze-as agora mesmo". Ele saiu e as trouxe imediatamente.

O suposto demoníaco disse ao dono do dinheiro: "Santo André diz: 'Põe seis moedas de ouro sobre a sagrada mesa'". E com alegria ele colocou as moedas ali. Quando foram embora, o notável tomou suas vestes, vestiu-se decentemente e foi caminhando novamente para a casa de câmbio como de costume. Ao vê-lo, o cambista olhou-o de alto a baixo e o notável lhe disse: "Por que me olhas fixamente, amigo? Acredita em mim: pela graça de Cristo, não tenho nenhum demônio. Mas, como estava passando lá fora quando o homem te entregou a pedra, eu ouvi e vi perfeitamente. E se eu te dissesse, poderias dizer: 'Uma única testemunha não é digna de crédito'. Por isso resolvi encenar esta farsa, a fim de evitar que percas tua alma e que o homem fosse injustamente privado do que lhe pertence".

N.49

Um homem recebeu de seu abba uma incumbência e, ao chegar a um lugar onde havia água, encontrou ali uma mulher lavando roupas. Fortemente tentado, ele perguntou se podia deitar-se com ela. Ela lhe disse: "É fácil concordar com teu pedido, mas então eu serei a causa de muita aflição para ti". Ele lhe disse: "Como assim?" Ela respondeu: "Depois de teres praticado a ação, tua consciência te punirá. Ou perderás a esperança em ti mesmo ou precisarás de árduo trabalho para recuperar teu *status* presente. Por isso, segue teu caminho em paz, antes de seres ferido em tua consciência". Ao ouvir isto, ele se arrependeu e agradeceu a Deus e à sabedoria dela. Chegando a seu abba, contou-lhe o ocorrido e ele ficou maravilhado com a mulher. O irmão pediu para não precisar sair do mosteiro no futuro; e permaneceu no mosteiro sem sair até morrer.

N.50/5.47

Um irmão foi tirar água do rio. Ali encontrou uma mulher lavando roupa e aconteceu que caiu em pecado com ela. Após o pecado, tomou a vasilha com água e retornou à sua cela. Os demônios o assaltaram e o atormentaram através de seus *logismoi*, dizendo: "Para onde pretendes ir agora? Não há salvação para ti; então, por que estás perturbando também o mundo?"* Percebendo que eles queriam destruí-lo completamente, o irmão disse aos seus *logismoi*: "Donde viestes sobre mim e por que estais me atormentando para levar-me ao desespero? Eu não pequei; repito: não pequei". Então entrou em sua cela e viveu em *hêsychia* como antes. Mas o Senhor revelou a um ancião, que era seu vizinho, que o irmão tal e tal, embora tivesse caído, havia triunfado. Por isso o ancião aproximou-se dele e lhe disse: "Como estás?" Ele disse: "Estou bem, abba". O ancião lhe disse: "Nada te atormentou nestes dias?" Ele lhe disse: "Nada". O ancião lhe disse: "Deus me revelou que, embora tenhas caído, triunfaste". E então o irmão contou tudo o que lhe acontecera. O ancião disse: "De fato, irmão, teu discernimento despedaçou o poder do inimigo".

* sentido obscuro.

N.51

Um jovem queria renunciar ao mundo. Mas muitas vezes, depois de pôr-se a caminho, seus *logismoi* o faziam voltar atrás, envolvendo-o nos negócios, porque também era rico. Certo dia, após pôr-se a caminho, cercaram-no, levantando uma grande nuvem de poeira para fazê-lo retornar novamente. Mas de repente ele se desnudou e, jogando fora suas vestes, saiu correndo nu para os mosteiros. O Senhor revelou a um ancião: "Levanta-te e recebe meu atleta". O ancião levantou-se e foi ao seu encontro. Ficou pasmado ao ouvir o caso e cobriu-o com o hábito.

Quando algumas pessoas se aproximavam do ancião para perguntar sobre todo tipo de *logismoi*, ele lhes respondia: "Se se trata de renunciar ao mundo, ide perguntar ao irmão".

N.52

Alguém contou: "Um irmão que morava num cenóbio foi enviado para tratar de negócios do cenóbio. Havia num povoado um mundano devoto, que costumava acolhê-lo como um ato de fé sempre que ele chegava ao povoado. O mundano tinha uma filha que enviuvara recentemente após viver por dois anos com o marido. Enquanto ia e voltava, o irmão foi provocado pela tentação a sentir atração por ela; mas ela, sendo perspicaz, percebeu isso e tomava cuidado para não chegar à sua presença. Certo dia, no entanto, seu pai dirigiu-se a uma cidade vizinha por necessidade, deixando-a sozinha em casa. Chegando como de costume, o irmão encontrou-a sozinha e lhe disse: 'Onde está teu pai?' Ela lhe disse: 'Ele foi à cidade'. E o irmão começou a ficar perturbado pelo conflito, querendo agarrá-la.

Astutamente ela lhe disse: 'Não te perturbes, meu pai não voltará tão cedo; estamos só nós dois aqui. Mas sei que vós, monges, não fazeis nada sem oração. Por isso, levanta-te e reza a Deus e faremos o que ele puser em teu coração. Ele não quis rezar, porque estava sendo perturbado pelo conflito. Ela lhe disse: "Nunca conheceste realmente uma mulher?' Ele lhe disse: 'Não. E é por isso que quero saber o que é uma mulher'. Ela lhe disse: 'É esta a razão para estares perturbado; não conheces o fedor das mulheres infelizes'. Querendo acalmar sua paixão, ela disse: 'Eu estou menstruada; ninguém pode aproximar-se de mim ou mesmo cheirar-me por causa do fedor'.

Caindo em si e aborrecido por ouvir dela estas palavras e outras coisas semelhantes, ele chorou. Quando viu que ele caíra em si, ela lhe disse: 'Olha. Se eu tivesse sido persuadida por ti, já teríamos cometido o pecado. Então, com que cara irias enfrentar meu pai, ou retornar ao teu mosteiro e ouvir o coro daqueles santos cantando? Por isso, te peço, sê cauteloso no futuro e não queiras, por um pequeno prazer vergonhoso, perder esse sólido trabalho que realizaste e ser privado dos bens eternos'. Depois de ouvir estas palavras, o irmão sofredor relatou-as a mim que as estou contando, dando graças a Deus que, através da sagacidade e da discrição da mulher, não lhe permitiu cair definitivamente".

N.53
Um ancião tinha seu escravo como discípulo e, desejando dominá-lo, convenceu-o a manter completa obediência. Por isso, o ancião lhe disse: "Vai, acende o fogo no forno, toma o livro que é lido

na *synaxis* e lança-o no forno". Ele foi e o fez sem questionar. E, quando o livro foi lançado, o forno se apagou. Isto ocorreu para entendermos que a obediência é boa, porque é uma escada para o Reino dos Céus.

N. 54/3.51
Alguém viu um jovem monge rindo e lhe disse: "Não rias, irmão, pois afugentas de ti o temor de Deus".

Sobre o santo hábito dos monges

N.55/10.192

Os anciãos costumavam dizer: "O capuz é o símbolo da inocência, o escapulário é o da cruz, o cinto é o da coragem. Vivamos, portanto, de acordo com nosso hábito, fazendo tudo com diligência, para não parecer que estamos vestindo um hábito inapropriado".

N.56

A respeito de certo ancião costumava-se dizer que, enquanto estava em sua cela, um irmão veio visitá-lo à noite e ouviu-o lutando lá dentro e dizendo: "Ah, está bem"; "Por quanto tempo ainda?"; "Sai". E depois: "Aproxima-te de mim, amigo". Então o irmão entrou e lhe disse: "Com quem estavas falando, abba?" Ele disse: "Eu estava expulsando meus *logismoi* perversos e mandando entrar os bons".

N.57 [= N.270]/11.101

Um irmão disse a um ancião: "Não vejo nenhum conflito em meu coração". O ancião lhe disse: "Estás aberto para os quatro lados. Quem quiser entra em ti e sai de ti e tu não te dás conta disso. Se tens uma porta, fecha-a e não permitas que os *logismoi* perversos entrem por ela. Então os verás lá fora, batalhando contra ti".

N.58/3.53
Um ancião disse: "Eu abaixo fuso e ponho a morte diante de meus olhos antes de levantá-lo de novo".

N.59/10.190
Ouvi falar de um ancião que vivia no templo em Clysma e que não realizava o trabalho a ser feito, mesmo se alguém o mandasse fazê-lo. Na época de fabricar redes de pesca ele trabalhava com estopa; quando se ocupavam com teias, ele trabalhava com panos de linho – de modo que sua mente não era perturbada pelas tarefas.

N.60/4.91
Certa vez, quando os irmãos estavam comendo na igreja de Kellia no tempo da Páscoa, deram a um irmão uma taça de vinho e o forçaram a beber. Ele lhes disse: "Desculpai-me, pais, porque me fizestes isso também no ano passado e fiquei angustiado por um longo tempo".

N.61/4.35

A respeito de um ancião no Baixo Egito costumava-se dizer que ele vivia em *hêsychia* e que um mundano piedoso o assistia em suas necessidades. Aconteceu que o filho do mundano caiu doente. Ele suplicou insistentemente que o ancião fosse rezar por seu filho. O ancião levantou-se e partiu com ele. Correndo na frente, o mundano entrou em sua casa dizendo: "Vinde ao encontro do anacoreta". Quando de longe os viu chegar com lanternas, o ancião teve uma ideia. Tirou a roupa, jogou-a no rio e começou a lavá-la, permanecendo nu. Seu assistente morreu de vergonha ao vê-lo. Pediu às pessoas: "Voltai, pois o ancião perdeu o bom-senso". Aproximando-se dele, disse: "Abba, por que fizeste isto? – porque todos dizem: o ancião tem um demônio". Mas ele lhe disse: "Eu também queria ouvir isso".

N.62

Havia um anacoreta que pastava com os antílopes e rezou a Deus dizendo: "Senhor, dize-me o que me falta". Ele ouviu uma voz que dizia: "Vai a tal-e-tal cenóbio e faze tudo o que te mandarem". Ele entrou no cenóbio e permaneceu, mas não sabia como servir aos irmãos. Os monges mais jovens começaram a instruí-lo sobre como servir aos irmãos, dizendo-lhe: "Faze isto, estúpido" e: "Faze aquilo, velho caduco". Angustiado, ele rezou a Deus, dizendo: "Senhor, não sei como servir aos homens; manda-me de volta para os antílopes". Dispensado por Deus, ele partiu novamente para o campo a fim de pastar com os antílopes.

N.63/5.49

Alguns seculares visitaram um anacoreta e ele, ao vê-los, os recebeu com alegria, dizendo: "O Senhor vos mandou sepultar-me, pois meu chamado chegou. Para vosso proveito e para o proveito dos que ouvirem falar disto, vou contar-vos minha história de vida. Irmãos, eu sou virgem no corpo, mas na alma estou sendo até agora provocado desumanamente a cair na *porneia*. Estou aqui falando convosco e vejo os anjos esperando para levar minha alma; e do outro lado está satanás lançando *logismoi* de *porneia* contra mim". Dizendo isso, deitou-se e morreu. Enquanto os mundanos o preparavam para o sepultamento, descobriram que ele era realmente virgem.

N.64

Um monge estava sendo assediado pelo demônio da *porneia* por um longo tempo. Sentindo-se assediado durante a *synaxis*, desesperado, desnudou-se na presença dos irmãos e expulsou a influência de satanás, dizendo: "Rezai por mim, porque fui assediado desta maneira durante quatorze anos". Devido à sua humilhação, o conflito cessou.

N.65

Um ancião disse: "A raiz de todos os males é a negligência".

N.66/18.14 *BHG* 1438z, *de efficacia orationis*

Um sacerdote de Kellia tinha o dom da clarividência. Certa vez, enquanto se dirigia à igreja para celebrar a *synaxis*, viu uma multidão de demônios diante de uma das celas dos irmãos. Alguns deles estavam transformados em mulheres proferindo indecências; outros se pareciam com homens jovens blasfemando; outros dançavam e outros haviam assumido várias formas. O ancião suspirou, dizendo: "Certamente o irmão vive negligentemente; por isso os espíritos maus estão aglomerados ao redor de sua cela de maneira desordenada". Depois de completar sua *synaxis*, ao voltar, entrou na cela do irmão e lhe disse: "Irmão, estou angustiado, mas tenho confiança em ti. Se rezares por mim, certamente Deus aliviará meu coração desta aflição". O irmão prostrou-se diante dele dizendo: "Pai, não sou capaz de rezar por ti". Mas o ancião persistiu em sua súplica e disse ao irmão: "Não irei embora enquanto não me prometeres que rezarás por mim todas as noites". E por isso o irmão cedeu ao pedido do ancião.

Ora, o ancião fez isso desejando proporcionar ao irmão algum estímulo para rezar à noite. Por isso o irmão levantou-se durante a noite e fez a oração pelo ancião. Ao completar a oração, sentiu compunção e disse para si mesmo: "Oh! alma desventurada, rezaste pelo ancião e não rezaste por ti mesma?" E por isso pronunciou uma oração em prol de si mesmo. Fez isto por uma semana, fazendo duas orações cada noite, uma pelo ancião e outra por ele mesmo. Ora, no domingo, quando o ancião se dirigia à igreja, viu novamente os demônios diante da cela do irmão, mas um tanto deprimidos. E o ancião compreendeu que os demônios estavam deprimidos porque o irmão rezava. Contente agora, dirigiu-se ao irmão e lhe disse: "Por favor, acrescenta mais uma oração por mim cada noite". Tendo feito as duas orações pelo ancião, o irmão novamente sentiu remorsos. Disse consigo mesmo: "Oh! indivíduo desventurado, acrescenta mais uma oração por ti mesmo". E assim passou toda a semana fazendo quatro orações cada noite. Quando o ancião chegou novamente, viu os demônios, abatidos e reduzidos ao silêncio. Dando graças a Deus, dirigiu-se ao irmão e pediu-lhe que acrescentasse mais uma oração em seu favor. O irmão acrescentou mais uma oração também para si mesmo: agora fazia seis orações cada noite. Quando o ancião se aproximou do irmão novamente, os demônios estavam furiosos com o ancião, irritados com a salvação do irmão. Mas o ancião glorificou a Deus e, entrando em sua cela, pediu-lhe que não fosse negligente, mas "rezasse sem cessar" [1Ts 5,17] e depois se retirou. Vendo-o persistir na oração e na sobriedade, pela graça de Deus, os demônios se afastaram dele.

N. 67/20.22 *BHG* 1438i, *de lachanopola*

Um ancião disse que havia um ancião que vivia no deserto, servindo a Deus por muitos anos e dizendo: "Senhor, assegura-me que eu te agradei". E viu um anjo dizendo-lhe: "Ainda não te tornaste como o verdureiro que vive em tal e tal lugar". Estupefato, o ancião disse consigo mesmo: "Vou à cidade para vê-lo e verificar o que ele realizou para superar minha observância dos mandamentos e minha labuta de tantos anos". O ancião partiu e chegou ao lugar de que o anjo lhe falara e encontrou o homem, sentado e vendendo os legumes. Sentou ao lado dele pelo resto do dia e, no momento de o homem sair, o ancião lhe disse: "Irmão, podes hospedar-me em tua cela por esta noite?" O homem, cheio de alegria, o recebeu como hóspede.

Entrando na cela, depois de o homem preparar a refeição para o ancião, este lhe disse: "Por favor, irmão, conta-me teu estilo de vida". Como o homem não estava disposto a falar, o ancião insistiu longamente em seu pedido, de modo que, com relutância, o homem lhe disse: "Eu só como à tarde. Quando termino o trabalho, levo comigo apenas o que é necessário para o alimento; o resto eu dou aos que passam necessidade. Ou, se recebo algum dos servos de Deus como hóspede, eu o gasto com ele. Ao levantar de manhã, antes de sentar-me para o trabalho manual, eu digo: 'Esta cidade, do menor ao maior, entrará no Reino de Deus em virtude de suas ações justas; mas só eu herdarei o castigo por causa dos meus pecados'. E novamente, à noite, digo a mesma coisa antes de dormir".

Ao ouvir isto, o ancião disse consigo: "Esta é de fato uma excelente observância dos mandamentos, mas não digna de superar minha labuta ao longo de tantos anos". Ora, quando estavam prestes a comer, o ancião ouviu algumas pessoas entoando cantos na rua, porque a cela do verdureiro estava situada num lugar público. O ancião lhe disse: "Irmão, já que desejas levar uma vida devota, como permaneces neste lugar? Não te perturbas ao ouvi-los cantar estes cantos?" O homem disse: "Digo-te, abba: eu nunca fico perturbado ou escandalizado". Ao ouvir isto, o ancião disse: "Muito bem. O que pensas em teu coração ao ouvir estes cantos?" E ele disse: "Penso que eles certamente estão subindo ao Reino". Estupefato por ouvir isto, o ancião disse: "Esta é uma observância dos mandamentos que supera minha labuta de tantos anos". Prostrou-se dizendo: "Perdoa-me, irmão; não atingi esta estatura". E, sem comer, retirou-se para o deserto novamente. [Cf. N.338]

N.68/18.32

Alguém contou que, quando os clérigos ofereciam a Eucaristia em Scete, costumava descer a figura de uma águia sobre a oferenda e ninguém a via a não ser os clérigos. Certo dia, um dos irmãos perguntou alguma coisa a um diácono e ele lhe disse: "Não tenho tempo agora". Quando chegaram para a oferenda, a figura de uma águia não desceu como de costume. O sacerdote disse ao diácono: "Que negócio é esse que a águia não desceu como de costume? A culpa está em mim ou em ti. Afasta-te de mim; e, se ela descer, saberemos que é por tua causa que ela não desceu". Quando o diácono se afastou, a águia desceu imediatamente e, quando a *synaxis* terminou, o sacerdote disse ao diácono: "Dize-me o que fizeste". O diácono assegurou-lhe: "Não tenho consciência de ter pecado, a não ser que tenha sido quando um irmão se aproximou e perguntou-me alguma coisa e eu lhe respondi: 'Não tenho tempo'". O sacerdote disse: "Certamente foi por tua culpa que a águia não desceu, já que magoaste o irmão". E o diácono foi e pediu desculpas ao irmão.

N.69

Alguns dos pais costumavam dizer que, quando o santo Pedro, arcebispo de Alexandria, estava prestes a morrer, uma virgem perpétua teve uma visão e ouviu uma voz dizendo: "Pedro, chefe dos apóstolos, e Pedro, perfeição dos mártires".

N.70/10.178

O superior de um cenóbio perguntou ao nosso santo pai Cirilo, papa de Alexandria: "Quem é superior em seu estilo de vida: nós que temos irmãos sob a nossa autoridade pessoal e conduzimos cada um pela mão para serem salvos de diferentes maneiras, ou os que se salvam sozinhos no deserto?" Em resposta, o papa disse: "Não há distinção entre Elias e Moisés; ambos agradaram a Deus".

N.71

Um irmão perguntou a seu abba ancião: "Como alguém se torna 'louco por causa do Senhor' [1Cor 4,10]?" O ancião lhe disse: "Havia num cenóbio uma criança que foi entregue a um bom ancião para que a educasse e lhe ensinasse o temor de Deus. O ancião lhe disse: 'Quando alguém te insulta, abençoa-o; se estás sentado à mesa, come o que está deteriorado e deixa o que está bom; e, se precisas escolher uma roupa, deixa de lado a roupa boa e toma uma roupa gasta pelo uso'. A criança lhe disse: 'E eu sou louco para me dizeres que me comporte desta maneira?' O ancião disse: 'Estou te dizendo estas coisas para que te tornes 'um louco por causa do Senhor', a fim de que o Senhor faça de ti um sábio'. Como vês, o ancião mostrou o que alguém faz para tornar-se 'um louco por causa do Senhor'".

N.72 *BHG* 1322hd, *de silentio patris*

Havia num cenóbio um homem mundano que tinha com ele seu filho. Querendo testá-lo, o abba lhe disse: "Não fales com teu filho, mas trata-o como um estranho". E ele disse: "Farei isto de acordo com tua palavra". Viveu muitos anos e não falou com seu filho. Quando chegou o momento do chamado de seu filho e ele estava prestes a morrer, o abba disse ao pai dele: "Agora vai e fala com teu filho". Mas o pai disse: "Por favor, cumpramos o mandamento até o fim". O filho morreu e o pai não falou com ele. Todos ficaram maravilhados com a maneira como ele aceitou alegremente o mandamento e o cumpriu.

N.73

Certa vez um ancião estava descendo para Scete e um irmão o acompanhava durante a jornada. No momento de se despedirem, o ancião lhe disse: "Vamos comer juntos, irmão". Era de manhã cedo e o início da semana. Levantando-se cedo no sábado seguinte, o ancião foi procurar o irmão e lhe disse: "Passaste fome desde o dia em que comemos juntos, irmão?" O irmão disse: "Não. Por comer todos os dias, não estou com fome". O ancião lhe disse: "Na verdade, meu filho, eu não comi desde então". Ao ouvir isto, o irmão sentiu remorsos e ficou muito edificado.

N.74/4.96

Um monge muito devoto e amado de Deus tinha certo anacoreta como grande amigo. O anacoreta morreu e, ao entrar em seu mosteiro, o irmão encontrou quinhentas moedas de ouro. Surpreso, começou a chorar, temendo que o anacoreta poderia ter caído em desgraça diante de Deus por causa do dinheiro. Como implorasse a Deus por longo tempo a respeito desta matéria, viu um anjo do Senhor que lhe disse: "Por que estás tão abatido a respeito do anacoreta? Entrega à benevolência de Deus este assunto que estás indagando. Se todos fossem perfeitos, como se manifestaria a benevolência de Deus?" Assegurado desta maneira de que o anacoreta fora considerado digno de perdão, o irmão encheu-se de alegria e glorificou a Deus de todo o coração.

N.75

Um ancião disse: "Se estás disposto a viver de acordo com a lei de Deus, descobrirás que o legislador é um protetor".

N.76

Ele disse também: "Se, de livre-vontade, queres desobedecer às leis de Deus, encontrarás o diabo correndo contigo para a desgraça".

N.77/15.112 *BHG* 1318ya, *de duobus fratribus inseparabilibus*

Havia dois irmãos consanguíneos e o diabo chegou para separá-los um do outro. Certo dia o mais moço acendeu a lâmpada e o demônio interveio, derrubou o candelabro e a lâmpada também tombou. Seu irmão golpeou-o com raiva, mas ele pediu desculpas, dizendo: "Sê paciente, meu irmão, e eu a acenderei de novo". E eis que apareceu o poder do Senhor e torturou o demônio até o amanhecer. O demônio foi embora e relatou ao seu chefe o que acontecera. O sacerdote pagão ouviu o demônio contando esta história e saiu e tornou-se monge, perseverando na humilhação desde o início. Ele disse que a humilhação dissolve o poder do inimigo, como ele próprio o ouvira dizendo: "Quando perturbo os monges, um deles se vira e pede desculpas – e eles anulam o meu poder".

N.78/5.20

A respeito do *logismos* da *porneia*, um ancião disse: "Nós experimentamos estas coisas por causa de nossa negligência. Porque, se confiássemos que Deus habita em nós, não imporíamos nenhum objeto estranho à nossa pessoa. Pois o Cristo Senhor-e-mestre, que habita em nós e está presente conosco, observa nossa vida. Por conseguinte, nós, revestidos dele e olhando para Ele, não devemos ser negligentes, mas purificar-nos como também Ele é puro [1Jo 3,3]".

N.79/5.21
Ele disse também: "Permaneçamos firmes sobre a rocha e deixemos o rio passar; não temais e ele não vos derrubará. Cantai em *hêsychia* dizendo: 'Aqueles que confiaram no Senhor são como o Monte Sião; quem habita em Jerusalém nunca será abalado' [Sl 125,1]".

N.80
Ele disse também: "O inimigo diz ao Salvador: 'Estou enviando minhas forças contra as tuas para derrotá-las. Mesmo que eu não consiga corromper teus eleitos, posso iludi-los durante a noite'. O Salvador lhe disse: 'Se um feto abortado herda de seu pai, também isto será contado como pecado para meus eleitos'".

N.81
Ele disse também: "Foi por ti, ó homem, que Cristo nasceu. O Filho de Deus veio para que sejas salvo. Sendo Deus, Ele se tornou uma criança, se tornou um homem, depois um leitor. Tomando o livro na sinagoga, Ele leu dizendo: 'O Espírito do Senhor está sobre mim, porque Ele me ungiu' [Lc 4,18]. Ele se tornou

um subdiácono quando 'fez um chicote de cordas e expulsou todos do templo, as ovelhas, os bois' e o resto. [Jo 2,15]. Tornou-se um diácono quando, cingindo-se com uma toalha, lavou os pés de seus discípulos, ordenando-lhes que lavassem os pés dos irmãos [Jo 13,4-5.14]. Tornou-se um sacerdote quando ensinou ao povo, sentado entre os sacerdotes [Lc 2,46]. Tornou-se um bispo quando tomou o pão, o abençoou e o deu a seus discípulos [Mt 26,26]. Ele foi açoitado por causa de ti, mas tu não suportas nem mesmo um insulto em atenção a Ele. Ele foi sepultado e ressuscitou como Deus. Tudo isto Ele realizou por nós na devida ordem e sequência, para poder salvar-nos. Sejamos sóbrios, sejamos vigilantes [1Pd 5,8], dediquemo-nos à oração, façamos as coisas que lhe agradam".

N.82

O discípulo de um grande ancião, lutando contra a *porneia*, voltou ao mundo e se casou. Aflito, o ancião rezou a Deus dizendo: "Senhor Jesus Cristo, não permitas que teu servo se macule". E, quando estava no quarto com sua esposa, o discípulo entregou seu espírito – sem se macular.

N.83

Em relação aos *logismoi* malévolos, ele respondeu dizendo: "Irmãos, eu vos imploro: nós pusemos um limite às nossas ações. Ponhamos um limite também aos nossos desejos, porque o que somos nós, senão pó tirado do pó?"

N.84

Um dos pais contou a história de dois comerciantes, originários de Apameia, que eram amigos e faziam negócios no exterior. Um dos quais era rico e o outro estava em situação mediana. O rico tinha uma esposa muito bonita, que era casta, como os acontecimentos mostraram. Porque, quando seu marido morreu, o outro comerciante, consciente de sua discrição, quis tomá-la como sua esposa, mas hesitava em falar-lhe por receio de que ela o rejeitasse. Ela, porém, sendo perspicaz, tinha conhecimento disto e lhe disse: "Senhor Simeão – pois esse era seu nome –, sei que tens *logismoi*; mas dize-me o que tens em mente e eu serei franca contigo".

No início ele hesitou em falar, mas depois confessou e pediu-lhe que aceitasse ser sua esposa. Ela lhe disse: "Eu consinto, contanto que faças o que eu te ordenar". Ele lhe disse: "Farei tudo o que me ordenares". Ela lhe disse: "Então vai para teu lugar de trabalho e jejua até eu te chamar. E eu, de minha parte, não provarei nada até te chamar". Ele concordou, mas ela não fixou uma data para chamá-lo e ele pensava que ela o chamaria naquele mesmo dia. Mas passou um dia, um segundo e um terceiro e ela não mandou chamá-lo. Ele perseverou, seja pelo desejo que sentia por ela ou porque Deus administrava a situação, concedendo-lhe paciência para aguentar, com plena consciência do *status* ao qual estava prestes a ser chamado – porque, subsequentemente, ele se tornou um "vaso escolhido" [At 9,15]. No quarto dia ela mandou buscá-lo. Ele quase desmaiou. Incapaz de ficar de pé por causa da fraqueza, foi carregado até junto dela. Ela, por sua vez, preparou uma mesa e arrumou uma cama e depois lhe disse: "Aqui estão a mesa e a cama. Dize-me: para qual delas nós vamos?" Ele lhe disse: "Eu te peço, tem piedade de mim. Dá-me algo para comer, porque estou nas últimas e, por causa da fraqueza que se apoderou de mim, nem sequer percebo se existe uma mulher".

Então ela lhe disse: "Como vês, quando estás com fome, preferes a comida a mim ou a qualquer outra mulher ou a qualquer outro prazer. Usa este remédio sempre que tiveres tais *logismoi* e serás aliviado de todo *logismos* impróprio. Acredita em mim: depois de meu marido não terei nenhum contato contigo ou com qualquer outro homem, porque, sob a proteção de Cristo, espero permanecer assim: uma viúva". Então, arrependido e admirado com a sagacidade e discrição dela, ele lhe disse: "Já que aprouve ao Senhor decidir salvar-me através de tua sagacidade, o que me aconselhas fazer?" Não confiando em sua própria juventude ou beleza e temendo que poderia chegar o tempo em que sofreria uma paixão semelhante, ela lhe disse: "Penso que, tendo Deus como testemunha, não amas ninguém mais do que a mim". Ele lhe disse: "É verdade". Ela lhe disse: "E eu te amo realmente de maneira piedosa. Mas, já que existe uma declaração do Senhor que diz: 'Se alguém vem a mim e não odiar seu pai e sua mãe, sua mulher e seus filhos, seus irmãos e sua própria vida, não pode ser meu discípulo' [Lc 14,26], afastemo-nos um do outro por causa de Deus, de modo que o Senhor levará em consideração que tu renunciaste à tua esposa por amor a Deus e que eu renunciei a meu esposo. Aqui em nossa terra existe um mosteiro de reclusos em Apameia. Se desejas sinceramente ser salvo, vai e renuncia ao mundo ali e serás realmente agradável a Deus". Sem demora ele se desfez de seus negócios e dirigiu-se às pressas ao mosteiro, onde permaneceu até descansar no Senhor. Tornou-se um monge experimentado e provado, com mente pura, vendo sempre o lado bom das coisas, contemplando-as com os olhos do espírito. O próprio abba Simeão contou ao presente narrador todas estas coisas.

N.85/18.42 *BHG* 1448d, *de mensa monachorum*

Um dos pais disse que havia três coisas apreciadas entre os monges que precisamos abordar com temor, tremor e alegria espiritual: a comunhão dos santos mistérios, a mesa dos irmãos e a lavação de seus pés. Ele aduziu o seguinte exemplo: "Havia um grande ancião que tinha o dom da clarividência. Aconteceu que ele estava com diversos irmãos e, enquanto comiam, o ancião, sentado à mesa, prestou atenção em espírito e começou a ver alguns comendo mel, outros pão, outros excremento. Perplexo, intercedeu junto a Deus, dizendo: 'Senhor, revela-me este mistério: como os mesmos alimentos dispostos sobre a mesa para todos aparecem transformados desta maneira no ato de comer e alguns comem mel, outros pão e outros excremento?' Veio-lhe uma voz de cima dizendo: 'Os que estão comendo mel são os que sentam à mesa com temor e tremor e com alegria espiritual – e rezam sem cessar [1Ts 5,17]. Suas orações sobem até Deus como incenso; por isso comem mel. Os que comem pão são os que dão graças ao compartilhar o que é dado por Deus. Ao passo que os que comem excremento são os que murmuram, dizendo: Isto é bom e aquilo está deteriorado. Não se deve levar em consideração essas coisas, mas antes glorificar a Deus e oferecer-lhe hinos, em cumprimento do dito: Quer comais, quer bebais ou seja o que for que fazeis, fazei tudo para a glória a Deus'" [1Cor 10,31].

N. 86/10.114

Um monge trabalhava num dia em que se comemorava um mártir. Outro monge o viu e disse: "Como é possível que estejas trabalhando hoje?" Ele lhe disse: "No dia de hoje o servo de Deus foi torturado dando testemunho de sua fé e foi espancado. Não deveria eu também fazer um pouco de esforço trabalhando hoje?"

N.87/18.37

Um ancião disse: "Muitas vezes, quando o diácono dizia 'Saudai-vos uns aos outros', eu vi o Espírito Santo na boca dos irmãos".

N. 88/18.47

Certa vez uma pessoa se arrependeu e foi viver em *hêsychia*. Pouco depois tropeçou por acaso numa pedra e ficou ferido no pé, de modo que perdeu muito sangue e, desmaiando, entregou sua alma. Os demônios vieram querendo levar sua alma, mas os anjos lhes disseram: "Olhai a pedra e vede o sangue que ele derramou pelo Senhor". E, quando os anjos disseram isto, sua alma foi libertada.

N.89/21.4

Perguntaram a um ancião que tipo de pessoa um monge devia ser e ele respondeu: "Em minha opinião, um diante de um".*

* *monos pros monon*, "só diante do só" Guy (Evágrio?).

N.90/21.5

Perguntaram a um ancião: "Por que sinto medo ao perambular pelo deserto?" Ele respondeu: "Agora estás vivo".

N.91/21.6

Perguntaram a um ancião: "O que eles deveriam fazer para serem salvos?" Ele estava trançando cordas e, sem desviar os olhos de seu trabalho, respondeu: "Olha, podes ver".

N.92/21.8

Perguntaram a um ancião: "Por que estou continuamente desanimado?" Ele respondeu: "Porque ainda não vês a linha de chegada".

N.93/21.9

Perguntaram a um ancião: "Qual é a tarefa do monge?" Ele respondeu: "A discrição".

N.94/21.10

Perguntaram a um ancião: "Por que acontece que sou tentado pela *porneia*?" E ele respondeu: "Por comer e dormir demais".

N.95/21.11

Perguntaram a um ancião: "O que um monge deveria fazer?" Ele respondeu: "Deveria aplicar-se a toda atividade boa e abster-se de toda atividade má".

N.96/21.12

Os anciãos costumavam dizer: "A oração é o espelho do monge".

N.97/21.13

Os anciãos costumavam dizer: "Não existe nada pior do que julgar".

N.97*bis*/21.14

Os anciãos costumavam dizer que não se deveria dar uma fiança aos *logismoi*.

N.98/21.15

Os anciãos costumavam dizer que a coroa do monge é a humildade.

N.99/21.16

Os anciãos costumavam dizer: "A cada *logismos* que te acometer, dize: 'És dos nossos ou dos adversários?' E certamente ele se declara".

N.100/21.17

Os anciãos costumavam dizer que a alma é uma fonte: se cavas, ela se purifica; se jogas terra nela, ela desaparece.

N.101/21.18

Um ancião disse: "Estou convencido de que Deus não é injusto ao tirar alguém da prisão e lançar outro na prisão".

N.102/21.19

Um ancião disse: "Refrear-se em todos os aspectos é o caminho de Deus".

N.103/21.22

Um ancião disse: "Nunca faças algo sem antes examinar teu coração para ver se o que estás prestes a fazer está de acordo com Deus".

N.104/21.23

Um ancião disse: "Se um monge só reza quando se levanta para rezar, esse monge não está rezando de forma alguma".

N.105/21.24

Um ancião disse: "Durante vinte anos continuei lutando contra um *logismos* para ver todos os homens como um *logismos*".

N.106/21.25

Um ancião disse: "A discrição é maior do que todas as virtudes".

N. 107/21.26

Perguntaram a um ancião: "De onde a alma adquire a humilhação?" Ele respondeu: "Quando ela está preocupada exclusivamente com seus próprios males".

N.108/21.29

Um ancião disse: "Assim como a terra nunca cai, tampouco cai aquele que se humilha".

N.109/21.28 [muito ambíguo]

Um ancião dizia: "Nunca me atrasei em fazer alguma coisa de que eu era capaz", ou: "Nunca repeti alguma coisa que eu já tinha concluído", ou: "Nunca pensei de novo [literalmente: mudei de ideia] sobre alguma coisa que eu podia compreender/captar plenamente", ou: "Nunca considerei de pouca importância realizar qualquer coisa de que eu era capaz".

N.110/21.30

Um ancião disse: "É uma vergonha para um monge abandonar todas as suas posses e ir voluntariamente para o exílio por amor a Deus e, depois, partir para o castigo".

N.111 = N.244

Os anciãos costumavam dizer: "Se vires um jovem subindo ao céu por sua livre-vontade, agarra-o pelo pé e puxa-o para baixo, porque é para seu bem".

N.112/21.31

Um ancião disse: "Esta geração não está preocupada com o hoje, mas com o amanhã".

N.113/21.32, cf. 21.63

Um ancião disse: "Nossa tarefa é queimar lenha".

N.114/21.33

Um ancião disse: "Não queiras não ser desprezado".

N.115/21.34

Um ancião disse: "A humilhação nunca se irrita nem irrita ninguém".

N.116/21.35

Ele disse também: "Permanecer satisfeito na cela enche o monge de coisas boas".

N.117/21.36

Um ancião disse: "Infeliz o homem quando sua reputação é maior do que seu desempenho".

N.118/21.37

Um ancião disse: "Conversa fútil e riso são como um fogo consumidor na palha".

N.119/21.38

Um ancião disse: "Quem se refreia por amor a Deus é como um homem que se tornou um confessor".

N.120/21.39

Ele disse também: "Quem se torna louco por causa de Deus [1Cor 3,18], Deus o torna sagaz".

N.121/21.40

Um ancião disse: "O homem que tem a morte sempre diante de seus olhos vence a pusilanimidade".

N.122/21.41

Um ancião disse: "É isto que Deus exige de um homem: pensamento, palavra e ação".

N. 123/21.42

O mesmo ancião disse: "O homem precisa destas coisas: temer o julgamento de Deus, odiar o pecado e implorar a Deus o tempo todo".

N.123bis/Carion S1

Um ancião disse: "Se não for forte, um homem que vive com um jovem cai. Se ele é forte, não cai, mas enquanto isso não faz nenhum progresso".

N.124/11.63

Um ancião disse: "Mantém boa distância de todo homem que gosta de polemizar no debate".

N.125(cf. 10.124)

Um ancião disse: "Não tenhas amizade com um hegúmeno, não mantenhas negócios com uma mulher e não troques favores com um jovem".

N.126

Um ancião disse: "Choremos, irmãos, e deixemos nossos olhos jorrarem lágrimas, antes de irmos para o lugar onde nossas lágrimas consumirão completamente nossos corpos".

N.127/5.29

Um ancião disse: "A ausência de preocupação [Mt 6,25-34], o silêncio e a meditação oculta produzem pureza".

N.128

A respeito de um ancião costumava-se dizer que ele vivia com alguns irmãos. Ele os mandava uma só vez executar uma tarefa e, se não a realizassem, o ancião se levantava e a executava ele próprio sem raiva.

N.129

Um irmão perguntou a um ancião: "É bom ter aversão [*hexis*] ao seu próximo?" O ancião lhe disse: "Estas atitudes não têm o poder de romper uma mordaça. Tu tens uma atitude para com teu irmão; se queres ter uma aversão, é melhor ter aversão às paixões".

N.130

Enquanto se dirigia apressadamente à cidade, um irmão pediu uma oração a um ancião. O ancião lhe disse: "Não te apresses a ir à cidade, mas apressa-te antes a fugir da cidade e serás salvo".

N.131 Moisés 7

Um ancião disse: "Um homem que foge do mundo é como uma uva madura; mas aquele que está no meio dos homens é como uma uva verde".

N.132.1 (cf. Or 5)

Um ancião disse: "Se tu me vês pensando mal de alguém, é porque tu também estás pensando mal". Ou: "Se tu me vês com um *logismos* contra alguém, tu também tens o mesmo *logismos*".

Sobre os anacoretas

N.132.2/20.15

Um dos anacoretas relatou o seguinte aos irmãos de Raithou, onde existem setenta palmeiras, lugar onde Moisés e o povo acamparam ao sair do Egito [Ex 15,27]. E foi isto que ele disse: "Certa vez tive a ideia de entrar no deserto mais remoto, para ver se poderia encontrar alguém vivendo e servindo a Deus mais longe do que eu. Depois de andar por quatro dias e quatro noites, encontrei uma gruta e, ao aproximar-me, olhei para dentro e vi um homem sentado ali. Como é costume entre os monges, bati para ele sair e me receber, mas ele não se moveu, porque estava em repouso. Despreocupado, entrei e pus a mão em seu ombro, mas ele imediatamente caiu no chão e tornou-se pó. Olhando um pouco mais em volta, vi uma túnica pendurada ali e que também se reduziu a nada quando a peguei. Estupefato, saí dali e encontrei outra gruta com pegadas de um homem. Criando coragem, aproximei-me da gruta e, como ninguém respondeu ao bater novamente, entrei, mas não encontrei ninguém. Parado em pé fora da gruta, comecei a dizer a mim mesmo: 'O servo de Deus deve chegar, onde quer que possa estar'.

Finalmente, no momento em que o dia chegava ao fim, vi alguns búfalos chegando e o servo de Deus estava nu, cobrindo as partes íntimas do corpo com seu cabelo. Depois de aproximar-se de mim, parou para rezar, imaginando que eu era um fantasma, porque – como afirmou depois – ele era muito perturbado pelos fantasmas. Ao perceber isto, eu lhe disse: 'Servo de Deus, eu sou um homem; olha minhas pegadas e toca-me, porque sou carne e sangue'. Após terminar a oração com o 'Amém', olhou-me mais de perto e se tranquilizou. Levando-me para dentro da gruta, perguntou: 'Como chegaste até aqui?' Eu disse: 'Foi em busca dos servos de Deus que entrei neste deserto e Deus não me desapontou em meu desejo'. Depois lhe perguntei: 'E como tu chegaste até aqui? Por quanto tempo estás aqui? Como te alimentas e como não necessitas de roupa em tua nudez?' Ele disse: 'Eu estava num cenóbio na Tebaida trabalhando como tecelão de linho, mas um *logismos* me assaltou dizendo: Sai e vive sozinho e então serás capaz de praticar a *hêsychia* e a hospitalidade e obterás uma recompensa mais abundante pelo trabalho de teu ofício. Depois de assentir ao *logismos*, comecei a realizar a tarefa. Construí um mosteiro e conquistei clientes. Ganhei bastante dinheiro e me esforcei para distribuir entre os pobres e hóspedes o que acumulei. Mas nosso inimigo, o diabo, ciumento então como sempre da futura recompensa que eu receberia por trabalhar para oferecer a Deus o fruto do meu trabalho, viu uma mulher que vivia em virgindade e que havia encomendado material meu. Depois que o executei e o entreguei, ele a convenceu a encomendar outras coisas de mim novamente. Então estabeleceu-se uma familiaridade entre nós e conversávamos mais livremente. Por fim chegamos a dar-nos as mãos, a rir e a deleitar-nos na companhia um do outro e, padecendo angústias, cometemos a iniquidade [cf. Sl 7,15]. Depois de viver no pecado com ela por seis meses, dei-me conta de que, se a morte me abatesse nesse dia ou no dia seguinte, eu teria um castigo eterno. Porque, se quem viola a esposa de alguém está sujeito ao castigo e à penalidade, quanto maior penalidade merece quem macula a serva de Deus? Por isso fugi secretamente para o deserto, deixando tudo para a mulher. Quando cheguei aqui, encontrei esta gruta, a fonte e a palmeira que produz para mim doze cachos de tâmaras por ano. Cada mês ela produz um cacho e isso me é suficiente para trinta dias; depois amadurece o cacho seguinte. Depois de muito tempo meus cabelos cresceram e, como minha roupa se desgastou, cobri com eles a parte do corpo que deve ser coberta'.

Quando lhe perguntei novamente se no início era difícil ali, ele disse: 'No início fiquei tão aflito que eu deitava no chão por causa do meu fígado e não podia nem mesmo ficar de pé para executar a *synaxis*, mas permanecia deitado ali gritando ao Altíssimo. Quando estava na gruta, eu ficava muito desanimado e sofrendo, a tal ponto que nem podia sair. Vi um homem que entrou, ficou ao meu lado e me disse: De que estás sofrendo? Um pouco animado com isto, eu disse: Estou sofrendo do fígado. Quando lhe mostrei o lugar, ele juntou os dedos estendidos de sua mão e cortou o lugar como se fosse com uma espada e retirou o fígado. Mostrou-me as partes danificadas e, depois de removê-las com a mão, limpou as mãos com um trapo. Pôs novamente de volta o fígado, ungindo o lugar com a mão, e me disse: Eis que foste curado; serve a Cristo Senhor-e-mestre como deves'. A partir de então fiquei curado e continuei vivendo aqui até hoje. Pedi-lhe insistentemente que me permitisse permanecer na primeira gruta, mas ele disse que eu não conseguiria resistir aos assaltos dos demônios. Chegando à mesma conclusão, pedi-lhe que me despedisse com uma oração e, depois de ter rezado, me despediu. Isto eu vos contei para vosso bem".

N.132.3/20.16

Outro ancião, que foi considerado digno de ser bispo da cidade de Oxirrinco, também costumava dizer – como se um outro lhe tivesse contado, mas de fato foi ele próprio que o fizera: "Certa vez me pareceu bom – disse ele – ir para o deserto mais remoto, junto ao oásis onde está a raça dos Mazices, para ver se seu encontraria em algum lugar um pobre servindo a Deus. Levando comigo alguns pães secos e água para aproximadamente quatro dias, iniciei a jornada. Quando se passaram os quatro dias, os suprimentos se esgotaram e eu estava sem saber o que fazer. Tomando coragem, dediquei-me a Deus e caminhei durante outros quatro dias, permanecendo sem me alimentar. Mas, como meu corpo não podia mais suportar a premência por causa da falta de comida e da caminhada estafante, desmaiei e fiquei estendido no chão. Então chegou alguém e tocou meus lábios com o dedo, como um médico passa sobre o olho uma sonda para feridas. Imediatamente fiquei tão revigorado a ponto de pensar que nunca havia viajado nem passado fome. Quando me dei conta de que esta energia se apoderara de mim, levantei-me e caminhei pelo deserto. Passaram-se outros quatro dias e novamente fiquei exausto. Ergui minhas mãos ao céu e novamente apareceu o homem que me revigorara antes. Mais uma vez ele ungiu meus lábios com o dedo e me fortaleceu.

Dezessete dias se passaram e depois encontrei uma choupana, uma palmeira, um pouco de água e um homem ali de pé, cuja roupa eram os cabelos de sua cabeça; eram completamente brancos e dava medo de olhá-los. Ele estava de pé em oração quando me viu e, completando o 'Amém', deu-se conta de que eu era um homem. Por isso, tomando-me pela mão, perguntou-me: 'Como chegaste até aqui?' e se tudo ainda era estável no mundo habitado e se ainda predominavam as perseguições. Eu disse: 'É por causa de vós, verdadeiros servos de Deus, que estou atravessando este deserto. A perseguição cessou graças a Cristo. Mas explica-me como chegaste a morar aqui'. Lamentando-se amargamente, ele começou a falar: 'Acontece que eu era um bispo; ocorreu uma perseguição e me foram infligidos muitos tormentos. Incapaz de suportar as torturas, sacrifiquei. Depois, caindo em mim, percebi minha transgressão e renunciei para morrer neste deserto. Durante quarenta e nove anos vivi aqui, confessando e pedindo a Deus que de alguma forma meu pecado me fosse perdoado. O Senhor concedeu-me sobreviver com esta tamareira, mas por quarenta e oito anos não recebi o conforto do perdão. Mas neste ano fui confortado'.

Enquanto ainda estava dizendo isso, levantou-se de repente, saiu e permaneceu em oração por diversas horas. Ao terminar a oração, aproximou-se de mim. Ao ver seu rosto, apoderaram-se de mim a consternação e o temor porque ele se tornara como um fogo. Mas ele me disse: 'Não tenhas medo, porque o Senhor te enviou para sepultar meu corpo'. Quando acabou de falar, deitou-se, esticou os braços e as pernas e sua vida chegou ao fim. Rasgando meu *levitôn** e conservando a metade para mim, envolvi o santo corpo com a outra metade e o ocultei na terra. Quando o sepultei, a tamareira logo murchou e a choupana ruiu. Chorei bastante, pedindo a Deus que me concedesse a tamareira e me permitisse passar o resto de meus dias neste lugar. Mas, como isto não aconteceu, eu disse para mim mesmo que não era esta a vontade de Deus. Por isso, depois de rezar, iniciei meu caminho de volta ao mundo habitado e eis que o homem que me ungira os lábios chegou e, ao aparecer, revigorou-me. Desta maneira consegui retornar aos irmãos e contar-lhes o ocorrido, pedindo que não desesperassem de si mesmos, mas que encontrassem a Deus com paciente perseverança".

*a veste do *Levita* – usada para a oração.

N.132.4/20.12

Dois grandes anciãos estavam viajando pelo deserto de Scete. Ao ouvir um murmúrio provindo da terra, olharam para a entrada de uma gruta. Quando entraram encontraram uma santa virgem idosa deitada. Disseram-lhe: "Quando chegaste aqui, anciã, e quem cuida de ti?" – porque não viram nenhum outro a não ser ela sozinha, ali deitada e doente. Ela disse: "Estou nesta gruta há trinta e oito anos, satisfazendo-me com ervas silvestres e servindo a Cristo. E até hoje não vi nenhum homem, pois Deus vos enviou para sepultar meus restos mortais". Ao dizer isto, adormeceu. Os anciãos glorificaram a Deus e, após sepultar seu corpo, partiram.

N.132.5/20.13

Contava-se que um anacoreta foi para o deserto levando apenas um *levitôn*. Após andar por cerca de três dias, subiu num rochedo e viu lá embaixo alguns vegetais e um homem pastando como fazem os animais selvagens. Ele desceu – mantendo-se fora do alcance da vista – e o agarrou. O homem estava nu e sentiu tontura porque não conseguia suportar o cheiro de homens. Conseguiu soltar-se e fugir do irmão, que saiu correndo atrás dele, gritando: "É por causa de Deus que estou te perseguindo, espera por mim!" O outro voltou-se e lhe disse: "É também por causa de Deus que estou fugindo de ti". O irmão jogou fora seu *levitôn* e correu atrás dele. Vendo que ele jogara fora sua veste, o ancião esperou por ele e lhe disse: "Quando jogaste fora o material do mundo, esperei por ti". O irmão implorou, dizendo: "Pai, dize-me um ditado que mostre como posso ser salvo". Ele lhe disse: "Foge dos homens e permanece em silêncio – e serás salvo".

N.132.6/15.70

Outro anacoreta, que perambulava pelo deserto, disse a si mesmo que ele alcançara as virtudes e rezou a Deus, dizendo: "Senhor, mostra-me se me falta alguma coisa e eu a farei". Querendo humilhar seu *logismos*, Deus lhe disse: "Procura tal e tal arquimandrita e faze tudo o que ele te ordenar". Então Deus revelou ao arquimandrita: "Tal e tal anacoreta vem procurar-te. Manda-o tomar um chicote e apascentar os porcos" [cf. Lc 15,15]. O ancião chegou, bateu à porta e entrou para encontrar-se com o arquimandrita. Eles se abraçaram e sentaram-se. Disse o anacoreta: "Dize-me: o que devo fazer para ser salvo?" Ele lhe disse: "Farás tudo o que eu te ordenar?" Ele disse: "Sim". E o arquimandrita lhe disse: "Toma o chicote e vai apascentar os porcos". Então ele saiu e apascentou os porcos. Os que o viram e ouviram falar que ele estava apascentando os porcos começaram a dizer: "Vede o grande anacoreta de quem ouvimos falar; eis que ele está louco! Ele tem um demônio e está apascentando os porcos!" Mas, ao ver sua humilhação e que ele suportou tais insultos proferidos pelos homens, Deus o liberou para retornar novamente ao seu lugar.

Devemos procurar a *hêsychia* e a compunção

N.133/2.28
Um ancião disse: "Um monge deve adquirir sua *hêsychia* ao ponto de desprezar-se se também sofrer danos físicos".

N.134/2.29 *BHG* 1438j, *de praestantia vitae solitariae*
Alguém contou sobre três monges laboriosos que se tornaram amigos. Um deles optou por pacificar os que estão em conflito entre si, de acordo com o que foi dito: "Bem-aventurados os promotores da paz" [Mt 5,9], o segundo optou por visitar os doentes e o terceiro saiu para praticar a *hêsychia* no deserto. Embora o primeiro tenha trabalhado nas contendas dos homens, ele foi incapaz de sanar todas elas. Desanimado, procurou aquele que prestava assistência aos doentes e o encontrou também desesperado e não conseguindo cumprir o mandamento [Mt 25,26]. Os dois chegaram a um acordo e saíram em busca daquele que praticava a *hêsychia*. Contaram-lhe seu pe-

sar, pedindo-lhe que lhes dissesse qual o bem que *ele* havia realizado. Após um breve silêncio, ele despejou um pouco de água numa bacia e lhes disse: "Observai atentamente a água" – porque ela fora agitada. Depois de uns momentos ele disse novamente: "Olhai agora e vede como a água está tranquila". Ao olharem a água, viram seus rostos como num espelho. Então ele lhes disse: "O mesmo acontece também com quem circula entre as pessoas. Ele não vê seus próprios pecados por causa da agitação. Mas, quando alguém pratica a *hêsychia*, especialmente no deserto, ele vê seus defeitos".

N.135/3.38 *BHG* 1444nb, *de matre quae nos sinebat filium fieri anachoretam*

Um ancião contou que um irmão estava prestes a retirar-se do mundo e foi impedido de fazê-lo por sua própria mãe. Mas ele não abandonou seu projeto pessoal, dizendo: "Eu quero salvar minha alma". Por mais que ela tentasse, não teve a força suficiente para impedi-lo e, por fim, cedeu. Ele partiu e viveu sozinho, desperdiçando sua vida de maneira indisciplinada. Ora, aconteceu que sua mãe morreu. Mais tarde ele próprio ficou gravemente doente. Entrou em transe e foi arrebatado para o lugar do julgamento, onde encontrou sua mãe entre os que estavam sendo julgados. Ela ficou surpresa ao vê-lo e disse: "O que aconteceu, meu filho? Também tu foste condenado a este lugar? Onde estão as palavras que costumavas dizer: 'Eu quero salvar minha alma?'"

Envergonhado com as coisas que ouviu, ele continuou deprimido, não tendo nada a dizer-lhe em resposta. E novamente ouviu uma voz dizendo: "Removei este daqui, porque vos enviei a outro monge que tem o mesmo nome deste, em tal e tal cenóbio". Quando a visão terminou, ele voltou a si e contou estas coisas aos que estavam presentes. A fim de confirmar a confiabilidade do que dissera, providenciou que alguém fosse ao cenóbio de que ouvira falar para verificar se o irmão de que ouvira falar havia morrido. Quando o enviado chegou lá, verificou que foi isso que aconteceu. Quando o irmão que tivera a visão estava recuperado e voltou novamente a ser ele próprio, trancou-se em sua cela e morou ali, arrependido e lamentando seu anterior estilo de vida desregrada. Tão grande era sua compunção que muitos lhe pediram para relaxar um pouco, a fim de não sofrer algum dano devido ao choro excessivo. Mas ele não se sentiu confortado. E disse: "Se não posso suportar a censura de minha mãe, como poderei suportar minha vergonha diante de Cristo e de seus anjos no Dia do Julgamento?"

N.136/3.39

Um ancião disse: "Se acontecesse que, por ocasião da segunda vinda de Cristo nosso Deus, as almas dos homens viessem a público após a ressurreição, todo o mundo morreria de medo, de tremor e de espanto. Que visão seria? Seria: ver os céus abertos, Deus manifestando-se em cólera e indignação, inúmeros exércitos de anjos, junto com toda a humanidade! Por essa razão, devemos viver como aqueles a quem Deus pede que prestem contas diariamente de seu estilo de vida".

N.137/Euprépio 5/1.29

Um irmão perguntou a um ancião: "Como o temor de Deus chega à alma?" O ancião disse: "Se um homem tiver humilhação, for indiferente aos bens materiais e se abstiver de julgar os outros, o temor de Deus chegará até ele".

N.138./3.40

Um irmão visitou um ancião e lhe perguntou: "Abba, por que é que meu coração é duro e não temo a Deus?" O ancião lhe disse: "Penso que um homem adquire o temor de Deus se mantiver o hábito de repreender-se a si mesmo em seu coração". O irmão lhe disse: "O que é 'repreender-se'?" O ancião lhe disse: "É um homem repreender sua alma em todas as situações, dizendo-lhe: 'Lembra-te que deverás encontrar-te com Deus' e dizendo também: 'O que quero com a humanidade?' Creio que, se alguém perseverar nestas ações, o temor de Deus chegará até ele".

N.139/3.41
Um ancião viu alguém rindo e lhe disse: "Nós precisamos prestar contas de toda a nossa vida diante dos céus e da terra – e tu estás rindo?"

N.140/3.42
Um ancião disse: "Da mesma maneira como carregamos conosco nossa iniquidade em todo lugar, assim devemos chorar e ter a compunção em nosso íntimo onde quer que estejamos".

N.141/3.44
Um irmão perguntou a um ancião: "O que devo fazer?" Ele lhe disse: "Precisamos chorar o tempo todo, porque aconteceu certa vez que um dos anciãos morreu e, depois de um tempo considerável, voltou a si novamente. Perguntamos-lhe 'O que viste lá, abba?' Chorando, ele nos contou: 'Ouvi lá uma voz de lamentação de pessoas dizendo repetidamente: ai de mim, ai de mim'. Por isso também nós devemos dizer isto todo o tempo".

N.142/3.45

Um irmão perguntou a um ancião: "Como é que minha alma deseja chorar da mesma maneira como ouço dizer que os anciãos choraram, mas as lágrimas não vêm e minha alma está aflita?" O ancião lhe disse: "Levou quarenta anos para os Filhos de Israel entrarem na Terra Prometida [cf. Hb 11,9]. As lágrimas são a Terra Prometida. Se puderes retornar a ela, não temerás mais a batalha. A vontade de Deus é que a alma fique aflita desta maneira, para que ela possa desejar sempre entrar nessa terra".

N.143/6.20 apenas até*

Um irmão perguntou a um ancião: "Como serei salvo?" Despojando-se de seu *levitôn*, cingindo os rins e erguendo as mãos para o céu, o ancião disse: "É assim que o monge deve ser: despojado das coisas materiais da vida e crucificado. O atleta luta nas competições; o monge, ao lutar com os *logismoi*, ergue as mãos para o céu em forma de cruz, invocando a Deus. O atleta fica nu quando luta numa competição; o monge está nu e desprovido das coisas materiais. O atleta é ungido com óleo e um instrutor lhe ensina como deve lutar corpo a corpo; assim nós somos ensinados por Deus que nos concede o prêmio da vitória".

Sobre a temperança [*egkrateia*]

N.144/4.63

Certa vez houve uma festa em Scete e ofereceram uma taça de vinho a um ancião, mas ele a recusou, dizendo: "Afasta de mim esta morte". Ao verem isso, as outras pessoas que estavam comendo com ele também elas não a aceitaram.

N.145/4.71

Um dos irmãos estava com fome desde o início da manhã, mas lutou contra o *logismos*, propondo-se a não comer até a terceira hora. Em seguida, quando chegou a terceira hora, ele forçou-se a jejuar até a sexta hora. Quando chegou a sexta hora, ele umedeceu pão seco e sentou-se para comer, mas levantou-se novamente, dizendo: "Esperemos até a nona hora". À nona hora, depois de fazer uma oração, viu a atividade do demônio sair de seu trabalho manual como fumaça e a fome cessou nele.

N.146/20.11 *BHG* 1440ka, *de attenta oratione*

Um discípulo falou a respeito de seu abba: "Durante os vinte anos ele nunca dormiu deitado, mas em seu banco onde costumava trabalhar; ele costumava dormir sentado ali. Durante vinte anos, ele só comia a cada dois, quatro ou cinco dias e, enquanto comia, uma mão estava estendida em oração enquanto comia com a outra. Quando eu lhe disse: 'O que é isso? Por que estás fazendo isso, abba?', ele me respondeu: 'Porque coloco o julgamento de Deus diante de meus olhos e não posso suportar a visão dele'. Certa vez aconteceu que me distraí enquanto oferecíamos a *synaxis* e cometi um erro numa palavra do salmo. Quando completamos a *synaxis*, em resposta, o ancião me disse: 'Quando estou oferecendo a *synaxis*, imagino que existe um fogo queimando atrás de mim e meu *logismos* não consegue desviar-se nem para a esquerda nem para a direita. Portanto, onde estava teu *logismos* quando oferecíamos a *synaxis*, para que te escapasse uma palavra do salmo? Não sabias que estavas na presença de Deus e falavas com Deus?' Em certa ocasião o ancião saiu durante a noite e me encontrou dormindo no pátio da cela. O ancião ficou lamentando-se por minha causa e chorando e disse: 'Onde está o *logismos* deste companheiro, para ele dormir assim sem qualquer preocupação?'"

N.147

Um irmão visitou um ancião muito experiente e lhe disse: "Estou doente do coração". O ancião lhe disse: "Permanece em tua cela e Deus te dará alívio".

N.148/4.64

Uma quantidade* de vinho novo foi trazida para Kellia, de modo que foi possível dar uma taça aos irmãos. Quando um dos irmãos subiu na cúpula para fugir, a cúpula desabou. Correndo para fora por causa do estrondo, encontraram-no estatelado no chão e começaram a repreendê-lo, dizendo: "Exibido! Bem feito!" Mas o abba saiu em sua defesa, dizendo: "Deixai meu filho sozinho: ele fez uma coisa boa. Pela vida do Senhor, a cúpula não será reconstruída em meu tempo, para que o mundo possa saber que em Kellia a cúpula desabou por causa de uma taça de vinho".

* *saitês*, aproximadamente nove litros

N. 149/4.69

Um dos anciãos visitou outro ancião e disse a seu discípulo: "Prepara um pouco de lentilhas para nós". E ele o fez. "E umedece um pouco de pão para nós". E ele o umedeceu. Puseram-se a caminho falando sobre coisas espirituais até a hora sexta do dia seguinte, e então o ancião disse novamente a seu discípulo: "Prepara um pouco de lentilhas para nós, meu filho". E ele disse: "Eu o fiz ontem". E assim eles comeram.

N.150/4.70

Outro ancião visitou um dos pais. Este cozinhou um pouco de lentilhas e disse ao visitante: "Vamos oferecer uma breve *synaxis*". O primeiro recitou todo o Saltério e depois o irmão repetiu de memória os dois grandes profetas*. O ancião visitante partiu ao raiar do dia e esqueceram-se da comida.

* Presumivelmente Isaías (66 capítulos) e Jeremias (52 capítulos).

N.151/4.72

Um dos anciãos caiu doente. Não conseguindo tomar nenhum alimento por muitos dias, seu próprio discípulo implorou-lhe que lhe permitisse preparar um pequeno regalo* para ele. O discípulo saiu e o preparou e depois o trouce para ele comer. Estavam pendurados ali um pote com um pouco de mel e outro pote com óleo de linhaça com um cheiro rançoso, para a lâmpada. Sem perceber, o irmão colocou um pouco deste sobre o alimento do ancião em vez do mel. Ao prová-lo, o ancião não disse nada, mas comeu em silêncio. O irmão obrigou-o a comer pela segunda vez e, sob coação, ele comeu. Mas, quando ele lhe deu uma terceira porção, o ancião recusou-se a comer. Ele disse: "Realmente não posso comer, meu filho". Procurando estimulá-lo, o irmão disse: "É bom, abba; olha, eu também comerei contigo". Quando o provou e percebeu o que havia feito, prostrou-se, dizendo: "Infeliz de mim, abba, porque eu podia ter-te matado e tu lançarias sobre mim este pecado por não teres falado". O ancião disse: "Não te atormentes, meu filho; se Deus quisesse que eu comesse mel, tu terias posto mel sobre a comida".

* *lakentis*, sentido incerto.

N.152/4.73

A respeito de certo ancião contava-se que certa vez ele desejava um figo. Ele o tomou e pendurou num lugar onde podia vê-lo. Não foi vencido pelo desejo, mas antes arrependeu-se, castigando-se simplesmente por ter tido o desejo.

N.153/4.74

Um irmão foi visitar sua irmã que estava doente num mosteiro. Ela era uma senhora extremamente piedosa e não consentia ver um homem ou que seu irmão estivesse entre mulheres por causa dela. Deixou isto claro para ele, dizendo: "Segue teu caminho, irmão, rezando por mim e, pela graça de Cristo, ver-te-ei no Reino dos Céus".

N.154/4.75

Ao encontrar-se com algumas monjas pelo caminho, um monge afastou-se da estrada. A hegúmena lhe disse: "Se fosses um monge perfeito, não terias notado que somos mulheres".

N.155/4.77

Em Kellia um irmão trouxe seus pães frescos e convidou anciãos que ocuparam a mesa. Cada um deles parou após comer dois pães. Reconhecendo a moderação da disciplina ascética deles, o irmão prostrou-se, dizendo: "Pelo amor de Deus, comei até à saciedade hoje". E eles comeram outros dez pães secos.* Vede como verdadeiros ascetas comeram muito mais do que necessitavam.

* *paxamatia*, que é pão seco (biscoito duro), e não *psômia*, como acima: este apoftegma é enigmático. Pode ser uma demonstração da quantidade muito *menor* que eles comiam normalmente em sua prática ascética.

N.156/4.78

Um ancião padecia de uma grave doença que resultou em abundante hemorragia interna. Felizmente aconteceu que um irmão tinha algumas ameixas secas. Ele fez uma infusão, colocou-as nela e trouxe para o ancião. Implorou-lhe que a tomasse, dizendo: "Por favor, bebe-a porque pode fazer-te algum bem". O ancião olhou-o fixamente por algum tempo e então disse: "A verdade é que Deus queria deixar-me nesta doença por outros trinta anos". E, apesar de estar gravemente doente, não consentiu em tomar nem mesmo um gole da infusão. O irmão apanhou-a e saiu para sua própria cela.

N.157/4.79

Outro ancião vivia no deserto remoto e aconteceu que um irmão foi visitá-lo e o encontrou doente. Cuidou dele, lavou-o e, tomando um pouco das provisões que trouxera, fez um cozido e o levou para ele comer. Em resposta, o ancião disse: "Eu tinha realmente esquecido, irmão, que os homens têm esse conforto". Ele lhe trouxe também uma taça de vinho. Ao vê-lo, o ancião chorou e disse: "Eu não esperava beber vinho antes de morrer".

N.158/4.82

Um ancião sujeitou-se a não beber por quarenta dias. Se fazia calor, ele lavava sua ânfora, a enchia de água e a pendurava à sua frente. Quando um irmão lhe perguntou por que fazia isso, ele disse: "É para eu ficar mais exausto pela sede e receber de Deus uma recompensa maior".

N.159/4.83

Um irmão estava viajando com sua mãe que era idosa. Quando chegaram a um rio, a anciã não conseguia atravessar. Tomando sua estola, o filho envolveu as mãos com ela para não entrar em contato com o corpo de sua mãe. Erguendo-a desta forma, carregou-a para o outro lado. Sua mãe lhe disse: "Por que envolveste as mãos, meu filho?" Ele disse: "O corpo de uma mulher é fogo e disto vem a recordação de outros. Por isso agi assim".

N.160/4.84

Um dos pais disse: "Conheço um irmão em Kellia que jejuou durante a semana da Páscoa e, quando eles se reuniram à tarde, fugiu a fim de não comer na igreja. Ferveu algumas beterrabas e as comeu sem pão".

N.161/4.66

Certo dia o sacerdote de Scete foi ver o bem-aventurado Teófilo, arcebispo de Alexandria. Ao retornar a Scete os irmãos lhe perguntaram: "Como estão as coisas na cidade?" Ele respondeu: "Na verdade, irmãos, não vi o rosto de nenhum homem a não ser o do arcebispo". Eles ficaram perturbados ao ouvir isto e disseram: "Então foram aniquilados, abba?" Ele respondeu: "De forma alguma; mas o *logismos* de ver alguém não me venceu". Os que ouviram isto ficaram surpresos, de modo que este relato os fortaleceu para prevenir-se contra o devaneio de seus olhos.

N.162/4.76

Alguns pais foram certa vez a Alexandria a convite do arcebispo, o bem-aventurado Teófilo, a fim de rezar e derrubar os templos pagãos. Enquanto estavam comendo com ele, foi colocada carne de vitela na mesa e eles comeram um pouco sem discriminação. Tomando um naco, o arcebispo o deu ao ancião mais próximo, dizendo: "Olha, é um bom naco; come-o, abba". No entanto os pais responderam: "Até agora nós só comemos legumes; se é carne, não comemos". E nenhum deles continuou a comer a carne.

Sobre a batalha que a *porneia* trava contra nós

N.163/5.15

Um irmão foi assediado pela *porneia* e a batalha era como um fogo abrasador em seu coração dia e noite. O irmão apresentou uma forte resistência a fim de não descer ao nível do *logismos*. Após um tempo considerável, as hostilidades, não sendo suficientemente fortes para realizar alguma coisa por causa da resistência paciente do irmão, desapareceram e imediatamente entrou luz em seu coração.

N.164/5.16

Outro irmão foi assediado pela *porneia*. Levantando-se de noite, procurou um ancião e lhe falou sobre seu *logismos*. O ancião o confortou e ele voltou para sua cela tranquilizado. Mas eis que a batalha o assaltou novamente e novamente ele procurou o ancião. Fez isso muitas vezes. Mas o ancião não o angustiou, falou-lhe palavras salutares e lhe disse: "Não cedas um milímetro, mas de preferência vem aqui sempre que o demônio te assaltar e denuncia-o, porque ele se retira quando for assim denunciado. Nada repugna tanto ao demônio da *porneia* como desmascarar seus feitos, enquanto nada lhe agrada tanto como encobrir seus *logismoi*".

N.165/15.17

Um irmão foi assediado pela *porneia*. Ele lutou, intensificando sua autodisciplina, mantendo o *logismos* sob controle de modo a não ceder ao desejo. Finalmente, dirigiu-se à igreja e revelou o fato a toda a assembleia. Foi dada uma ordem e, durante toda uma semana, todos se empenharam grandemente em rezar a Deus em favor dele – e a batalha chegou ao fim.

N.166/5.18

Sobre o *logismos* da *porneia* um dos anciãos que era eremita disse: "Queres ser salvo permanecendo deitado? Vai mourejar, vai trabalhar; 'busca e encontrarás'; sê vigilante e 'bate e te abrirão' [Lc 11,9]. No mundo existem combatentes exaustos e, após receberem muitos golpes, permanecerem firmes e não cederem, eles são coroados. Aconteceu muitas vezes que alguém, golpeado por dois lutadores, superou seus assaltantes resistindo aos ferimentos. Viste como eles foram resistentes, graças ao seu treino físico? Permanece firme tu também e resiste e Deus lutará contra o inimigo em teu favor".

N.167/5.19

A respeito do mesmo *logismos* outro ancião disse: "Sê como aquele que, percorrendo o mercado, passa por uma taberna e sente o cheiro de sopa ou de carne assada. Quem quis comer, entrou e comeu; quem não quis comer simplesmente sentiu o cheiro ao passar e seguiu seu caminho. O mesmo vale para ti: Livra-te do mau odor e depois levanta-te e reza, dizendo: 'Filho de Deus, ajuda-me'. Faze isto também no caso de outros *logismoi*, porque nós não somos extirpadores, mas adversários, das paixões".

N.168/5.22

Um irmão questionou um ancião: "Se um monge cai em tentação, ele fica angustiado como alguém que passa do progresso ao recuo e trabalha diligentemente até reerguer-se. Mas uma pessoa que vem do mundo faz progressos porque está começando do início". Respondendo a isto o ancião disse: "Um monge que cai em tentação é como uma casa que desabou. Se ele concentrar todo o seu *logismos* em reconstruir a casa em ruínas, encontrará muitos materiais: material para os alicerces, pedras e madeira. E pode fazer um progresso mais rápido do que uma pessoa que nunca escavou nem lançou um alicerce e não tem nada à mão, mas começa na esperança de concluir a obra. Assim acontece com o esforço monástico. Se alguém cai em tentação, mas se arrepende, ele tem muita coisa à mão: meditação, canto dos salmos e trabalho manual – que são os alicerces. Ao passo que, enquanto o noviço está aprendendo estas coisas, tu estás retornando a teu *status* original".

N.169/5.23

Um irmão perturbado pela *porneia* visitou um grande ancião e implorou-lhe, dizendo: "Por favor, reza por mim porque sou perturbado pela *porneia*". O ancião intercedeu a Deus em seu favor. Ele aproximou-se do ancião novamente, pela segunda vez, e disse a mesma coisa que dissera antes. O ancião igualmente não poupou esforços, invocando a Deus por ele e dizendo: "Senhor, revela-me a situação deste irmão e donde vem o impulso à *porneia*, porque te invoquei e ele não encontrou repouso. Deus revelou-lhe o caso do irmão. Ele o viu sentado com o espírito da *porneia* bem perto dele e um anjo estava ali, enviado para ajudá-lo. O anjo estava irado com o irmão, porque não se entregava a Deus, mas desfrutava os *logismoi* e entregava totalmente sua mente ao impulso. Então o ancião deu-se conta de que a causa vinha do próprio irmão e lhe disse: "Tu és cúmplice dos teus *logismoi*". E ensinou-lhe como resistir aos *logismoi*. Voltando a si mediante o ensino e as preces do ancião, o irmão encontrou repouso.

N.170/5.24

O discípulo de um grande ancião estava certa vez em guerra contra a *porneia*. Percebendo que ele labutava, o ancião lhe disse: "Queres que eu implore a Deus para amenizar tua batalha?" Mas ele disse: "Tenho consciência de que estou labutando, abba, mas vejo que meu trabalho me traz algum fruto. De preferência, implora a Deus o seguinte: que Ele me dê perseverança para resistir". Seu abba lhe disse: "Hoje me dei conta de que estás progredindo – e me surpreendeste".

N.171/5.25

A respeito de um ancião costumava-se dizer que ele desceu a Scete trazendo seu filho, uma criança ainda não desmamada que não sabia o que era uma mulher. Quando ele se tornou homem, os demônios mostraram-lhe as formas das mulheres. Ele relatou isto a seu pai e estava surpreso. Certa vez, quando estava subindo ao Egito com seu pai, ao ver mulheres, disse ao pai: "Abba, estas são as que vieram a mim de noite em Scete". O pai lhe disse: "Estes são monges dos povoados, meu filho. Eles têm uma maneira de ser, enquanto os habitantes do deserto têm outra". O ancião ficou surpreso como até no deserto os demônios lhe mostraram visões de mulheres e imediatamente retornaram à sua cela.

N.172/5.26

Havia um irmão que combatia o bom combate em Scete e o inimigo trouxe-lhe à lembrança certa mulher muito bela e o atormentava seriamente. Depois, providencialmente, outro irmão desceu do Egito até Scete e, enquanto conversavam, lhe disse que a mulher de um tal e tal havia morrido. Era a mesma mulher por cuja causa o combatente foi assediado. Ao ouvir isto, apanhou seu *levitôn* e, dirigindo-se ao Egito de noite, abriu seu túmulo. Esfregou seus fluidos corporais com o *levitôn* e, ao retornar, guardou-o em sua cela. Ele punha este fedor diante de si e combatia com seu *logismos*, dizendo: "Olha, esta é a desejada que buscavas; tu a tens, sacia-te à vontade!" Assim ele se atormentou com o fedor até que para ele a batalha chegou ao fim.

N.173/5.27

Certa vez alguém se dirigiu a Scete querendo tornar-se monge e trouxe consigo também seu filho recém-desmamado. Quando o filho se tornou um jovem, as batalhas o acometeram. Ele disse ao pai: "Vou para o mundo, porque não tenho a força para suportar a batalha". O pai continuou exortando-o, mas o jovem lhe disse novamente: "Abba, não tenho a força: deixa-me partir!" O pai lhe disse: "Escuta-me só mais uma vez, meu filho. Arranja quarenta pares de pães* e ramos de palmeira suficientes para quarenta dias, depois vai para o interior do deserto e permanece lá por quarenta dias – e a vontade do Senhor será feita!" Ele obedeceu ao pai; levantou-se e partiu para o deserto e ali permaneceu, trabalhando sem parar, trançando ramos secos de palmeira e comendo pão seco. Ali permaneceu em *hêsychia* por vinte dias e viu a força estranha apoderando-se dele. Apareceu diante dele uma mulher etíope muito fétida, de modo que ele não pôde suportar seu cheiro. Ele a escorraçou e ela lhe disse: "Eu pareço doce ao coração dos homens; mas, graças à tua obediência e à tua labuta, Deus não permitiu que eu te desencaminhasse e te revelou meu mau cheiro". Ele se levantou, deu graças a Deus, retornou a seu pai e lhe disse: "Não quero mais sair para o mundo, abba, pois vi a força estranha e seu mau cheiro". O pai, plenamente assegurado a respeito dele, lhe disse: "Se permaneceste os quarenta dias e mantiveste o mandamento, tiveste uma grande visão".

* sentido incerto.

N.174/5.45

A respeito de um dos pais costumava-se dizer que ele era do mundo e era assediado pela memória de sua esposa. Por isso relatou isto aos pais. Conscientes de que era um trabalhador bem disposto que fazia até mais do que lhe pediam, impuseram-lhe atividades de modo que seu corpo ficou exausto e ele já não podia manter-se de pé. Por providência divina um dos pais de outro lugar veio visitar Scete. Chegando à cela deste homem, viu que estava aberta e passou adiante, surpreso porque ninguém saiu para encontrar-se com ele. Ao voltar bateu, dizendo: "Talvez o irmão esteja doente". Depois de bater, entrou e encontrou o irmão gravemente doente. Ele lhe disse: "O que se passa contigo, pai?" O outro lhe explicou: "Eu sou do mundo e agora o inimigo me combate com a memória de minha esposa. Relatei isto aos pais e eles me impuseram uma variedade de atividades. Fiquei exausto ao executá-las e a batalha se intensifica". Aflito ao ouvir isto, o ancião lhe disse: "Estando em posição de autoridade, os pais agiram corretamente ao impor-te as atividades. Mas, se queres escutar minha humilhação, abandona-as. Toma um pouco de alimento no momento da refeição; oferece tua pequena *synaxis* e 'descarrega teu fardo de cuidados sobre o Senhor' [Sl 55,23]. Não podes sobrepujar esta situação por teus próprios trabalhos. Nosso corpo é como uma veste. Se cuidas dele, ele se mantém; mas, se o negligencias, ele definha". Ao ouvir isto, o monge fez como o ancião sugeriu e, em poucos dias, a batalha se afastou dele.

N.175/5.46

Havia um anacoreta que vivia numa montanha na região de Antinoe e fazia progressos na piedade e muitos se beneficiavam de suas palavras e atos. O inimigo ficou ciumento de alguém como ele – como de todas as pessoas virtuosas – e sugeriu-lhe o seguinte *logismos*, sob o pretexto de piedade: "Não deves ser servido ou atendido por outro, mas antes atender aos outros. Não os sirvas, mas pelo menos serve-te aí mesmo: vai e vende teus cestos, compra aquilo de que necessitas e retorna novamente a teu lugar de retiro – e não sejas um peso para ninguém". O astuto deu este conselho movido por ciúme de sua *hêsychia*, da atenção obrigatória que prestava a Deus e do benefício que conferia a muitos. O inimigo empenhou-se de todas as maneiras para apanhá-lo numa armadilha.

Como se estivesse convencido por uma boa razão, este anacoreta, até então admirado, famoso e renomado aos olhos de todos – embora não tivesse nenhuma experiência da grande astúcia do trapaceiro –, desceu de seu mosteiro. Muito mais tarde encontrou uma mulher e, tropeçando em sua falta de prudência, chegou a um lugar remoto em companhia do inimigo e caiu em pecado junto ao rio. Ao pensar que o inimigo se alegrou com sua queda, ele tendeu a desesperar de si mesmo, por ter certamente ofendido o Espírito de Deus, os anjos e os santos pais, muitos dos quais haviam vencido o inimigo, mesmo nas cidades. Ficou grandemente angustiado por não ter conseguido ser como um deles. Esquecendo que Deus dá força aos que realmente esperam nele e cego diante da cura de sua falta, pensou em matar-se lançando-se na correnteza do rio, para o completo deleite do diabo. Ficou tão angustiado em sua alma que seu corpo ficou fraco, mas o Deus de misericórdia veio em sua ajuda para evitar que ele morresse, para o máximo deleite do inimigo.

Quando por fim caiu em si, resolveu demonstrar maior esforço para suportar o sofrimento. Retirou-se novamente para seu mosteiro. Fechando a porta, chorou como se deve chorar pelos mortos, intercedendo junto a Deus. Enfraqueceu o corpo jejuando e mantendo-se vigilante com desalento, não tendo ainda plena certeza a respeito de seu arrependimento. Quando os irmãos muitas vezes o visitavam para seu bem e batiam à sua porta, ele por sua vez dizia que não podia abrir, "porque prometi – dizia ele – arrepender-me realmente por um ano". E dizia: "Rezai por mim". Não sabia o que dizer em sua defesa, não querendo ofender os que o ouviam, porque era tido em grande honra por eles como um grande monge.

Passou o ano inteiro em fervoroso arrependimento. Quando se aproximou o dia da Páscoa, na noite da santa ressurreição, tomou uma lâmpada nova, preparou-a e colocou-a numa vasilha nova e a cobriu. Desde a tarde permaneceu em oração, dizendo: "Ó Deus compassivo e misericordioso, tu que queres que até os bárbaros 'sejam salvos e cheguem ao conhecimento da verdade' [1Tm 2,4], em ti busquei refúgio, Salvador das almas. Tem piedade de mim que muitas vezes te provoquei, para deleite do inimigo. Eis que estou morto por ter obedecido ao inimigo. Tu, Senhor-e-mestre, és misericordioso para com os ímpios e os desumanos e nos ensinas a mostrar misericórdia para com nossos próximos. Tem pena de minha humilhação, porque contigo nada é impossível e minha alma foi dispersada como pó no inferno. Sê misericordioso comigo, porque és benigno para com tua criação e, no dia da ressurreição, ressuscitarás os corpos que não existem. Ouve-me, Senhor, porque meu espírito e minha desventurada alma desfaleceram, enquanto meu corpo que maculei definhou e já não tenho força para viver, com medo de ti. Como estou duplamente desesperado, duvidando se, em troca pelo que fiz confiantemente, minha ofensa foi perdoada através de minha penitência, infunde vida em mim que fui esmagado e ordena que esta lâmpada se acenda com teu fogo, para que, adquirindo confiança em tua misericórdia pela compaixão de teu perdão para o restante do tempo que me concederes viver, eu possa também guardar teus mandamentos e não desistir de temer-te, mas servir-te sinceramente ainda mais do que outrora".

Dizendo isso com muitas lágrimas durante a noite da Ressurreição, ele se levantou para ver se a lâmpada fora acesa. Quando a descobriu e viu que não fora acesa, prostrou-se novamente e implorou o Senhor, dizendo: "Senhor, percebo que foi uma disputa para testar se eu posso ser coroado, mas não observei para onde estava indo, optando ao invés por sujeitar-me ao castigo dos malvados, provando os prazeres da carne. Poupa-me, Senhor! Eis que, na presença de teus anjos e de todos os justos, confesso novamente meu despudor para com tua grande bondade. E devia tê-lo confessado também aos homens, se não fosse um obstáculo para eles. Por isso, tem piedade de mim, para que eu possa também instruir os outros. Sim, Senhor: infunde vida em mim!" Depois de rezar assim por três vezes, ele foi ouvido. Levantou-se e encontrou a lâmpada queimando e produzindo uma luz brilhante. Rejubilou na esperança e foi forte na alegria de seu coração e maravilhou-se alegremente com a graça de Deus, porque ele lhe dera segurança também nesta matéria. Começou a dizer: "Embora eu fosse indigno da vida no mundo, tu mostraste misericórdia através deste grande e um tanto imprevisto sinal". Enquanto continuava a proclamar o sinal, o dia amanheceu e ele, rejubilando no Senhor, esqueceu-se de tomar o alimento corporal. Conservou o fogo da lâmpada por todos os dias de sua vida, acrescentando óleo e mantendo o nível para ela não se apagar. Assim o espírito divino habitou nele novamente e ele se tornou ilustre entre todos eles, humilde na confissão e cordial na ação de graças ao Senhor. Quando chegou o momento de entregar sua alma, teve uma visão alguns dias antes.

N.176/5.28 *BHG* 1440h, *de sene fornicato et converso*

Um ancião vivia num lugar remoto do deserto. Tinha uma parenta que, durante muitos anos, desejava vê-lo. Informou-se onde ele vivia e então aprontou-se e se pôs a caminho do deserto. Encontrando uma caravana de condutores de camelos, entrou pelo deserto com eles; mas ela estava sendo conduzida pelo diabo. Quando chegou à porta do ancião, começou a identificar-se por certas indicações, dizendo: "Sou tua parenta". E então permaneceu com ele. Assediado, o ancião caiu em pecado com ela. Mas havia outro anacoreta que vivia na planície. Ele foi encher seu recipiente com água e, quando era hora de comer, o recipiente emborcou. Pela providência de Deus ele disse a si mesmo: "Entrarei no deserto e relatarei o ocorrido ao ancião". E levantou-se e partiu.

Ao cair da noite, dormiu num templo de ídolos à beira da estrada e, durante a noite, ouviu os demônios dizendo: "Nesta mesma noite lançamos o anacoreta na *porneia*". Ele ficou aflito ao ouvir isto e, quando se aproximou do ancião, encontrou-o deprimido. Disse--lhe: "O que devo fazer, abba, porque encho meu recipiente com água e, quando é hora de comer, ele emborca?" O ancião lhe disse: "Vieste interrogar-me porque teu recipiente emborca? E o que devo fazer eu? Porque na noite passada caí na *porneia*". O outro disse: "Sim, fiquei sabendo". Ele lhe disse: "Como sabes?" E o visitante lhe disse: "Eu estava dormindo no templo e ouvi os demônios falando de ti". O ancião disse: "Olha, eu também vou sair para o mundo". Mas o outro suplicou-lhe dizendo: "Não, pai, permanece em teu lugar, mas manda embora a mulher, porque este é um encontro com o inimigo". Ao ouvi-lo o ancião perseverou, intensificando seu modo de vida com lágrimas até atingir seu *status* anterior.

N.177/5.30

Um irmão perguntou a um ancião: "Se acontece que uma pessoa sucumbe à tentação por algum impulso, o que dizer dos que são escandalizados?" E ele contou: "Havia um diácono bem-conhecido num cenóbio do Egito. Um magistrado que estava sendo perseguido pelo governador chegou ao cenóbio com toda a sua família e domésticos. Por um impulso do malvado, o diácono caiu em pecado com uma mulher e tornou-se uma ignomínia para todos eles. Ele procurou um ancião pelo qual tinha muito carinho e relatou-lhe o ocorrido. Ora, o ancião tinha um lugar escondido dentro de sua cela. O diácono implorou--lhe nestes termos: 'Enterra-me vivo ali e não contes a ninguém'. Ele entrou nesse lugar de trevas e ali se arrependeu verdadeiramente. Algum tempo depois, a água do rio não subiu. Enquanto todos se empenhavam em processões de intercessão, foi revelado a um dos santos que, se não viesse tal e tal diácono – que estava escondido com tal e tal monge –, a água não subiria. Surpresos ao ouvir isto, foram e, retirando-o do lugar onde estava, o trouxeram. Ele orou e a água subiu. Os que inicialmente se haviam escandalizado colheram agora muito mais benefícios de seu arrependimento e glorificaram a Deus".

N.178/5.2/Gerôncio

Um ancião disse: "Existem muitos que, quando tentados por prazeres físicos, cometeram *porneia* em seu coração sem contato físico; e muitos que, mantendo a virgindade de seu corpo, cometem *porneia* em sua alma. Por isso, amados, é bom fazer o que está escrito: que cada um 'mantenha seu coração plenamente protegido' [Pr 4,23]".

N.179/5.31 *BHG* 1440j, *de caritate non ficta*

Dois irmãos foram ao mercado vender suas mercadorias e um deles, ao separar-se do outro, caiu na *porneia*. Seu irmão chegou e lhe disse: "Vamos para nossa cela, irmão". Mas o outro respondeu dizendo: "Não vou". Seu irmão suplicou-lhe, dizendo: "Por que não, irmão?" Ele disse: "Porque, enquanto estavas afastado de mim, caí na *porneia*". Querendo reconquistá-lo, seu irmão começou a dizer-lhe: "Aconteceu também a mim quando me separei de ti; mas vamos e arrependamo-nos diligentemente e Deus nos perdoará". Eles chegaram e relataram aos anciãos o que lhes acontecera e estes lhes ordenaram que se arrependessem. Um fez penitência pelo outro como se ele próprio tivesse pecado. Quando Deus viu o trabalho de seu amor, dentro de poucos dias revelou a um dos anciãos: "Eu perdoei ao irmão que havia pecado por causa do grande amor daquele que estava sem pecado. 'Isto é entregar sua própria alma por seu irmão' [Jo 15,13]".

N.180/5.32

Certa vez um irmão aproximou-se de um ancião e lhe disse: "Meu irmão está me deixando exausto, saindo para cá e para lá, e eu estou perturbado". O ancião o estimulou dizendo-lhe: "Sê tolerante com teu irmão e, vendo o esforço de tua paciente resistência, Deus cuidará dele. Não é fácil cuidar de outro usando a severidade, nem um demônio expulsa outro demônio [Mt 12,26]. Ao invés, cuida dele com benevolência, porque nosso Deus cuida das pessoas confortando-as".

E contou: "Havia dois irmãos na Tebaida e um deles, assediado pela *porneia*, disse ao outro: 'Vou para o mundo'. O outro chorou e disse: 'Meu irmão, não te deixarei partir e destruir tua labuta e tua pureza'. Mas o outro não se convenceu e disse: 'Não permanecerei aqui, mas vou embora. Ou vem comigo e eu retornarei contigo, ou deixa-me ir e permanecerei no mundo'. O segundo irmão procurou um grande ancião e lhe contou estas coisas. O ancião lhe disse: 'Vai com ele e, por causa de tua labuta, Deus não o deixará cair'. Eles se levantaram e foram para um lugar habitado e, quando chegaram ao povoado, vendo sua labuta, Deus retirou o conflito de seu irmão e ele lhe disse: 'Irmão, vamos novamente para o deserto, pois pensa apenas nisto: se eu tivesse pecado, que proveito teria obtido com isso?' E retornaram à sua cela incólumes".

N.181/5.33 (só em latim)

Um irmão assediado pelo demônio procurou um ancião e disse: "Aqueles dois irmãos estão um com o outro". O ancião descobriu que ele estava sendo de-

sencaminhado por um demônio e mandou convocá-
-los. Quando caiu a noite, estendeu uma esteira para
os dois irmãos e os cobriu com um único cobertor,
dizendo: "Os filhos de Deus são santos". A seu discípulo disse: "Confina este irmão em sua cela durante o
dia, porque é ele que tem a paixão dentro de si".

N.182/5.35

Um irmão disse a um ancião: "Dize-me o que
devo fazer, porque meu *logismos* impuro está me matando". O ancião lhe disse: "Assim como uma mãe que
quer desmamar seu filho aplica absinto* em seu peito
e o filho vem mamar como sempre, mas se recusa
espontaneamente por causa do amargor, tu também
precisas aplicar absinto". O irmão lhe disse: "O que é
esse absinto que é benéfico para aplicar?" O ancião
disse: "É a recordação da morte e dos castigos dos
tempos futuros".

* *Skilla* (*urginea maritima*), cebola-albarrã. Cf. "Porque passei absinto em meu peito" (*Romeu e Julieta* 1.3.26).

N.183/5.36

O mesmo irmão perguntou a outro ancião a respeito do mesmo *logismos* e o ancião lhe disse: "Eu
nunca fui assediado por uma coisa destas". O irmão
ficou escandalizado, procurou outro ancião e disse:
"Eis o que tal e tal ancião me disse. Fiquei escandali-

zado, porque o que ele disse não é natural". O segundo ancião lhe disse: "O homem de Deus simplesmente não te disse isso; levanta-te e prostra-te diante dele de modo que ele te dirá o significado da sua palavra". Então o irmão se levantou e foi ter com o primeiro ancião. Prostrou-se e lhe disse: "Perdoa-me, abba; fui insensato ao deduzir de maneira irregular. Suplico-te que me expliques como nunca foste assediado pela *porneia*". O ancião lhe disse: "Desde que me tornei monge, nunca tomei a porção completa de pão, de água ou de sono. Embora a preocupação por causa destas coisas me perturbe bastante, isso não me permitiu experimentar o conflito de que falaste". E o irmão saiu edificado.

N.184/5.37

Um irmão perguntou a um dos pais: "O que devo fazer, porque meu *logismos* sempre tende para a *porneia*? Ele não me dá uma hora de repouso e minha alma está aflita". Ele lhe disse: "Quando os demônios semeiam *logismoi*, não negocies com eles, porque esta é sempre sua maneira de tomar a iniciativa. Eles não perdem uma oportunidade, mas não te coagem. É tua a opção de aceitar ou não. Sabes o que os madianitas fizeram? Eles adornaram suas filhas e as exibiram. Eles não coagiram ninguém; mas os que quiseram caíram em pecado com elas, enquanto outros ficaram contrariados e as massacraram com ameaças [Nm 25,1-3]. O mesmo ocorre com os *logismoi*". Em resposta, o irmão disse ao ancião: "Então o que devo fazer, eu que sou fraco e a paixão me domina?" Ele lhe disse: "Vigia-os atentamente e não respondas quando começarem a falar. Levanta-te e reza; prostra-te dizendo: 'Tem piedade de mim, Filho de Deus'". O irmão lhe disse: "Olha, abba; eu medito*, mas não existe nenhuma compunção em meu coração, porque não sei o que significa a frase que estou repetindo". O ancião lhe disse: "Apenas medita. Ouvi dizer que Abba Poimen e muitos dos pais proferiam este dito: 'O encantador de serpentes não sabe a força das palavras que diz, mas o animal escuta e sabe: ele se torna obediente e subserviente'. É assim que acontece conosco: mesmo que não saibamos a força das palavras que estamos dizendo, o demônio escuta e se retira com medo".

* *meletô*, que significa "Eu recito palavras da Escritura em voz alta".

N.185/5.38

Os anciãos costumavam dizer que o *logismos* da *porneia* é um livro*: se, quando está disseminado entre nós, não nos deixamos conquistar por ele e o rejeitamos, ele é extirpado facilmente. Mas se nos deleitamos e nos deixamos convencer por ele ao ser disseminado e transformado, ele se torna ferro e é extirpado com dificuldade. No caso deste *logismos*, a discrição é necessária, porque não há esperança de salvação para os que se deixam persuadir por ele, ao passo que uma coroa aguarda os que não se deixam persuadir.

* *papyrus* no texto latino, talvez ecoando o dito copta original.

N.186/5.39

Dois irmãos assediados pela *porneia* saíram e se envolveram com mulheres, mas depois disseram um ao outro: "O que ganhamos abandonando a ordem angélica e chegando a esta impureza, quando, mais tarde, iremos para o fogo e o julgamento eterno? Vamos para o deserto novamente e nos arrependamos". Eles foram e, após confessar o que fizeram, imploraram que os pais lhes dessem uma penitência. Os anciãos os confinaram durante um ano, dando aos dois uma porção igual de pão e de água. Eles tinham aparência semelhante; mas, quando se completou o período de sua penitência e saíram, os pais notaram que um deles estava pálido e abatido, enquanto o outro parecia viçoso e alegre. Isto causou surpresa, já que cada um recebera alimentação igual. Perguntaram ao que estava abatido: "Como administraste teu *logismos* enquanto estavas em tua cela?" Ele disse: 'Estive pensando sobre o mal que cometi e o castigo que eu estava prestes a sofrer e 'meus ossos se apegaram à minha carne' [Sl 102,6] por medo". Então perguntaram ao outro: "E tu, em que pensavas em teu coração em tua cela?" Ele disse: "Eu dava graças a Deus por ter-me libertado da impureza do mundo e do castigo e por ter-me trazido a este modo de vida angélico. Ao lembrar-me de Deus eu me enchia de alegria [Sl 77,4]". Os anciãos disseram: "O arrependimento dos dois é igual aos olhos de Deus.

N.187/5.40 *BHG* 1322hc, *de monacho fornicato*

Havia em Scete um ancião que caiu gravemente doente e era cuidado pelos irmãos. Vendo que eles estavam se afadigando, o ancião começou a dizer: "Vou para o Egito a fim de não ser um incômodo para os irmãos". E Abba Moisés lhe disse: "Não vás para lá, porque cairás na *porneia*". Angustiado, o ancião disse: "Meu corpo já morreu e tu me dizes isto?" E partiu para o Egito. Quando as pessoas ouviram isto, ofereceram ao ancião doente muitas coisas e uma virgem consagrada veio para cuidar do ancião. Um pouco mais tarde, quando se recuperou, ele caiu em pecado com ela e ela concebeu em seu seio. As pessoas lhe disseram: "Donde vem isto?" Ela disse: "Do ancião". E não acreditaram nela. Mas o ancião disse: "Fui eu que fiz; mas cuidai do filho quando nascer". Depois de ser desmamado, certo dia em que havia uma festa em Scete o ancião desceu carregando a criança no ombro. Entrou na igreja na presença da comunidade e eles choraram ao vê-lo. Ele disse aos irmãos: "Vedes esta criança? Ela é filho da desobediência. Vigiai atentamente sobre vós mesmos, irmãos, porque foi na minha velhice que fiz isto; mas rezai por mim". Dirigiu-se à sua cela e começou novamente sua anterior observância dos mandamentos.

N.188/5.41

Um irmão foi tentado terrivelmente pelo demônio da *porneia*. Quatro demônios transformados na aparência de belíssimas mulheres permaneceram quarenta dias lutando com ele para arrastá-lo a uma relação sexual vergonhosa. Mas, como o homem continuasse a lutar bravamente e não era vencido, vendo sua nobre luta, Deus concedeu-lhe a graça de não abrasar-se na carne novamente [cf. 1Cor 7,9].

N.189/5.42 *BHG* 1318fb, *de manu ambusta*

Havia nas planícies do Egito um anacoreta que era famoso por viver numa cela solitária no deserto e ali, por maquinação de satanás, uma mulher indecorosa ouviu falar dele. Ela disse aos jovens: "O que estais dispostos a dar-me para eu derrubar vosso anacoreta?" Eles concordaram em dar-lhe algo notável. Ela saiu à tarde e chegou à cela dele como se tivesse errado o caminho. Quando ela bateu, ele saiu. Ele ficou perturbado ao vê-la e disse: "Como chegaste até aqui?" Ela disse chorando: "Eu me perdi e vim parar aqui". Movido por compaixão, ele a introduziu em seu pequeno pátio, entrou em sua cela e fechou a porta. Mas então a malvada gritou dizendo: "Os insetos estão me devorando". Novamente ele ficou perturbado e, temendo o julgamento de Deus, disse: "Donde esta cólera caiu sobre mim?" E, abrindo a porta, a trouxe para dentro. Então o diabo começou a lançar contra ele setas de desejo por ela. Reconhecendo a batalha do inimigo, ele disse: "Os estratagemas do inimigo são trevas, mas o Filho de Deus é luz".

E se levantou e acendeu a lâmpada. Abrasado pelo desejo, disse: "Os que fazem estas coisas estão no caminho do castigo; submete-te à prova aqui, para ver se podes suportar o fogo eterno". Pôs o dedo na lâmpada e o queimou sem sentir que estava se queimando por causa do intenso ardor de sua carne. Repetiu esta ação até de manhã, queimando todos os dedos. Vendo o que ele fizera, a mulher malvada ficou petrificada de medo. Ao amanhecer os jovens vieram até o anacoreta dizendo: "Chegou aqui uma mulher na noite passada?" Ele disse: "Sim. Olhai, ela está dormindo ali dentro". Encontrando-a morta ao entrarem, disseram-lhe: "Abba, ela morreu". Então ele descobriu as mãos e as mostrou, dizendo: "Eis o que a filha do diabo me fez; me fez perder os dedos".

Ele lhes contou o ocorrido, dizendo: "Está escrito: 'Não pagueis o mal com o mal' [1Pd 3,9]". Ele rezou e a ergueu. Ela seguiu seu caminho e no futuro viveu em sobriedade.

N.190/5.43 *BHG* 1450vb, *de filia sacerdotis pagani*

Um irmão foi assediado pelo demônio da *porneia*. Aconteceu que ele atravessava um povoado do Egito, onde viu a filha de um sacerdote dos pagãos e se apaixonou por ela. Ele disse ao pai dela: "Dá-me tua filha como esposa". E ele lhe respondeu: "Não posso dá-la a ti enquanto não consultar meu Deus". Dirigiu-se ao demônio e lhe disse: "Chegou aqui um monge querendo minha filha; devo dá-la a ele?" Em resposta, o demônio disse: "Pergunta-lhe se ele vai renunciar a seu Deus, ao seu batismo e à profissão monástica". Então o sacerdote se aproximou dele, dizendo: "Renuncias a teu Deus, ao teu batismo e à tua profissão monástica?" O outro concordou e, imediatamente, viu algo parecido com uma pomba sair de sua boca e voar para o céu. O sacerdote dirigiu-se a seu demônio e disse: "Eis que ele concordou com as três condições". Então o diabo respondeu dizendo: "Não lhe dês tua filha como esposa, porque seu Deus não se retirou dele, mas ainda o está ajudando". O sacerdote veio e lhe disse: "Estou impossibilitado de dá-la a ti, porque teu Deus está te ajudando e não se retirou de ti". Ao ouvir isto, o irmão disse consigo: "Será que Deus me mostrou tanta bondade a tal ponto que, enquanto eu, malvado que sou, reneguei a Ele, ao meu batismo e à minha profissão monástica, Ele em sua bondade ainda está me ajudando até agora?"

Caindo em si e novamente vigilante, procurou um grande ancião no deserto e lhe contou sobre o assunto. Em resposta, o ancião lhe disse: "Permanece comigo na gruta e por três semanas jejua dois dias seguidos [?] e eu intercederei junto a Deus em teu favor". O ancião não poupou esforços em consideração ao irmão, implorando a Deus com estas palavras: "Eu te peço, Senhor, concede-me esta alma e aceita seu arrependimento". E Deus o ouviu. Quando passou a primeira semana, o ancião procurou o irmão e perguntou-lhe: "Viste alguma coisa?" Em resposta, o irmão disse: "Sim. Vi a pomba lá na altura do céu, bem na frente de minha cabeça". Em resposta, o ancião lhe disse: "Presta atenção a ti mesmo e reza fervorosamente a Deus". Na segunda semana o ancião procurou o irmão e lhe perguntou: "Viste alguma coisa?" Em resposta, ele disse: "Vi a pomba perto de minha cabeça". O ancião lhe ordenou: "Fica alerta e reza". No final da terceira semana o ancião chegou e perguntou-lhe: "Viste alguma coisa mais?" Ele disse: "Vi a pomba chegando para pousar sobre minha cabeça. Estendi a mão para pegá-la, mas ela se levantou e entrou em minha boca". E o ancião deu graças a Deus. Ele disse ao irmão: "Eis que Deus aceitou teu arrependimento; doravante presta atenção a ti mesmo". A resposta do irmão foi: "Eis que desde agora até minha morte estarei contigo, abba".

N.191/5.44 *BHG* 1450va, *de filio sacerdotis pagani*

Um dos anciãos de Tebas costumava dizer: "Fui filho de um sacerdote dos pagãos. Quando eu era pequeno costumava sentar ali e muitas vezes vi meu pai entrando para oferecer um sacrifício ao ídolo. Em certa ocasião, entrei secretamente atrás dele e vi satanás com todo o seu exército ao lado dele. Então chegou um dos seus oficiais e prostrou-se diante dele. Em resposta, o diabo perguntou-lhe: 'Donde vens?' Ele disse: 'Estive em tal e tal país. Provoquei guerras e causei muito derramamento de sangue. E vim relatar-te isto'. Satanás lhe disse: 'Quanto tempo levaste para fazê-lo?' Ele disse: 'Trinta dias'. E então o diabo mandou açoitá-lo, dizendo: 'Isso foi tudo o que fizeste em tão longo tempo?' Então outro se prostrou diante dele e ele lhe disse: 'E tu donde vens?' A resposta do demônio veio: 'Estive no mar. Provoquei tempestades, afundando navios e matando muitos homens; vim relatar-te isto'. Satanás lhe disse: 'Quanto tempo levaste para fazê-lo?' O demônio disse: 'Vinte dias'. Ele mandou açoitar também este, dizendo: 'Por que fizeste só isso em vinte dias?' Então chegou um terceiro e prostrou-se diante dele. Satanás lhe disse também: 'E tu donde vens?' Em resposta, o demônio disse: 'Houve um casamento em tal e tal povoado; provoquei uma luta e causei muito derramamento de sangue, matando a noiva e o noivo; vim relatar-te'. Satanás disse: 'Em quantos dias fizeste isto?' Ele disse: 'Dez'. E o diabo mandou que também ele fosse açoitado por demorar tanto tempo. Além deles mais outro demônio veio e prostrou-se diante dele. O diabo disse: 'E tu donde vens?' E ele disse: 'Estive no deserto por quarenta anos lutando com um monge e, na noite passada, o fiz cair na *porneia*'. Ao ouvir isto, satanás levantou-se e o abraçou; tirou a coroa que trazia e a colocou sobre a cabeça do outro. Sentou-o em seu trono, dizendo: 'Isto é porque conseguiste realizar este grande feito'".

O ancião disse: "Quando vi isto, comecei a dizer: 'Grande é realmente a ordem dos monges!' E, como Deus se deleitou com minha salvação, saí e me tornei um monge".

Narrativas propícias à paciência e à perseverança

N.192/7.29

Um ancião disse: "Se uma tentação se apodera de uma pessoa, as aflições se multiplicam para ela de todos os lados para desanimá-la e levá-la a queixar-se". E o ancião relatou o seguinte: Havia um irmão em Kellia e a tentação o assaltou. Se alguém o via, recusava-se a saudá-lo ou introduzi-lo em sua cela. Se ele precisava de pão, ninguém lhe oferecia. E, quando retornava da colheita, ninguém o convidava para ir à igreja para uma *agapê* como de costume. Certo dia ele retornou da colheita e não tinha pão em sua cela; mas, apesar de tudo isto, deu graças a Deus. Quando Deus viu sua perseverança, retirou dele a batalha contra a tentação. E então veio bater à porta alguém procedente do Egito com um camelo carregado de pão. O irmão começou a chorar, dizendo: "Senhor, eu não era digno de sofrer uma pequena aflição por teu nome?" E, quando a tentação passou, os irmãos o retinham e o recebiam em suas celas e na igreja.

N.193/7.32 (só em latim)

Alguns irmãos visitaram um grande ancião no deserto e lhe disseram: "Como continuas aqui, abba, suportando esta labuta?" O ancião disse: "Todo o tempo da labuta que realizo aqui ainda não corresponde a um dia de castigo".

N.194/7.33

Um ancião disse: "Os antigos não se afastavam facilmente deste lugar, a não ser por uma destas três razões: se alguém se encontrava com alguém que tinha ressentimento contra ele e, embora fizesse de tudo para curá-lo, não conseguia fazê-lo mudar de ideia; ou se alguém chegava a ser tido em grande estima por muitas pessoas; ou se alguém caía na tentação da *porneia*".

N.195/7.34/Arsênio 11

Um irmão perguntou a um ancião: "O que devo fazer? Porque os *logismoi* me afligem, dizendo: 'Não podes jejuar ou trabalhar; mas, se visitas os doentes, também isso é caridade'". O ancião lhe disse: "Vai: come, bebe e dorme, só não deixes tua cela, consciente de que permanecer pacientemente em sua cela é o que faz um monge entrar na linha". Depois de fazê-lo por três dias, teve um ataque de acídia. Encontrou algumas folhas de palmeira que ele dividiu em frações

e, apanhando-as no dia seguinte, começou a trançá-
-las. Ao sentir fome, disse: "Aqui estão mais algumas folhas de palmeira, e depois vou comer". E, depois de trabalhar as folhas de palmeira, disse novamente: "Vou ler um pouco e depois comer". Quando havia lido, disse: "Recitarei os salmos da pequena *synaxis* e depois vou comer sem preocupação". Com a ajuda de Deus, ele começou desta maneira a fazer progresso aos poucos, até superar os obstáculos e, ganhando confiança contra seus *logismoi*, os superou.

N.196/7.35

Foi perguntado a um ancião: "Por que sou atormentado pela acídia quando permaneço em minha cela?" Ele respondeu: "Porque ainda não viste o repouso que alguém espera ou o castigo que está pela frente. Se os tivesses realmente visto, mesmo que tua cela estivesse cheia de vermes a ponto de temeres que cheguem até o teu pescoço, suportarias pacientemente sem cair na acídia".

N.197/7.36

Os irmãos pediram a um dos anciãos que se abstivesse de seu trabalho excessivo. Ele lhes respondeu: "Eu vos digo, filhos, que Abraão se arrependeria por não ter-se empenhado com mais afinco ao ver os grandes dons de Deus".

N.198/7.37

Um irmão perguntou a um ancião: "Meus *logismoi* estão vagueando e eu estou aflito". O ancião lhe disse: "Permanece em tua cela e eles voltarão. Porque, quando uma jumenta é amarrada com uma corda, seu potro pula para cá e para lá, mas, não importa para onde for, ele sempre volta para sua mãe, assim também os *logismoi* daquele que por causa de Deus permanece em sua cela retornam a ele novamente, mesmo que vagueiem por algum tempo".

N.199/7.38

Um ancião vivia no deserto, doze milhas distante da água. Certa vez, enquanto ia encher o cântaro, seu espírito fraquejou e ele disse: "Para que este trabalho? Vou viver perto da água". Depois de dizer isto, voltou-se e viu alguém que o seguia, contando seus passos. Ele lhe perguntou: "Quem és?" Ele disse: "Sou um anjo do Senhor. Fui enviado para medir teus passos e dar-te a recompensa". Ao ouvir isto, o ancião ficou muito animado e mais resoluto; embrenhou-se mais cinco milhas deserto adentro.

N.200/7.39

Os pais costumavam dizer: "Se te sobrevém uma tentação no lugar onde moras, não abandones o lugar durante o tempo da tentação; do contrário, não importa para onde fores, encontrarás sempre diante de ti aquilo de que foges. Permanece até a tentação passar, de modo que teu afastamento seja inofensivo e em tempo de paz, a fim de que tua separação não cause desgosto também aos que habitam o lugar.

N.201/7.40

Havia um irmão que vivia num cenóbio em *hêsychia* e era constantemente levado à cólera. Ele disse consigo mesmo: "Vou embora para viver em retiro solitário e, não tendo nada a ver com ninguém, a paixão se aquietará em mim". Então saiu e fixou residência sozinho numa gruta. Mas certo dia, depois de encher sua vasilha com água, colocou-a no chão e repentinamente ela emborcou. Tomou-a, encheu-a e novamente ela emborcou. Então ele a encheu pela terceira vez, colocou-a no chão e novamente ela emborcou. Tomado de cólera, a agarrou e a despedaçou. Quando caiu em si, deu-se conta de que fora enganado pelo demônio e disse: "Retirei-me para cá a fim de levar uma existência solitária e fui derrotado – por isso retornarei ao cenóbio. Porque ali haverá luta, perseverança e a ajuda de Deus em toda parte". Levantou-se e retornou ao seu lugar.

N.202/7.41

Um irmão perguntou a um ancião: "O que devo fazer, pai? Porque não estou realizando nada do que convém a um monge. Vivo na negligência, comendo, bebendo e dormindo, assediado por *logismoi* infames e em profunda angústia, voando de uma tarefa para outra e de *logismoi* para *logismoi*". O ancião disse: "Permanece em tua cela e faze o que podes sem te angustiares. Eu gostaria de pensar que o pouco que realizas aqui e agora é comparável aos grandes feitos que Abba Antão costumava fazer na montanha. Penso que, permanecendo em tua cela em nome de Deus e vigiando tua própria consciência, estás na situação de Abba Antão".

N.203/7.42

Perguntaram a um ancião como um irmão sério não deveria se escandalizar se visse alguns monges retornarem ao mundo. Ele disse: "Ele deveria observar os cães de caça que caçam lebres e notar que, quando um deles avista uma lebre, ele a persegue sem se distrair até alcançá-la. Os outros cães, vendo apenas o cão perseguindo-a, correm com ele por algum tempo, mas acabam olhando em volta e ficam para trás. Só aquele cão que viu a lebre a persegue até alcançá-la, não se deixando distrair nem um pouco do alvo de sua corrida pelos cães que recuaram.

Também não presta atenção a desfiladeiros, vegetação espessa ou espinhos. Assim faz aquele que busca Cristo Senhor-e-mestre: mantendo a cruz em mente sem titubear, supera todos os obstáculos que encontra, até alcançar o crucificado".

N.204/7.43
Um ancião disse: "Da mesma forma como uma árvore frequentemente transplantada é incapaz de produzir frutos, assim também um monge que se desloca de um lugar para outro não consegue alcançar a virtude".

N.205/7.45
Um irmão, instigado pelos *logismoi* a deixar o mosteiro, relatou o caso ao abba, mas este lhe disse: "Vai, permanece em tua cela; encosta teu corpo na parede da cela e não saias de lá. Deixa teu *logismos* pensar o que quiser, mas não movas teu corpo para fora da cela".

N.206/7.46
Um ancião disse: "A cela de um monge é a fornalha da Babilônia, onde os três jovens encontraram o Filho de Deus [Dn 3], e a coluna de nuvem da qual Deus falou com Moisés [Ex 33,9]".

N.207/7.48

Durante nove anos um irmão continuou sendo instigado a deixar o cenóbio. Todos os dias ele aprontava sua capa de pele de carneiro* a fim de sair; mas, ao cair da noite, ele dizia para si mesmo: "Amanhã partirei daqui". Depois, dizia novamente de manhã a seu *logismos*: "Forcemo-nos a permanecer aqui também neste dia, por causa do Senhor". E depois de viver assim por nove anos, Deus o aliviou de toda tentação e ele conheceu o repouso.

* *mêlôtês*, capa de pele de carneiro; provavelmente significando que ele empacotava seus poucos pertences, cf. N.215.

N.208/7.49

Um irmão que caiu na tentação estava tão abatido que infringiu a regra monástica. Quando queria iniciar um novo começo, era impedido de fazê-lo por sua angústia, dizendo para si mesmo: "Quando poderei voltar a ser como eu era antes?" Desanimado, era incapaz de começar a tarefa monástica e, por isso, procurou um ancião e explicou-lhe sua situação. Ao ouvir a respeito de sua angústia, o ancião ofereceu-lhe o seguinte exemplo: "Havia um homem que tinha um campo, mas este ficou improdutivo por causa de sua negligência e se encheu de ervas daninhas e cardos. Finalmente ele pensou em cultivá-lo e disse a seu filho: 'Vai e limpa o campo'. O filho foi limpá-lo, mas ficou desanimado ao ver a multidão de cardos e disse para si mesmo: 'Quando poderei arrancar todas estas ervas daninhas e limpar o que está aqui?' Deitou-se e começou a dormir por diversos dias. Depois seu pai veio para ver o que ele fizera. Vendo que não realizara nada, disse-lhe: 'Por que não realizaste nada até agora?' O jovem disse ao pai: 'Pai, logo que comecei a trabalhar fiquei acabrunhado à vista da multidão de ervas daninhas e cardos e, em consequência de minha angústia, deitei-me para dormir'. O pai lhe disse: 'Meu filho, trabalha cada dia uma área equivalente à largura de teu cobertor; desta maneira teu trabalho progredirá e não ficarás desanimado'. Ouvindo isto, ele o fez e, em pouco tempo, o campo estava limpo. Assim, irmão, trabalha aos poucos e não ficarás desanimado e Deus em sua benevolência te reintegrará em teu estado anterior". Ouvindo isto e permanecendo ali pacientemente, o irmão começou a fazer o que o ancião lhe ensinou e, pela graça de Cristo, encontrou repouso.

N.209/7.50

Havia um ancião que estava continuamente indisposto e doente; mas depois, durante um ano, não ficou doente. Ficou terrivelmente abalado e chorou, dizendo: "Deus me abandonou e não me visitou".

N.210/7.51

Um ancião disse: "Havia um irmão que foi atormentado por um *logismos* durante nove anos, de modo que desesperou de sua própria salvação e por temor condenou-se, dizendo: 'Perdi minha alma e por isso vou para o mundo'. Quando estava indo embora, chegou até ele ao longo do caminho uma voz que lhe disse: 'Os nove anos durante os quais foste atormentado eram tuas coroas. Retorna ao teu lugar e te aliviarei dos *logismoi*'". Portanto, vede como não é bom para ninguém desesperar-se por causa dos *logismoi*, porque eles criam e obtêm para nós coroas se passarmos incólumes por eles.

N.211/7.52 (cf. 1.16)

Havia na Tebaida um ancião que vivia numa gruta e tinha um discípulo experimentado. O ancião costumava falar-lhe palavras salutares ao cair da noite. Quando acabava de falar, pronunciava uma oração e depois o despedia para que fosse dormir um pouco. Certa vez aconteceu que alguns mundanos devotos, cientes da intensidade da disciplina espiritual do ancião, o visitaram e ele lhes pronunciou algumas palavras de estímulo. Depois que saíram, o ancião sentou-se como de costume à tarde após a *synaxis*, para instruir o irmão, mas caiu no sono enquanto lhe falava. O irmão esperou até o ancião acordar para fazer a oração habitual por ele. Depois de estar ali sentado por um tempo considerável, sem o ancião acordar, os *logismoi* o importunaram para que fosse deitar-se sem ser despedido. Mas ele se conteve, resistiu ao *logismos* e permaneceu ali. Novamente foi importunado, mas não se afastou; sete vezes foi importunado desta maneira e ele resistiu ao *logismos*. Mais tarde, quando a noite estava bem avançada, o ancião acordou e, encontrando-o ali sentado, disse-lhe: "Ainda não foste para a cama?" Ele respondeu: "Não! Porque tu não me despediste, abba". O ancião perguntou: "Por que não me acordaste?" O outro respondeu: "Não te acordei por medo de incomodar-te". Eles se levantaram e ofereceram o culto matutino e, após a *synaxis*, o ancião despediu o irmão.

Enquanto estava sentado sozinho, o ancião entrou em êxtase. Alguém lhe mostrou um lugar magnífico em que havia um trono com sete coroas acima do trono. Ele perguntou à pessoa que lhe mostrava: "De quem são estas coroas?" Ela disse: "São de teu discípulo. Deus lhe concedeu o lugar e o trono por causa de sua obediência, mas ele recebeu as sete coroas na noite passada". Ao ouvir isto o ancião ficou surpreso; com temor convocou o irmão e lhe disse: "Dize-me: O que fizeste na noite passada?" Ele respondeu: "Peço-te perdão, abba, não fiz nada". Pensando que era por humildade que o irmão não confessava, o ancião lhe disse: "Não te deixarei ir antes de me dizeres o que fizeste ou o que se passou em tua mente na noite passada". O irmão ficou embaraçado sobre o que dizer, porque não tinha consciência de ter feito alguma coisa. Ele disse ao pai: "Perdão, abba, mas não fiz nada a não ser o seguinte: por sete vezes fui importunado por *logismoi* para afastar-me sem ser despedido por ti, mas não me retirei".

Ao ouvir isto, o ancião logo entendeu que, cada vez que resistiu ao *logismos*, ele foi coroado por Deus. Não disse nada disto ao irmão. Mas, em vista do bem que isto concede, relatou o fato a alguns pais espirituais, para que possamos aprender que Deus nos concede coroas por pequenas considerações. Por isso é coisa boa reprimir-nos por causa de Deus: "O Reino dos Céus sofre violência e os violentos o conquistam pela força" [Mt 11,12].

N.212/7.53

Certa vez, um ancião que vivia sozinho em Kellia ficou doente. Não tendo ninguém para cuidar dele, levantava-se e comia o que podia encontrar na cela. Continuou doente por muitos dias e ninguém veio visitá-lo. Quando se passaram trinta dias e ninguém o procurou, Deus enviou um anjo para cuidar dele. O anjo permaneceu sete dias e então os pais se lembraram do ancião. Disseram: "Talvez o ancião tal e tal morreu". Quando chegaram e bateram, o anjo partiu. O ancião gritou do interior: "Afastai-vos daqui, irmãos". Mas eles forçaram a porta, entraram e lhe perguntaram: "Por que gritaste?" Ele lhes disse: "Porque estive doente por trinta dias e ninguém veio visitar-me. Então, há sete dias, Deus enviou um anjo para cuidar de mim; mas, quando chegastes, o anjo me abandonou". E, dizendo isto, morreu. Admirados, os irmãos glorificaram a Deus, dizendo: "O Senhor não abandona os que nele esperam".

N.213/7.54

Um ancião disse: "Não fiqueis deprimidos se a doença física se abater sobre vós. Quem sois vós para irritar-vos se vosso Senhor-e-mestre aflige vosso corpo? Não cuida Ele próprio de vós em todos os aspectos? Por acaso, podeis viver sem Ele? Por isso, sede pacientes e invocai-o para que Ele vos conceda o que é apropriado. Esta é a sua vontade: viver na paciência e nutrir-se com a caridade".

N.214/7.56

Um dos pais contou: "Enquanto eu estava em Oxirrinco, certo sábado à tarde vieram alguns pobres para receber esmolas. Quando nos deitamos para dormir, havia um deles que tinha só um cobertor, metade em cima dele e metade embaixo. Fazia muito frio e, saindo para urinar, eu o ouvi gemendo por causa do frio e censurando-se, dizendo: 'Graças te dou, Senhor! Quantos homens ricos estão agora na prisão acorrentados, outros com os pés amarrados em troncos, sem poder urinar! Eu, no entanto, sou como um imperador, esticando os meus pés'. Depois de ouvir estas coisas, relatei-as aos irmãos e eles ficaram edificados".

N.215/7.57

Um irmão perguntou a um ancião: "Se a aflição me acomete e não tenho ninguém em quem possa confiar para relatar-lhe o caso, o que devo fazer?" O ancião disse: "Confio que Deus te enviará sua graça e te ajudará se intercederes de verdade junto a Ele. Ouvi dizer que algo semelhante aconteceu em Scete. Havia ali alguém que combatia o bom combate e não confiava em ninguém. Então tomou sua capa de pele de carneiro para ir embora e eis que a graça de Deus lhe apareceu na forma de uma donzela que insistiu com ele, dizendo: 'Não vás embora, mas permanece aqui comigo, porque nenhuma das coisas ruins de que ouviste falar aconteceu'. Convencido, ele permaneceu ali e imediatamente seu coração ficou curado".

Sobre a discrição

N.216/10.112

Um irmão perguntou a um dos pais: "Alguém se macula entretendo um *logismos* impuro?" Ocorreu uma investigação sobre esta questão. Alguns diziam: "Sim, ele fica maculado"; ao passo que outros diziam: "Não é assim, porque senão nós, os ignorantes, não poderemos ser salvos. O que importa é não entregar-se aos *logismoi* fisicamente". O irmão dirigiu-se a um ancião mais experiente e perguntou-lhe sobre isso. O ancião lhe disse: "Exige-se de cada um de acordo com sua capacidade [*metron*]". O irmão implorou ao ancião: "Pelo amor do Senhor, explica esta afirmação". O ancião lhe disse: "Suponhamos que existe um objeto desejável colocado aqui e entram dois irmãos, um com grande capacidade, o outro com capacidade inferior. Se o *logismos* do irmão perfeito diz: 'Eu gostaria de possuir este objeto' e ele, sem hesitar, o reprime, ele não se macula. E se o outro, não tão avançado, cobiça o objeto e entretém o *logismos* em sua mente, mas não o toma, também ele não se macula".

N.217/10.100

Um ancião disse: "Certa vez alguém caiu num pecado muito grave e, movido ao arrependimento, saiu para relatá-lo a algum ancião. Ele, porém, não mencionou o fato, mas perguntou: 'Se um *logismos* como este surge em alguém, tem ele salvação?' Sendo inexperiente na discrição, esse ancião respondeu: 'Ele perdeu sua alma'. Ao ouvir isto, o irmão disse: 'Se estou perdido, retornarei ao mundo também'. Quando se retirou, teve a ideia de procurar Abba Silvano e relatar-lhe seu *logismos*. Ora, este Abba Silvano era muito dotado de clarividência. Quando o irmão se aproximou dele, não lhe mencionou o fato; mas, pelo mesmo estratagema de pergunta, indagou se alguém no qual surgem estes *logismoi* tem salvação. O pai abriu a boca e começou falando a partir das Escrituras, mostrando que esta condenação não é certamente para os que pensam tais pensamentos. Ao ouvir isto, o irmão recuperou a esperança e também lhe relatou o fato. Ao ouvir isto, o pai, como um bom médico, ungiu a alma dele com palavras das Sagradas Escrituras que afirmam que existe arrependimento para os que se voltam genuinamente para Deus. O ancião contou isto ao meu abba quando o visitou, dizendo: 'Eis que aquele que desesperou de si mesmo e estava prestes a ir para o mundo é agora semelhante a uma estrela no meio dos irmãos' [Gn 37,9]. Eu vos disse isto para que possamos conhecer como é perigoso relatar tanto nossos *logismoi* quanto nossos malfeitos aos que carecem de discrição".

N.218/10.123

Um ancião disse: "Nós não somos condenados pelo fato de os *logismoi* nos assaltarem, mas por fazer mau uso dos *logismoi*. Alguém, pode naufragar através dos *logismoi*; outro pode receber uma coroa através dos *logismoi*".

N.219/10.125

Um irmão perguntou a um ancião: "O que devo fazer? Porque são muitos os *logismoi* que me atacam e não sei como combatê-los". O ancião lhe disse: "Combate não contra todos eles, mas contra um. Todos os *logismoi* dos monges têm um chefe. Precisas compreender que tipo de chefe ele é e combatê-lo; assim os *logismoi* são rebaixados".

N.220/10.126

A respeito dos *logismoi* maus o mesmo ancião respondeu: "Eu vos suplico, irmãos, que, assim como desistimos dos atos, desistamos também das ideias".

N.221/10.127

Um ancião disse: "Aquele que vive no deserto precisa ser capaz de ensinar, não necessitar de ensino, a fim de não ser punido".

N.222/10.135

Perguntaram a um ancião: "Como encontrarei a Deus?" Ele disse: "No jejum, nas vigílias, nas labutas, nos atos de misericórdia e, sobretudo, também com discrição. Digo-vos: muitos mortificaram sua carne sem discrição e saíram vazios, sem realizar nada. Nossa boca cheira mal por causa do jejum; aprendemos as Escrituras de cor; aperfeiçoamos nosso conhecimento dos Salmos de Davi e, no entanto, não possuímos o que Deus busca: amor e humilhação".

N.223/10.136

Um irmão perguntou a um ancião: "Abba, eis que imploro aos anciãos e eles me falam sobre a salvação de minha alma, mas eu não retenho nada de suas palavras. Sendo assim, por que implorar-lhes quando não faço nada? Sou uma imundície total". Havia ali dois recipientes vazios. O ancião lhe disse: "Vai e traze um dos recipientes; põe nele um pouco de azeite e lava-o e depois leva-o de volta e coloca-o em seu lugar". Ele o fez uma vez e mais outra vez. Então o ancião lhe disse: "Agora traze os dois e olha qual é o mais limpo". O irmão disse: "Aquele no qual pus um pouco de azeite". O ancião lhe disse: "Assim acontece com a alma; porque, embora não retenha nada do que ela indaga, mesmo assim ela está mais purificada do que aquela que não indaga nada".

N.224/10.138

Um irmão vivia em *hêsychia* e os demônios, disfarçados de anjos, queriam desencaminhá-lo. Eles o despertaram para a *synaxis* e lhe mostraram algumas luzes. Ele visitou certo ancião e lhe disse: "Abba, vieram anjos com luzes e me despertaram para a *synaxis*". O ancião disse: "Não lhes prestes atenção, meu filho, pois são demônios. Quando vierem despertar-te dize-lhes: 'Eu me levantarei quando quiser: não vos dou atenção'". O irmão levou a sério o conselho do ancião e voltou para sua cela.

Na noite seguinte os demônios chegaram até ele novamente como de costume e o despertaram. Mas ele retrucou como o ancião lhe dissera, dizendo-lhes: "Eu me levantarei quando quiser: não vos dou atenção". Eles lhe disseram: "Aquele velho malvado e enganador te desencaminhou. Um irmão o procurou querendo pedir emprestado algum dinheiro e, embora tivesse algum, ele mentiu dizendo-lhe: 'Não recebi nada' e não lhe deu nada. Disto aprende que ele é um mentiroso". O irmão levantou-se cedo, procurou o ancião e lhe relatou estas coisas. O ancião disse: "Admito que eu tinha algum dinheiro. O irmão chegou buscando algum e eu não lhe dei nada, sabendo que, se eu lhe desse alguma quantia, chegaríamos à ruína espiritual. Optei por transgredir um mandamento em vez de transgredir dez e chegar à angústia. Quanto a ti, não prestes atenção aos demônios que querem desencaminhar-te". Ele saiu para sua cela muito fortalecido pelo ancião.

N.225/1.32

Um ancião disse: "Esta é a vida do monge: trabalho, obediência, meditação, não julgar, não caluniar, não resmungar, pois está escrito: 'Tu que amas o Senhor, odeia as coisas más' [Sl 97,10]. A vida do monge consiste em não ter nada a ver com o que é injusto, não olhar com seus olhos as coisas más, não se envolver em assuntos estranhos nem prestar-lhes ouvido, não usar as mãos para surripiar, mas antes para dar; não ter orgulho arrogante em seu coração nem maus pensamentos em sua mente e não empanturrar-se, mas antes agir com discrição em todas as coisas: nestas coisas está o monge".

N.226/10.148

A respeito de um grande ancião alguns dos pais diziam que, se alguém vinha pedir-lhe uma palavra, ele lhe dizia solenemente: "Olha, eu assumo a pessoa de Deus e sento-me no trono do julgamento; o que queres que eu te faça? Se disseres: 'Tem compaixão de mim', Deus te diz: 'Se queres que eu tenha compaixão de ti, então tem compaixão de teu irmão. Se queres que eu te perdoe, tu também deves perdoar teu próximo. Há injustiça em Deus? Certamente não! Mas cabe a nós querer ser salvos".

N.227/10.149

A respeito de um dos anciãos de Kellia costumava-se dizer que ele punha um grande empenho em sua labuta. Aconteceu que outro dos santos o visitou quando ele estava oferecendo a *synaxis* e, de fora, podia ouvi-lo lutar com seus *logismoi*, dizendo: "Desde quando tudo isso se perdeu por causa de uma única palavra?" Pensando que ele estava discutindo com algum outro, o visitante bateu à porta para poder entrar e pacificá-los. Mas, ao entrar, viu que não havia ali nenhum outro e, como tivesse familiaridade com o ancião, disse-lhe: "Abba, com quem estavas lutando?" Ele respondeu: "Com meu *logismos*, porque sei catorze livros da Bíblia de cor; então ouvi uma frase infeliz lá fora*. Quando vim oferecer a *synaxis*, todos esses livros desapareceram e só esta frase me veio à mente quando chegou o momento da *synaxis*. É por isso que eu estava lutando com o *logismos*".

* Não está claro se isto significa "fora da cela" ou "que não está na Bíblia".

N.228/10.191

Um ancião disse: "Os profetas fizeram livros e vieram nossos pais e os praticaram. Os que vieram depois deles os aprenderam de cor. Então veio esta geração; eles os copiaram e depois os colocaram nos nichos, sem utilizá-los".

N.229/10.150 *BHG* 1438k, *de coenobitis et anachoretis*

Alguns irmãos saíram de um cenóbio e foram visitar um anacoreta no deserto. Ele os recebeu com alegria e, como é costume entre os eremitas, percebendo que estavam muito fatigados, preparou uma mesa com toda a solicitude e então pôs diante deles tudo o que havia nesta cela e os reconfortou. Quando caiu a tarde, recitaram os doze salmos e igualmente durante a noite. Enquanto o ancião estava de vigília sozinho, ouviu-os dizendo uns aos outros: "Os anacoretas no deserto têm mais repouso do que nós nos cenóbios". De manhã cedo, quando estavam prestes a dirigir-se a seu ancião vizinho, ele lhes disse: "Saudai-o em meu nome e dizei-lhe: 'Não regues os legumes'". Ao ouvir isto, o vizinho entendeu a frase: manteve-os trabalhando, em jejum, até a tarde. Quando caiu a noite, ofereceu uma longa *synaxis* e depois lhes disse: "Quebremos nosso jejum por vossa causa, porque estais exaustos". E acrescentou:

"Não é nosso costume comer todos os dias, mas tomemos um pouco de alimento por vossa causa". Pôs diante deles pães secos e sal, dizendo: "Mas devemos fazer uma festa em vossa honra". E derramou um pouco de vinagre sobre o sal. Depois levantaram-se e ofereceram uma *synaxis* até o raiar do dia. E lhes disse: "Não fomos capazes de completar toda a liturgia determinada por causa de vós, de modo que, sendo de fora, podeis repousar um pouco. Eles queriam ir embora quando raiou o dia, mas ele implorou-lhes, dizendo: "Permanecei conosco por um tempo, pelo menos por três dias de acordo com o mandamento, como é nosso costume no deserto". Mas eles, vendo que ele não os despedia, levantaram-se e fugiram sem ser notados.

N.230/10.152

Um irmão perguntou a um dos pais: "Se me acontece cair num sono tão profundo que a hora da *synaxis* passa despercebida, minha alma, por vergonha, não está mais disposta a oferecer a *synaxis*". O ancião lhe disse: "Se te acontece dormir até o raiar do dia, levanta-te; fecha as janelas e portas e oferece tua *synaxis*, pois está escrito: 'O dia é teu e a noite é tua' [Sl 74,16], porque Deus é glorificado constantemente [1Pd 5,11]".

N.231/10.154

Um ancião disse: "Existe um homem que come bastante e ainda sente fome e existe um homem que come pouco e está saciado. Aquele que come muito e está com fome receberá uma recompensa maior do que aquele que come pouco e está saciado".

N.232/10.155

Um ancião disse: "Se ocorre uma troca de palavras amargas entre ti e algum outro e ele negar, dizendo: 'Eu não disse isso', não argumentes com ele, dizendo: 'Tu o disseste'. Porque ele retrucará, dizendo: 'Eu disse sim; e daí?'"

N.233/10.156

Um irmão perguntou a um ancião: "Minha irmã é pobre; se eu lhe der esmola, não é como dar aos pobres?" O ancião disse: "Não". O irmão disse: "Por que não, abba?" O ancião disse: "Porque o sangue te induz um pouco".

N.234/10.160

Um ancião disse: "Não concordes ou não consintas com tudo o que se diz. Sê vagaroso em acreditar e rápido em falar a verdade".

N.235/10.161

Um ancião disse: "Mesmo que os santos tenham labutado aqui embaixo, já estavam recebendo uma porção de repouso". Ele disse isto porque eles estavam livres das preocupações do mundo.

N.236/10.162

Um ancião disse: "Se um monge conhece um lugar onde se faz progresso, mas ali as necessidades do corpo são satisfeitas com labuta, e, por isso, não vai para lá, esse monge não acredita que existe um Deus".

N.237/10.163

Um irmão perguntou a um monge jovem: "É bom permanecer em silêncio ou falar?" O jovem lhe disse: "Se as palavras são tagarelice ociosa, deixa estar.* Se forem boas, abre espaço para o bem e fala. Mas, mesmo se forem boas, não contemporizes, mas elimina-as rapidamente e repousa".

* "e permanece em silêncio" acrescenta o N.10.163.

N.238/10.165/Megécio 4

Um dos anciãos disse: "No início, costumávamos reunir-nos e falar do proveito espiritual; tornamo-nos como coros, coros de anjos, e éramos elevados ao céu. Agora nos reunimos e chegamos a caluniar, arrastando-nos um aos outros para o abismo".

N.239/10.166

Um dos pais disse: "Se nosso homem interior é vigilante, ele é capaz de proteger também o homem exterior. Se não o é, vigiemos nossa língua o máximo possível".

N.240/10.167

O mesmo pai disse: "O trabalho espiritual é necessário, porque é isso que viemos buscar no deserto. Para os que não realizaram o trabalho fisicamente é uma grande labuta ensinar oralmente".

N.241/10.168

Um dos pais disse: "Um homem deve certamente manter obediência aos mandamentos em seu interior; porque, se se ocupar em guardar os mandamentos de Deus, o inimigo pode visitá-lo de tempos em tempos, mas não encontrará um lugar onde possa permanecer. No entanto, se depois o homem for dominado novamente pelo cativeiro do inimigo, o Espírito de Deus o visitará frequentemente; mas não concedemos nenhum lugar ao inimigo e ele se afasta por causa de nossa hostilidade".

N.242/10.170

Certa vez alguns monges desceram do Egito para Scete a fim de visitar os anciãos e, quando os viram – famintos por causa de suas austeridades – comendo avidamente, ficaram escandalizados. Ao ficar sabendo disto, o sacerdote quis corrigi-los. Por isso, ao pregar na igreja, disse ao povo: "Jejuai, irmãos, e intensificai a prática de vossa disciplina". Os egípcios visitantes quiseram ir embora, mas ele os deteve. Após a primeira semana de jejum, eles ficaram tontos e, por isso, ele os mandou jejuar a cada dois dias, enquanto os de Scete jejuavam a semana inteira. Quando chegou o sábado, os egípcios sentaram-se para comer com os anciãos. Os egípcios fizeram bastante tumulto ao comer, de modo que um dos anciãos conteve as mãos deles, dizendo: "Comei com moderação, como monges". Um deles desvencilhou a mão dizendo: "Deixa-me ir, porque estou morrendo, já que não comi nada cozido por uma semana". O ancião lhe disse: "Se tu que comeste a cada dois dias estás definhando assim, porque te escandalizaste com os irmãos que cumprem esta disciplina todo o tempo?" Eles lhes pediram desculpa e, depois de beneficiar-se, seguiram seu caminho com alegria.

N.243/10.172

Outro irmão retirou-se do mundo, vestiu o hábito e imediatamente enclausurou-se, dizendo: "Sou um anacoreta". Quando os anciãos ouviram falar disso, vieram e mandaram-no sair, obrigando-o a circular pelas celas dos irmãos, prostrar-se e dizer: "Perdoai-me, porque não sou um anacoreta, mas um iniciante".

N.244 [= N.111]/10.173

Os anciãos diziam: "Se vires um jovem elevando-se ao céu por sua própria vontade, agarra-o pelos pés e puxa-o para baixo, pois é para seu bem".

N.245/10.174

Um irmão disse a um grande ancião: "Abba, eu queria encontrar um ancião de meu agrado e morrer com ele". O ancião lhe disse: "Podes procurar, meu senhor". Ele sentiu-se tranquilo com o que foi dito, não compreendendo a resposta do ancião. Quando o ancião viu que o irmão pensava que tudo estava bem, disse-lhe: "Se encontrares um ancião de teu agrado, pretendes ficar com ele?" Ele disse: "Pretendo realmente, se encontrar um de meu agrado". O ancião lhe disse: "Então não é de acordo com a vontade do ancião que pretendes repousar, mas por ele viver de acordo com teus desejos?" Compreendendo o que ele dizia, o irmão prostrou-se e disse: "Perdoa-me; embora eu pensasse estar falando bem, eu estava sendo muito presunçoso, não compreendendo nada".

N.246/10.175

Dois irmãos consanguíneos retiraram-se do mundo. O mais moço foi o primeiro a vestir o hábito. Quando um dos pais veio visitá-los, eles prepararam a bacia e o mais novo se aproximou para lavar os pés do ancião. Mas, tomando-o pela mão, o ancião o afastou e colocou o mais velho em seu lugar. Os anciãos presentes disseram: "Mas o irmão mais jovem foi o primeiro a vestir o hábito, abba". E o ancião lhes disse: "Estou tomando a primazia do mais moço e conferindo-a à idade do mais velho".

N. 247/10.113

Um ancião disse: "Se alguém mora num lugar, mas não produz o fruto do lugar, o lugar o expulsa por não realizar a tarefa do lugar".

N.248/10.115

Um ancião disse: "Se um irmão empreende algo que está de acordo com sua própria vontade e não de acordo com a vontade de Deus, mas não se dá conta disso, é absolutamente necessário que finalmente entre no caminho de Deus. Mas alguém que se apega à sua própria vontade contrária à de Deus e se recusa a ouvir os outros, convencido de que conhece sua própria mente, esse homem entrará com dificuldade no caminho de Deus".

N.249/10.116

Perguntaram a um ancião: "O que é o 'caminho estreito e apertado' [Mt 7,14]?" Ele respondeu: "O 'caminho estreito e apertado' é reprimir seus próprios *logismoi* e refrear seu próprio desejo, pois é este o sentido de: 'Eis que abandonamos tudo e te seguimos' [Mt 19,27]".

N.250/10.117

Um ancião disse: "Assim como a ordem dos monges é superior à dos mundanos, o monge que vem de fora deve ser um espelho para os monges locais em todos os aspetos".

N.251/10.119

Um dos pais disse: "Se um operário vive num lugar onde não existem operários, ele não pode fazer nenhum progresso. Mas pode fazer o seguinte: lutar para não ficar para trás. E novamente: se uma pessoa preguiçosa vive com operários, fará progresso se estiver alerta; senão, ela pelo menos não ficará para trás".

N.252/10.120-121

Um ancião disse: "Se uma alma tem palavras, mas não tem atos, é como uma árvore que tem folhas, mas não tem frutos. Assim como uma árvore que produz frutos tem um abundante sortimento de folhas, assim uma palavra é apropriada a uma alma que é boa em obedecer aos mandamentos".

N.253/1.31

Um ancião disse: "Se odeias alguma coisa, abstém-te de fazê-la a qualquer outra pessoa. Sentes ódio quando alguém fala mal de ti? Não fales mal de ninguém. Sentes ódio quando alguém faz falsas acusações contra ti? Então não acuses ninguém falsamente. Sentes ódio quando alguém te despreza, te insulta, ou rouba algo que é teu – ou coisas semelhantes? Então não faças nenhuma destas coisas a ninguém. Aquele que é capaz de guardar este dito, isto lhe basta para sua salvação".

Devemos estar atentos para não julgar ninguém

N.254/9.16

Um pároco costumava visitar um anacoreta para oferecer-lhe os santos mistérios. Alguém se aproximou do anacoreta e falou mal do pároco. Quando o pároco chegou como de costume para fazer-lhe a oferenda, o anacoreta escandalizou-se e não abriu a porta. Então o pároco foi embora e eis que o anacoreta ouviu uma voz que dizia: "Os homens me tiraram o raciocínio". Caindo como que em êxtase, ele viu uma fonte dourada e uma corda dourada com um balde dourado e água que era muito boa. Depois viu alguns leprosos tirando água e oferecendo-a. Embora quisesse beber, o anacoreta não bebeu porque era um leproso que tirava a água. E então ouviu novamente uma voz que lhe dizia: "Por que não bebes a água? O que importa se é um leproso que a está tirando? Ele apenas a tira e a despeja". Quando caiu em si, o anacoreta percebeu o sentido da visão. Mandou chamar o pároco e pediu que lhe fizesse a oferenda, como antes.

N.255/9.18

Havia dois grandes irmãos num cenóbio e cada um foi considerado digno de ver algo da graça de Deus sobre seu irmão. Ora, certa vez aconteceu que um deles saiu do cenóbio numa sexta-feira. Viu alguém comendo de manhã cedo e lhe disse: "Estás comendo a esta hora numa sexta-feira?" Como de costume houve uma *synaxis* no dia seguinte. Quando seu irmão o olhou atentamente, viu que a graça de Deus se afastara dele e ficou aflito. Quando ele entrou na cela, o outro lhe disse: "O que fizeste, irmão? Porque não vi a graça de Deus sobre ti como antes". Em resposta, o outro lhe disse: "Não tenho consciência de ter feito algum mal, nem em ato nem em *logismos*". Seu irmão lhe disse: "Também não disseste nada?" Então ele se lembrou e disse: "Ontem vi alguém fora do cenóbio comendo de manhã cedo e lhe disse: 'Estás comendo a esta hora numa sexta-feira?' – este é meu pecado. Mas labuta comigo por duas semanas e imploremos que Deus me perdoe". Fizeram isso e, após duas semanas, o irmão viu a graça de Deus descendo sobre seu irmão. Ficaram confortados e deram graças a Deus.

Nada deve ser feito por ostentação e a avareza deve ser repudiada

N.256/8.26

Certa vez houve em Kellia uma festa e os irmãos estavam comendo na igreja. Estava presente um irmão que disse ao servente: "Eu não como alimento cozido, apenas comida com sal". O assistente gritou para outro irmão diante de todos: "Tal e tal irmão não come alimento cozido: traze-lhe algo com sal". Então um dos anciãos levantou-se e disse-lhe: "Teria sido melhor para ti permanecer comendo carne em tua cela hoje, em vez de gritar para ser ouvido diante das pessoas".

N.257/8.27

Um irmão asceta que não comia pão visitou um grande ancião. Aconteceu que havia ali também outros hóspedes e o ancião preparou um pouco de alimento cozido por causa deles. Quando se sentaram para comer, o asceta contentou-se apenas com grão-de-bico umedecido e começou a comer. Quando se levantaram depois de comer, o ancião chamou-o à parte e lhe disse: "Irmão, se estás visitando alguém, não declares teu modo habitual de vida. Se desejas manter teu modo de vida, permanece em tua cela e nunca saias". Corrigido pelas palavras do ancião, o irmão se tornou sociável quando se encontrava com os irmãos.

N.258/6.21

Alguém implorou a um ancião que aceitasse dinheiro para suas próprias necessidades, mas ele não estava disposto a aceitar porque tinha o suficiente com o trabalho de suas mãos. Como a pessoa persistiu implorando que o aceitasse para as necessidades dos que não tinham o suficiente, o ancião replicou: "Esta é uma dupla vergonha: Eu aceito sem necessitar e também me orgulho por doar o que pertence a outro".

N.259/6.23

Um magnata veio de longe a Scete trazendo consigo uma grande quantidade de ouro e suplicou ao sacerdote que fosse dada aos irmãos. O sacerdote disse: "Os irmãos não passam necessidade". Ele importunou-o insistentemente e colocou o cesto de dinheiro à porta da igreja. O sacerdote disse: "Quem passa necessidade tome um pouco do ouro". No entanto ninguém se aproximou e alguns nem sequer notaram. O sacerdote disse ao visitante: "Deus aceitou tua caridade. Vai e dá este material aos pobres". Ele seguiu seu caminho profundamente iluminado.

N.260/6.24

Alguém trouxe dinheiro a um ancião, dizendo: "Toma isto para tuas despesas, porque envelheceste e estás doente" – ele era de fato um leproso. Mas ele replicou: "Vieste para privar-me daquele que me sustentou por sessenta anos? Pois foi todo este tempo que tive minha doença e nunca me faltou nada, já que Deus provia às minhas necessidades e me alimentava". E recusou-se a aceitar qualquer coisa.

N.261/6.25

Os anciãos costumavam falar de um jardineiro que labutava arduamente e entregava todos os frutos de toda a sua labuta para esmolas, retendo apenas aquilo de que necessitava para seu próprio consumo. Mas, algum tempo depois, satanás lhe sugeriu: "Poupa para ti um pouco de dinheiro para o caso de envelheceres ou caíres doente e precisares pagar as despesas". Ele guardou um pouco e encheu um pote com dinheiro. Então aconteceu que caiu doente e seu pé gangrenou; gastou seu dinheiro com médicos e não colheu nenhum benefício. Depois chegou um médico experiente que lhe disse: "Se não amputares o pé, todo o teu corpo será atacado de gangrena". Ele preferiu que o médico amputasse o pé. Naquela noite caiu em si e se arrependeu do que fizera. Suspirando, chorou e disse: "Senhor, lembra-te das boas obras que eu costumava fazer há longo tempo, labutando e provendo à subsistência dos irmãos". Tendo dito isto, um anjo do Senhor apareceu e lhe disse: "Onde está o pote que poupaste? Onde está a esperança com base na qual deliberaste?" Então ele refletiu e disse: "Senhor, eu pequei; perdoa-me e doravante não o farei mais". E então o anjo tocou seu pé e ele ficou imediatamente curado. Levantando-se de manhã cedo, foi trabalhar no campo. Quando o médico chegou, como combinado, trazendo os instrumentos de ferro para amputar o pé e não o encontrou, perguntou à pessoa que vivia nas proximidades: "Onde está o doente?" Eles [sic] lhe disseram: "Ele saiu cedo para trabalhar no campo". Surpreso, o médico foi então ao campo onde ele estava trabalhando. Ao vê-lo escavando a terra com sua pá, glorificou o Deus que lhe dera saúde.

N.262/6.26

Um irmão perguntou a um ancião: "Consentes que eu guarde para mim duas moedas para o caso de uma doença corporal?" O ancião respondeu: "Não é bom reteres mais do que é suficiente para as necessidades do corpo. Se retiveres as duas moedas, verificar-se-á que tua esperança está nelas. E se acontecer por acaso que elas se perdem, Deus não cuidará mais de ti. 'Descarreguemos, portanto, nossas preocupações sobre Ele, pois Ele cuida de nós' [cf. Sl 55,23]".

N.263/6.22

Alguns pagãos chegaram a Ostrakine para distribuir esmolas e tomaram consigo os administradores para lhes mostrarem os que passavam sérias necessidades. Estes os levaram a um leproso e começaram a dar-lhe, mas ele não estava disposto a aceitar, dizendo: "Vede, eu corto e tranço alguns ramos de palmeira e como meu próprio pão". Depois os administradores os levaram também até a cela de uma viúva com filhos. Bateram à porta e a filha dela respondeu de dentro porque estava nua, tendo a mãe saído para trabalhar, pois ela era lavadeira. Eles ofereceram à filha algo para vestir e um pouco de dinheiro, mas ela relutou em aceitar, dizendo: "Minha mãe se aproximou de mim e disse: 'Confia, porque Deus o quis e encontrei trabalho hoje, de modo que teremos nosso alimento'". Quando sua mãe voltou para casa, eles suplicaram que aceitasse a ajuda, mas ela não quis. E disse: "De minha parte tenho Deus para cuidar de mim; quereis tirá-lo de mim?" Eles glorificaram a Deus ao ouvir esta expressão de sua fé.

Devemos estar sempre vigilantes

N.264/11.91/Nistheros 5(A)

Um ancião disse: "Um monge precisa prestar contas de si mesmo todas as noites e de madrugada e dizer: 'Das coisas que Deus não quer, quais não fizemos? E do que Deus quer, o que fizemos?' – e desta maneira arrepender-se. É assim que um monge deve ser. Foi assim que Abba Arsênio viveu".

N.265/11.92

Um ancião disse: "Se alguém perde ouro ou prata, pode encontrar algo em seu lugar; mas quem perde uma oportunidade não consegue encontrar outra".

N.266/11.81

Certa vez um dos anciãos visitou outro ancião e, enquanto conversavam, um deles disse: "Eu morri para o mundo". O outro ancião disse: "Não estejas seguro de ti mesmo enquanto não saíres de teu corpo. Mesmo que digas "eu morri", satanás ainda não morreu".

N.267/11.94

Um ancião disse: "Como o soldado e o caçador partem para o combate sem se preocupar se alguém está ferido ou se outro está em segurança, cada qual empenhado apenas em seu combate, assim deve ser o monge".

N.268/11.95

Um ancião disse: "Da mesma forma que ninguém pode fazer mal a alguém que está perto do imperador, também satanás não pode nos fazer nada se nossa alma estiver perto de Deus. Ele diz: 'Aproxima-te de mim e eu me aproximarei de vós' [Zc 1,3]. Mas, já que estamos continuamente distraídos, o inimigo facilmente arrebata nossas almas desventuradas e as leva para paixões ignominiosas".

N.269/11.99

Um ancião disse: 'Quando te levantas de manhã, dize a ti mesmo: 'Corpo, trabalha para te alimentares; alma, permanece vigilante para poderes herdar o Reino dos Céus'".

N.270 = N.57/11.101

Um irmão disse a certo ancião: "Não vejo nenhum conflito em meu coração". O ancião lhe disse: "Tu és um edifício aberto para todos os quatro lados.

Todo aquele que deseja entrar entra em ti e sai de ti e tu nem sequer te dás conta disso. Se tens uma porta e a fechas, impedindo que os *logismoi* maus entrem por ela, então os verás lá fora e batalhando".

N.271/11.102

A respeito de um ancião costumava-se dizer que, quando seus *logismoi* lhe diziam: "Deixa estar hoje e arrepende-te amanhã", ele os contradizia, dizendo: "Não! De jeito nenhum. Hoje eu me arrependo e amanhã seja feita a vontade de Deus".

N.272/11.103

Um ancião disse: "Se nosso homem interior não estiver vigilante, é impossível proteger o homem exterior".

N.273/11.104

Os anciãos costumavam dizer: "Existem três forças de satanás que precedem todo pecado: o esquecimento, a negligência e o desejo. Quando vem o esquecimento, ele produz a negligência e da negligência vem o desejo: uma pessoa cai como resultado do desejo. Mas, se a mente estiver vigilante contra o esquecimento, ela não se tornará negligente; e, se não for negligente, não chegará ao desejo. Se não desejar, ela nunca cairá, pela graça de Cristo".

N.274/11.105

Um ancião disse: "Pratica o silêncio; não te preocupes com nada. Ao deitar e ao levantar, aplica-te à tua meditação com temor de Deus e não temerás os assaltos dos ímpios".

N.275/11.107

Um ancião disse a certo irmão: "O diabo é o inimigo e tu és a casa; pois o inimigo, despejando sobre ela toda impureza, não cessa de lançar contra tua casa tudo o que encontra. Cabe a ti não ser negligente em lançar fora tudo isso. Se fores negligente, a casa fica cheia de impureza e tu já não poderás entrar nela. Por isso, pouco a pouco joga fora tudo aquilo que alguém antes jogou dentro e tua casa permanecerá limpa pela força de Cristo".

N.276/11.108

Um dos pais costumava dizer: "Quando cobrem os olhos do boi, ele faz girar a mó do moinho; mas, se não os cobrem, ele não a faz girar. De maneira semelhante, se o diabo consegue cobrir os olhos de um homem, ele o faz cair em todo pecado. Mas, se seus olhos forem iluminados, ele pode facilmente escapar dele".

N.277/11.110

Costumava-se dizer que sete pessoas viviam na montanha de Abba Antão e que, quando era a época dos figos, um deles vigiava para afugentar os pássaros. E havia ali um ancião que, quando era seu dia de vigiar, costumava gritar: "Fora daqui, *logismoi* maus, e xô pássaros!"

N.278/11.111

Um irmão de Kellia deixou de molho seus ramos de palmeira e, quando se sentou para trançá-los, seu *logismos* lhe disse: "Vai e visita tal e tal ancião". Mas ele por sua vez pensou consigo mesmo: "Irei dentro de alguns dias". Depois disse: "E o que farás se ele morrer? Ao mesmo tempo poderás conversar com ele sobre a colheita". Ele disse novamente consigo mesmo: "Mas não é o tempo da colheita". Mas considerou novamente: "Mas é o tempo, já que estás cortando juncos". Mas disse: "Terminarei de trançar os ramos de palmeira e depois irei". Mas novamente disse consigo mesmo: "O tempo está esplêndido hoje". E levantou-se, abandonou seus ramos de palmeira molhados, tomou sua capa de pele de carneiro e partiu. Ora, havia um ancião que vivia perto dele e tinha o dom da clarividência. Ao ver o irmão correndo, gritou: "Prisioneiro, prisioneiro, vem cá!" Quando ele veio, o ancião lhe disse: "Volta para tua cela". E o irmão lhe falou sobre a batalha que estava travando. Quando reentrou em sua cela, prostrou-se e os demônios gritaram com voz forte, dizendo: "Ó monges, vós nos vencestes!" A esteira de junco embaixo dele parecia queimar com fogo, enquanto os demônios se tornaram invisíveis como fumaça.

N.279/11.115

Costumava-se falar de um monge de Scete que estava prestes a morrer. Os irmãos se reuniram em torno de sua cama. Vestiram-lhe o hábito e puseram--se a chorar. Ele, no entanto, abriu os olhos e riu; depois riu novamente e riu pela terceira vez. Os irmãos suplicaram-lhe, dizendo: "Dize-nos, abba, por que ris enquanto nós choramos?" Ele lhes disse: "Eu ri porque vós estais com medo da morte. Na segunda vez ri porque não estais preparados. Na terceira vez ri porque estou passando da labuta para o repouso". E imediatamente o ancião adormeceu.

N.280/12.18

Alguns irmãos contaram: "Certa vez visitamos alguns anciãos e, depois da oração costumeira, abraçamo-nos uns aos outros e nos sentamos. Depois de conversar, quando estávamos prestes a partir, pedimos que houvesse uma oração. Um dos anciãos nos disse: 'Por quê? Não rezastes?' Nós lhe dissemos:

'Houve uma oração quando entramos, abba, e estivemos falando até agora'. O ancião disse: 'Perdoai-me, irmãos; está aqui sentado e falando convosco um irmão que fez cento e três orações'. Depois de dizer isso, rezaram e nos despediram".

Sobre a necessidade de ser alegre, compassivo e hospitaleiro

N.281/13.15

Um ancião vivia em comum com um irmão. O ancião era compassivo. Quando houve uma carestia de víveres e algumas pessoas começaram a chegar à sua porta para receber donativos, o ancião provia com donativos às necessidades de todos os que vinham. Ao ver o que estava acontecendo, o irmão disse ao ancião: "Dá-me minha porção dos pães e faze o que quiseres com tua porção". O ancião dividiu os pães e continuou a dar esmolas com sua porção. Foram muitos os que acorreram ao ancião, ao ouvir que ele provia às necessidades de todos. Ao perceber que ele provia às necessidades de todos, Deus abençoou seus pães. Após ter consumido seu próprio pão, o irmão disse ao ancião: "Abba, já me sobram apenas uns poucos pedaços de pão, aceita-me novamente para vivermos em comum". O ancião lhe disse: "Farei como desejas". E viveram novamente em comum. Quando o alimento se tornou abundante, os que passavam necessidade retornaram para receber donativos, mas certo dia o irmão entrou e viu que os pães haviam terminado. Então chegou um homem pobre e o ancião mandou o irmão dar-lhe donativos, mas ele disse: "Pai, já não há mais nenhum pão". O ancião disse: "Vai e procura". Ele entrou e encontrou a despensa cheia de pães e, à vista disso, ficou aterrorizado. Tomou alguns e os deu ao pobre. Reconhecendo a fé e a virtude do ancião, ele glorificou a Deus.

N.282/13.16

Um ancião disse: "Pode haver uma pessoa que faz muitas boas obras, mas o maligno a leva a tergiversar sobre coisas de pouca importância, de modo que ela pode perder a recompensa por todas as boas obras que realiza. Certa vez, quando eu estava em Oxirrinco com um sacerdote que era um grande doador de esmolas, chegou uma viúva pedindo-lhe trigo. Ele disse: 'Traze-me um manto e eu medirei um pouco para ti'. Quando ela trouxe um manto, ele calculou sua capacidade com a mão e depois disse: 'É grande!' E deixou a viúva envergonhada. Eu lhe disse: 'Estavas vendendo o trigo, abba?' Ele disse: 'Não. Eu estava dando-lhe um donativo'. Eu lhe disse: 'Pois bem, se estavas dando-lhe tudo como um donativo, por que calculaste a quantidade e a envergonhaste?'"

N.283/13.8

Um irmão visitou um anacoreta. Quando estava de saída, disse-lhe: "Perdoa-me, abba, porque te desviei de observares tua regra". Mas ele, em resposta, lhe disse: "Minha regra consiste em revigorar-te e despedir-te em paz".

N.284/13.9

Havia um anacoreta que vivia perto de um cenóbio e observava muitas disciplinas. Quando aconteceu que algumas pessoas visitaram o cenóbio, elas insistiram para que comesse fora do tempo adequado. Depois os irmãos lhe disseram: "Não ficaste angustiado há pouco, abba?" Mas ele disse: "Minha angústia é se eu executo minha própria vontade".

N.285/13.10

A respeito de um ancião costumava-se dizer que ele vivia na Síria junto ao caminho que levava ao deserto e que era assim que ele cumpria os mandamentos: sempre que um monge saía do deserto, ele lhe oferecia conforto com grande confiança. Certa vez chegou um anacoreta e ele lhe ofereceu conforto, mas o anacoreta não quis aceitar, dizendo: "Estou jejuando". Entristecido, o ancião lhe disse: "Peço-te, não rejeites teu servo; não me desprezes. Vem, vamos rezar. Olha, aqui está uma árvore. Ela se inclina para qualquer pessoa quando ela se ajoelha em oração; vamos segui-la". O anacoreta dobrou o joelho para rezar, mas nada aconteceu. O hospedeiro também dobrou o joelho e imediatamente a árvore se inclinou com ele. Tranquilizados, deram graças a Deus.

N.286/13.14

Havia um monge que tinha um irmão, um mundano pobre, cuja subsistência ele provia com o que ganhava no trabalho. Mas, quanto mais lhe fornecia, tanto mais pobre ele se tornava. O irmão procurou um ancião e relatou-lhe o caso. O ancião lhe disse: "Se queres meu conselho, não lhe dês mais nada, dizendo-lhe: 'Irmão, quando eu tinha recursos eu te provia. Por isso agora traze-me o que sobra do que ganhas com teu trabalho'. Toma-lhe tudo o que ele trouxer e, onde souberes que existe um forasteiro ou um ancião pobre, dá a eles e roga-lhes que rezem por ele". O irmão partiu e fez o que o ancião lhe dissera. Quando seu irmão mundano chegou, falou-lhe como o ancião lhe dissera e afastou-se entristecido.

Eis que no primeiro dia o irmão mundano recebeu alguns legumes por seu trabalho e os trouxe a ele. Seu irmão os tomou e deu aos anciãos, suplicando-lhes que rezassem por ele e ele voltou para sua casa com uma bênção. Da mesma maneira o irmão mundano trouxe novamente alguns legumes e três pães;

seu irmão os tomou e os distribuiu como da primeira vez e ele novamente se retirou com uma bênção. O irmão mundano veio uma terceira vez, trazendo todo tipo de víveres e vinho e peixes. Seu irmão ficou admirado ao vê-los; convidou os pobres e os revigorou. Ele disse a seu irmão: "Não tens necessidade de um pouco de pão?" Mas ele disse: "Não, senhor, porque, quando eu costumava receber algo de ti, entrava em minha casa algo como fogo e o consumia. Mas, desde que não recebo nada de ti, Deus está me abençoando". Então o irmão foi e relatou ao ancião tudo o que acontecera e o ancião lhe disse: "Não sabes que o trabalho de um monge é um fogo e queima em qualquer lugar onde entra? É isto que lhe dá o benefício maior: dar esmolas com o que ganha por sua labuta e receber uma oração dos santos, e desta maneira ele é abençoado".

N.287/13.13

Um monge de Tebas recebeu de Deus o dom do serviço, de modo que ele provia à subsistência de todos os que chegavam de acordo com sua necessidade. Certa vez aconteceu que estava distribuindo donativos num povoado e se aproximou dele para receber donativos uma mulher vestida com roupas velhas. Ao ver que ela vestia roupas velhas, enfiou a mão para dar-lhe em abundância; mas a mão se fechou e ele apanhou pouco. Depois aproximou-se outra mulher, esta bem-vestida. Vendo suas vestes, ele enfiou a mão para dar-lhe um pouco; mas sua mão se abriu e ele apanhou uma grande quantidade. Ele indagou a respeito das duas e lhe disseram que a bem-vestida era uma nobre empobrecida que vestia roupas boas para manter as aparências, enquanto a outra vestia roupas velhas para receber donativos.

N.288/13.11

Certa vez dois irmãos visitaram um ancião e o ancião tinha o costume de não comer todos os dias. Ele se alegrou ao ver os irmãos, dizendo: "O jejum tem sua recompensa, mas quem come novamente por caridade obedece a dois mandamentos: porque deixou de lado sua própria vontade e cumpriu a lei da hospitalidade". E assim reconfortou os irmãos.

N.289/13.12

Havia um dos santos homens do Egito que vivia num lugar deserto e havia um outro a certa distância dele, que era um maniqueu e era um sacerdote, um dos chamados sacerdotes entre eles. Quando foi visitar um dos seus correligionários, a noite o surpreendeu lá onde estava o santo ortodoxo. Ele se angustiou, temendo chegar até ele e dormir ali, porque sabia que o ancião estava ciente de que ele era um maniqueu e poderia não recebê-lo. Mas, premido pela necessidade, bateu à porta. O ancião abriu a porta, reconheceu-o e o recebeu com alegria. Insistiu para que rezasse, revigorou-o e ofereceu-lhe uma cama. Acordando de noite, o maniqueu disse: "Por que ele não mostrou nenhuma suspeita a meu respeito? Este é um homem de Deus". Ele veio e caiu a seus pés dizendo: "A partir de hoje sou um ortodoxo". E assim permaneceu com ele.

Sobre a obediência

N.290 (a)/14.20 (b) = 292

(a) Os pais costumavam dizer que, se alguém tem confiança no outro e se entrega em submissão a essa pessoa, ele não precisa observar os mandamentos de Deus, mas confiar todos os seus desejos a seu pai e (b) Deus não irá censurá-lo, porque o que Deus mais procura nos noviços é o sofrimento através da obediência.

N.291/14.23

Quando um irmão de Scete estava saindo para a colheita, encontrou um grande ancião e lhe disse: "Dize-me: O que devo fazer ao sair para a colheita?" O ancião lhe disse: "E se eu te disser, confiarás em mim?" O irmão disse: "Sim: estou te ouvindo". O ancião lhe disse: "Se confias em mim, vai, libera-te desta colheita e então vem e te direi o que fazer". O irmão foi, liberou-se da colheita e retornou ao ancião. O ancião lhe disse: "Entra em tua cela, passa cinquenta dias comendo pão duro com sal uma vez ao dia, depois novamente te direi algo mais". Ele se afastou e o fez e depois procurou novamente o ancião. Percebendo que o irmão era um trabalhador, o ancião informou-lhe como devia permanecer em sua cela. O irmão foi para sua cela e prostrou-se com o rosto por terra, chorando diante de Deus por três dias. Depois, quando os *logismoi* lhe disseram: "Foste exaltado e te tornaste grande", trouxe seus defeitos diante de si, dizendo: "E onde estão todas as coisas que deixei de fazer?" E novamente os *logismoi* disseram: "Deixaste muitas coisas por fazer". Ele, por sua vez, disse: "Mas ofereço alguns atos de culto* a Deus e confio que Deus me tratará com misericórdia". Vencidos, os espíritos apareceram-lhe em forma visível, dizendo: "Fomos derrotados por ti!" Ele lhes disse: "O que é isso?" E eles lhe disseram: "Se nós te elevamos, corres para a humilhação; e, quando te humilhamos, te elevas às alturas".

* liturgias (*leitourgias*), não *synaxeis*, como poderíamos esperar.

N.292/14.24

Os anciãos costumavam dizer que o que Deus mais exige dos noviços é o sofrimento através da obediência.

N.293/14.25

Um ancião tinha um assistente que vivia no povoado. Certa vez aconteceu que o assistente se atrasou em fazer sua visita usual e o ancião ficou sem os provimentos necessários. Como o assistente não se apressou, o ancião ficou privado das coisas necessárias para o trabalho manual que ele guardava em sua cela e ficou frustrado, não tendo nada em que trabalhar nem os recursos para alimentar-se. Ele disse a seu discípulo: "Queres ir ao povoado?" Ele disse: "Farei como desejas". Ora, o irmão tinha medo de aproximar-se do povoado por receio do escândalo, mas concordou em ir a fim de não desobedecer a seu pai. O ancião lhe disse: "Vai; confio no Deus de meus pais que Ele te protegerá contra toda tentação". Rezou e mandou--o seguir seu caminho.

Quando entrou no povoado, o irmão indagou sobre o lugar onde vivia o assistente e o encontrou. Ora, aconteceu que o homem e toda sua família estavam num monumento comemorativo, fora do povoado – exceto uma filha sua. Quando ele bateu, ela ouviu e foi até a porta e a abriu de dentro. Ao vê-lo – um irmão que perguntava por seu pai –, ela o convidou a entrar e até quis puxá-lo para dentro, mas ele recusou. Ela continuou insistindo e prevaleceu, puxando-o para junto de si. Mas ele, vendo-se arrastado para a licenciosidade e confundido por seus *logismoi*, gemeu e implorou a Deus: "Senhor, salva-me nesta hora pelas orações de meu pai". Dito isto, viu-se de repente junto ao rio, a caminho do mosteiro. E foi restituído a seu pai, são e salvo.

N.294/14.27 *BHG* 1438m, *de crocodillis*

Dois irmãos consanguíneos foram viver num mosteiro. Um deles era asceta, mas o outro possuía o dom da grande obediência. O pai costumava dizer-lhe: "Faze isto" e ele o fazia; ou: "Faze aquilo" e ele o fazia; ou: "Come de manhã cedo" e ele comia. E começou a ser estimado no mosteiro por causa de sua obediência. Ora, seu irmão asceta ficou irritado e disse para si mesmo: "Vou submetê-lo a uma prova, para ver se ele é realmente obediente". Por isso foi até o pai e lhe disse: "Manda meu irmão comigo visitarmos certo lugar". E o abba lhe deu permissão. O asceta tomou-o consigo desejando tentá-lo. Quando chegaram ao rio que tinha muitos crocodilos, ele lhe disse: "Desce até o rio e atravessa-o". Ele desceu até o rio e os crocodilos vieram e lamberam seu corpo, mas não lhe causaram nenhum dano. Ao ver isto, o irmão asceta lhe disse: "Sai do rio". Enquanto andavam encontraram um corpo jogado à beira da estrada. O asceta disse: "Se tivéssemos uma peça de roupa velha poderíamos cobri-lo". Aquele que tinha o dom da obediência disse: "Primeiro rezemos e talvez ele reviva". Assim permaneceram em oração e, depois de terem rezado, a pessoa morta reviveu. O irmão asceta vangloriou-se: "Foi por causa de meu ascetismo que o morto reviveu". Mas Deus revelou tudo ao pai do mosteiro: como ele submeteu o irmão à prova entre os crocodilos e como a pessoa morta reviveu. Quando chegaram ao mosteiro, o abba disse ao asceta: "Por que trataste teu irmão desta maneira? Eis que foi por causa de sua obediência que o morto reviveu".

N.295/14.28

Um irmão que vivia no mundo e tinha três filhos retirou-se para um mosteiro, deixando-os na cidade. Depois de permanecer no mosteiro por três anos, seus *logismoi* começaram a trazer-lhe à lembrança seus filhos e ele ficou muito triste por causa disso. Ora, ele não havia relatado ao abba que tinha filhos. Quando o pai o viu deprimido, disse-lhe: "O que tens para estar deprimido?" E ele explicou ao pai: "Tenho três filhos na cidade e desejo trazê-los ao mosteiro". O pai lhe deu permissão. Mas, quando ele foi à cidade, descobriu que dois deles haviam morrido e então tomou aquele que restara e veio ao mosteiro. Procurou o pai e o encontrou na padaria. Ao vê-lo, o pai o abraçou, pegou o filho nos braços, deu-lhe um abraço caloroso e o beijou e disse ao pai dele: "Tu o amas?" Ele disse: "Sim". Novamente lhe disse: "Tu o amas muito?" Ele respondeu: "Sim". Ouvindo isso, o abba disse: "Toma-o e joga-o na fornalha quando estiver acesa". E o pai tomou o filho e o lançou na fornalha, mas as chamas se tornaram imediatamente como o orvalho da manhã. E ele conquistou estima como o patriarca Abraão [Gn 22,1-14].

N.296/14.29a/Rufo

Um ancião dizia que aquele que vive em obediência a um pai espiritual tem uma recompensa maior do que aquele que se retira para o deserto, completamente só.

N.297/7.30

Um ancião disse: "É por isso que não fazemos progresso: não compreendemos nossos próprios limites, não perseveramos no trabalho que empreendemos e queremos adquirir a virtude sem esforço".

Sobre a humildade

N.298/15.71

Um homem possuído por um demônio, espumando horrivelmente pela boca, bateu na face de um dos monges que era eremita, mas o ancião virou-se e lhe ofereceu a outra face [Mt 5,39]. Incapaz de resistir à natureza abrasadora da humilhação, o demônio retirou-se imediatamente.

N.299/15.72/Or 11 (440B)

Um ancião disse: "Quando um *logismos* de vaidade ou orgulho te acomete, examina cuidadosamente tua consciência: Observaste todos os mandamentos? Amas teus inimigos e te entristeces com sua derrota? Consideras-te um 'servo inútil [Lc 17,10], mais pecador do que todos? E então não alimentes um sentimento de superioridade, como se tivesses realizado bem todas as coisas, porque sabes que esse *logismos* tudo destrói".

N.300/15.74/Or 10

Um ancião disse: "Aquele que é honrado ou elogiado acima de seu mérito sofre grande dano. Mas aquele que simplesmente não é honrado pelos homens será glorificado do alto".

N.301/15.75
Um irmão perguntou a um ancião: "É bom fazer muitas prostrações?" O ancião disse: "Vejamos Josué filho de Nun: Deus lhe apareceu quando estava deitado de bruços".

N.302/15.76
Perguntaram a um ancião: "Por que somos tão assediados pelos demônios?" E ele disse: "É porque jogamos fora nossas armas: quero dizer a desonra, a humilhação, a indiferença às posses e a perseverança".

N.303/15.77
Um irmão perguntou a um ancião: "Abba, se um irmão me traz notícias de fora, desejas que eu lhe diga para não trazê-las?" O abba lhe disse: "Não". E o irmão disse: "Por quê?" E o ancião disse: "Porque podemos não observar nós mesmos esta regra e para não acontecer que, enquanto dizemos ao nosso irmão para não o fazer, depois nós mesmos descubramos que o estamos fazendo". O irmão disse: "Então o que devo fazer?" E o ancião disse: "Se estamos dispostos a manter silêncio, isto bastará para o próximo".

N.304/15.78

Perguntaram a um ancião: "O que é a humilhação?" Ele respondeu: "É se teu irmão pecar contra ti e tu lhe perdoas antes que ele peça o teu perdão".

N.305/15.79/Or 12

Um ancião disse: "Não culpes ninguém em cada tentação, mas culpa-te apenas a ti mesmo, dizendo: 'Isto ocorre por causa dos meus pecados'".

N.305*bis*/15.81

Um irmão perguntou a um ancião: "O que é a humildade?" E o ancião disse: "É fazeres o bem aos que te fazem mal". O irmão disse: "E se alguém não consegue estar à altura deste padrão, o que ele deve fazer?" O ancião disse: "Que ele fuja e opte por permanecer em silêncio".

N.306/15.83

Um irmão perguntou a um ancião: "O que é a prática do exílio voluntário [*xeniteia*]?" O ancião disse: "Conheço um irmão que vivia como um exilado. Ele se encontrou na igreja e, por acaso, havia ali uma *agapê*, de modo que se sentou à mesa para comer com os irmãos. Mas alguns deles disseram: 'Quem reteve este companheiro após a *synaxis*?' E lhe disseram: 'Levanta-te e vai embora'. E ele se levantou e saiu. Mas outros irmãos ficaram aflitos e foram atrás dele e o convidaram a permanecer. Depois lhe disseram: 'O que se passa em teu coração, por teres sido rejeitado e depois trazido de volta?' Ele disse: 'Imaginei-me como um cachorro: ele sai quando é enxotado e volta quando é chamado'".

N.307/15.84
Certo dia algumas pessoas da Tebaida se aproximaram de um ancião trazendo consigo uma pessoa possuída pelo demônio para que ele a curasse. Como lhe suplicassem insistentemente, o ancião disse ao demônio: "Sai daquilo que Deus fez". E o demônio disse ao ancião: "Eu vou sair, mas te faço uma pergunta: Dize-me quem são os cabritos e quem são as ovelhas?" [cf. Mt 25,32-33]. O ancião disse: "Eu sou os cabritos; Deus sabe quem são as ovelhas". Ouvindo isto, o demônio gritou em alta voz: "Eis que, através de tua humilhação, estou saindo". E saiu na mesma hora.

N.308/15.85
Um monge egípcio vivia num subúrbio de Constantinopla durante o reinado do imperador Teodósio o Jovem.* Ao percorrer o caminho, o imperador deixou para trás todo o seu séquito e foi bater sozinho à porta do monge. Ele abriu a porta e reconheceu

quem era, mas o recebeu como se fosse um funcionário imperial. Quando ele entrou rezaram e se sentaram. Então o imperador começou a interrogá-lo sobre o estilo de vida dos pais no Egito. Ele disse: "Eles estão rezando por tua salvação". E lhe disse: "Come alguma coisa". Umedeceu um pouco de pão para ele, acrescentando um pouco de azeite e sal, e comeram. E depois ofereceu-lhe água e ele bebeu. O imperador lhe disse: "Sabe quem eu sou?" Mas ele disse: "Deus te conhece". Então ele lhe disse: "Eu sou o imperador Teodósio". E o ancião prostrou-se imediatamente diante dele. Então o imperador lhe disse: "Bem-aventurados sois vós que não vos preocupais com vossa vida. Na verdade, embora tenha nascido no palácio, eu nunca desfrutei pão e água como hoje; comi com muito prazer". Desde então o imperador começou a reverenciá-lo, mas o ancião se levantou e fugiu novamente para o Egito.

* Teodósio II, 408-450.

N.309/15.86

Os anciãos costumavam dizer: "Quando não somos assediados, é então que deveríamos humilhar-nos mais. Porque, conhecendo nossa fraqueza, Deus nos protege e, se nos vangloriamos, Ele retira de nós sua proteção e nós estamos perdidos".

N.310/15.87

O diabo apareceu a um dos irmãos, disfarçado de anjo da luz, e lhe disse: "Eu sou Gabriel e fui enviado a ti". Mas ele lhe disse: "Certifica-te se não foste enviado a outra pessoa, porque eu não sou digno". E imediatamente o diabo se tornou invisível.

N.311/15.88

Os anciãos costumavam dizer: "Mesmo que um anjo te apareça realmente, não o recebas, mas humilha-te dizendo: 'Por viver em pecados, não sou digno de ver um anjo'".

N.312/15.89

A respeito de certo ancião costumava-se dizer que ele via os demônios distintamente enquanto permanecia em sua cela, combatendo o bom combate, e que os desprezava. Ao ver-se derrotado pelo ancião, o diabo veio e apareceu-lhe dizendo: "Eu sou o Cristo". Mas o ancião, ao vê-lo, fechou os olhos. O diabo lhe disse: "Por que fechas os olhos? Eu sou o Cristo". Em resposta, o ancião lhe disse: "Não tenho nenhum desejo de ver a Cristo aqui". Ao ouvir isto, o diabo ficou invisível.

N.313/15.90

Os demônios disseram a um ancião: "Desejas ver a Cristo?" Mas ele lhes disse: "Anátema sejais, vós e o que estais dizendo. Eu acredito em meu Cristo que disse: 'Se alguém vos disser: Olha, o Cristo está aqui ou ali, não acrediteis'" [Mt 24,23]. E imediatamente eles se tornaram invisíveis.

N.314/15.91

A respeito de certo ancião contava-se que ele passava setenta semanas comendo uma vez por semana. Ele indagou a respeito de um dito das Escrituras e Deus não o revelou. Então ele disse consigo: "Eis que realizei tantos trabalhos e nada consegui. Por isso procurarei meu irmão e perguntarei a ele". Ao fechar a porta para pôr-se a caminho, foi-lhe enviado um anjo de Deus que lhe disse: "As setenta semanas de teu jejum não te aproximaram de Deus. Mas, quando te humilhaste para partir em busca de teu irmão, fui enviado para te explicar o dito". Depois de assegurá-lo a respeito do dito sobre o qual ele estava indagando, o anjo se afastou dele.

N.315/15.93

Um ancião disse: "Se, com respeito piedoso e humilhação, alguém ordenar que um irmão execute uma tarefa, esta ordem, como se fosse vinda de Deus, obriga o irmão a obedecer e fazer o que foi ordenado. Mas se alguém o pede desejando dar ordens ao irmão, não por temor a Deus, mas querendo dominá-lo pela autoridade, Deus – que vê os segredos do coração – não dispõe o irmão a obedecer ou executar a tarefa, porque é evidente a tarefa que ocorre em nome de Deus e é manifesta a tarefa que deriva da autoridade. A que é de Deus é humilde e cortês; a que vem da autoridade está cheia de ira e agitação, porque vem do maligno".

N.316/15.94
Um ancião disse: "Prefiro uma derrota com humildade a uma vitória com arrogância".

N.317/15.95
Um ancião disse: "Não desprezes teu companheiro. Não sabes se o Espírito de Deus está em ti ou nele. Por 'teu companheiro' eu entendo teu assistente".

N.318/15.96
Um irmão perguntou a um ancião: "Se eu vivo com alguns irmãos e vejo algo impróprio, julgas que devo falar?" O ancião disse: "Se forem mais velhos do que tu ou da mesma idade, é mais conveniente manteres tua compostura permanecendo calado, porque, fazendo isso, tu próprio te fazes inferior e evitas a preocupação". O irmão lhe disse: "Então o que devo fazer, pai, pois os espíritos me perturbam?" O ancião lhe disse: "Se estás perturbado, relata-o uma vez aos irmãos com humildade e, se eles não te pres-

tarem atenção, deposita teu fardo diante do Senhor [Sl 55,23]. [Prostrar-se diante de Deus é]* abandonar sua própria vontade. Mas cuida de não mostrar isso, para assegurar que tua preocupação está de acordo com a vontade de Deus. Em minha opinião, é bom manter-se calado, porque *isso* é humildade".

* Parece haver uma *lacuna* no texto; as palavras entre colchetes são de *APsis* 154.96.

N.319/15.111, linhas 1-11 e 51-56

Um irmão estava magoado com outro e, quando este soube, foi pedir-lhe desculpas, mas o outro irmão não lhe abriu a porta. Por isso ele procurou um ancião e lhe contou o fato. Em resposta, o ancião lhe disse: "Certifica-te que não há nenhuma autojustificação em teu coração, como se lançasses a culpa em teu irmão considerando-o responsável por isto. Estás justificando tuas ações e por isso ele não teve confiança em ti para te abrir a porta. No entanto, é o que te digo: embora tenha sido ele quem te ofendeu, vai e convence-te de que foste *tu* quem *o* ofendeu, reconhecendo-o como justo. Então Deus lhe dará confiança para reconciliar-se contigo". Convencido, o irmão o fez. Chegou e bateu à porta do irmão e, logo que o reconheceu, *ele*, do interior, pediu desculpas primeiro. Depois abriu a porta e o abraçou de todo o coração e houve grande paz entre os dois.

N.320/8.31/Or 14

Um ancião disse: "Ou rompe claramente com os homens ou faze do mundo e dos homens um alvo de chacota, fazendo o papel de bobo o tempo todo". [ou "passando por tolo de muitas maneiras".]

N.320*bis*/15.98

Um ancião disse: "Se, humilhando-te, disseres a alguém: 'Perdoa-me', estás incinerando os demônios".

N.321/15.99

Um ancião disse: "Se adquirires o silêncio, não penses que adquiriste a virtude, mas dize: 'Eu nem sequer sou digno de falar'".

N.322/15.100

Um ancião disse: "Se um moageiro não puser uma venda sobre os olhos do animal de carga, ele se voltará para os lados e comerá seus lucros. De maneira semelhante também nós, pela providência divina, recebemos vendas para não nos considerarmos bem-aventurados em vista de nossas boas obras e assim percamos nossa recompensa. Por este caminho somos abandonados continuamente a *logismoi* impuros e eles são tudo o que vemos, de modo que nos condenamos a nós mesmos e as próprias impurezas se tornam uma venda para nós para não vermos o pouco de bem que fazemos. Quando se culpa a si mesma, a pessoa não perde sua recompensa".

N.323/15.103
Perguntaram a um ancião: "O que é a humilhação?" Em resposta, ele disse: "A humilhação é uma grande e piedosa obra. Este é o caminho da humilhação: trabalho físico e considerar-se um pecador, inferior a todos". O irmão disse: "O que significa 'inferior a todos'?" O ancião disse: "É o seguinte: não prestar atenção aos pecados dos outros, mas ter sempre seus próprios pecados diante dos olhos e implorar a Deus sem cessar".

N.324/15.105
Um irmão perguntou a um ancião: "Dize-me algo que eu possa observar e viver de acordo". O ancião disse: "Se fores capaz de ser ultrajado e suportar, isto é uma grande coisa, superior a todas as virtudes".

N.325/15.106
Um ancião disse: "Quem suporta ser desprezado, ultrajado e insultado é capaz de ser salvo".

N.326/15.107
Um ancião disse: "Não tenhas muita familiaridade com um hegúmeno e não frequentes muitas vezes

sua presença, porque desta maneira te tornarás familiar dele e então almejarás dirigir os outros".

N.327/15.17 (só a primeira sentença) e 15.19
Ao ver alguém pecar, um santo homem chorou amargamente, dizendo: "Ele peca hoje e amanhã certamente é minha vez". Assim, se alguém pecar em tua presença, não o julgues, mas considera-te um pecador maior do que ele.

N.328/15.109
Num cenóbio havia um irmão que costumava tomar sobre si todos os defeitos dos outros, ao ponto até de acusar-se de *porneia*, dizendo: "Eu a cometi". Mas alguns dos irmãos, não tendo consciência de sua prática, começaram a resmungar a respeito dele, dizendo: "Quantas coisas más ele fez – e não trabalha!" Mas o abba – que estava ciente de sua prática – disse aos irmãos: "Eu prefiro uma das suas esteiras de junco feitas com humildade a todas as vossas feitas com arrogância. Quereis ser plenamente assegurados por Deus?" Trouxe três esteiras deles e aquela do irmão, acendeu um fogo e jogou-as nele. Todas foram queimadas, exceto a esteira do irmão. Ao ver isso, os irmãos ficaram aterrorizados. Prostraram-se diante do irmão e daí em diante o consideraram como um pai.

N.329/15.104

Ao ser ferido por alguém, um monge suportou pacientemente a ferida e prostrou-se diante daquele que o golpeara.

N.330/1.34/Matoes 11

Um ancião disse: "Implora a Deus para que ponha em teu coração arrependimento e humilhação. Preocupa-te sempre com teus pecados e não julgues os outros; ao invés, torna-te inferior a todos. Não tenhas nenhuma amizade com uma mulher, nem com uma criança nem com um herege. Afasta-te do palavrório imprudente. Mantém firme controle de tua língua e de teu estômago, abstendo-te de vinho. Se alguém falar contigo sobre qualquer assunto, não argumentes com ele; mas [se ele falar bem]*, dize: "Sim", E, se ele falar mal, dize: 'Sabes certamente do que estás falando'. E não discutas com ele sobre o que ele falou; e isto é humilhação".

* [...] palavras encontradas em Matoes 11 e *APsis* 1.34.

N.331/15.73/Or 13

Um ancião disse: "Não fales contra teu irmão em teu coração, dizendo: 'Eu sou mais vigilante e mais asceta'. Mas antes submete-te à graça de Deus em espírito de pobreza e amor sincero, para não perderes tua labuta num espírito de vanglória, pois está escrito: 'Aquele que acredita estar em pé cuide para não cair' [1Cor 10,12]. Sê 'temperado com sal' [Cl 4,6] em Cristo".

N.332/15.110
Perguntaram a um ancião: "Por que algumas pessoas dizem: 'Temos visões de anjos'?" Ele respondeu: "Feliz aquele que vê seus próprios pecados todo o tempo".

N.333/19.19
Havia no Jordão um ancião que entrou numa gruta no calor do dia e encontrou um leão lá dentro. Ele começou a ranger os dentes e a rugir, mas o ancião lhe disse: "Por que te aborreces? Este é um lugar com espaço para ti e para mim. Se não for de teu agrado, levanta-te e sai". Incapaz de suportar isto, o leão saiu.

N.334/15.111 linhas 11-47
Um irmão perguntou a um ancião: "Por que devo prostrar-me diante de alguém que tem algo contra mim, quando vejo que ele não está se purificando a meu respeito?" O ancião lhe disse: "Dize-me a verdade: Não estás te justificando a ti mesmo em teu coração ao te prostrares, dizendo que ele te ofendeu e tu te prostras diante dele por causa do mandamen-

to?" O irmão disse: "Sim, é isso". Então o ancião lhe disse: "Por isso Deus não o convence a purificar-se a teu respeito, porque não te prostras diante dele com a convicção de que o ofendeste; ao invés, afirmas que ele te ofendeu – o que ele de fato fez. Mas, embora tenha sido ele que te ofendeu, convence-te de que foste tu que o ofendeste – e dá razão a teu irmão. Então Deus o convencerá a purificar-se a teu respeito".

Depois o ancião lhe contou o seguinte exemplo: "Havia alguns mundanos piedosos que fizeram um acordo: foram embora e se tornaram monges. Entusiasmados pelo dito evangélico, mas sem compreendê-lo, eles 'se fizeram eunucos por causa do Reino dos Céus' [Mt 19,12]. Ao ser informado disto o arcebispo os rejeitou. Convencidos de que tinham feito uma coisa boa, ficaram irritados com ele, dizendo: 'Nós nos fizemos eunucos por causa do Reino dos Céus e ele nos rejeitou. Vamos e apelemos ao arcebispo de Jerusalém contra ele'. Por isso foram e lhe contaram tudo, mas o arcebispo lhes disse: 'Eu também vos rejeito'. Angustiados também com isto, foram até Antioquia, dirigiram-se ao bispo de lá e lhe relataram seu caso, mas também ele os rejeitou. Disseram uns aos outros: 'Vamos a Roma, ao patriarca, e ele tomará nossa defesa contra todos estes.

Então dirigiram-se ao grande arcebispo de Roma e contaram-lhe o que os arcebispos haviam feito com eles, dizendo: 'Viemos a ti, porque és o cabeça de todos'. Ele, porém, lhes disse: 'Também eu vos rejeito – e rejeitados permaneceis'. Sem saber o que fazer, disseram entre si: 'Estas pessoas procuram agradar umas às outras, porque se reúnem em sínodos. Mas vamos ao santo de Deus, Epifânio, bispo de Chipre [† 403], porque ele é um profeta e não um indivíduo parcial'. Mas, quando se aproximavam da cidade, a situação deles foi revelada ao bispo. Ele enviou alguém para encontrar-se com eles e dizer-lhes: 'Nem entrem na cidade'. Então, caindo em si, disseram: 'Estávamos realmente errados. Talvez os outros nos rejeitaram injustamente, mas este homem não é um profeta? Eis que Deus lhe revelou nosso caso'. E se condenaram severamente por ter feito o que fizeram. Mas, ao ver que eles se haviam realmente condenado, Deus – que conhece os segredos de nossos corações – convenceu o bispo Epifânio de Chipre, que enviou pessoalmente alguém para trazê-los. Exortou-os e depois os recebeu de volta à comunhão. Ele escreveu ao arcebispo de Alexandria: 'Recebe teus filhos, porque realmente se arrependeram'. Ora, esta é a cura de um homem – disse o ancião – e é isto que Deus deseja: que o homem assuma sua culpa na presença de Deus".

Sobre a resignação

N.335/16.14

Alguém que se deleitava com o trabalho árduo viu um homem carregando um cadáver numa maca e lhe disse: "Estás carregando os mortos? Carrega os vivos!"

N.336/16.16

A respeito de certo monge costumava-se dizer que, quanto mais alguém o insultava e parecia molestá-lo, tanto mais ele se achegava a essa pessoa, dizendo: "Essas pessoas são a ocasião de boas obras para os zelosos, ao passo que os que falam bem deles desencaminham a alma e a perturbam, pois está escrito: 'Os que falam bem de ti te desencaminham'" [cf. Is 9,15].

N.337/16.21

Certa vez chegaram ladrões ao mosteiro de um ancião e lhe disseram: "Viemos tomar tudo o que está em tua cela". E ele disse: "Tomai o que quiserdes, meus filhos". Então eles tomaram tudo o que encontraram na cela e foram embora, mas não viram uma bolsa pendurada ali. Então o ancião a tomou e correu atrás deles, gritando e dizendo: "Tomai esta bolsa que não notastes em nossa cela, meus filhos". Eles se admiraram com a resignação do ancião e lhe devolveram tudo o que haviam levado da cela; pediram desculpas, dizendo uns aos outros: "Este é realmente um homem de Deus".

N.338/16.23

Alguns irmãos, ao visitar um santo ancião que vivia num lugar deserto, encontraram algumas crianças fora de seu mosteiro apascentando animais e fazendo observações inconvenientes. Depois de manifestar-lhe seus *logismoi* e beneficiar-se com o conhecimento dele, disseram-lhe: "Abba, como toleras estas crianças e não ordenas que deixem de ser turbulentas?" O ancião disse: "De fato, existem dias em que eu gostaria de dizer-lhes isto; mas repreendo-me, dizendo: 'Se não suporto este pequeno tumulto, como resistirei à grave tentação se ela se abater sobre mim?' Por isso não lhes digo nada a fim de alimentar-me para suportar as coisas que me acometerem".

N.339/16.28

A respeito de um irmão que vivia perto de um grande ancião costumava-se dizer que ele entrava na cela do ancião e roubava. O ancião notava isto, mas não o repreendia; antes redobrava seus esforços, dizendo: "Talvez o irmão passe necessidade". O ancião experimentava grande aflição, ganhando seu pão na penúria. Quando o ancião estava prestes a morrer, os irmãos se reuniram ao seu redor. Vendo aquele que o roubava, ele lhe disse: "Aproxima-te de mim". Então beijou as mãos do irmão, dizendo: "Sou grato a estas mãos, pois é por causa delas que estou indo para o reino dos céus". O irmão ficou perturbado pelo remorso e se arrependeu. Tornou-se um monge testado e provado, inspirado pelas ações do grande ancião que ele havia visto.

N.340/16.27

Um dos anciãos costumava dizer: "Ouvi alguns dos santos dizerem que existem homens jovens que guiam anciãos para a vida". E contou o seguinte: "Havia um ancião beberrão que fazia uma esteira por dia, a vendia no povoado e bebia o preço dela. Certa vez chegou um irmão e permaneceu com ele e também ele fazia uma esteira. O ancião tomava também esta, a vendia e bebia o preço das duas, mas à tarde costumava trazer um pouco de pão para o irmão. Continuou fazendo isto por três anos e o irmão não dizia nada. Depois o irmão disse para si mesmo: "Estou aqui, nu, e comendo meu pão na penúria. Levantar-me-ei e irei embora daqui'. Então novamente pensou consigo mesmo: 'Mas para onde irei? Permanecerei aqui porque é por Deus que estou compartilhando esta vida'. De repente apareceu-lhe um anjo, dizendo: 'Não vás a lugar nenhum, porque amanhã virei te buscar'. Nesse dia o irmão suplicou ao ancião, dizendo: 'Não vás a lugar nenhum, pois meu povo vem hoje para me buscar'. Quando chegou o momento de o ancião partir, ele lhe disse: 'Eles não vêm hoje, meu filho; eles foram retidos'. Ele disse: "Sim, abba, certamente eles virão'. E, enquanto estava falando com ele, morreu. O ancião disse, entre lágrimas: 'Ai de mim, meu filho, eu que vivi muitos anos na negligência, enquanto tu salvaste tua alma em pouco tempo pela perseverança. A partir de então o ancião aprendeu o autocontrole e se tornou um monge testado e provado".

N.341/16.24

A respeito de outro ancião, os anciãos contavam que ele vivia com um jovem e o viu fazendo algo que não lhe era conveniente. Certa vez ele lhe disse: "Não faças isto". Mas ele não lhe deu atenção. Como lhe desobedeceu, o ancião não pensou mais nele, deixando-o à própria discrição. Mas o jovem fechou a porta da cela onde eram guardados os pães e deixou o ancião jejuando por treze dias. Mas o ancião não disse: "Onde estás?" ou: "Aonde vais?" Ora, o ancião tinha um vizinho. Quando este percebia que o jovem estava atrasado, cozinhava para ele um pouco de alimento e o passava através da parede, convidando-o a comer. Se ele lhe perguntava: "Por que o irmão está atrasado?", o ancião dizia: "Ele virá se tiver tempo".

N.342/16.25

Alguns contaram como os filósofos quiseram certa vez pôr os monges à prova. Quando se aproximou um deles, vestindo roupas finas, disseram-lhe: "Vem cá". Irritado, ele os vituperou. Aproximou-se outro monge, um líbio, e eles lhe disseram: "Também tu, monge malvado, vem cá". Ele se aproximou prontamente e eles lhe deram uma bofetada. Mas ele ofereceu a outra face [Mt 5,39]. Imediatamente eles se levantaram e prostraram-se diante dele, dizendo: "Eis um verdadeiro monge". Então fizeram-no sentar-se entre eles e começaram a fazer-lhe perguntas: "O que fazeis no deserto mais do que nós fazemos? Vós jejuais, mas nós também jejuamos. Vós vos mantendes vigilantes, mas nós também nos mantemos vigilantes. Tudo o que fazeis, nós também fazemos. Então o que fazeis, acima e além disso, vivendo no deserto?" O ancião lhes disse: "Nós confiamos na graça de Deus e mantemos sob vigilância nossas mentes". Eles responderam: "Nós somos incapazes de observar isso". E, edificados, deixaram-no seguir seu caminho.

N.343/16.22

Dois monges viviam num lugar e um grande ancião veio visitá-los. Querendo testá-los, tomou um bastão e começou a destruir as hortaliças de um deles. Ao ver isto, o irmão se escondeu. Mas quando sobrou apenas uma planta, ele disse ao ancião: "Abba, por favor, deixa esta, para eu poder cozinhá-la e podermos comer juntos". O ancião prostrou-se diante do irmão, dizendo: "O Espírito Santo veio repousar sobre ti, irmão, por causa de tua resignação".

Sobre a caridade

N.344

Um ancião enviou seu discípulo ao Egito para trazer um camelo a fim de poderem levar seus cestos ao Egito. Quando o irmão trouxe o camelo para Scete, outro ancião se encontrou com ele e lhe disse: "Se eu soubesse que ias ao Egito, eu teria pedido para trazer um camelo para mim também". O irmão foi embora e contou o caso a seu pai e o ancião lhe disse: "Toma o camelo, dá a ele e dize: 'Nós ainda não estamos prontos. Toma-o e faze o que precisas'. Vai ao Egito com ele e então traze o camelo de volta para podermos levar nossas mercadorias para lá". O irmão dirigiu-se ao outro ancião e disse: "Meu abba diz que nós não estamos prontos; toma o camelo e faze o que precisas". O ancião tomou o camelo e carregou nele seus cestos. Quando chegaram ao Egito e descarregaram os cestos, no momento em que o irmão tomou o camelo disse ao ancião: "Reza por mim". Ele disse: "Mas aonde estás indo?" E o irmão disse: "Para Scete a fim de trazer para cá também nossos próprios cestos". Com a consciência pesada, o ancião prostrou-se entre lágrimas, dizendo: "Perdoa-me, porque vossa grande caridade colheu meu fruto".

N.345/17.19

Um ancião disse: "Se uma pessoa te pedir algo, mesmo que o entregues sob coação, teu *logismos* concordará com alegria com o que está sendo dado, como está escrito: 'Se alguém te compelir a andar uma milha, vai com ele duas milhas' [Mt 5,41]. Ou seja, se alguém te pede algo, dá-o a ele de todo o coração".

N.346/17.18

Havia dois irmãos em Kellia. Um deles era mais velho e implorou ao mais moço, dizendo: "Vamos ficar juntos, irmão". Mas ele lhe disse: "Eu sou um pecador e não posso ficar contigo, abba". Mas ele implorou, dizendo: "Sim, podemos". Ora, o mais velho era puro e não estava disposto a ouvir que um irmão tinha *logismoi* de *porneia*. O irmão lhe disse: "Deixa-me só por uma semana, e depois falaremos novamente". Então o mais velho veio e o irmão mais novo, querendo pô-lo à prova, lhe disse: "Caí em grave tentação na última semana, abba. Pequei com uma mulher quando entrei no povoado para uma incumbência". O mais velho lhe disse: "Existe em ti arrependimento?" O irmão disse: "Sim". O mais velho disse: "Então eu assumo a responsabilidade por metade de teu pecado". E então o irmão lhe disse: "Agora podemos ficar juntos". E permaneceram juntos até a morte.

N.347/17.20 b

A respeito de um irmão costumava-se dizer que, tendo feito alguns cestos, pusera alças neles, quando ouviu seu vizinho dizendo: "O que farei, porque o dia do mercado está próximo e não tenho alças para pôr nos meus cestos!" O primeiro irmão foi e desprendeu as alças de seus próprios cestos, levou-as ao outro irmão e disse: "Olha, deixei estas à parte; toma-as para teus cestos". Ele providenciou que a tarefa do irmão fosse bem-sucedida em detrimento da sua própria.

N.348/17.21

A respeito de um ancião de Scete costumava-se dizer que ele caiu doente e desejava comer um pouco de pão fresco. Ao ouvir isto, um dos irmãos que combatia o bom combate tomou sua capa de pele de carneiro com alguns pães secos dentro e foi ao Egito. Ali ele os trocou por alguns pedaços de pão fresco e os levou ao ancião e eles ficaram surpresos ao ver que estavam quentes. No entanto, o ancião relutava em comer deles, dizendo: "Isto é sangue de meu irmão". Os anciãos lhe imploraram, dizendo: "Come, por amor de Deus, para que o sacrifício do irmão não seja em vão". Encorajado, ele os comeu.

N.348*bis*

Certa vez o servo de Deus Macário procurou um anacoreta e o encontrou doente. Indagou o que ele gostaria de comer e, quando ele disse "um bolo" [?], o valente não hesitou em ir até a cidade de Alexandria para trazer um e dá-lo ao paciente. A coisa espantosa é que ele não era conhecido de ninguém.

N.349/17.23

Um irmão perguntou a um ancião: "Por que existem hoje alguns que trabalham diligentemente nos vários modos de vida, mas não recebem a recompensa como os antigos?" O ancião lhe disse: "Então havia amor e cada um promovia seu próximo. Mas hoje o amor esfriou, e cada um rebaixa seu irmão; e é por isso que não recebemos a recompensa".

N.350/17.24 *BHG* 1450zd, *de tribus fratribus*

Certa vez três irmãos saíram para a colheita e receberam sessenta *arourai** para si. Mas um dos irmãos caiu doente no primeiro dia e voltou para sua cela. Um dos dois disse ao outro: "Olha, irmão, vês que nosso irmão caiu doente. Faze um pouco de esforço em teu *logismos* e eu também farei um pouco. Confiemos que, através das suas orações, poderemos fazer a colheita da parte de terra que cabe a ele". Quando a tarefa foi completada e foram receber o salário, chamaram o irmão, dizendo: "Vem e recebe teu salário, irmão". Mas ele disse: "Que salário tenho a receber, se não colhi?" Eles disseram: "Graças às tuas orações tua colheita foi feita; vem e recebe teu salário". Houve uma grande disputa entre eles: ele dizendo que não o receberia e eles se recusando a partir se ele não o recebesse. Por isso procuraram um grande ancião para uma arbitragem.

O irmão lhe disse: "Nós três fomos fazer a colheita, pai. Quando chegamos ao campo, no primeiro dia fiquei doente e retornei para minha cela. Não trabalhei nem um dia na colheita. No entanto, os irmãos me constrangem, dizendo: 'Vem e recebe o salário que não colheste'". Os outros dois disseram: "Nós três recebemos sessenta *arourai*. Mesmo se fôssemos os três, não poderíamos tê-la completado. No entanto, graças às orações do irmão, nós dois rapidamente conseguimos terminar a colheita e estamos dizendo a ele: 'Recebe teu salário'. Mas ele não quer". O ancião ficou admirado ao ouvir isso e disse a seu irmão: "Toca o sinal para todos os irmãos se reunirem. Quando todos chegaram, ele lhes disse: "Vinde, irmãos, e ouvi um julgamento justo hoje". O ancião lhes contou tudo. Eles condenaram o irmão a receber seu salário e fazer com ele o que quisesse. O irmão seguiu seu caminho chorando e lamentando-se.

* 1 *aroura* = 100 cúbitos^2, = ~1/5 de um hectare; portanto 60 *arourai* = ~12 hectares, = ~30 acres.

N.351/17.25

Um ancião disse: "Nossos pais tinham o costume de visitar as celas dos irmãos iniciantes que desejavam praticar sua disciplina na solidão. Eles os examinavam no caso de algum deles, tentado pelos demônios, ser prejudicado em seu *logismos*. Se encontravam um deles prejudicado, traziam-no à igreja. Dispunha-se uma bacia para lavar as mãos e se pronunciava uma oração pelo sofredor. Todos os irmãos se lavavam e depois despejavam um pouco da água sobre ele e o irmão era imediatamente purificado".

N.352/17.26

Dois irmãos conviviam por muitos anos e nunca tinham tido um conflito. Um deles disse ao outro: "Vamos também nós provocar um conflito como fazem os homens. Em resposta, o outro disse: "Eu não sei como acontece um conflito". Mas o outro lhe disse: "Olha, eu porei um tijolo no meio e direi: 'Ele é meu'. Então tu dirás: 'Não, ele é meu'. A partir disso começa o conflito". Então colocaram um tijolo no meio e o primeiro disse: "Ele é meu". Mas o outro disse: "Não, ele é meu" e o primeiro disse: "Se é teu, toma-o e vai". E se foram, sem encontrar nada sobre o que discutir entre si.

N.353/17.28

Um ancião disse: "Nunca desejei um trabalho que me beneficia, mas é desvantajoso para meu irmão, porque espero que a vantagem de meu irmão é uma tarefa frutífera para mim".

N.354/17.17

Um asceta encontrou alguém que estava possuído por um demônio e era incapaz de jejuar. Movido pelo amor de Deus – como está escrito – e buscando não seu próprio bem-estar, mas o do outro, pediu que o demônio entrasse nele e o outro homem fosse libertado. Deus atendeu ao seu pedido, mas o asceta, embora oprimido pelo demônio, continuou a ocupar-se com jejum, oração e *askêsis*. Dentro de poucos dias, Deus expulsou dele o demônio, sobretudo em consequência de seu amor.

N.355/17.22

Um irmão perguntou a um ancião: "Existem dois irmãos: um deles vive em *hêsychia*, jejuando seis dias seguidos e entregando-se ao duro trabalho, e o outro cuida das pessoas em apuros. Deus aceitará mais prontamente a tarefa de qual deles?" O ancião lhe disse: "Mesmo que aquele que jejua por seis dias se pendurasse pelas narinas, não pode ser igual àquele que cuida das pessoas em apuros".

N.356/17.29

Um irmão cuidava de um dos pais que estava doente e aconteceu que estourou em seu corpo uma supuração malcheirosa. O *logismos* do irmão lhe disse: "Vai embora, porque não conseguirás suportar este mau cheiro". Mas o irmão tomou uma vasilha e despejou nela a água com que lavara o doente. Então, se seu *logismos* começava a dizer: "Vai embora", ele dizia a seu *logismos*: "Se eu quiser ir embora, beberei dela". Mas seu *logismos* disse: "Não vás embora nem bebas deste fedor". O irmão continuou trabalhando e perseverou no cuidado do ancião e, quando Deus percebeu a labuta do irmão, curou o ancião.

N.357/4.85

Alguns irmãos em Scete estavam sentados purificando uma corda. Um deles estava doente por causa da *askêsis*. Ele tossia e cuspia e, sem querer, um pouco do seu cuspe caiu sobre um dos irmãos. Ele foi instigado por seu *logismos* a dizer ao doente: "Para de cuspir em mim". Mas, combatendo com o *logismos*, ele disse consigo: "Se estás preparado para engolir seu cuspe, dize-o". Depois disse a si mesmo: "Não o engulas nem fales com ele".

N.358

Um dos pais dirigiu-se à cidade para vender seus trabalhos manuais. Sentiu compaixão à vista de um pobre nu e lhe deu seu próprio *levitôn*, mas o pobre foi e o vendeu. O ancião ficou aflito ao ser informado sobre o que ele fizera e arrependeu-se de ter-lhe dado sua própria roupa. Então, nessa noite, Cristo apareceu ao ancião em sonho vestindo o *levitôn* e lhe disse: "Não te aflijas. Eis que estou vestindo o que tu me deste".

Sobre os que têm o dom da clarividência

N.359/18.29

Um dos pais costumava dizer: "Certa vez alguns pais estavam sentados falando sobre o que é benéfico para a alma e havia entre eles um que tinha a clarividência. Ele viu anjos inclinando a cabeça em sinal de aprovação e elogiando-os. Mas, quando a conversa tomou outro rumo, os anjos se retiraram e ele viu porcos fedorentos rolando no meio deles e manchando-os. Mas, quando falavam do que é benéfico para a alma, os anjos vinham e os louvavam.

N.360/18.30

Um ancião disse: "O sentido da passagem da Escritura: 'Retirarei minha cólera por duas ou três transgressões de Tiro, mas por quatro não a retirarei' [Am 1,9] é o seguinte: as três faltas são imaginar o mal, consentir nele em seu *logismos* e falar dele; a quarta etapa é realizar o ato. Disto a cólera de Deus não será retirada".

N.361/18.31

A respeito de um grande ancião de Scete costumava-se dizer: "Quando os irmãos estavam construindo uma cela, ele saía com alegria e, lançando os alicerces, não parava enquanto não estivesse concluída. Mas, certa vez, quando saiu para a construção de uma cela, ele parecia muito triste. Os irmãos lhe disseram: 'Por que estás triste e aflito, abba?' Ele disse: 'Meus filhos, este lugar vai ser assolado, porque vi que irrompeu o fogo em Scete. Os irmãos tomaram ramos de palmeira e o apagaram. Ele irrompeu novamente e eles novamente o apagaram. Ele irrompeu pela terceira vez espalhando-se por toda Scete e eles não conseguiram mais apagá-lo. Por isso estou triste e aflito'".

N.362/18.33

Um ancião disse: "Está escrito: 'O justo floresce como a palmeira' [Sl 92,13]. O dito indica a bondade, a retidão e a doçura das ações nobres. E a palmeira tem um só coração; ele é branco e contém toda a atividade da planta. Algo semelhante acontece no caso dos justos: seu coração é um só e simples, confiando somente em Deus. É também branco, contendo a luz da fé e toda a obediência aos mandamentos dos santos está em seu coração. A agudeza dos espinhos é a oposição ao diabo.

N.363/18.34 (cf. Cronios 1)

Um ancião disse: "A Sunamita acolheu Eliseu porque não tinha relações com nenhum homem [2Rs 4,8-37]. Diz-se que a Sunamita representa a alma e Eliseu representa o Espírito Santo. Sempre que a alma se afasta das relações físicas, o Espírito de Deus vem sobre ela. Então ela é capaz de produzir fruto mesmo que seja estéril".

N.364/18.35

Um dos pais disse: "Os olhos de um porco têm uma tendência natural que os força a voltar-se para o chão e nunca são capazes de olhar para o céu. O mesmo acontece – disse ele – à alma da pessoa entregue ao prazer. Uma vez que escorregou para o atoleiro do deleite, ela é incapaz de olhar para o alto".

N.365/18.36

Havia um grande ancião que tinha a clarividência. Ele afirmou o seguinte: "A força que vi presente por ocasião do batismo, essa mesma força eu vi por ocasião da vestição de um monge, quando ele recebe o hábito".

N.366/18.38

Certa vez foi concedida a um ancião a certeza de ver o que estava acontecendo e ele disse: "Vi um irmão meditando em sua cela e havia um demônio fora da cela. Faltava-lhe a força para entrar enquanto o irmão estava meditando. Mas, quando ele descansou da meditação, o demônio entrou na cela e combateu com ele".

N.367/18.40 *BHG* 1440k, *de peregrine et indigena*

Um dos pais disse que havia dois irmãos que eram seus vizinhos: um era estrangeiro, o outro era nativo. O estrangeiro era um pouco negligente, o nativo era muito diligente. Aconteceu que o estrangeiro morreu e o ancião – que tinha clarividência – viu um exército de anjos acompanhando sua alma. Quando chegou ao céu e estava para entrar, foi feita uma investigação a respeito dele. Então veio do alto uma voz dizendo: "É claro que ele era um pouco negligente, mas abri-lhe a porta por causa de seu exílio voluntário". Mais tarde morreu também o nativo e chegou toda a sua parentela, mas o ancião não viu nenhum sinal de um anjo. Admirado com isto, prostrou-se com o rosto por terra, dizendo: "Por que o estrangeiro que era negligente foi tão glorificado, enquanto este irmão diligente não recebeu nada disso?" Veio-lhe uma voz que dizia: "Quando este irmão diligente estava prestes a morrer, abriu os olhos e viu seus parentes chorando, o que confortou sua alma. Mas o estrangeiro, mesmo sendo negligente, não viu ninguém dos seus". Ele soluçou e chorou e Deus o confortou.

N.368/18.41

Um dos pais contou a história de um anacoreta que vivia no deserto de Nilópolis e era assistido por um mundano piedoso. Havia também na cidade um homem rico que era ímpio. Aconteceu que o homem rico morreu e a cidade – inclusive o bispo, acompanhado de luzes e incenso – formou um cortejo para ele. O assistente do anacoreta saiu como de costume para levar-lhe pão e descobriu que ele fora devorado por uma hiena. Ele se prostrou diante de Deus, dizendo: "Não me levantarei, Senhor, enquanto não me explicares por que aconteceu isto: que aquele ímpio recebeu uma tal ostentação, enquanto este, que te serviu dia e noite, morreu desta maneira". Um anjo do Senhor veio e lhe disse: "O ímpio fez um pouco de bem aqui e recebeu sua recompensa aqui, de modo que não encontra nenhum repouso lá. No entanto, este anacoreta, um homem eminente em todas as virtudes, sendo humano, cometeu algumas faltas. Ele sofreu a punição por elas neste mundo, de modo que possa encontrar-se imaculado diante de Deus lá". Ele seguiu seu caminho tranquilizado, glorificando a Deus por seus julgamentos, pois eles são verdadeiros [Sl 19,10].

N.369/18.39

A respeito de um ancião costumava-se dizer que ele suplicou a Deus para que o deixasse ver os demônios e lhe foi revelado: "Não tens necessidade de vê-los". Mas ele implorou a Deus: "Senhor, tu és capaz de proteger-me com tua mão". E então Deus abriu--lhe os olhos e ele os viu envolvendo um homem com um enxame de abelhas, rangendo os dentes contra ele; mas o anjo do Senhor os repreendia.

N.370

Um irmão viu no deserto um lugar remoto e tranquilo. Implorou a seu pai, dizendo: "Permite-me viver ali porque tenho grande confiança em Deus e em tuas orações para poder mortificar-me muito ali". Mas seu abba não lhe permitiu, dizendo: "Sei muito bem que podes mortificar-te muito. Mas, por não teres um ancião, podes adquirir confiança de que teu trabalho agrada a Deus e, através da confiança de que executaste perfeitamente o trabalho de um monge, perderás teu trabalho e tua alma".

N.371/18.50

A respeito de um grande ancião costumava-se dizer que ele vivia em Porphyrites e que, ao levantar os olhos para o céu, costumava contemplar tudo o que havia no céu e, se olhava para baixo e voltava sua atenção para a terra, ele via as profundezas e tudo o que há nelas.

N.372/4.65

Um irmão, que era propenso à cólera contra alguém, pôs-se em oração, pedindo para ser paciente com o irmão e que a tentação passasse sem lhe causar dano. Imediatamente ele viu sair fumaça de sua boca.

N.373/4.67-68

Um ancião disse: "O diabo assalta a deficiência do monge, porque um hábito reforçado por longo tempo adquire a força de natureza, especialmente para os menos diligentes. Não queiras dar-te todo alimento que buscas por causa de seu sabor, especialmente quando estás com boa saúde. Não comas o que desejas. Mas, comendo o que Deus te envia, dá graças todo o tempo. Nós consumimos os pãezinhos dos monges e ainda não nos tornamos monges. Toma coragem, irmão, para não vestir um hábito que te é estranho; mas traze o selo de Cristo, que é a humilhação"

N.374/7.44

Os anciãos costumavam dizer: "O monge precisa lutar até a morte contra o demônio da acídia e da negligência, especialmente no tempo das *synaxis*. E se, com a ajuda de Deus, fores bem-sucedido nesta tarefa, volta tua atenção para o *logismos* da autossatisfação e da presunção e dize ao *logismos*: 'Se o Senhor não construir a casa, em vão trabalham os que a constroem' [Sl 127,1], porque 'um homem não é senão pó e cinzas' [Eclo 17,32]. E lembra-te que 'o Senhor se opõe aos soberbos, mas concede a graça aos humildes' [Tg 4,6; cf. Pr 3,34]".

N.375
Certa vez alguns irmãos visitaram um grande ancião. Ele disse ao primeiro: "Que trabalho fazes, irmão?" Ele respondeu: "Eu tranço cordas, abba". O ancião lhe disse: "Deus há de trançar uma coroa para ti, meu filho". Depois disse ao segundo: "E que trabalho fazes tu?" Ele disse: "Esteiras de junco". O ancião lhe disse: "Deus te fortalecerá, meu filho". Ele disse ao terceiro: "E que trabalho fazes tu?" Ele disse: "Peneiras". O ancião lhe disse: "Deus te protegerá, meu filho". Ele disse ao quarto: "E que trabalho fazes tu?" Ele disse: "Eu sou um escriba". O ancião lhe disse: "Então tu tens conhecimento". Por fim disse ao quinto: "E que trabalho fazes tu?" Ele disse: "Confecção de roupas de linho". O ancião disse: "Isso não tem nada a ver comigo. Aquele que trança cordas, se estiver atento e cooperando com Deus, trança para si uma coroa. Aquele que faz uma esteira de junco deseja força, porque é um trabalho duro. O fabricante de peneiras precisa de proteção, porque ele as vende nos povoados. O escriba precisa humilhar seu coração, porque sua profissão leva à altivez. Quanto ao que confecciona roupas, não tenho nada a ver com

isso, porque está empenhado em negócios. Se alguém vê uma pessoa ao longe trazendo cestos, esteiras ou peneiras, ele diz: 'É um monge'. Porque a palha é o material bruto do trabalho manual do monge e se destina a queimar no fogo. Mas, se uma pessoa vê alguém vendendo artigos de linho, ela diz: 'Eis que chegou o homem de negócios'. Porque esse trabalho manual é do mundo e não é benéfico para muitos".

N.376/7.47

Um dos anciãos costumava dizer a respeito do pobre Lázaro [Lc 16,19-31]: "Nunca o vemos queixar-se contra Deus por não lhe mostrar misericórdia. Ele suportou seu sofrimento com ação de graças e não condenou o homem rico. É por isso que Deus o aceitou".

N.377/11.98

Um ancião disse: "Quer estejas dormindo ou te levantes ou faças qualquer outra coisa, se Deus estiver diante de teus olhos, o inimigo não pode de maneira nenhuma te amedrontar. E, se o *logismos* de alguém permanece assim em Deus, também o poder de Deus mora nele".

N.378/11.125

Um dos pais disse: "Se primeiro não odiares, não poderás amar. Se odeias o pecado, fazes o que é justo, como está escrito: 'Afasta-te do mal e faze o bem'

[Sl 37,27]. Mas em todas estas coisas o que sempre se requer é a intenção. Adão transgrediu o mandamento de Deus quando estava no Paraíso, ao passo que Jó, sentado num monturo, manteve o autocontrole. Deus exige do homem apenas uma boa intenção e que ele sempre o tema".

N.379/11.26

Um dos pais costumava dizer: "Da mesma maneira que é impossível alguém ver seu rosto na água turva, assim a alma é incapaz de oração se não foi purificada de todos os sentimentos estranhos".

N.380/15.92

A respeito de certo ancião costumava-se dizer que durante sete dias ele suplicou a Deus por um dom particular e este lhe foi concedido. Saiu e foi procurar um outro ancião e lhe contou sobre o dom, mas o ancião, ao ouvir sobre o ocorrido, entristeceu-se dizendo "Excelente trabalho". Mas lhe disse: "Vai e passa outros sete dias implorando que Deus o retire de ti, porque não é para teu bem". Ele foi embora e o fez até que o dom lhe foi tirado.

N.381/15.97

Um irmão perguntou a um ancião: "O que é 'progresso' para um monge?" O ancião disse: "É a humilhação que leva um monge ao progresso".

N.382/7.55

Um monge estava lutando contra satanás em todas as frentes e este lhe arrancou os olhos. Ele não rezou para enxergar novamente e, por causa desta paciência, Deus lhe concedeu a vista e ele enxergou novamente.

N.383/10.95

Um irmão perguntou a Abba Pambo: "Por que os espíritos me impedem de ser bom para com meu próximo?" O ancião lhe disse: "Não fales assim, senão chamas a Deus de mentiroso. Dize de preferência: 'Eu não tenho absolutamente nenhum desejo de mostrar misericórdia'. Pois antecipadamente Deus disse: 'Eu vos dei o poder de pisar em serpentes e escorpiões e em todo o poder do inimigo' [Lc 10,19]".

N.384/10.97

Um dos anciãos costumava dizer: "Perguntei a Abba Sisoés: 'O que se diz nos Salmos a respeito dos ídolos?' E o ancião disse: 'Está escrito sobre os ídolos: Eles têm boca e não falam. Têm olhos e não enxergam. Têm ouvidos e não ouvem' [Sl 135,16-17]. É assim que o monge deve ser. E exatamente como os ídolos são uma abominação, também o monge deve considerar-se uma abominação".

N.385/10.147

Certa vez três irmãos visitaram um ancião em Scete. Um deles perguntou-lhe: "Abba, aprendi o Antigo e o Novo Testamento de cor". Em resposta, o ancião lhe disse: "Encheste o ar com palavras". O segundo perguntou: "E eu copiei para mim o Antigo e o Novo Testamento". O ancião replicou: "Encheste as estantes com folhas de papiro". Então o terceiro disse: "E formou-se bolor em minha panela". Em resposta, o ancião lhe disse: "E tu expulsaste de ti a hospitalidade".

N.386/10.159

Um ancião disse: "O monge não deveria ouvir nem falar mal de alguém; nem deveria se escandalizar".

N.387/10.169

Um irmão perguntou a um ancião: "Dize-me uma palavra sobre como serei salvo". Ele disse: "Façamos um diligente esforço para trabalhar um pouco de cada vez e seremos salvos".

N.388/14.21

Os anciãos costumavam dizer: "É isso que Deus requer dos cristãos: ser obediente às Sagradas Escrituras, praticar o que se lê e obedecer aos hegúmenos e aos pais espirituais".

N.389/18.44

Os anciãos costumavam dizer que cada um deveria assumir a responsabilidade pela situação de seu próximo, sofrer com ele em tudo, alegrar-se e chorar com ele. Deveria ter os mesmos sentimentos como se tivesse o mesmo corpo e afligir-se como se ele próprio sofresse as aflições, como está escrito: "Nós somos um só corpo em Cristo" [Rm 12,5] e: "A multidão dos crentes tinha um só coração e uma só alma" [At 4,32].

N.390 = 410-411

Um ancião disse: "Se aspiras ao reino, despreza as riquezas. É impossível alguém viver de acordo com Deus se for amante do prazer e do dinheiro".

N.391/10.51

Um irmão perguntou a Abba Poimen: "Estou perturbado e desejo deixar o meu lugar". O ancião lhe disse: "Por que razão?" O irmão lhe disse: "Porque ouço observações a respeito de um irmão que não me trazem nenhum benefício". O ancião lhe disse: "Então as coisas que ouviste não são verdadeiras?" O irmão lhe disse: "Sim, pai, elas são, porque o irmão que me contou é digno de confiança". O ancião lhe disse: "Ele não é digno de confiança, porque, se fosse digno de confiança, ele não teria dito essas coisas. Porque, quando Tomé ouviu, não estava disposto a acreditar e disse: 'Se eu não vir com meus olhos, não acreditarei [Jo 20,26]'. O irmão lhe disse: "Mas eu vi com meus olhos". Ao ouvir isso, o ancião tomou uma pequena tira de palha e lhe disse: "O que é isto?" O irmão disse: "É uma palha". Então, olhando atentamente para o teto, disse ao irmão: ["E o que é aquilo?" Ele respondeu: "É a trave que sustenta o teto"]*. "Então põe em teu coração que teus pecados são como aquela trave, enquanto os de teu irmão são como esta tira de palha" [Mt 7,3-5; Lc 6,41-42]. Ao ouvir estas palavras, Abba Tithoes ficou admirado e disse: "Posso proclamar-te bem-aventurado, Abbas Poimen, tu que és uma pedra preciosa [1Cor 3,12]! Tuas palavras estão cheias de alegria e de toda honra".

* [...] frase encontrada em *APsis* 10.51, não no N. 391.

N.392/6.6

Um ancião contou que um dos irmãos tinha só um evangelho. Ele o vendeu e deu o dinheiro apurado para alimentar os pobres, fazendo a memorável declaração: "Vendi o próprio versículo que diz: 'Vende o que tens e dá aos pobres' [Mt 19,21]".

N.393/5.34

Um irmão perguntou a um ancião: "O que devo fazer a respeito da *porneia*, abba?" O ancião lhe disse: "Cabe a ti assegurar-te da melhor maneira possível no tocante a este *logismos*; porque, através deste *logismos*, a desesperança de sua própria salvação se apodera daquele que é sobrepujado por ele. Assim como um navio lutando contra poderosas ondas, vagalhões e o mar corre perigo no caso de perder o leme – igualmente se o mastro ou algo semelhante se quebra – e, no entanto, continua a navegar e ainda existem grandes esperanças de a embarcação ser salva, assim também o monge, se for indiferente às outras paixões, espera superá-las pelo arrependimento. Mas, se alguma vez naufragar caindo na paixão da *porneia*, ele chega a desesperar de sua salvação, já que sua embarcação foi a pique.

N.394/10.171

Um irmão perguntou a um ancião: "O que devo fazer? Porque meus *logismoi* querem que eu perambule, sob o pretexto de visitar os anciãos". O ancião lhe disse: "Se vês que é por estares confinado que teus *logismoi* querem levar-te para fora de tua cela, restaura tuas forças em tua cela e então não quererás mais sair. Mas se é para o bem de tua alma que queres sair, testa teu *logismos* e sai. A respeito de um ancião ouvi dizer que, quando seus *logismoi* lhe diziam que visitasse alguém, costumava levantar-se, tomar sua capa de pele de carneiro, sair, perambular em torno de sua cela e entrar novamente. Então preparava para si um consolo de hóspede e, fazendo isto, encontrava o repouso".

N.395/10.186

Um irmão perguntou a um ancião: "Por que é que, quando ofereço minha pequena *synaxis*, eu a faço com negligência?" Em resposta, o ancião lhe disse: "O amor a Deus se manifesta quando se executa a obra de Deus* com total entusiasmo, compunção e um *logismos* imperturbável".

* *to ergon tou Theou = opus Dei.*

N.396/10.185

Um dos pais disse: "Se uma árvore não for sacudida pelo vento, ela não cresce nem deita raízes. Da mesma maneira um monge: se não for tentado e não permanecer firme, ele não se tornará valente".

N.397/10.187

Um dos pais disse: "Não existe sob o céu nenhuma nação [*ethnos*] como a nação cristã e também nenhuma ordem como a ordem [*tagma*] dos monges. Mas há uma única coisa que lhes causa dano: o diabo os leva ao rancor contra seus irmãos, dizendo: 'Ele me disse...' e: 'Eu lhe disse...' e: 'Ele tem impurezas diante de si e não as vê, mas fala continuamente acerca dos assuntos de seu próximo'. E isso lhes é muito prejudicial".

N. 398/11.80

Um dos pais relatou que certo ancião foi considerado por Deus digno de grandes dons espirituais [*charismata*]. Tornou-se famoso por seu estilo de vida virtuoso e sua fama chegou aos ouvidos do imperador. O imperador mandou buscá-lo a fim de ser considerado digno de suas orações. Encontrou-se com ele, beneficiou-se grandemente e ofereceu-lhe ouro. O ancião aceitou e, ao voltar para sua terra, começou a interessar-se por um campo e por outra propriedade. Trouxeram-lhe, como de costume, uma pessoa possessa por um demônio e o ancião disse ao demônio: "Sai daquilo que Deus criou". Mas o demônio lhe disse: "Não te darei atenção". O ancião perguntou: "Por quê?" O demônio disse: "Porque tu te tornaste um de nós; abandonaste o interesse de Deus e te dedicaste a interesses terrenos. Por isso não te darei atenção e não sairei".

N.399/11.86

Um ancião disse: "Uma abelha produz mel aonde quer que ela for. Da mesma maneira o monge executa a obra de Deus aonde quer que ele for".

N.400/11.106

Um ancião disse: "Satanás é um fabricante de cordas; qualquer filamento que lhe forneças ele o trança". Ele disse isso a respeito dos *logismoi*.

N.401/11.121

Um dos pais disse que havia um monge muito esforçado que costumava prestar atenção a si mesmo, mas aconteceu que ficou um tanto negligente. Em sua negligência, ele se condenou e disse: "Alma minha, até quando serás displicente com tua própria salvação e não terás medo do julgamento de Deus? Não te deixes apanhar nesta negligência e ser entregue aos castigos eternos!" Falando assim a si mesmo, estimulava-se a empreender a obra de Deus. Certo dia, enquanto realizava sua *synaxis*, chegaram demônios e o perturbaram, mas ele lhes disse: "Até quando me perturbareis? Não estais satisfeitos com minha negligência anterior?" Os demônios lhe disseram: "Enquanto eras negligente, nós também te negligenciamos. Mas, já que te levantaste contra nós, nós também nos levantamos contra ti". Ao ouvir isto, ele se levantou para empreender a obra de Deus e, pela graça de Cristo, fez progresso.

N.402/11.122

Um irmão que era tentado procurou um ancião e lhe expôs as tentações que havia suportado. O ancião lhe disse: "Não te deixes alarmar pelas tentações que te atingem. Porque, sempre que veem uma alma elevar-se e estabelecer contato com Deus, os inimigos ficam magoados e consumidos pelo ciúme. É impossível que Deus e seus anjos estejam ausentes quando somos tentados. No entanto, não deixes de invocá--lo com grande humilhação. Quando acontece uma coisa dessas, lembra-te do poder de nosso irmão, da nossa própria fraqueza e da crueldade de nosso inimigo e atrairás a ajuda de Deus".

N.403/11.116, versão mais curta 12.28

Um ancião disse: "Da mesma forma que o porteiro não pode deixar entrar um estranho sem falar com o dono da casa, também o inimigo não pode entrar a menos que seja recebido como um hóspede. Portanto, quando rezares, dize: 'Senhor, tu sabes como te possuirei; sou um animal de carga e nada sei. Foste tu que me levaste a este *status* de salvação. Salva-me! Sou teu servo e filho de tua serva [Sl 116,16]; salva--me, Senhor, de acordo com tua vontade'".

N.404/10.137

Um dos pais contou a história de um irmão muito devoto que tinha uma mãe pobre. Quando ocorreu uma grave carestia, ele tomou alguns pães e partiu para levá-los à sua mãe. E eis que ouviu uma voz dizendo-lhe: "És tu ou sou eu quem cuida de tua mãe?" Discernindo a força da voz, o irmão prostrou--se por terra, confiando e dizendo: "És tu, Senhor; toma conta de nós!" E depois levantou-se e voltou para sua cela. Três dias depois chegou sua mãe, dizendo-lhe: "Tal e tal monge me deu um pouco de trigo; toma-o e faze alguns pãezinhos para comermos". Ao ouvir isto, o irmão glorificou a Deus. Encheu-se de esperança e, pela graça de Deus, progrediu em todas as virtudes.

N.405/11.118

Um ancião disse: "Se renunciaste às coisas referente à carne por causa de Deus, não te deixes levar pelos desejos, enquanto permaneces em tua cela, lamentando teu pai ou tua mãe ou teu irmão, o afeto de teus filhos ou filhas ou o amor de tua esposa. Abandonaste tudo por causa de Deus. Portanto, lembra-te da hora de tua morte e que então nenhuma daquelas pessoas pode ajudar-te".

N.406/7.58

Um ancião disse: "Assim como nos certames os lutadores estão nus, assim no meio das tentações o monge deve elevar as mãos ao céu em forma de cruz, invocando Deus em sua ajuda. Ao lutar na arena, o lutador permanece nu, desprovido de quaisquer objetos materiais. Ele é ungido com óleo e instruído por seu treinador sobre como deverá lutar. Quando vem o lutador do lado oposto, ele esparge nele areia – que significa terra – para desta maneira agarrá-lo mais facilmente. Aplica isto a ti mesmo, ó monge: Deus é o treinador, aquele que nos concede a vitória. Nós somos os combatentes e nosso oponente é o adversário. A areia significa as preocupações do mundo. Percebes o estratagema do inimigo? Permanece, portanto, desprovido de considerações materiais e vencerás; porque, quando é molestada por um espírito material, a mente não recebe a Palavra imaterial".

N.407/11.126

Um ancião disse que havia um agricultor muito rico. Querendo instruir seus filhos acerca da agricultura, disse-lhes: "Filhos, sabeis como me tornei rico. Vós também sereis ricos se me ouvirdes". Eles lhe disseram: "Por favor, pai, diz-nos como". Ele induziu-os pela astúcia a não serem negligentes, dizendo-lhes: "Existe um dia do ano em que alguém se torna rico se estiver trabalhando. Mas, por causa de minha idade avançada, esqueci que dia é. Por isso nunca negligencieis o trabalho por um único dia, porque pode acontecer que esse dia bem-aventurado seja um dia em que não trabalhais e então tereis trabalhado o ano inteiro em vão". Assim também nós encontraremos o caminho da vida se trabalharmos incessantemente.

N.408/8.32 (cf. João de Maiúma, *Plerophoriai*, ed. em *PO* 8 (1912), p. 178-179)

Um ancião desse que, à beira do rio perto do povoado da Palestina onde vivia o bem-aventurado Silvano, morava um irmão que aparentava ser louco. Porque, sempre que um irmão o encontrava, ele ria imediatamente. Por isso todos o abandonavam e iam embora. Ora, aconteceu que três pais visitaram Abba Silvano e, depois de rezarem, pediram-lhe que mandasse alguém acompanhá-los para poderem ver os irmãos nas celas. Disseram ao ancião: "Por favor, instrui o irmão para que nos leve a todos eles". Em sua presença o ancião instruiu o irmão para que os levasse a todos os pais. Mas lhe disse em particular: "Procura não escandalizá-los, levando-os até a cela daquele louco".

Ao percorrer as celas dos irmãos, os pais visitantes disseram ao guia: "Por favor, leva-nos a todos". Ele respondeu: "Perfeitamente". Mas, de acordo com as instruções do ancião, não os levou até a cela do louco". Ao voltarem ao ancião, ele lhes disse: "Vistes os irmãos?" Eles disseram: "Sim. E te somos gratos, mas lamentamos o seguinte: não fomos levados a todos". Dirigindo-se a seu guia, o ancião disse: "Não te disse que devias levá-los a todos eles?" O irmão respondeu: "Foi o que fiz, pai". Quando os pais estavam saindo novamente, disseram ao ancião: "Somos realmente gratos por ter visto os irmãos, mas a única coisa que lamentamos é não termos visto todos". Nesse momento o irmão disse privadamente ao ancião: "Não os levei até o irmão louco".

Quando os pais foram embora, o ancião se perguntou sobre o que podia ter acontecido e dirigiu-se ao irmão que fingia insanidade. Não bateu, mas calmamente levantando o trinco, pegou o irmão de surpresa. Encontrou-o sentado no banco com dois cestos, um à esquerda e o outro à direita. Ao ver o ancião, o irmão começou a rir, como sempre fazia. O ancião disse: "Para imediatamente com isso e fala-me a respeito de tua disciplina". E nesse momento ele riu novamente. Abba Silvano lhe disse: "Como sabes, eu só saio de minha cela aos sábados e domingos. Mas agora te procurei no meio da semana, porque Deus me enviou a ti".

Com medo o irmão se prostrou diante do ancião e lhe disse: "Perdoa-me, pai. De manhã eu me sento com estas pedrinhas diante de mim; se me vem à mente um pensamento bom, jogo uma pedrinha no cesto do lado direito; mas, se se apresenta um pensamento mau, jogo uma no cesto do lado esquerdo. De tarde conto as pedrinhas e, se há mais no cesto do lado direito, eu como; mas, se há mais no cesto do lado esquerdo, então não como. No dia seguinte, se me vem um mau pensamento, digo a mim mesmo: 'Presta atenção ao que estás fazendo, senão não comerás novamente'". Abba Silvano ficou admirado ao ouvir isto e disse: "Na verdade, os pais visitantes eram santos anjos que queriam tornar conhecida a virtude deste irmão. Experimentei grande alegria e deleite espiritual na presença deles".

N.409/12.12 *BHG* 1317e, *de monacho publio*

A respeito de Juliano Apóstata

No tempo de Juliano Apóstata, quando Juliano desceu contra a Pérsia, mandou um demônio dirigir-se rapidamente para o Ocidente e trazer-lhe de volta uma certa resposta. Ao chegar a um lugar onde vivia um monge solitário, o demônio permaneceu ali por dez dias, incapaz de se mover. Não podia ir além, porque o monge nunca desistia de rezar, de dia ou de noite. Por isso retornou de mãos vazias a quem o enviara. Este lhe perguntou: "Por que levaste tanto tempo?" E o demônio respondeu dizendo: "Levei muito tempo e retornei também de mãos vazias. Por dez dias fiquei esperando que o monge Públio desistisse de rezar, mas ele não desistiu. Ele me impediu de seguir adiante e por isso retornei de mãos vazias". Então, num acesso de fúria, o ímpio Juliano disse: "No dia de minha volta me vingarei dele". Mas em poucos dias, foi derrotado pela Providência divina. Um dos oficiais que o acompanhavam foi imediatamente e vendeu tudo o que ele possuía e deu aos pobres o dinheiro apurado. Depois procurou o ancião Públio para tornar-se monge. Depois de tornar-se um grande asceta, morreu no Senhor.

N.410/ *BHG* 1438n, *de clericis et uxoribus eorum*

A respeito do bispo Pafúncio

Pafúncio foi bispo de uma das cidades da Alta Tebaida. Foi uma pessoa tão temente a Deus e disciplinada que ocorreram milagres surpreendentes a seu comando. O imperador Constantino nutria uma grande estima por este homem, cujo olho esquerdo fora extirpado durante as perseguições. Constantemente o convidava ao palácio e beijava o lugar onde estivera seu olho; tal era a devoção do imperador Constantino. Passo a narrar agora um dos grandes feitos deste piedoso homem [Pafúncio], ocorrido através de seu conselho em benefício da Igreja. Os bispos reunidos em Niceia naqueles dias tencionavam introduzir uma nova lei, segundo a qual os ministros sagrados – ou seja, bispos, sacerdotes, diáconos e subdiáconos – não deviam dormir com as esposas com a quais se haviam casado quando eram ainda leigos.

Levantando-se no meio da assembleia dos bispos, Pafúncio vociferou contra a imposição de um jugo pesado aos ministros sagrados, dizendo que "o matrimônio é louvável", como está escrito [Hb 13,4], e que eles não deviam prejudicar a Igreja com severidade excessiva, porque nem todos são capazes de suportar o rigor da impassibilidade da ascese e talvez não seriam protegidos pela castidade – ele chamava de castidade as relações com a legítima esposa. Seria suficiente – argumentou ele – que uma pessoa não casada que se apresentasse para a ordenação não contraísse matrimônio no futuro, de acordo com a antiga tradição da Igreja, sem que um casado se divorciasse da esposa com quem já se casara quando outrora era um leigo. Ele disse isso embora não tivesse experiência pessoal do matrimônio, ou, para falar francamente, de uma mulher, porque fora criado num mosteiro desde a infância e era famoso por sua castidade. Todos os bispos foram convencidos pelos argumentos de Pafúncio e por isso pararam de discutir este tópico, deixando-o ao juízo dos que desejassem distanciar-se do matrimônio.

N.411

Um irmão perguntou a um ancião: "Suponhamos que estou fazendo uma visita em algum lugar junto com alguns irmãos e alguém nos apresenta algo para comer ou uma cesta com alimentos. Muitas vezes acontece que os irmãos não querem comer, seja por autodisciplina ou porque já comeram, mas eu estou com fome. O que devo fazer?" O ancião respondeu: "Se estás com fome, observa quantos estão ali sentados e quanta comida foi colocada e então come o que julgas ser tua porção. Nisto não estás errado, porque apenas satisfizeste tuas necessidades. Mas, se cedes e comes mais, isso é uma derrota para ti".

N.412

Um irmão perguntou a Abba José: "Se houver uma perseguição, é melhor fugir para o deserto ou para um lugar habitado?" O ancião disse: "Onde quer que ouvires dizer que existem crentes verdadeiros, vai para lá e permanece perto deles. Não tenhas nenhuma amizade com um jovem e não vivas com ele. É bom se puderes permanecer em tua cela. Cultiva teus próprios legumes em vez de pedi-los a alguém".

N.413

O irmão disse também: "Desejo compartilhar meu espaço vital com alguém, para poder viver em *hêsychia* sozinho numa cela, enquanto ele me proporciona trabalho para minhas mãos e cuida de mim". O ancião disse: "Nossos pais não foram a favor deste comportamento, porque não proporcionarás pão a ninguém, pois satanás não permitirá".

N.414/12.27

Um irmão perguntou a um ancião: "Por que, quando saio para trabalhar, sou negligente com minha alma?" O ancião lhe disse: "Tu não queres cumprir a Escritura que diz: 'Bendirei o Senhor em todo o tempo; seu louvor estará sempre em minha boca' [Sl 34,2]. Quer estejas dentro de casa ou fora, onde quer que fores, não cesses de bendizer a Deus. Glorifica teu Senhor-e-mestre não só com palavras, mas também com atos e com tua mente. Porque a Divindade não está restrita a um só lugar, mas está em tudo, sustentando todas as coisas com seu poder divino".

N.415

A respeito de outro irmão os anciãos costumavam dizer que ele nunca desistiu do trabalho manual e que sua oração subia continuamente até Deus. Ele era também extremamente humilde e de caráter verdadeiramente estável.

N.416 (cf. Or 9/21.15, N.98)

Um ancião disse que a coroa de um monge é a humilhação. Se, em grande humilhação e por amor a Deus, um monge se acusa em todos os empreendimentos, ele terá repouso, pela graça de Cristo, não importando onde residir.

N.417

Um irmão perguntou a um ancião: "O que é a calúnia e o que é condenar?" Ele disse: "Calúnia significa julgar publicamente. Tudo o que uma pessoa não pode dizer na presença de seu irmão é calúnia. Se alguém diz: 'O irmão tal e tal é excelente e bom, mas falta-lhe diligência e discrição' – isso é calúnia. Quanto ao condenar, se alguém diz: 'Aquele irmão é um comerciante e amante do dinheiro' – isto é condenar, pois condenas seu comportamento. E isso é pior do que a calúnia.

N.418

A respeito de um santo homem um ancião disse que, embora não tivesse aprendido os salmos de ninguém nem as orações dos santos mistérios – porque fora considerado digno do sacerdócio em virtude de seu grande amor a Deus –, ele os sabia todos como se os tivesse aprendido. Ele se tornou extremamente virtuoso e costumava realizar curas. Havia realizado também a seguinte proeza extraordinária: durante os sessenta anos de vida monástica ele nunca pôs os olhos numa mulher nem cortou os cabelos da cabeça. Quando estava para morrer, teve conhecimento de sua morte três dias antes. Convocou seus discípulos, anunciou-lhes isto e então, no terceiro dia, morreu.

N.419/4.99

Um irmão disse: "Conheço um ancião que vivia numa montanha e não aceitava nada de ninguém. Tendo um pouco de água, costumava cultivar seus próprios legumes. E foi assim que viveu por cinquenta anos, sem jamais sair do muro de seu jardim. Tornou--se conhecido pelas muitas curas que costumava realizar cada dia entre os que se aproximavam dele. Dormiu em paz, deixando cinco discípulos naquele lugar".

N.420/11.100 e 21.45

Um irmão disse que perguntou a um ancião: "O que devo fazer acerca de minha negligência?" A resposta veio: "Se não arrancares a pequena erva daninha – ou seja, a negligência –, ela se tornará um grande pântano".

N.421 (cf. N.393)

A respeito de um ancião dizia-se que, enquanto permanecia em sua cela, combatendo o bom combate, ele costumava ver demônios face a face e os desprezava combatendo contra eles esse bom combate. Ao ver-se derrotado pelo ancião, o diabo veio e se apresentou a ele dizendo: "Eu sou o Cristo". Mas, ao vê-lo, o ancião fechou os olhos. O diabo disse: "Por que fechas os olhos? Eu sou o Cristo". Em resposta, o ancião lhe disse: "Não tenho nenhum desejo de ver o Cristo aqui nesta vida". E, ao ouvir isto, o diabo desapareceu. Ora, como resultado desta grande humilhação, Deus concedeu a este homem o dom da clarividência. Ao dar-se conta de que algumas pessoas acorriam para visitá-lo, implorou a Deus que retirasse dele o dom. Ele procurou outro grande ancião e lhe suplicou: "Mortifica-te comigo, para que este dom seja retirado de mim". Permaneceram cada um em sua cela, intercedendo junto a Deus sobre este dom. Então veio ao ancião uma voz dizendo-lhe: "Sim, eu o retirarei de ti; mas, sempre que o desejares, tu o terás".

N.422

Um irmão veio de Scete até Abba Anophor e lhe disse: "Meu pai está me enviando numa incumbência e estou com medo de cair na *porneia*. O ancião lhe disse: "Sempre que a tentação te acometer, dize: 'Deus de meu pai, ajuda-me e livra-me'". Houve um dia em que uma virgem fechou-lhe a porta.* Gritando com voz forte, ele disse: "Deus de meu pai, ajuda-me". E imediatamente viu-se a caminho de Scete.

* ou seja, fechou as duas portas juntas.

N.423 (cf. N.193)

Um ancião morava no deserto por muitos anos e se afadigava muito. Alguns irmãos foram visitá-lo e, estupefatos, lhe disseram: "Como podes permanecer neste lugar, abba?" Mas ele disse: "Todo o tempo do trabalho que realizei aqui não corresponde a uma hora de castigo".

N.424/2.32

Outro ancião chegou ao rio e, encontrando um tranquilo aglomerado de juncos, estabeleceu-se ali. Cortando alguns brotos, trançou uma corda e depois a jogou no rio. Continuou fazendo isso até que chegaram algumas pessoas e o viram. Então ele se levantou e afastou-se. Ele não trabalhava por necessidade, mas pelo esforço empenhado e pela *hêsychia*.

N.425

A respeito de um ancião costumava-se dizer que sua cela era clara como o dia e que costumava ler e trabalhar tanto de noite como de dia.

N.426

Um dos anciãos saiu para juntar-se aos irmãos quando ainda era virgem e totalmente ignorante da existência da *porneia*. Levantando os olhos, viu ao seu redor demônios sob a forma de etíopes, estimulando seu desejo. Ele disse que o homem tem aquele membro da mesma forma que uma garrafa tem um gargalo: para passar a água e depois retê-la [?]. Como o gargalo canaliza a água para fora, assim o membro canaliza a água para fora do homem. Então caiu do telhado uma pedra e ele ouviu uma voz suave. Como o pensamento a respeito disso o acompanhasse por algum tempo, ele se levantou e procurou um ancião e contou-lhe o que ocorrera. O ancião disse: "Não compreendo o que é isto". E o enviou a Abba Poimen. O homem contou-lhe o ocorrido. Ele disse: "Viste demônios; a pedra caída é o diabo e a voz que ouviste é o desejo. Presta muita atenção a ti mesmo; pede que o Senhor te ajude e sobreviverás à guerra". Mostrou-lhe como lutar contra os demônios e depois, tendo feito uma oração, o despediu. Ao retornar à sua cela, o homem lutou bravamente implorando a Deus. E Deus lhe concedeu fazer tanto progresso que, quando um irmão morria, era-lhe dado conhecer com certeza se sua alma estava numa condição boa ou numa condição má.

N.427 (cf. N.5.51)

Um dos pais disse: "Muitas são as paixões da *porneia*, pois o apóstolo proclama: '*Porneia*, impureza e cobiça nem sequer sejam mencionadas entre vós, como convém a santos" [Ef 5,3]. Porque *porneia* é pecar contra o corpo, enquanto impureza significa acariciar o corpo, rir e falar demais. Muitas vezes cometes o pecado da impureza no decurso de uma conversa que pode ser benéfica e justificada ou de natureza litigiosa; então a paixão se inflama e segue-se a guerra. Começa-se com uma justificação por causa da piedade, dizendo: 'O irmão é bom; vive em *hêsychia*; mas se concede permissão de comer e beber'. E depois se torna mais vulgar: muitas vezes existe consentimento comum, depois vem ciúme. Se ele vive com um irmão, fica perturbado ao ver algum outro falando com ele e diz: 'Por que queres falar com outros?' Ou, se vive sozinho e é visitado por outro irmão e o vê falando livremente com ele, mais uma vez ele fica imediatamente perturbado, dizendo: 'O que queres com ele?' Então a alma se torna obcecada por este assunto e a mente se distrai da oração, da *hêsychia* e do temor de Deus".

O ancião disse também: "Muitas vezes alguém satisfaz a paixão também falando de piedade e comportando-se corretamente. Muitas vezes também, quando retorna de um encontro, satisfaz a paixão com a fragrância da veste. Por isso um monge precisa estar prevenido todo o tempo, a fim de não aumentar sua labuta através da negligência e se prejudicar nestas paixões".

N.428

A respeito dos desejos de cobiça que surgem no coração, mas que não são levados a cabo, um ancião disse: "É como quando uma pessoa vê um parreiral e deseja de todo o coração chupar um cacho de uva, mas tem medo de entrar e roubá-lo, para não ser preso e executado. No entanto, se alguém é preso fora do cercado, não pode ser executado, porque não entrou nem experimentou a uva; ele apenas a cobiçou. Ele não é executado, mas apesar disso é espancado simplesmente por tê-la desejado.

N.429

Um irmão interrogou um ancião dizendo: "Sou assediado pela *porneia*". O ancião disse: "Se é boa, por que te afastas dela? E, se é suja, por que a procuras?"

N.430

A respeito de um ancião dizia-se que, quando encontrava o rastro de uma mulher no caminho que percorria, ele o apagava dizendo: "Para que um irmão não o veja e a tentação o ataque".

N.431 (cf. 4.100)

Um irmão perguntou a um ancião: "O que devo fazer, abba, porque meu estômago me atormenta e não posso dominá-lo. Consequentemente meu corpo está fugindo ao controle". O ancião lhe disse: "Enquanto não lhe impuseres o medo e o jejum, não trilharás corretamente o caminho de Deus". E contou a seguinte parábola: "Um homem tinha um burro e, quando montava nele e passeava, o burro o levava de um lado para outro pela estrada. Então, tomando um bastão, bateu no burro. O burro lhe disse: 'Não me batas; daqui em diante andarei em linha reta'. Depois de ter andado um pedaço do caminho, o homem apeou e pôs o bastão na bolsa que estava na garupa do burro e o burro não sabia que o bastão estava em seu lombo. Ao ver o dono sem o bastão na mão, o burro o menosprezou e começou a andar para cá e para lá e também dentro das plantações. O dono correu e tirou o bastão o golpeou até ele andar em linha reta. É assim que se faz com o corpo e o estômago".

N.432 = N.396a

Ao ver outra pessoa pecando, um santo homem chorou, dizendo: "É ele hoje e sem dúvida serei eu amanhã". Se acontecer que alguém comete um pecado em tua presença, não o julgues. De preferência, desde que ele não tenha ofendido a Deus, considera-te mais pecador do que ele, mesmo que ele seja um mundano.

N.433 (cf. 21.55 = N.396b)

O mesmo ancião disse: "Se disseres a alguém uma palavra de vida, fala a teu ouvinte com compunção e entre lágrimas. Do contrário, não digas nada, para não acontecer que, desejando salvar os outros, morras sem derivar nenhum benefício de palavras inadequadas".

N.434 = N.397

Um ancião disse: "Um cachorro é melhor do que eu, porque um cachorro tem amor e não julga".

N. 435

Um ancião disse: "Presta atenção a ti mesmo aonde quer que vás, porque 'a morada da garça é seu guia' [Sl 104,17], o que significa: aonde quer que o monge vá, ali é sua morada. Portanto, sê diligente em observar tua regra de oração: as horas e as vésperas.

Mantém o controle sobre teus pensamentos; mantém sempre a aflição diante de teus olhos. Estas coisas não podem ser realizadas sem considerável esforço".

N.436
Um ancião disse: "Sê como um camelo: carrega teus pecados e, puxado pela rédea, segue aquele que conhece o caminho de Deus".

N.437
Um dos santos disse: "Se subestimarmos os pequenos males, cairemos em grandes males. Considera o que pretendo dizer com este dito: alguém riu impropriamente, uma segunda pessoa o acusou, enquanto uma terceira liberou o medo, dizendo: 'Ele não quer dizer nada com isso; o que importa o fato de rir?' E então nasce um dito espirituoso; dele brotam conversas vergonhosas e destas derivam atos vergonhosos e transgressões. Desta maneira o maligno conduz a grandes males a partir dos que parecem ser pequenos; e, a partir dos grandes males, cai-se no desespero, que é ímpio e difícil de suportar. Porque pecar não é tão destrutivo como desesperar. Aquele que se arrepende corrige sua falta, mas aquele que desespera está perdido. Portanto, não subestimemos as pequenas faltas, porque o maligno as propõe com astúcia. Se ele trava a guerra abertamente, a luta será franca e a vitória será al-

cançada facilmente. Deus nos armou esperando que não subestimemos nem sequer as coisas pequenas. Ele aconselha dizendo: 'Quem chamar seu irmão de *tolo* corre o perigo de cair no fogo do inferno' [Mt 5,22], e quem olha com olhares lascivos é um adúltero [Mt 5,28]. Deus chama de infelizes os que riem e pede contas por uma palavra fútil [Mt 12,36]. É por isso que Jó corrigiu os pensamentos dos seus filhos [cf. Jó 1,5]. Portanto, como temos conhecimento destas coisas, fortifiquemo-nos contra os ataques e nunca cairemos".

N.438
Um ancião disse: "Nós não fazemos nenhum progresso e não temos nenhuma compreensão de nosso *status* espiritual, porque deixamos de perseverar na tarefa que começamos. Queremos adquirir a virtude sem esforço e perambulamos de um lugar para outro, pensando encontrar um lugar onde não existe o diabo".

N.439
Um irmão encontrou pela estrada um pedaço de madeira que caíra de um camelo e o trouxe para sua cela. Seu abba lhe disse: "Donde trouxeste isso?" Ele respondeu: 'Da estrada'. O ancião lhe disse: "Se ele foi levado pelo vento, leva-o para dentro; senão, vai e coloca-o novamente no seu lugar".

N.440

Havia um monge que simplesmente não trabalhava, mas rezava sem cessar. Cada noite entrava em sua cela e, encontrando ali seu pão, o comia. Outro monge veio visitá-lo trazendo ramos de palmeira e obrigou o ancião a trabalhar os ramos de palmeira. Mas, quando caiu a noite, ele entrou para comer como de costume e não encontrou nada. Então foi dormir lamentando-se e foi-lhe revelado o seguinte: "Quando passavas o dia comigo, eu costumava alimentar-te. Mas, já que começaste a trabalhar, busca teu alimento com o trabalho de tuas mãos".

N.440*bis*

Um ancião no deserto tinha um criado que passava seus dias ali perto. Ao fazer-lhe uma visita, viu-o rezando e suplicando ao Senhor para poder domesticar um dos animais selvagens. Após a oração, como havia ali perto uma hiena amamentando seus filhotes, o criado deitou-se e começou a alimentar-se com eles. Em outra ocasião, viu-o novamente rezando e suplicando a Deus que lhe fosse dada a graça reconciliar-se com o fogo; imediatamente, tendo feito uma pira, ajoelhou-se no meio do fogo, rezando a Deus.

N.441

Havia um monge que tinha sob sua autoridade outro monge que morava numa cela a dez milhas de distância. Aconteceu que o ancião teve a ideia de convocar seu irmão para vir e tomar o pão. Mas reconsiderou: "Por um pão devo causar ao irmão o incômodo de percorrer dez milhas? Não seria melhor eu levar-lhe a metade de um pão?" Então a tomou e dirigiu-se à cela do irmão. Enquanto caminhava machucou um dedo polegar do pé; este sangrou e o monge começou a chorar de dor. Então apareceu um anjo que lhe perguntou por que chorava. O monge lhe disse: "Machuquei o polegar e sinto dor". O anjo disse: "Estás chorando por isso? Não chores, porque os passos que dás por amor do Senhor estão sendo contados e aparecerão como uma grande recompensa aos olhos de Deus. Para teres certeza disso, eis que recolho um pouco do teu sangue diante de ti e o ofereço a Deus". Então o monge continuou sua caminhada até o outro monge com um coração agradecido. Deu-lhe o pão, falou-lhe do amor de Deus para com a humanidade e depois retornou à sua cela.

Novamente, no dia seguinte, tomou a outra metade do pão e dirigiu-se a outro monge. Mas aconteceu que o outro monge, ardendo de desejo de fazer a mesma coisa, se dirigiu a outro monge. Os dois se encontraram pelo caminho. Aquele que fizera a boa ação começou a falar ao outro: "Eu possuía um tesouro e tu tentaste roubá-lo". O outro disse: "Onde está escrito que a porta estreita só tem espaço para ti? [cf. Mt 7,14]. Deixa-nos entrar junto contigo". E de repente, enquanto falavam, apareceu um anjo do Senhor e lhes disse: "Vossa rivalidade subiu até Deus como perfume de fragrância agradável".

N.442

Um magnata se deleitava em ver as caçadas; seu desejo não era outro senão que os caçadores fossem devorados. Aconteceu que ele naufragou e suplicou a Deus, dizendo: "Senhor, dá-me tua ajuda nesta angústia". O Senhor lhe apareceu com o corpo todo dilacerado e lhe disse: "É assim que queres me ver e como posso te ajudar?"

N.443

Havia um homem que era assediado por seu *logismos*. Ele disse a si mesmo: "Deves ir e visitar o ancião tal e tal". Mas protelava a decisão dia após dia, dizendo: "Irei amanhã". Por três anos ele foi assediado por seu *logismos*. Posteriormente, disse ao *logismos*: "Suponhamos que eu vá até o ancião e ele diga: 'Bem-vindo, bom monge; desejei por tanto tempo ver tua santidade'". Tomou uma bacia, lavou-se e depois – desempenhando o papel do ancião – disse: "Bem-vindo, irmão; perdoa-me por te fatigares tanto por minha causa. Oxalá o Senhor te dê a recompensa". Então, cozinhou uma refeição, comeu e bebeu muito bem. E imediatamente a batalha se afastou dele.

N.444

Um ancião disse: "Se um monge labuta por uns poucos dias e depois relaxa, labuta novamente e depois relaxa, essa pessoa não alcança nada nem adquire perseverança".

N.445

Um ancião disse: "Não é por causa de vantagens ou de benefícios que permaneço aqui doente, mas por causa de minha miséria; poderosos são os que estão entre os irmãos".

N.446/10.118

Ele disse também: "Se alguém resolve fazer alguma coisa boa, mas lhe falta a força para realizá-la no lugar onde se encontra, não pense que poderá realizá-la em outro lugar".

N.447

Amma Eugênia disse: "É vantajoso para nós mendigar e apenas estar com Jesus. Porque rico é quem está com Jesus, mesmo que seja pobre em termos corporais. Porque aquele que prefere os bens terrestres aos bens espirituais perderá os dois, ao passo que aquele que aspira aos bens celestiais obtém também todos os bens terrenos".

N.448

Os anciãos costumavam dizer que Paesios, irmão de Abba Poimen, encontrou um pequeno vaso com moedas. Por isso disse a seu grande irmão, Abba Anoub: "Como sabes, o ensinamento de Abba Poimen é muito severo. Então vamos construir nós mesmos um mosteiro em algum lugar e viver ali tranquilamente". Abba Anoub lhe disse: "Com que vamos construí-lo?" E então ele lhe mostrou as moedas. Abba Anoub ficou profundamente aflito, considerando que estas trariam prejuízo para sua alma. Ele disse: "Muito bem. Vamos construir uma cela do outro lado do rio". Então Abba Anoub tomou o vaso e o colocou em seu capuz. Enquanto atravessavam o rio, ao chegar no meio da correnteza, Abba Anoub fez como se estivesse rodopiando num torvelinho. O capuz caiu no rio e com ele as moedas de ouro. Quando Abba Anoub começou a lamentar-se, Paesios lhe disse: "Não te aflijas, abba; já que as moedas seguiram seu caminho, retornemos ao nosso irmão". Retornaram atrás e permaneceram em paz.

N.449 *BHG* 1450d, *de coenobiarcha qui pauperem christum gestabat*

Perguntaram a um ancião a respeito dos que ainda perambulam pedindo orações dos outros, enquanto eles próprios vivem muito negligentemente. Ele respondeu que "a oração efetiva de um homem justo tem muito valor" [Tg 5,16]. É o caso quando aquele que pede a oração coopera e participa da luta, fazendo todos os esforços com empenho sincero para precaver-se contra maus pensamentos e ações. Mas, se vive na indiferença, não haverá nenhum benefício para ele, mesmo que homens santos rezem por ele, "porque – disse ele – se um homem constrói enquanto o outro destrói, que benefício eles alcançam a não ser a fadiga?"

Vou falar-vos de um fato ocorrido em nosso tempo. Havia um santo abba, pai de um cenóbio, eminente em todas as virtudes, especialmente na humildade e na doçura. Era misericordioso e compassivo, suplantando muitos outros na caridade. Ele suplicou a Deus, dizendo: "Senhor, sei que sou um pecador, mas confio em tua misericórdia para ser salvo por tua piedade. Imploro tua bondade, Senhor-e-mestre: não me separes de minha comunidade, nem mesmo no mundo vindouro; mas, em tua bondade, considera também eles dignos de teu reino". Como repetia incessantemente esta oração, Deus, o amante dos homens, concedeu-lhe segurança da maneira seguinte: Estava para ser celebrada uma comemoração dos santos num mosteiro não muito distante do mosteiro deles e o abba foi convidado a comparecer. Como se recusasse, ouviu num sonho: "Vai, mas envia teus discípulos na frente; depois irás tu sozinho".

Cristo, que se tornou pobre por nós e se tornou tudo em todas as coisas para poder salvar a todos, assumiu a aparência de um mendigo enfermo e deitou-se no meio do caminho. Quando os discípulos chegaram e o encontraram lamentando-se, perguntaram-lhe qual era o motivo. Ele disse: "Estou doente e estava montando um animal. Ele me jogou ao chão e fugiu: vede, não tenho ninguém para me ajudar". Eles lhe disseram: "O que podemos fazer por ti, abba? Nós estamos a pé". E, deixando-o ali, seguiram adiante. Pouco depois seu abba aproximou-se e o encontrou deitado e gemendo. Ao saber do motivo, disse-lhe: "Não passaram por aqui há pouco alguns monges e eles não te encontraram neste estado?" Ele disse: "Sim. Mas, ao saber do motivo, seguiram seu caminho, dizendo: 'Estamos a pé; o que podemos fazer por ti?'" O abba lhe perguntou: "Consegues andar só um pouquinho, de modo que possamos prosseguir?" Após dizer que não conseguia, o abba lhe disse: "Então vem, eu te carregarei e, tendo Deus como nosso auxiliar, seguiremos nosso caminho". Ele disse: "Como podes fazer isso por uma distância tão longa? De preferência segue teu caminho e reza por mim". O abba disse: "Ora, não te deixarei. Olha esta pedra; eu te porei em cima dela e depois te porei nas costas e te carregarei". E foi o que ele fez.

De início era como se carregasse o grande peso do homem, mas depois ele ficou mais leve e mais fácil de carregar. Depois o peso tornou-se extremamente leve e ele começou a perguntar-se o que estava acontecendo. De repente o que estava sendo carregado desapareceu e falou audivelmente ao abba, dizendo: "Tu sempre pedias por teus discípulos para que, junto contigo, pudessem ser considerados dignos do Reino dos Céus. Mas eis que a estatura deles não é igual à tua estatura! Portanto, persuade-os a conformar-se ao teu comportamento e teu pedido será atendido, pois eu sou um juiz justo, que recompensa cada um de acordo com suas obras".

N.450 *BHG* 1438p, *de hebraeo divite*

Havia em Israel um homem rico que adquirira sua riqueza mediante extorsões, falsas denúncias e injustiças. Quando recobrou seu perfeito juízo e pensou no julgamento, procurou o mestre e lhe disse: "Eu te imploro: minha alma se tornou escrava das preocupações materiais da vida. Cura-me, para que eu não me perca". Em resposta, o mestre lhe deu o livro da Sabedoria de Salomão e, ao lê-lo, ele encontrou o texto: "Quem se compadece do pobre empresta a Deus" [Pr 19,17*]. Ele enrolou o livro e o devolveu ao mestre dizendo: "Quem é mais confiável do que Deus para restituir-me o capital e o lucro se eu me compadecer dos pobres?" Saiu, vendeu tudo e distribuiu o dinheiro apurado aos pobres, não reservando nada para si a não ser quatro moedas de ouro para as despesas de seus funerais. Tornou-se extremamente pobre e ninguém se compadecia dele. Finalmente disse consigo: "Irei a Jerusalém, ao Senhor meu Deus, e discutirei com ele, porque me levou enganosamente a dissipar meus bens".

Enquanto ia a Jerusalém, viu dois homens discutindo porque haviam encontrado uma pedra que caíra do efod do sumo sacerdote Aarão, mas não sabiam qual era a origem da pedra. Ele lhes disse: "Por que estais discutindo?" Eles responderam: "Encontramos uma espécie de pedra". Ele disse: "Dai-me a pedra e tomai estes quatro denários". E eles lhe deram a pedra com todo prazer. Ao chegar a Jerusalém, mostrou a pedra a um joalheiro que, ao vê-la, disse: "Onde obtiveste isto? Eis que hoje faz três anos que Jerusalém está em alvoroço por causa desta pedra. Vai dá-la ao sumo sacerdote e ficarás rico". Enquanto o homem se dirigia ao Templo, um anjo do Senhor disse ao sumo sacerdote: "Eis que vem procurar-te um homem que tem a pedra que perdeste. Dá-lhe ouro, prata e pedras preciosas, tanto quanto ele quiser. Repreende-o dizendo-lhe: 'Não duvides em teu coração nem vaciles em tua fé em Deus, porque quem se compadece dos pobres empresta realmente a Deus. Eis que te dei sete vezes mais neste mundo e a vida eterna no mundo vindouro'".

* A citação completa (e o ponto central da história) é: "Quem se compadece do pobre empresta a Deus *e Ele o recompensará por seu ato*".

N.451

Um anacoreta dotado de grande discrição queria residir em Kellia; mas no momento não conseguiu encontrar uma cela. Havia ali, no entanto, um ancião que tinha nas imediações uma cela para uma pessoa. O ancião o convidou, dizendo: "Vem e vive ali até encontrares uma cela". E ele foi para lá. Vieram visitá-lo pessoas como se visita um estranho, trazendo presentes de boas-vindas, para beneficiar-se de sua presença, e ele as acolhia como seus hóspedes. O ancião que lhe proporcionou a cela começou a sentir ciúmes e falar mal dele, dizendo: "Quantos anos vivi aqui uma vida ascética rigorosa e ninguém vem visitar-me; no entanto, quantos vêm até este impostor que está aqui há poucos dias!"

Ele disse a seu discípulo: "Vai e dize-lhe: 'Sai desse lugar, porque preciso da cela'". O discípulo foi e lhe disse: "Meu abba diz: Como estás?" O outro respondeu: "Que ele reze por mim, porque sofro do estômago". O irmão foi e disse ao ancião: "Ele diz que está de olho numa cela e está indo embora". Dois dias depois o ancião lhe disse novamente: "Vai e dize-lhe que, se não sair, eu irei com meu cajado para expulsá-lo". O irmão chegou e lhe disse: "Meu abba ouviu dizer que estás adoentado e está muito aflito. Ele me enviou para visitar-te". O outro lhe disse: "Dize-lhe que, mediante suas orações, estou melhor". O irmão foi e disse ao ancião: "Ele disse que sairá no domingo, se Deus quiser". Quando chegou o domingo e ele não tinha saído, o abba, tomando um cajado, pôs-se a caminho para espancá-lo e escorraçá-lo. O discípulo lhe disse: "Eu irei na frente, para ver se não há pessoas ali que poderiam ficar escandalizadas". Ele foi na frente e disse ao ancião: "Meu abba está chegando para consolar-te e levar-te para sua cela". Ao saber da preocupação do ancião, o anacoreta saiu para encontrar-se com ele. Quando estava ainda a certa distância, prostrou-se, dizendo: "Estou vindo à presença de tua santidade, não te preocupes".

Ao ver o que o jovem discípulo havia feito, Deus alfinetou a consciência de seu abba, de modo que este jogou fora o cajado e correu a abraçar o anacoreta. Abraçou-o e o levou para sua cela como se nada tivesse ouvido. O ancião disse a seu discípulo: "Não lhe disseste nenhuma das coisas que te mandei dizer?" Ele respondeu: "Não". O ancião alegrou-se extremamente, percebendo que seu ciúme provinha do inimigo, e deixou o outro ancião à vontade. Depois prostrou-se diante de seu discípulo, dizendo: "Tu és meu pai e seu sou teu discípulo; porque, por tua ação, ambas as nossas almas foram salvas".

N.452
Havia um monge afável e verdadeiramente caridoso que nunca tivera maus pensamentos. Um irmão que havia roubado alguns utensílios trouxe-os e os

ofereceu a ele, sem este saber do caso. Alguns dias mais tarde soube-se que os utensílios haviam sido roubados. Após ser investigado, o ancião se prostrou, dizendo: "Perdoai-me, sinto muito". Alguns dias mais tarde, o irmão que havia roubado os utensílios veio conversar com o ancião ao qual os oferecera. Ele disse ao ancião: "Roubaste os utensílios". E o ancião prostrou-se diante do irmão, dizendo: "Perdoa-me". Assim, sempre que um irmão cometia uma falta e a negava, ele se prostrava, dizendo: "Fui eu que cometi o delito; perdoai-me". Este santo era tão temente a Deus e tão humilde que nunca censurava ninguém, não dizendo uma palavra sequer.

N.453 (cf. 4.101)

Um irmão perguntou a um ancião: "Como é que os maus pensamentos que me afligem não batem em retirada, mas permanecem firmes, mesmo que eu os repreenda frequentemente?" O ancião respondeu: "Enquanto não lhes disseres firmemente e com jejum: 'Afastai-vos de mim', eles não irão embora, porque, enquanto se sentirem à vontade, não se retirarão".

Sobre a *porneia*

N.454 (cf. 5.52)

Um irmão estava viajando com alguém, quando seus pensamentos sucumbiram à *porneia*. Ele foi e falou aos pais, dizendo: "O que devo fazer, porque meu coração não está tranquilo por ter sucumbido na batalha contra o inimigo? Sinto-me como alguém que cometeu o pecado". Os pais lhe disseram: "O pecado não foi consumado. O inimigo te atormentou, mas Deus te protegeu. Mas não estavas inteiramente convencido disso e ficaste abatido pela tristeza". Então ele [sic] contou a história de dois irmãos de um cenóbio que, tendo sido enviados a um povoado, caminhavam juntos. Cinco vezes o demônio assaltou o mais velho para levá-lo a pecar; mas ele resistiu, rezando o tempo inteiro.

Quando retornaram a seu pai, o rosto dele estava perturbado. Prostrou-se diante dele, dizendo: "Reza por mim, pai, porque caí na *porneia*". E lhe explicou como sua mente foi assaltada. Ora, o ancião tinha clarividência e pôde ver cinco coroas sobre a cabeça do outro. Ele disse: "Coragem, filho, porque vi coroas atrás de ti quando entraste. Não foste derrotado; pelo contrário, triunfaste na medida em que não cometeste o pecado. Grande é a luta quando um homem mantém sua castidade, embora tenha tido a oportunidade de pecar. Grande é sua recompensa, porque este assalto do inimigo é mais forte e mais veemente do que qualquer outro e é difícil fugir de suas armadilhas. O que pensas do bem-aventurado José? [Gn 39,7-23]. Que foi uma coisa simples para ele? No entanto, era como algo que acontece num teatro, porque Deus e os anjos estavam observando sua luta. Enquanto isso, o diabo e os demônios instigavam o caráter abominável da mulher. Então, quando o atleta triunfou, todos os anjos glorificaram a Deus em alta voz, dizendo: 'O atleta conseguiu uma vitória extraordinária'. Portanto, é bom não fazer o mal, nem mesmo em pensamento. Se fores tentado, oferece resistência para não sucumbir".

N.455

Havia um anacoreta, um homem virgem que mal e mal sabia o que era uma mulher. Por isso, o demônio da *porneia* começou a perturbá-lo e ele começou a inflamar-se. Mas, devido à sua falta de experiência, não tinha consciência de sua lascívia para realizar o ato. Assim o servo de Deus só conhecia o desejo, mas ignorava o objeto de seu desejo. Por isso, o diabo mostrou-lhe um homem estendido sobre uma mulher com propósito vergonhoso. Vendo a falácia do demônio e a dimensão da mesma, Deus protegeu o irmão e extinguiu o conflito.

N.456

A respeito de um grande ancião costumava-se dizer que, ao visitar um cenóbio, viu ali um jovem e não quis dormir no lugar. Os irmãos que o acompanhavam disseram-lhe: "Estás com medo, abba?" Ele disse: "Evidentemente não estou com medo, meus filhos, mas qual a necessidade de uma guerra infrutífera?"

N.457

Costumava-se dizer que certa vez o diabo foi bater à porta de um cenóbio e apareceu um jovem para dar-lhe uma resposta. Ao ver o jovem, o demônio disse: "Já que estás aqui, eu não sou necessário".

N.458

Os pais costumavam dizer que Deus não traz jovens ao deserto. Quem os traz é satanás, a fim de corromper os que desejam viver uma vida piedosa.

N.459

Certa vez um navio partiu para Diolcos* e ancorou junto à montanha dos monges. Uma mulher desembarcou e sentou-se na colina. Um irmão que vinha buscar água a viu e retornou ao sacerdote, dizendo: "Eis que uma mulher está sentada à beira do rio, algo que nunca aconteceu aqui, abba!" Ouvindo isto, o ancião tomou seu cajado, saiu correndo e gritou: "Socorro, irmãos, temos assaltantes!" Ao vê-lo, todos foram correndo em direção ao navio, com o cajado na mão. Quando os marinheiros viram a multidão avançando, entenderam a situação. Içaram a mulher, soltaram as amarras e deixaram o navio partir seguindo a correnteza.

* "A região/monte de Diolcos" (numa das desembocaduras do Nilo) é mencionada em 3.25/Poemen 72 (340B-C) e no N.614.

N.460 (cf. 3.49)

Uma virgem devota vivia numa cidade e tinha como vizinho um soldado. Quando a mãe dela partiu para uma viagem, o soldado assaltou a donzela e a estuprou. Quando ele saiu, ela despiu seu hábito de virgem e sentou-se numa esteira chorando, depois de rasgar em pedaços a roupa que vestia. Quando sua mãe voltou, ela lhe contou o que acontecera. Durante muitos dias a donzela ficou sentada ali lamentando-se. Depois, quando outras virgens e clérigos ouviram falar do que acontecera, vieram até ela, dizendo: "Tu não és responsável pelo pecado". Mas ela não se convenceu e disse: "Deus me abandonou. Como posso vestir o hábito, se Deus não me quis? Não podia Ele ter impedido a afronta? Mas, já que Ele me julgou indigna do hábito, permaneço assim". E continuou chorando e lamentando-se num luto salutar, com extrema compunção, até sua morte.

N.461

Dois amigos concordaram em tornar-se monges e levaram uma vida severamente disciplinada e virtuosa. Ora, um deles tornou-se superior de um cenóbio, enquanto o outro continuou sendo anacoreta e, praticando intensa disciplina, começou a realizar grandes maravilhas. Libertava os possuídos por demônios, proferia profecias e curava os doentes. O que deixara a ordem dos ascetas para dirigir um cenóbio, ao ouvir que seu amigo fora considerado digno desses dons carismáticos, segregou-se do contato humano por três semanas, implorando sinceramente que Deus lhe revelasse por que o outro realizava maravilhas e se tornara muito conhecido de todos, "ao passo que eu não recebi nenhuma destas distinções". Um anjo do Senhor lhe apareceu e lhe disse: "Ele vive para Deus, gemendo e invocando-o de dia e de noite, passando fome e sede por causa de Senhor, ao passo que tu te preocupas com muitas coisas e manténs contato com muitas pessoas, de modo que o contato humano é um consolo suficiente para ti".

N.462 (cf. 9.23)

Havia um anacoreta que se tornou bispo. Devido à sua prudência e *hêsychia* não repreendia ninguém, mas tolerava as faltas de cada um com paciência resignada. Ora, seu administrador não conduzia os negócios da Igreja de acordo com as normas e algumas pessoas disseram ao bispo: "Por que não repreendes o administrador, já que ele é negligente neste aspecto?" Mas o bispo adiou a reprimenda. No dia seguinte os que o haviam incitado contra o administrador vieram novamente. Mas, ao ficar sabendo disto, o bispo escondeu-se em algum lugar. Ao chegar, não encontraram o bispo, mas procuraram diligentemente e, quando o encontraram, lhe disseram: "Por que te escondeste de nós?" Ele respondeu: "Porque quereis roubar-me em dois dias o que consegui em sessenta anos rezando a Deus".

N.463 (cf. 2.33)

Um ancião disse: "Da mesma forma que nenhuma planta pode crescer numa estrada principal muito movimentada, nem mesmo lançando nela sementes, porque a superfície é calcada aos pés, o mesmo acontece conosco. Retira-te tranquilamente dos negócios mundanos e verás crescer em ti coisas que não sabias que estavam em ti, porque caminhavas sobre elas".

N.464/2.34

Um dos santos dizia que é impossível um homem experimentar a doçura de Deus enquanto experimenta a doçura do mundo. Mas, por outro lado, se ele saborear a doçura de Deus, detestará todos os aspectos deste mundo, como está escrito nos evangelhos: "Ninguém pode servir a dois senhores" [Mt 6,24]. Também nós somos incapazes de desfrutar a doçura de Deus enquanto desejarmos companhia humana e repouso corporal. Gostaria de dizer o seguinte: enquanto um homem permanece em sua cela, praticando o silêncio e a oração, executando de todo o coração seu trabalho nesta etapa da vida, ele pode ser salvo [ou: "executando de todo o coração seu trabalho, ele pode ser salvo nesta etapa da vida", dependendo da pontuação].

N.465 (cf. 4.98)
Um ancião dizia: "Nenhum monge que bebe mais de três taças de vinho reze por mim".

N.466/4.90
Um irmão perguntou a um ancião: "Que efeito tem sobre um homem o comer e o beber indiscriminadamente?" O ancião respondeu: "Eles produzem o mal, porque vemos que a desolação completa de Jerusalém aconteceu por causa de Nabuzardã, o cozinheiro-chefe [1Rs 25,8]. O Senhor dá também a seus discípulos o mandamento: "Cuidai para que vossos corações não fiquem pesados pela devassidão e embriaguez e pelas preocupações desta vida" [Lc 21,34].

N.467 (cf. 20.10)

Dos Scetiotas dizia-se que não havia entre eles orgulho por se superarem uns aos outros nas virtudes. Quando jejuavam, um comia a cada dois dias, outro a cada quatro e outro uma vez por semana. Um não comia pão, outro não bebia vinho. Em suma, esses santos se distinguiam em todas as virtudes.

N.468 (cf. 4.94)

Um ancião dizia: "Não ponhas a mesa antes do tempo da refeição quando estás só; não fales antes de ser perguntado e, se te perguntarem algo, dize o que é conveniente, falando com inteligência".

N.469 (cf. 7.61)

A respeito de certo santo costumava-se dizer que ele deu testemunho de sua fé durante uma perseguição e foi torturado cruelmente a ponto de o sentarem num assento de bronze incandescente. Nesse ínterim o bem-aventurado Constantino tornou-se imperador e os cristãos foram libertados. Uma vez curado, este santo retornou à sua cela. Ao avistá-la de longe, disse: "Ai de mim! Voltei novamente para muitas aflições!" Disse isto dando a entender as lutas e os combates contra os demônios.

N.470

Um ancião disse: "Observa que o primeiro golpe que o diabo desferiu contra Jó visava suas posses. Então, quando viu que não o havia separado de Deus, desferiu o segundo golpe contra seu corpo. Mesmo então este nobre atleta não pecou nas palavras de sua boca, porque tinha as posses de Deus dentro de si e sempre permaneceu nelas".

N.471

Um ancião disse: "Uma pessoa que entra numa perfumaria, mesmo que não compre nada, ainda assim absorve a fragrância. Assim acontece também com uma pessoa que visita os pais; caso queira trabalhar, eles lhe mostram o caminho da humilhação e este se torna uma muralha para ele contra os assaltos dos demônios".

N.472

Um ancião disse: "Se vês alguém que caiu na água e podes ajudá-lo, estende teu cajado e puxa-o para fora. Se não podes puxá-lo, deixa-lhe teu cajado. Se lhe estendes a mão e não podes puxá-lo para fora, ele te puxará para baixo e ambos morrereis". Disse isso aos que se precipitam a ajudar alguém nas tentações para além de sua própria capacidade.

N.473

Um ancião disse: "Um homem precisa salvaguardar seu trabalho para assegurar-se de que não perde nada dele. Se alguém trabalha vigorosamente, mas não salvaguarda sua conquista, esta não lhe traz nenhum proveito. Mas, se trabalhar um pouco e depois salvaguardar sua conquista, ela permanecerá". E contou a seguinte ocorrência: "Um irmão recebeu uma herança e quis realizar uma *agapê* para o falecido. Ora, aconteceu que veio um irmão de outro lugar. Ele foi despertá-lo de noite, dizendo: 'Levanta-te e ajuda-me'. Mas o outro irmão implorou-lhe dizendo: 'Estou cansado e não posso levantar-me'. O outro respondeu: 'Se não vens, levanta-te e vai embora'. E então o estranho levantou-se e saiu. Na noite seguinte o irmão teve um sonho no qual deu trigo ao padeiro, mas o padeiro lhe deu apenas um pão. Ele se levantou, procurou um grande ancião e lhe contou tudo. O ancião disse: 'Fizeste uma boa ação, mas o inimigo não te permitiu receber a recompensa por ela. Um homem precisa estar vigilante e salvaguardar o que conquistou'".

N.474

Um ancião disse: "Se ocorrer uma palavra deplorável entre ti e algum outro e ele negar a palavra, não te inflames contra ele e não digas: 'Tu a disseste', porque então ele te dá as costas e diz: 'Tudo bem. Eu a disse; e daí?' E assim surge uma altercação". Então ele contou que dois irmãos de Kellia estavam recitando uma passagem da Escritura, quando um deles cometeu um erro na passagem. O outro contou ao sacerdote. O sacerdote levantou-se, foi até o primeiro ancião e lhe disse: "Disseste isto?" Ele respondeu: "Sim". O sacerdote disse: "Então nega-o quando entrares na igreja". Quando ele entrou na igreja, o sacerdote lhe perguntou: "Disseste isto?" E ele disse que não. Então disse ao outro: "Ouviste dizer isto? E ele disse: "Não" – e prostrou-se. E então prevaleceu uma grande paz.

Sobre não julgar

N.475 (cf. 9.25)

Um irmão pediu a um dos anciãos que desse uma opinião sobre uma questão hipotética. Ele disse: "Suponhamos que eu veja alguém fazendo algo e o conte a um outro. Em minha opinião – disse ele – não estou julgando; é apenas aquilo sobre o que falávamos, de modo que não é conversa maliciosa, não é?" O ancião disse: "Se falas de maneira apaixonada e tens algo contra ele, então é conversa maliciosa. Mas se alguém está livre de paixão, isto não é falar de maneira maliciosa, é para limitar o mal".

N.476 (cf. 9.26)

Então outro irmão perguntou ao ancião: "Se eu me dirigir a um dos anciãos e lhe perguntar se posso permanecer com tal e tal e ele sabe que isto não é para meu bem, que resposta ele deve dar-me? Se ele me disser para não ir até ele, não está ele julgando o outro em sua mente?" O ancião disse: "Não são muitos os que podem fazer essas distinções sutis. Se falar sob a influência de seus próprios sentimentos, ele se prejudica a si mesmo e seu veredito não tem validade. Então o que deve ele fazer? Se ele disser 'não sei', ele se livra da dificuldade. Se estiver isento de paixão, ele não julga ninguém, mas censura-se a si mesmo, dizendo: 'Sou relaxado por natureza e não posso ser-te útil'. E, se for inteligente, o interrogador não irá viver com o outro, porque o ancião não falou pensando no mal, mas querendo evitar um mal maior".

N.477

Ao ouvir dizer que um irmão caíra na *porneia*, um dos santos disse: "Oh! Ele se comportou mal!" O irmão morreu poucos dias depois; e um anjo de Deus aproximou-se do ancião com a alma do irmão e lhe disse: "Olha, aquele que julgaste morreu; dize-me onde devo colocá-lo: no Reino dos Céus ou no castigo?" Até sua morte o ancião continuou pedindo perdão a Deus por sua falta, chorando e trabalhando imensamente.

N.478

Um dos santos disse que não há nada melhor do que o mandamento de não deprecies nenhum dos irmãos, pois está escrito: "Repreende teu próximo e não incorrerás no pecado por causa dele" [Lv 19,17]. Portanto, se vês teu irmão pecar e não te manifestas com franqueza para conscientizá-lo de sua falta, pedir-te-ão conta do seu sangue. Mas, se for repreendido e persistir, ele morrerá em seu pecado. Portanto, é bom repreenderes com amor: não para depreciá-lo ou menosprezá-lo como faria um inimigo.

N.479

O superior de um cenóbio era pai de duzentos monges e gozava de grande reputação entre os homens. O Senhor veio visitá-lo sob a forma de um idoso pobre e pediu ao porteiro que dissesse ao abba que seu irmão tal e tal estava ali. Depois de muito esforço o porteiro entrou para informá-lo. Encontrando o abba em conversação com algumas pessoas, ele permaneceu ali por algum tempo antes de informá-lo a respeito do pobre, sem saber que era Cristo. Mas o abba retorquiu raivosamente: "Não vês que estou conversando com estes homens? Deixa-me por algum tempo!" Mas o Senhor paciente permaneceu junto à porta até ele chegar. Então, por volta da quinta hora, veio visitá-lo uma pessoa rica, à qual o superior deu imediata atenção. Vendo-o com o homem rico, o Deus que é rico em misericórdia e amigo dos humildes, apresentou seu pedido, suplicando: "Eu gostaria de falar contigo, abba". Mas ele apressou-se a entrar com o homem rico, ansioso por preparar-lhe uma refeição. Após a refeição, ele acompanhou o homem rico até a porta e retornou, prisioneiro de suas muitas preocupações, esquecido da súplica do pobre e inofensivo idoso. Quando chegou a noite e ninguém se dignara receber este bem-aventurado e verdadeiro estranho, ele se retirou, após pedir que o porteiro dissesse ao abba: "Se almejas uma reputação mundana, tendo em vista a maneira como agiste até agora e teu modo de vida, enviar-te-ei visitantes dos quatro cantos da terra, já que gostas de adular e ser adulado. Mas não provarás o sabor das coisas boas do meu reino". Desta maneira o pobre todo-poderoso foi reconhecido.

N.480

A respeito de um irmão costumava-se dizer que ele viveu no deserto por muitos anos sendo zombado por demônios, mas ele pensava que eram anjos. Seu pai segundo a carne costumava visitá-lo de tempos em tempos. Certo dia tomou consigo um machado, dizendo: "Levarei um pouco de lenha comigo ao chegar". Um demônio antecipou-se e disse ao filho: "Eis que o diabo está vindo a ti sob a aparência de teu pai. Ele traz um machado em seu cesto para matar-te. Toma a dianteira: tira dele o machado e mata-o". Quando o pai chegou, como era seu costume, o filho tomou dele o machado, golpeou o pai e o matou. Imediatamente um espírito mau agarrou-o e o estrangulou.

N.481 (cf. 4.89)

Certa vez algumas pessoas trouxeram legumes e abóboras a Scete e os colocaram junto à igreja, de modo que, quando saíssem, os irmãos podiam levar um pouco de cada vez para suas celas. Um ancião tomou alguns legumes e algumas abóboras e, enquanto caminhava, comeu-os crus por causa da fome. Um irmão que se encontrou com ele disse-lhe: "Onde estão os teus legumes?" Ele disse: "Eu os comi". O irmão lhe disse: "Olha os meus que conservei". O ancião lhe disse: "Tu não estavas com fome, irmão; por isso os conservaste".

N.482
Certa vez um irmão falou a outro irmão de Scete, dizendo: "Vem à minha cela para que eu te lave os pés". Mas ele não veio. Falou-lhe uma segunda e uma terceira vez, mas o outro novamente não veio. Mais tarde o primeiro irmão foi à cela dele, prostrou-se e suplicou-lhe, dizendo: "Vem à minha cela". O outro levantou-se e foi com ele. O irmão lhe disse: "Por que não vieste quando eu te supliquei repetidamente?" Ele disse: "Não fiquei convencido quando só pronunciaste as palavras; mas, quando vi o gesto monástico – ou seja, a prostração –, então vim contigo com alegria".

N.483
Um irmão perguntou a um ancião: "O que devo fazer, porque a vanglória está me atormentando?" O ancião lhe disse: "Muito bem. É porque criaste o céu e a terra". Alfinetado na consciência por isto, o irmão

prostrou-se, dizendo: "Perdoa-me; eu não fiz nada disso". Disse o ancião: "Se aquele que os criou veio na humildade, por que tu, argila que és, te vanglorias? Qual a tua proeza, infeliz?"

N.484
Um irmão perguntou a um ancião: "Em minha cela faço tudo o que convém, mas não recebo nenhum consolo de Deus". O ancião lhe disse: "É porque estás em conflito com um companheiro um tanto ocioso e queres que tua vontade prevaleça". O irmão disse ao ancião: "Então o que queres que eu faça, pai?" O ancião disse: "Vai embora e afeiçoa-te a um homem temente a Deus e humilha-te diante dele, submetendo-lhe tua vontade. Então encontrarás consolo de Deus".

N.485
Um ancião disse: "Nunca dei um passo à frente sem verificar onde punha o pé. Eu permanecia tranquilo, refletindo, não cedendo absolutamente até que Deus me mostrasse o caminho".

N.485*bis* (cf. 8.31, N.320 e Or 14)
Um ancião disse: "Ou foge e evita os homens ou zomba do mundo e dos homens, fazendo o papel de bobo o tempo todo".

N.486

Uma passagem de Gregório o Teólogo sobre a humildade

Como devemos abandonar a ostentação destrutiva do orgulho e rebaixar-nos na virtude da humildade redentora? Disciplinando-nos sempre no exercício da única coisa necessária e não descuidando de nada, já que não somos prejudicados a não ser nisto. Pois a alma passa a assemelhar-se àquilo em que está empenhada; ela assume o caráter daquilo que ela pratica e se molda de acordo com este padrão. Que teu comportamento, tuas vestes, teu modo de andar, teu sentar e teu levantar [cf. Sl 139,2], teu alimento, teu estilo de vida, a preparação de tua cama, tua casa e toda a mobília de tua casa sejam moldados de uma maneira simples, bem como teu salmo, teu hino e teu bom comportamento para com teu próximo. Que tudo isto seja simples e não ostentoso. Que não haja jactância numa linguagem brilhante, nenhum som excessivamente suave em teu canto, nenhuma conversa empolada nem pesada; mas, deixando de lado teu *status* em todas as atividades, sê cortês com teu amigo, gentil com teu servo, paciente com o atrevido, caritativo com o humilde, um consolo para os que estão em má situação, um visitante dos doentes, em suma: não desdenhar ninguém; ser jovial na resposta, agradável na conversação e sempre acessível (Basílio de Cesareia, *De humilitate*, PG 31:537, 14-34).

N.486bis

Havia um grande e piedoso pai que recebia generosos elogios e gozava de genuína reputação em seu próprio país por causa da severidade de seu modo de vida. Certo dia veio até ele o governador da Ilíria, um homem prudente e inteligente, que desejava ser fortalecido mais firmemente por ele. Depois de um pouco de conversa, o pai, agindo com sua costumeira humildade, começou a admoestar o governador a ser benigno ao lidar com seus súditos. Depois continuou falando de si mesmo, dizendo que nem sequer era digno de "levantar os olhos para o céu" como está escrito [Lc 18,13], por causa de seus pecados ocultos. O governador lhe disse: "Pai, vós monges falais sobre estes pecados em palavras movidas por humildade; mas o que dizer de nós que realmente cometemos pecados em nossas ações?" Mantendo sua atitude humilde, o pai lhe falou: "De modo algum. Acredita em mim, meu filho. Eu sou realmente mais pecador do que todos os homens. Tenho em mente este único pensamento: que serei indubitavelmente classificado entre os que estão no inferno e não considerado digno de contemplar a face do Salvador, porque completei minha vida nesta negligência e indolência".

Em sua humildade, o pai contou outras coisas como estas. Ora, o governador, sendo um homem inteligente e desejando que o pai esclarecesse esta matéria – pois tudo é bom em seu devido tempo – e também para que aqueles que o acompanhavam fossem edificados, voltou-se para eles e disse-lhes algo em voz baixa. O pai perguntou: "O que é que foi dito". Mas os que o ouviram guardaram-no para si. Mas já que o pai não o permitiu, eles lhe disseram: "Foi isto que Sua Excelência nos disse, pai: 'Vinde, irmãos, desfrutemos neste mundo onde as coisas pertencentes à salvação foram abandonadas por nós como inúteis. Porque, se este homem, que passou um período tão longo em estrita disciplina e é tão agradável a Deus, afirma agora que não é de maneira alguma digno da benevolência de Deus, o que podemos dizer nós, que estamos envolvidos no mal todos os dias? É inútil disciplinar-se na virtude, porque ninguém pode alcançar a perfeição'".

Ao ouvir isso, o ancião bateu no próprio rosto e quase rasgou suas vestes, gritando e dizendo: "Não, filhos! Não deixeis isto acontecer! Eu próprio e todos esperamos experimentar a benevolência de Deus, pois sua afetuosa misericórdia supera nossas deficiências. Eu vos contei essas coisas humilhando minha mente e admoestando-vos a não serdes arrogantes em vossas boas ações, mas a permanecer firmes na humildade". O governador lhe disse: "Percebi isto, pai; mas suplico-te a ser moderado ao falar da humildade, adaptando tuas palavras à tua plateia, para que teus ouvintes não só não deixem de ser edificados – como se viu agora mesmo –, mas também para que, dominados pelo desespero, não sejam corrompidos pela indolência. Por outro lado, humilhar-se nas boas ações é bom – mesmo quando levado ao excesso –, porque edifica os espectadores". Pela graça de Deus todos foram edificados. Saíram dando graças uns aos outros e glorificando a Deus.

N.487
Os doze anacoretas

Alguns anacoretas santos, sábios e espirituais, doze em número, reuniram-se. Pediram que cada um individualmente declarasse o que havia realizado em sua cela e que tipo de disciplina espiritual praticara.

O primeiro deles, que era também o mais velho, lhes disse: "Irmãos, desde o dia em que comecei a viver em *hêsychia*, crucifiquei-me totalmente às considerações externas, tendo em mente o que está escrito: 'Rompamos suas amarras e afastemos de nós seu jugo' [Sl 2,3]. Levantei um muro entre minha alma e os negócios corporais e disse para mim mesmo: 'Assim como aquele que está no interior do muro não vê aquele que está fora, assim também não desejes contemplar as considerações externas, mas antes presta atenção a ti mesmo, na expectativa diária da esperança de Deus'. Desta maneira considero os desejos maus como 'serpentes e prole de víboras' [Mt 23,33]. Quando os percebo crescendo em minha mente, faço-os murchar com ameaças e ira. Nunca cesso de esbravejar contra meu corpo e minha alma a fim de assegurar que eles não façam nenhum mal.

O segundo disse: "Eu disse a mim mesmo desde o tempo em que renunciei ao mundo: 'Hoje nasceste de novo; hoje começaste a servir a Deus; hoje começaste tua permanência temporária aqui. Portanto, vive cada dia como um forasteiro que amanhã está de saída'. Esse é o conselho que eu costumava dar a mim mesmo".

O terceiro disse: "Eu me dirijo a meu Senhor de manhã cedo e, depois de adorá-lo, prostro-me com o rosto por terra, confessando minhas transgressões. Rebaixando-me desta maneira, adoro seus anjos, pedindo-lhes que implorem a Deus por mim e por toda a criação. Ao fazer isto, chego às profundezas. E aquilo que os judeus fazem quando vão a Jerusalém, rasgando suas vestes, chorando e lamentando os infortúnios de seus pais, também eu o faço. E examino a lista de castigos, observando meus próprios membros sendo torturados e choro com os que choram".

O quarto disse: "Eu sou como alguém sentado no Monte das Oliveiras com Deus e seus anjos e disse para mim mesmo: 'Doravante, não tomes conhecimento de ninguém na carne, mas permanece continuamente com estes anjos e sempre em busca deles, imitando seu modo de vida, como a nobre Maria, sentada aos pés de Cristo e ouvindo sua palavra quando Ele diz: Sede santos porque eu sou santo

[1Pd 1,16] e: Sede perfeitos como vosso Pai celestial é perfeito [Mt 5,48] e: Aprendei de mim, porque sou manso e humilde de coração' [Mt 11,29]".

O quinto disse: "Eu observo os anjos vindo e indo todo o tempo para convocar as almas. Estou em constante expectativa do fim, dizendo: 'Ó Deus, meu coração está pronto' [Sl 108,1]".

O sexto disse: "Eu imagino ouvir todos os dias estas palavras do Senhor: 'Trabalhai por mim e eu vos darei repouso [Mt 11,28]. Trabalhai um pouco e eu vos mostrarei minha salvação e minha glória. Se me amais, se sois meus filhos, reverenciai-me como a um pai que vos convida. Se sois meus irmãos, respeitai-me como alguém que suportou muitas coisas por vós. Se sois minhas ovelhas, continuai trilhando o caminho dos sofrimentos de vosso Mestre'".

O sétimo disse: "Eu medito constantemente e repito para mim mesmo sem interrupção estas três coisas: fé, esperança e caridade [cf. 1Cor 13,13], para poder rejubilar-me na fé, ser fortalecido pela esperança e, na caridade, nunca causar aflição a ninguém".

O oitavo disse: "Eu vejo 'o diabo rondando e procurando a quem possa devorar' [1Pd 5,8]. Eu o vejo com meus olhos interiores onde quer que ele vá e intercedo junto a Deus, meu Mestre e Senhor, contra ele, para que continue malsucedido e fraco, especialmente contra os que o temem".

O nono disse: "Todos os dias eu contemplo a assembleia das forças espirituais com o Senhor da Glória no seu meio, ofuscando todas elas. Quando fico desanimado, subo ao céu e contemplo a maravilhosa beleza dos anjos, os hinos que eles cantam incessantemente a Deus e suas melodias. Depois sou encorajado pelos sons, por suas vozes e por sua harmonia, de modo que tenho uma ideia do que está escrito: 'Os céus proclamam a glória de Deus' [Sl 19,2] e considero todas as coisas da terra como cinzas e refugos [cf. Fl 3,8]".

O décimo disse: "Eu observo o anjo que está sempre comigo ao alcance das minhas mãos. Vigio a mim mesmo, tendo em mente o que está escrito: 'Coloco Deus sempre à minha frente; porque Ele está à minha direita e por isso não vacilarei' [Sl 16,8]. Assim eu temo o anjo como alguém que observa meus caminhos; pois o vejo aproximando-se de Deus cada dia para revelar-lhe minhas ações e minhas palavras".

O décimo primeiro disse: "Eu imagino as virtudes – como a abstinência, a sobriedade, a paciência, o amor – como pessoas e as disponho em forma de círculo ao meu redor. Então, aonde quer que eu vá, digo a mim mesmo: 'Onde estão teus instrutores? Não desanimes nem caias na acídia, porque sempre os tens contigo. Qualquer virtude que desejares, ela está ali contigo. Encontrando repouso em ti, eles testemunharão frequentemente diante de Deus a teu favor'".

O décimo segundo disse: "Não é de maneira alguma surpreendente que adquiristes um modo celestial de vida, já que possuís asas vindas do céu. Observo que vos elevastes por vossas ações e por buscar as coisas do alto. Vós, que vos alienastes completamente da terra, vos erguestes acima dela pelo poder de Deus. Como vos chamarei: anjos terrestres ou homens celestiais? Eu, no entanto, tendo-me considerado indigno até mesmo de estar vivo, vejo meus pecados diante de mim. Aonde quer que eu vá e não importando em que direção, vejo-os à minha frente. Condenei-me a estar com os que estão no inferno, dizendo: 'Estarei com aqueles dos quais sou digno, porque em breve serei contado entre eles'. Ali observei lamentações intermináveis e lágrimas indescritíveis sem fim; vi alguns que estavam rangendo os dentes e com o corpo todo tremendo da cabeça aos pés. Prostrando-me no chão e aspergindo-me com cinzas, supliquei a Deus que não me fizesse experimentar esses infortúnios. Contemplei também um mar de fogo, borbulhante, turbulento e ensurdecedor, de modo que alguém podia pensar que as ondas de fogo chegavam até o céu e penetravam no terrível oceano, inúmeros homens sendo lançados por anjos irados e todos eles lamentando-se e clamando a uma só voz com choros e gritos como nunca ninguém ouviu iguais. Todos eles queimam como gravetos e a misericórdia de Deus se afastou deles por causa de suas iniquidades. Portanto, lamento pela raça humana: Como ousa a humanidade proferir uma palavra ou prestar atenção a alguns destes males reservados para o mundo? É com pensamentos como estes que mantenho a aflição em meu coração, tendo-me julgado indigno do céu e da terra, cumprindo o que está escrito: 'As lágrimas se tornaram meu alimento noite e dia' [Sl 42,4]".

Estes são os ditos dos pais sábios e espirituais. Oxalá demonstremos um modo de vida digno de sua memória, de modo que, irrepreensíveis, possamos ser agradáveis ao Senhor-e-mestre, ao qual seja dada glória para todo o sempre. Amém.

Cf. J.-C. Guy. "La collation des douze anachorètes". *Analecta Bollandiana* 76 (1958), p. 422-427.

N.488

A respeito de Abba Macário, o Citadino

Já que o Rei do Céu concede livremente suas riquezas aos que são dignos delas, para louvor e glória de seu nome e para a salvação dos que nele esperam, convém falar das coisas realizadas através do santo Macário para benefício do leitor. Pois se diz que este homem, depois de atingir o grau máximo da virtude divina e ter dominado todas as suas emoções, foi considerado digno de contemplar os mistérios incorpóreos e celestiais. Alguns dos seus discípulos o descreveram como igual aos anjos e dele ouviram revelações que Deus quis dar-lhe a conhecer. Diz-se que, quando estava entrando no Jardim de Janes e Jambres, o diabo, esse demônio terrível e inventor do mal, travou uma tremenda batalha contra ele. Quando o todo-astuto estava levando a pior e não ganhando nada com a luta, decidiu revelar-se ao santo homem e manifestar-lhe sua múltipla técnica de desencaminhar os homens – ele estava experimentando a Deus, obrigando-o a reconhecê-los contra a sua vontade.

Por conseguinte, quando Macário, o magnífico soldado de Cristo, se dirigia ao deserto mais remoto, observou que vinha ao seu encontro um homem muito idoso, sobrecarregado com uma enorme quantidade de frascos ao redor do corpo e trazendo uma pena em cada frasco; estava vestido com eles em vez de roupa. Brandindo seu báculo, o diabo olhou-o face a face – disse ele. Apresentando-se como alguém suspeito de ser um assaltante, ele disse ao justo: "O que fazes perambulando por este deserto?" Macário respondeu: "Quero encontrar a Deus; estou fugindo da ilusão. Mas dize-me, quem és tu, idoso, pois tuas vestes são incompatíveis com o conforto de um homem? Dize-me o que são estas coisas que envolvem o teu corpo". Contra sua vontade, o outro confessou, dizendo: "Eu sou aquele que é chamado satanás e diabo. Estes são os diferentes métodos que uso para atrair os homens; esforço-me para executar a ação do engano apropriada a cada membro. Atraindo a mim os ouvintes usando as penas de seus desejos, rejubilo--me com a queda dos que são dominados por mim".

Ouvido isso, o santo Macário disse-lhe atrevidamente: "Já que Cristo te entregou como um brinquedo de seus anjos, explica-me o sentido de cada uma das drogas que trazes, porque foi por esta razão que apareceste, para podermos ver os múltiplos embustes de tua astúcia maligna. E também para que, conhecendo tuas variadas armas de trapaça, possamos discordar de tua maneira de pensar". Ele disse: "Dir--te-ei o que pretendo, mesmo contra minha vontade, pois não posso ocultar o que podes ver. Aprende, portanto, o significado de cada frasco. Se encontro alguém meditando sozinho e incessantemente sobre a lei de Deus, interrompo-o dando-lhe uma enxaqueca e ungindo-o com o conteúdo do frasco que está sobre minha cabeça. Quanto àquele que deseja vigiar a noite inteira em hinos e orações, tomo o frasco pendente de minhas sobrancelhas e, borrifando-o com a pena, recorro à força para fazê-lo dormir, vencido pela fadiga. Os frascos que vês ao redor de minhas orelhas são preparados para teus atos de desobediência e, através deles, impeço que os que desejam ser salvos ouçam a palavra da verdade. Com os que estão nas minhas narinas induzo os jovens à *porneia* com odores agradáveis. Com as drogas ao redor de minha boca seduzo os ascetas com prazeres comestíveis a fim de fazerem o que eu quero, enviando sobre eles por meio destes a ação da calúnia, a conversa vergonhosa e a semente de ações semelhantes, que os que me amam cultivam para mim a fim de colher uma multidão de frutos valiosos. Com as armas ao redor do meu pescoço eu cerco e envolvo os orgulhosos com a soberba. Com estas armas proporciono glória e riquezas nesta vida aos que amam minhas ações e quaisquer outras coisas que pareçam boas aos que estão muito afastados de Deus. Os frascos que vês no meu peito são repositórios de meus próprios pensamentos; com estes impregno o coração dos homens com a embriaguez da impiedade, obscurecendo as aspirações piedosas dos que desejam contemplar as coisas que estão por vir, apagando sua memória com o sono. Os frascos sobre minha barriga estão cheios de insensibilidade e com eles levo as pessoas estúpidas a levar uma vida irracional e animalesca, a viver da maneira como vivem os aninais. Usando os frascos abaixo do meu ventre, incito os homens às relações licenciosas e à incontinência vergonhosa. Os que vês nas minhas mãos são para os invejosos e os assassinos, que levam adiante a prática dos meus feitos. Os amarrados nas minhas costas e nos meus ombros são as sombras de meus próprios esforços, com os quais luto bravamente contra os que se empenham em lutar contra mim, armando-lhes ciladas e causando confusão nos que confiam em seu próprio poder. Os frascos amarrados às minhas coxas e pernas até a altura dos pés estão cheios de armadilhas e ciladas. Distribuindo estes, eu perturbo os caminhos dos justos, impedindo-os de correr a corrida da piedade, levando-os a trilhar meu caminho. Sentado entre o caminho da vida e o caminho da morte, faço tropeçar os que andam no caminho da vida, confinando-os ao caminho da morte e habilitando-os para minha jornada. Semeio espinhos e cardos no campo que trabalhei e os que ali são semeados renunciam ao caminho da virtude. Mas tu não me ouves de modo algum, nem sequer uma vez, para proporcionar-me um pouco de consolação. Armado com uma grande arma, tu me queimas por todos os lados e por isso apresso-me a fugir para junto dos meus servos. Tu e teus servos companheiros tendes um excelente Senhor-e-mestre, que fala afavelmente convosco e vos protege como a seus próprios filhos".

Ao ouvir isto, o experimentado atleta persignou-se e disse: "Bendito seja Deus que te entregou como algo vergonhoso aos que nele esperam e que me preservará inteiramente de tua impostura, de modo que, depois de vencer-te, receberei a recompensa de meu Senhor-e-mestre. Agora afasta-te, Belial, porque Cristo te anulou. Não levantes um dedo da mão contra os poucos que percorrem o acidentado e estreito caminho da salvação. Contenta-te com os que são teus e poupa os que estão no deserto". Enquanto o homem de Deus dizia estas coisas, aquele se tornou invisível, espalhando uma fumaça que parecia vir de um fogo. O santo homem ajoelhou-se e orou, dizendo: "Glória a ti, Cristo, refúgio dos que são sacudidos pela tormenta, salvação dos que buscam abrigo em ti. Amém".

N.489/20.21 *BHG* 999yb, *de praestantia mulierum duarum*

Certa vez, quando rezava em sua cela, Abba Macário ouviu uma voz que dizia: "Macário, ainda não atingiste a estatura daquelas duas mulheres desta cidade". O ancião se levantou cedo, tomou seu cajado de palmeira e começou a caminhada para a cidade. Quando chegou lá e identificou o lugar, bateu à porta. Uma das mulheres saiu e convidou-o a entrar na casa. Ali permaneceu sentado por algum tempo e então chegou a outra mulher. Ao convidá-las a aproximar-se, elas o fizeram, sentando-se a seu lado. O ancião lhes disse: "É por vossa causa que empreendi a jornada e muita labuta para chegar até aqui vindo do deserto. Agora falai-me a respeito do vosso trabalho; que tipo de trabalho é?" Elas lhe disseram: "Acredita em nós, pai; nós não estivemos ausentes da cama de nossos maridos até este dia; que tipo de trabalho esperas de nós?"

O ancião pediu-lhes desculpa e suplicou-lhes dizendo: "Mostrai-me vossa maneira de viver". E elas lhe disseram: "Não há nenhuma relação entre nós no sentido mundano. Mas aconteceu que fomos casadas com dois irmãos consanguíneos e eis que hoje faz quinze anos que estamos vivendo nesta casa. Não temos consciência de ter alguma vez discutido ou pronunciado uma palavra vergonhosa. Passou pela nossa cabeça a ideia de abandonar nossos maridos e juntar-nos às fileiras das virgens; mas, apesar dos frequentes rogos de nossa parte, nossos maridos não concordaram em dispensar-nos. Por isso, frustradas neste projeto, juramos uma à outra e perante Deus que não deixaríamos nenhuma conversa mundana secular sair de nossos lábios até morrer". Ao ouvir isto, Abba Macário disse: "Realmente, não existe nenhuma virgem ou mulher casada ou monge ou pessoa mundana, mas Deus espera uma escolha deliberada e dá seu Espírito Santo a todos".

N.490

A respeito do santo Antão costumava-se dizer que também ele estava certa vez orando em sua cela quando chegou a ele uma voz dizendo: "Antão, ainda não atingiste a estatura de certo sapateiro em Alexandria". Ele se levantou cedo, tomou seu cajado de palmeira e partiu para vê-lo. Quando chegou ao lugar entrou e aproximou-se dele. O homem ficou perturbado ao vê-lo. O ancião lhe disse: "Dize-me o que fazes". Ele disse: "Não tenho consciência de ter feito algo meritório, a não ser o seguinte: de manhã quando me levanto e sento para realizar o meu trabalho, digo que toda esta cidade, dos pequenos até os grandes, entrará no reino em virtude de suas ações justas, ao passo que só eu herdarei o castigo por causa dos meus pecados. Digo a mesma coisa novamente de noite antes de dormir". Ao ouvir isto, Abba Antão disse: "Verdadeiramente tu herdaste o reino como um excelente ourives sentado incansavelmente em tua casa, ao passo que eu, por falta de discernimento, vivi todo o meu tempo no deserto sem te alcançar".

N.490*bis*

Abba Macário dizia: "Quando eu era jovem, assaltado pela acídia em minha cela, parti para o deserto, dizendo a mim mesmo: 'Se encontrares alguém, faze uma pergunta para obteres algum benefício'. Encontrei um jovem que pastoreava bois e lhe disse: 'O que devo fazer, porque estou com fome'. Ele me disse: 'Então come'. Novamente falei: 'Eu comi e ainda estou com fome'. Ele respondeu novamente: 'Ora, come novamente'. Novamente eu disse: 'Eu comi muitas vezes e estou novamente com fome'. Então ele me disse: 'Talvez sejas um asno, abba, porque queres estar sempre mastigando'. Um tanto edificado, segui meu caminho".

N.491

Um irmão perguntou a um ancião, dizendo: "O que salva alguém é seu renome ou seu trabalho?" O ancião lhe disse: "Conheço um irmão que certa vez, enquanto rezava, teve a ideia de querer ver a alma de um pecador e a alma de um justo sendo extraída**s** do corpo. Como Deus não queria desapontá-lo em seu desejo, enquanto estava em sua cela, chegou até ele um lobo e, agarrando-o pelas vestes com a boca, arrastou-o para fora. Ele se levantou e o seguiu até que o lobo o levou até uma cidade; o lobo o deixou ali e seguiu seu caminho. Ele se estabeleceu num mosteiro fora da cidade no qual vivia alguém que tinha a fama de ser um grande anacoreta. Estava doente, apenas esperando a hora da morte. O irmão viu uma grande quantidade de velas e lâmpadas preparadas para ele. Toda a cidade chorava por ele, declarando: 'É por suas orações que Deus costumava abastecer-nos com pão e água; através dele Deus costumava manter a cidade em segurança; se alguma coisa lhe acontecer, todos nós morreremos'. Quando chegou o momento crítico, eis que o irmão – prestando muita atenção – viu o diabo infernal com um tridente flamejante e ouviu uma voz que dizia: 'Já que sua alma nunca me deu um momento de descanso, também não lhe mostres qualquer misericórdia ao extrair sua alma, porque não terás algum descanso para a eternidade'. Cravando o tridente flamejante no coração do homem, torturou-o por um tempo considerável; e foi assim que ele extraiu sua alma.

Depois disso, o irmão entrou na cidade e sentou-se ali chorando. Notando um irmão que lhe era desconhecido deitado na praça, doente e sem ninguém para cuidar dele, permaneceu com ele por um dia. Como o homem estava morrendo, o irmão viu Miguel e Gabriel chegando para buscar sua alma. Um sentou-se ao lado direito e o outro colocou-se ao lado esquerdo e permaneceram suplicando por sua alma e procurando apossar-se dela. Mas, como a alma não estava disposta a abandonar o corpo, Gabriel disse a Miguel: 'Retira-a para podermos ir embora'. Mas Miguel lhe disse: 'Nosso Senhor-e-mestre nos mandou retirá-la sem causar dor; por isso não podemos usar a força contra ela'. Então Miguel clamou em alta voz: 'Senhor, o que queres que façamos a respeito desta alma, porque ela se recusa a sair?' Então ouviu uma voz dizendo: 'Eis que estou enviando Davi com sua harpa e todos os cantores, de modo que, ao ouvir a melodia de seu som, ela sairá com alegria; não useis a força contra ela'. Quando todos desceram, rodearam a alma, cantando hinos. Ela saiu, pulou nas mãos de Miguel e foi carregada para o alto com alegria".

N.492/18.51 *BHG* 1322hi, *de morte divitis*

A respeito de um ancião, a mesma pessoa contou que ele partiu para a cidade a fim de vender suas mercadorias e, por acaso, sentou-se junto à porta de um homem rico que estava prestes a morrer. Enquanto estava sentado ali, observando atentamente, viu alguns cavalos pretos e seus ginetes, pretos e terrificantes, com bastões flamejantes nas mãos. Ao chegar à porta, estacionaram seus cavalos fora e todos entraram. Ao vê-los, o homem doente gritou em alta voz: "Tem misericórdia de mim e ajuda-me, Senhor!" Os que haviam sido enviados lhe disseram: "Só chegaste a mencionar Deus quando o sol se pôs? Por que não o buscaste em plena luz do dia? Não existe nem uma migalha de esperança ou conforto para ti agora". E então tomaram sua infeliz alma e partiram.

N.493

Havia um asceta que era assediado pelo amor ao dinheiro. Adquiriu uma moeda de ouro com o trabalho de suas mãos e depois uma segunda. Depois empenhou-se em aumentá-las para cinco e imediatamente encontrou o sofrimento. Quando seu pé gangrenou, ele gastou primeiro uma e depois as cinco moedas de ouro. Como o sofrimento não cessasse, o médico veio no dia seguinte e lhe disse: "Teu pé precisa ser amputado, abba, porque todo o teu corpo gangrenará". Por isso ele se resignou à cirurgia. Mas de noite, enquanto chorava, um anjo se pôs ao lado dele e, quando ele começou a delirar, o anjo segurou o pé, ungiu a ferida com sua mão e lhe disse: "Tu as estás transformando em cinco? O que dizes então?" Ele o curou e depois desapareceu. Quando raiou o dia, o médico bateu à sua porta e ele se levantou e foi ao seu encontro. Ao vê-lo, o médico admirado e, informado do que conheceu, tornou-se cristão – porque era pagão.

N.494
Trouxeram algumas uvas a Abba Macário quando ele queria comer; mas, demonstrando seu autocontrole, enviou-as a um irmão que estava doente e também queria uvas. Ele ficou extremamente contente ao recebê-las; mas, querendo ocultar seu próprio autocontrole, enviou-as a outro irmão, declarando que tinha perdido o apetite por comida. Este as recebeu e também fez a mesma coisa, embora desejasse muito comê-las. Quando as uvas haviam chegado a um bom número de irmãos e nenhum deles quis comê-las, o último a recebê-las devolveu-as a Abba Macário como se estivesse dando-lhe um grande presente. Macário reconheceu-as e, depois de indagar o que acontecera com elas, cheio de admiração, deu graças a Deus pelo fato de os irmãos terem tal autocontrole.

N.495
A respeito de Abba Agatão e de Abba Heráclio costumava-se dizer em Scete que, quando viviam ali, surgiu uma desavença mesquinha entre eles. Abba Agatão, após retirar-se para sua cela, incapaz de permanecer ali, aproximou-se e prostrou-se diante de

Abba Heráclio. Abba Heráclio lhe disse: "Perdoa-
-me, pois nem passou pela minha mente que houve
qualquer mesquinharia". Abba Abraão foi e contou
a Abba Poimen o que ocorreu entre eles e o ancião
disse que Abba Agatão encontrou o caminho, porque
demonstrou humilhação por meio de sua conduta.

N.496/João da Pérsia 3

Certa vez, quando alguns malfeitores estavam
enganando um ancião, ele colocou uma bacia diante deles e se dignou lavar-lhes os pés. E eles, em sua
confusão, pediram perdão.

N.497 *BHG* 1317n, *de debito bis soluto*

Um irmão foi visitar um ancião, depois de algum
tempo de ausência, e o ancião disse: "Onde estiveste
por tanto tempo, meu filho?" Ele disse: "Em Constantinopla, para um negócio necessário de meu interesse". Então o ancião lhe disse: "E o que ouviste ou
viste que tenha alguma importância?" O irmão disse:
"Quase nada de importância e, mesmo que algumas
coisas sobressaíssem, eu as considerava de maneira
geral coisas deste mundo. Houve, porém, uma coisa
que me surpreendeu: pois vi alguns homens mundanos desprezando o dinheiro, por assim dizer mais do
que o desprezam os que vivem no deserto". O ancião
disse: "Como assim? Conta-me essa história".

O irmão respondeu: "Vi dois homens ricos. Um deles acusava o outro, dizendo que ele lhe devia duas mil moedas de ouro – e apresentou o reconhecimento de dívida escrito pelo pai do homem. O acusado afirmou que a dívida fora paga por seu pai, mas o reconhecimento de dívida permaneceu em nome da sincera amizade. Como fossem incapazes de convencer-se um ao outro, a questão terminou com um juramento. O suposto devedor disse: 'Se eu jurar que a dívida foi paga por meu pai, posso ser considerado um sórdido açambarcador. Vamos, ao invés, resolver a questão da seguinte maneira: ou eu juro que a dívida de duas mil moedas de ouro foi restituída e então te dou as moedas pela segunda vez, ou tu juras que a soma ainda te é devida – e neste caso não recebes nada de mim, mas me devolves o reconhecimento de dívida'. Todos ficaram admirados ao ouvir tamanho bom-senso do homem".

O ancião comentou: "E tu, meu filho, sendo jovem, ficaste naturalmente admirado. Mas, se examinares o cerne da questão, não descobrirás nada de grande, mas um excesso de vanglória e de desejo de agradar". O irmão disse: "Como dizes isto, pai, se ele desprezou tanto dinheiro por causa de sua própria reputação?" O ancião disse: "Aquele que despreza o dinheiro precisa levar em conta, na medida do possível, a salvação de seu próximo; o mandamento de nosso Senhor e Deus estipula as duas coisas

[Mc 12,31-32 etc.]. Por isso, se ele sabia com toda certeza que seu pai saldara a dívida e mesmo assim se propunha a jurar e a saldá-la uma segunda vez, o que ele estava fazendo não era senão apresentar seu irmão diante de Deus e dos homens como um exemplo de indivíduo claramente injusto e sórdido açambarcador, enquanto se proclamava a si mesmo muito rico e ao mesmo tempo totalmente indiferente à riqueza. Isto não é tanto uma marca de pobreza quanto de vanglória ou, para falar com mais exatidão, um exemplo de inveja e cólera".

O irmão disse: "Então o que ele poderia ter feito ao ouvir o juramento feito por aquele que se disse credor?" O ancião respondeu: "Se ele fosse perfeito, não deveria nem jurar nem receber um juramento em troca, especialmente porque ele era rico e sabia muito bem que o empréstimo fora pago". O irmão disse: "Então ele não devia ter dado as moedas de ouro?" O pai disse: "Teria sido muito melhor para ele sofrer a perda a fim de evitar um juramento e obter tanto a caridade quanto a expectativa da recompensa de Deus. Se ele o fez por vanglória e para mostrar aos homens que aquele que o convidou a jurar era injusto, então isso foi feito por inveja e ódio mútuo. Por isso observa, meu filho, que só agradam a Deus as coisas feitas com um bom propósito e projetadas com uma mente cheia de amor a Deus". O irmão, edificado, seguiu seu caminho.

N.498

Um ancião disse: "Quem elogia um monge, o entrega a satanás".

N.499

Ele disse também: "Quem tem humilhação, humilha os demônios; quem não a tem é humilhado por eles".

N.500

Ele disse também: "É impossível possuir Jesus a não ser pelo trabalho, pela humilhação e pela oração incessante".

N.501

Ele disse também: "Tudo o que um homem imagina, no céu ou abaixo do céu, ele o imagina em vão. Mas quem persevera na lembrança de Deus está no caminho da verdade".

N.502

Um ancião disse: "Não desligues teu coração num momento em que irmãos estão presentes. Mas antes reza secretamente nesse momento, porque é neste momento que o temor está sempre presente por causa da calúnia".

N.503

Um irmão perguntou a um ancião: "O que é a calúnia?" O ancião disse: "Se dizes que o irmão tal e tal é zeloso e inteligente, mas um tanto negligente quando se trata de tal e tal assunto, neste caso cometeste uma calúnia contra ele. Mas se dizes que ele é um mentiroso e um perjuro, isto é uma condenação e é pior do que a calúnia".

N. 504

Havia em Kellia um irmão que havia chegado a um tal grau de humilhação que sempre fazia a seguinte oração: "Senhor, envia-me uma doença porque, estando saudável, não te obedeço".

N.505

Um ancião disse: "Humilde é não tanto aquele que se despreza, mas aquele que suporta de bom grado os insultos e o desprezo de seu próximo".

N.506 (Regnault 507)

Um irmão perguntou a um ancião: "É bom viver no deserto, abba?" O ancião respondeu: "Quando os filhos de Israel estavam repousando das perambulações pelo deserto e moravam em tendas, tomaram consciência de como se deve temer a Deus. Porque, enquanto estão sendo sacudidos no alto-mar, os navios permanecem improdutivos; mas, quando entram no porto, eles participam do comércio. Assim acontece com o homem: se não perseverar num lugar, ele não receberá o conhecimento da verdade. Na verdade, Deus selecionou a *hêsychia* acima de todas as virtudes, pois está escrito: 'Para quem olharei, senão para quem é suave e tranquilo [*hêsychion*] e treme diante de minhas palavras?' [Is 66,2]".

E o irmão disse: "Como um homem pode viver sozinho?" O ancião respondeu: "Se um atleta não lutar contra muitos, ele não consegue aprender a vencer, a fim de poder travar um combate individual contra o adversário. Da mesma maneira o monge, se não for treinado entre irmãos e não aprender a dominar seus *logismoi*, não é capaz de viver sozinho ou resistir aos *logismoi*.

O irmão disse: "Se ocorrer a alguém a necessidade de entrar em contato com uma mulher, como deveria resistir-lhe?" O ancião disse: "Esta necessidade vem do diabo, porque o diabo tem muitos pretextos para a necessidade. Se fores obrigado a entrar em contato com uma mulher, não a deixes falar muito. E se falas com ela, resume tudo em poucas palavras e despede-a rapidamente. Porque, se permaneceres com ela por muito tempo, podes ter certeza de que seu odor fétido contaminará teu *logismos*".

N.507

O irmão disse: "Mediante que tipo de *logismos* pode um homem abster-se da calúnia?" E o ancião respondeu: "Da mesma maneira como fica ferido alguém que recebe fogo no peito, assim aquele que aceita misturar-se na companhia dos homens não fica livre da culpa da calúnia".

E o irmão disse: "Quais são as fantasias noturnas do diabo?" E o ancião respondeu: "Assim como o diabo nos mantém ocupados de dia com pensamentos estranhos, de modo que não temos tempo para rezar, assim de noite ele excita nossa mente com fantasias, cegando-nos e distraindo-nos da oração noturna".

O irmão perguntou também: "Pai, o que um homem deve fazer para receber o dom das virtudes?" E o ancião respondeu: "Se alguém deseja aprender um ofício, ele deixa de lado toda preocupação, devotando sua atenção unicamente a ele, e permanece com o instrutor, humilhando-se e desprezando-se; desta maneira ele aprende o ofício. O mesmo vale para o monge. Se ele não abandonar toda preocupação humana e não desprezar a si mesmo ao ponto de nunca pensar: 'Eu sou igual ou melhor do que qualquer outro', ele não adquirirá absolutamente nenhuma virtude. Mas se ele se humilhar a si mesmo e se desprezar em todos os aspectos, então as virtudes, encontrando-se em ação, se apresentam espontaneamente".

N.508

Pergunta: Como uma pessoa pode saber se sua oração é aceita?

Resposta: Quando alguém vigia para não fazer mal a seu próximo, ele pode ter certeza em sua mente de que sua oração é aceitável a Deus. Mas, se ele causar mal a seu próximo, então sua oração é uma abominação e é inaceitável, porque o gemido de quem sofreu o mal não permitirá que chegue até Deus a oração daquele que lhe causou o mal.

N.509-510

A respeito de Abba Zeno costumava-se dizer que, embora fosse pequeno e frágil de corpo, ele era extremamente inteligente e totalmente cheio de determinação e fervor para com Deus. Tinha também uma grande preocupação com as pessoas. Elas chegavam até ele em grupos vindos de todas as direções, pessoas mundanas e monges. Revelavam-lhe seus *logismoi* individuais e eram curadas. Por isso, visitamos um dos pais que então vivia nas proximidades do santo Zeno. Após ele nos dirigir uma palavra benéfica, perguntamos-lhe a respeito de certo *logismos*, dizendo: "Se alguém tem um *logismos* e percebe que está perdendo a batalha, se ele frequentemente lê em particular e ouve como os pais falaram sobre a pureza, se ele deseja viver uma vida correta e não o consegue, é bom para ele revelá-lo a um dos pais, ou deve aplicar-se ao uso do que ele leu e contentar-se com sua própria consciência?"

O ancião nos disse: "Deveis confessá-lo a alguém que seja capaz de fazer-vos algum bem e não confiar em vós mesmos. Pois uma pessoa é incapaz de ajudar-se a si mesma, sobretudo se lhe acontece ser dominada por obsessões. Em minha juventude – disse ele – algo parecido aconteceu comigo. Eu tinha uma obsessão física e estava perdendo a batalha. Ouvindo que Abba Zeno curava muitas pessoas, eu quis procurá-lo e confessar a ele. O diabo me reteve, dizendo: 'Já que sabes o que deves fazer, apenas comporta-te de acordo com tuas leituras. Por que incomodar o ancião?' Sempre que eu estava me aprontando para partir, ficava um pouco aliviado do ataque de modo que não me punha a caminho. Mas, uma vez persuadido a não procurar o ancião, a obsessão me subjugava novamente. Novamente lutei para partir e novamente o inimigo me enganou da mesma maneira, impedindo-me de confessar ao ancião. Em diversas ocasiões dirigi-me ao ancião com a intenção de falar com ele, mas o inimigo não me permitia. Ele enchia meu coração de vergonha, dizendo: 'Qual a necessidade de falar com alguém, já que sabes como curar-te a ti mesmo? És negligente contigo mesmo; sabes o que os pais disseram'. Estas são as sugestões que o adversário me apresentava para impedir-me de revelar a obsessão ao médico e ser curado. Perfeitamente consciente de que eu tinha *logismoi*, o ancião não me repreendeu, mas esperou até que eu mesmo os confessasse. Ele me instruía sobre o modo correto de vida e me despedia. Mais tarde, com aflição e lágrimas, eu disse à minha alma: 'Alma infeliz, por quanto tempo te recusas a ser curada? Há os que vêm de longe procurar o ancião e são curados e tu não tens vergonha de permanecer sem cura quando tens o médico ao alcance da mão?'

Com o coração em chamas – disse ele -- levantei--me e disse a mim mesmo: 'Se eu for até o ancião e não encontrar ali nenhum outro, sei que é vontade de Deus que eu lhe confesse meu *logismos*'. Fui e não encontrei nenhum outro lá. Como de costume, o ancião me instruiu sobre a salvação da alma e como alguém pode ser purgado de *logismoi* impuros. Mas novamente fiquei envergonhado e pedi-lhe que me dispensasse sem ter confessado. De pé, o ancião rezou e depois dispensou-me, caminhando à minha frente até fora da porta. Atormentado por meus *logismoi* se eu devia ou não falar sobre eles ao ancião, caminhei um pouco atrás dele por um momento. O ancião não me prestou atenção; pôs a mão na porta para abri-la para mim. Mas, ao ver que eu estava profundamente atormentado por alguns dos *logismoi*, voltou-se para mim e bateu no meu peito, dizendo-me: 'O que é que há? Eu também sou um homem'.

Quando o ancião me disse estas palavras, pensei que ele tinha aberto meu coração. Prostrando-me a seus pés, supliquei-lhe entre lágrimas e disse: 'Tem piedade de mim!' Mas ele disse: 'O que é que há?' Eu disse: 'Tu sabes qual é minha necessidade'. E ele me disse: 'Precisas dizer-me o que é que há'. Quando lhe confessei envergonhado minha obsessão, ele me disse: 'Por que te envergonhavas de falar-me? Não sou também eu um homem? Queres que eu te conte sobre minhas próprias obsessões? Não vieste aqui por três anos com teus *logismoi* e, no entanto, não os confessaste?' Prostrei-me, suplicando e dizendo-lhe: 'Tem misericórdia de mim pelo amor de Deus'. Ele me disse: 'Segue teu caminho. Não negligencies tuas orações e não fales mal de ninguém'.

Dirigi-me à minha cela; não negligenciei minhas orações e, pela graça de Deus e pelas orações do ancião, nunca mais fui afligido por essa obsessão. Um ano mais tarde – disse ele –, veio-me o seguinte pensamento: 'Talvez foi por sua misericórdia que Deus tratou contigo e não por causa do ancião'. Fui até ele, querendo testá-lo. Encontrando-o sozinho, prostrei-me diante dele, dizendo: 'Suplico-te, pai, pelo amor que tens a Deus: reza por mim a respeito do *logismos* que confessei a ti'. Ele permaneceu em silêncio por algum tempo, deixando-me prostrado a seus pés, e então me disse: 'Levanta-te e usa teu bom-senso'. Ao ouvir isto, fiquei tão envergonhado que desejei que a terra me engolisse. Fui incapaz de olhar o ancião face a face ao levantar-me e, maravilhado, dirigi-me à minha cela".

Para confirmar as virtudes de que falara e para nos edificar, o mesmo ancião nos disse também o seguinte: "Dois irmãos que viviam numa certa laura, cada um em sua cela individual, certa vez se encontraram. Um deles disse ao outro: 'Eu gostaria realmente de procurar Abba Zeno para expor-lhe um *logismos*'. O outro disse: 'Eu também quero contar-lhe um *logismos*'. Os dois partiram juntos e confessaram-lhe separadamente seus *logismoi*. Um deles prostrou-se diante do ancião, suplicando-lhe com muitas lágrimas. O ancião lhe disse: 'Segue teu caminho; não percas as esperanças; não fales mal de ninguém e não negligencies tuas orações'. O irmão seguiu seu caminho e ficou curado. O outro, ao confessar seu *logismos*, disse ao ancião: 'Reza por mim' – mas não pediu com insistência. Algum tempo depois aconteceu que se encontraram novamente. Um disse ao outro: 'Quando nos encontramos com o ancião e tu confessaste o *logismos*, o que disseste foi aquilo que, conforme dizias, querias dizer-lhe?' O outro respondeu: 'Sim'. O primeiro disse: 'E colheste algum benefício por ter-lhe confessado?' O outro respondeu: 'Claro que sim; porque, pelas orações do ancião, Deus me curou'. O primeiro disse: 'Eu também confessei, mas não experimentei nenhuma cura'. O que se beneficiara lhe disse: 'Como suplicaste ao ancião?' Ele disse: 'Eu disse a ele: Reza por mim, porque tenho este *logismos*'. O outro disse: 'Mas eu molhei seus pés com lágrimas enquanto lhe confessava, pedindo-lhe que rezasse por mim, e através de suas orações Deus me curou'".

O ancião nos disse isto porque aquele que recorre a alguns dos pais a respeito dos *logismoi* precisa fazer seu pedido com angústia e de todo o coração, como se estivesse fazendo seu pedido ao próprio Deus, e então ele alcançará seu objetivo. Mas, se alguém confessa negligentemente ou põe um pai à prova, não só não colherá nenhum benefício, mas também é condenado.

N.511

Um ancião disse: "Infeliz aquele que está fora, por causa daquele que está dentro. Mas *a fortiori* infeliz aquele que está dentro, por causa daquele que está fora". E disse: "Acontece que, se uma pessoa mundana se põe a criticar uma pessoa que pratica a *hêsychia* ou um anacoreta, isso é a queda e a condenação daquele que sofre a crítica".

N.512

Um irmão que vivia no deserto era atormentado pela *porneia* e por isso foi embora e encontrou uma toca de hiena. Ele entrou e ali permaneceu por seis dias jejuando. Então veio a hiena e ele, terrivelmente amedrontado, disse: "Senhor, se estou a ponto de manchar meu corpo, dá-lhe poder sobre mim; senão, salva-me dela". Imediatamente ouviu uma voz que dizia: "Fazei dele um eunuco e deixai-o ir". Imediatamente a luta se retirou dele.

N.513

O filho de um monge que vivia em Scete, chefe de polícia, foi acusado e encarcerado. A mãe do jovem mandou sugerir ao monge que escrevesse ao governador para libertá-lo. Então o monge disse: "Se este for libertado, não prenderão um outro em seu lugar?" O mensageiro disse: "Sim". E o ancião disse: "Que proveito me traz se, libertando-o, encho de alegria o coração de sua mãe; mas, ao retirar dela sua tristeza, coloco-a no coração de outra mulher?"

N.514

O mesmo ancião costumava labutar muito no trabalho manual, reservando o suficiente para suas necessidades e dando o resto aos pobres. Ora, houve uma carestia e a mãe enviou seu filho para pedir-lhe que lhes desse alguns pães. Ao ouvir isto, o ancião disse a seu filho: "Existem ali outras pessoas passando necessidade como vós?" Ele disse: "Sim, existem muitas". O ancião fechou-lhe a porta na cara e disse, com lágrimas nos olhos: "Vai embora, meu filho. Aquele que cuida dessas pessoas cuidará também de vós". O irmão perguntou-lhe: "Não te doeu o coração imediatamente ao mandar embora teu filho dessa maneira?" O ancião disse: "Se um homem não se reprime em todas as ocasiões, ele não terá nenhuma recompensa".

N.515
Um ancião disse: "Toda maldade que não é consumada não é maldade; toda justiça que não é consumada não é justiça. Um homem que não tem nem bons nem maus *logismoi* é como a terra de Sodoma e Gomorra, porque é salgada e não produz nem fruto nem erva daninha, ao passo que o terreno bom produz trigo e joio".

N.516
Havia no deserto um anacoreta que pastava com os búfalos e rezou a Deus dizendo: "Senhor, dá-me a conhecer se me falta alguma coisa". E ouviu uma voz que lhe disse: "Entra em tal cenóbio e, se te mandarem fazer alguma coisa, faze-a". Ele entrou no cenóbio e permaneceu ali, mas não sabia como era o serviço dos irmãos. Os monges mais jovens começaram a ensinar-lhe como era o serviço, dizendo: "Faze isto, idiota; faze aquilo, velho caduco". Magoado, ele começou a rezar a Deus: "Eu não tenho nenhuma ideia sobre como servir aos homens; manda-me de volta aos búfalos". Resgatado por Deus, dirigiu-se a um campo para pastar com os búfalos. Os homens costumavam

preparar armadilhas nas quais apanhavam búfalos e o ancião foi apanhado numa delas. Veio-lhe o pensamento: "Põe a mão para fora e liberta-te". A este pensamento ele disse: "Se és um homem, liberta-te a ti mesmo e vai até os homens. Se, por outro lado, és um búfalo, não tens mãos". E permaneceu na armadilha, são e salvo, até o amanhecer. Quando os homens vieram apanhar os búfalos, ficaram assustados ao ver o ancião preso. Ele, por sua vez, não disse nada. Eles o libertaram e o deixaram ir. Ele partiu e embrenhou-se no deserto, correndo atrás dos búfalos.

N.517

Uma pessoa chamada Filoromo tornou-se um monge testado e comprovado. Renunciou ao mundo no tempo do mal-afamado imperador Juliano, com o qual conversava com intrepidez, censurando-o e condenando sua loucura. O imperador mandou que escravos lhe cortassem a barba e o tosassem completamente, o que, na ocasião, ele suportou e lhe expressou gratidão. Este nobre homem sofreu a investida violenta da *porneia* e da gula, mas obteve a vitória e expulsou suas paixões, perseverando até o fim, trazendo grilhões, mantendo isolamento, abstendo-se de comida, de pão de trigo e de tudo o que fosse cozido ao fogo. Obteve a vitória sobre o diabo praticando esta abstinência por dezoito anos. Este homem bem-aventurado disse: "Por trinta e dois anos não toquei nenhuma fruta. Certa vez o pavor me atormentou a tal ponto – disse ele – que me aterrorizava até durante o dia. Confinei-me num túmulo por seis anos e venci este pavor através da luta corpo a corpo com o espírito que me incutia pavor". Ele disse também: "Desde o dia em que fui iniciado e renasci pela água e pelo Espírito [cf. Jo 3,5] até hoje, nunca comi o pão de outros sem pagar por ele com o trabalho de minhas mãos [cf. 2Ts 3,8] e dei aos leprosos duzentas moedas de ouro, obra de minhas mãos". Foi um escriba altamente qualificado, que não deixou de escrever ao atingir os oitenta anos, nunca perdendo contato com Deus em sua mente.

N.518

Abba Antão disse: "Certa vez, quando eu estava sentado ao lado de Abba Arphat, visitou-o uma virgem e disse: 'Pai, durante duzentas semanas jejuei seis dias da semana, excetuado o domingo. Memorizei* o Novo e o Antigo Testamento; o que me resta fazer?' O ancião lhe disse: 'Ser desprezada é para ti uma honra?' Ela disse: 'Não'. Ele disse: 'Ou a perda é um lucro ou os estranhos são parentes ou a indigência é um luxo?' Ela disse: 'Não'. O ancião respondeu: 'Então não jejuaste seis dias por semana nem memorizaste* o Antigo e o Novo Testamento; ao invés, te enganas a ti mesma. Vai e põe-te a trabalhar, porque não realizaste nada'".

* *apangello*, literalmente "recitei".

Sobre a compunção [*katanyxis, compunctio*]

N.519/15.129

Um irmão zeloso veio de um país estrangeiro e viveu numa pequena cela no Monte Sinai. No primeiro dia depois de instalar-se ali encontrou uma pequena tabuinha de madeira com a seguinte inscrição feita pelo irmão que vivia ali antes: "Eu, Moisés, filho de Teodoro, estou aqui e dou testemunho". O irmão colocava a tabuinha de madeira diante dos olhos todos os dias e perguntava ao que escrevera, como se estivesse presente: "Onde estás neste momento, ó homem, para poderes dizer: 'Eu estou aqui e dou testemunho'? Em que tipo de mundo e onde está agora a mão que escreveu isto?" Gastando o dia inteiro nesta atividade e, cônscio da morte, lamentava-se constantemente. Sua atividade manual era a de escriba. Embora recebesse dos irmãos folhas de papiro e encomendas de cópias, morreu sem deixar nada escrito para ninguém. Apenas escreveu as seguintes palavras numa pequena tabuinha que deixou sobre a folha de papiro de cada um: "Perdoai-me, meus senhores e irmãos. Tive um pequeno negócio com alguém e, por essa razão, não tive tempo de vos escrever".

N.520

Na sua vizinhança vivia outro irmão cujo nome era Eliseu. Certo dia, quando estava para ir à cidade, disse ao irmão que era escriba: "Por caridade, irmão, cuida do jardim até eu voltar". O irmão lhe disse: "Acredita em mim: na medida do possível, não o negligenciarei". Depois que o irmão partiu, ele disse consigo mesmo: "Humilde companheiro, na medida em que encontrares a oportunidade, cuida do jardim". Permaneceu de pé para o ofício desde o entardecer até a aurora cantando salmos e rezando, com lágrimas nos olhos; da mesma forma também durante todo o dia, porque era um santo domingo. Quando o irmão que era seu vizinho retornou pela tarde, observou que os porcos-espinhos haviam devastado o jardim e lhe disse: "Oxalá Deus te perdoe, irmão, por não teres cuidado do jardim!" Mas ele disse: "Deus sabe, abba, que fiz o que pude e que o vigiei atentamente. Mas Deus proverá que o pequeno jardim nos proporcione uma colheita". O irmão disse: "Mas ele está totalmente devastado!" O escriba disse: "Eu sei, mas confio que Deus o fará florir novamente". O proprietário do jardim disse: "Venha então e vamos regá-lo". O irmão lhe disse: "Vai e rega-o agora e eu o regarei à noite". Houve então uma seca e, angustiado, o jardineiro disse a seu vizinho escriba: "Acredita em mim, irmão, se Deus não vier em nosso auxílio, não teremos água neste ano". O outro disse: "Infelizes de nós, irmão, porque, se as fontes no jardim secarem, não teremos nenhuma chance de sobreviver". Mas ele falava das lágrimas.

Quando o nobre guerreiro estava prestes a morrer, chamou seu vizinho Eliseu e lhe disse: "Por caridade, irmão, não digas a ninguém que estou doente; mas permanece aqui hoje e, quando eu dormir no Senhor, toma meu cadáver e lança-o no deserto para que as feras e as aves o devorem, porque ele pecou gravemente conta Deus e não é digno de um sepultamento". Eliseu, o jardineiro, lhe disse: "Acredita em mim, abba, minha alma hesita em fazer isto". O doente lhe respondeu: "Eu sou responsável por esta decisão e te dou minha palavra: se me obedeceres e agires desta maneira, eu te ajudarei se puder fazê-lo". Quando ele morreu, nesse mesmo dia, o irmão fez como ele lhe havia recomendado: jogou seu corpo nu no deserto, porque viviam cerca de vinte milhas distantes da cidade, num lugar chamado Metemer. No terceiro dia, o homem que partira para o Senhor apareceu-lhe em sonho e lhe disse: "Deus terá misericórdia de ti, irmão, assim como tu tiveste misericórdia de mim. Acredita em mim: Deus, para o qual meu cadáver permaneceu insepulto, mostrou grande misericórdia para comigo, dizendo-me: 'Por causa de tua grande humilhação, ordeno que estejas em companhia de Antão'. Eis que intercedi também por ti. Agora vai, abandona o jardim e cultiva teu *outro* jardim -- ou seja, o da alma –, porque, na hora em que minha alma partiu, observei que minhas lágrimas haviam apagado o fogo para o qual eu estava me encaminhando".

N.521

Dois irmãos consanguíneos renunciaram ao mundo e foram viver sob a obediência de um pai na montanha da Nítria. Deus deu a ambos o dom das lágrimas e da compunção. Certo dia, numa visão, o ancião contemplou os dois irmãos em oração. Cada um segurava um documento escrito e o regavam com suas lágrimas. A escrita de um deles foi apagada facilmente, mas a do outro só com dificuldade, porque parecia feita com a técnica da encáustica. Por isso, o ancião pediu a Deus que lhe explicasse o sonho e veio um anjo e lhe disse: "As escritas dos documentos são seus pecados. Um dos irmãos pecou de maneira natural e por isso suas ofensas são facilmente apagadas, ao passo que o outro se manchou com transgressões impuras e torpes contra a natureza. Por isso, ele precisa de mais esforços para arrepender-se e de muita humilhação". Desde então o ancião costumava dizer ao irmão: "Trabalha com afinco, irmão, porque teus pecados estão escritos com a técnica da encáustica e são apagados com trabalho duro". Mas não revelou a visão até o fim de sua vida, a fim de não interromper seu esforço. Ao invés, dizia-lhe sempre: "Esforça-te, irmão, pois eles são apagados com trabalho duro".

N.522

Um outro dentre os pais vivia em Raithou, num lugar chamado Chalkan. Um dos anciãos encontrou-se com ele e disse: "Abba, eu me angustio quando envio um irmão para alguma incumbência". O outro lhe disse: "Quanto a mim, quando envio meu assistente para algum serviço, sento junto à porta e observo. E, quando me vem o pensamento: 'Quando o irmão voltará?', digo a mim mesmo: 'E se outro irmão, ou seja, um anjo, o preceder e vier levar-te para junto do Senhor, o que acontecerá neste caso?' Assim todos os dias olho para o portão, preocupado e chorando por meus pecados e dizendo: 'Qual irmão será o primeiro a chegar, o de baixo ou o do alto?'" O ancião partiu grandemente edificado e daí em diante adotou a mesma prática.

N.523

Um irmão zeloso, ao executar sua liturgia junto com seu próprio irmão, era vencido pelas lágrimas a ponto de omitir um versículo do salmo. Certo dia, o outro irmão pediu que lhe contasse em que pensava durante a liturgia para chorar tão amargamente. Ele lhe disse: "Perdoa-me, irmão, quando estou na minha liturgia contemplo sempre o Juiz, e me vejo ali como acusado, sendo interrogado; e ele me diz: 'Por que pecaste?' Então, não sabendo o que dizer em minha defesa, minha boca fica bloqueada e, como resultado, perco o versículo do salmo. Mas perdoa-me por incomodar-te e, se te sentes aliviado, executemos nossa liturgia cada um separadamente". O irmão lhe disse: "Não, pai. Porque, mesmo que eu não me aflija, me deprecio ao contemplar-te". Deus, vendo sua humilhação, deu-lhe a graça da aflição de seu irmão.

N.524

Um dos irmãos encontrou-se com um ancião que vivia no Monte Sinai e suplicou-lhe dizendo: "Pai, dize-me como devo rezar, pois irritei grandemente a Deus". O ancião lhe disse: "Quando rezo, meu filho, eu falo assim: 'Senhor, torna-me digno de servir-te como servi a satanás; e torna-me digno de amar-te como amei o pecado'".

N.525

Ele disse também: "É bom levantar as mãos ao ar para rezar e pedir a Deus que, quando a alma partir, ela possa passar com tranquilidade por todos aqueles que, nos ares, procuram obstruir sua passagem".

N.526

Um jovem irmão foi enviado por seu abba a um irmão que tinha um jardim no Sinai para trazer alguns frutos ao ancião. Ao entrar, disse ao irmão proprietário do jardim: "Abba, meu abba diz: tens alguns frutos?" Ele disse: "Sim, existe tudo o que quiseres aqui; toma o que precisares". O jovem monge disse: "Mas existe aqui a misericórdia de Deus, abba?" Ao ouvir isto, ele permaneceu pensativo com os olhos voltados para a terra, abatido, e disse ao jovem: "O que disseste, meu filho?" O jovem disse novamente: 'Perguntei se existe aqui a misericórdia de Deus, abba'. E novamente, pela terceira vez, o irmão fez a mesma pergunta. E, depois de permanecer em silêncio por uma hora, o proprietário do jardim não encontrou nada para responder ao jovem, mas suspirou e disse: "É Deus quem ajuda, jovem". Após dispensar o jovem, tomou imediatamente sua capa de pele de carneiro e foi para o deserto. Abandonou o jardim, dizendo: "Vamos procurar a misericórdia de Deus. Se um garoto me fez uma pergunta para a qual não encontrei resposta, o que farei quando eu for interrogado por Deus?"

N.527/15.130

Certo dia um irmão que vivia no Monte das Oliveiras desceu à Cidade Santa, dirigiu-se ao governador e lhe confessou seus pecados, dizendo-lhe: "Castiga-me de acordo com as leis". Surpreso com isso, o governador chegou a uma decisão em sua mente. Disse ao irmão: "De fato, ó homem, agora que confessaste a mim espontaneamente, eu não ouso julgar-te perante Deus, porque talvez Ele já te perdoou". O irmão foi embora, colocou grilhões nos pés e no pescoço e confinou-se numa cela e, se alguém lhe perguntava: "Pai, quem te impôs esta exigência de grilhões?", ele dizia que foi o governador. Mas, um dia antes de morrer, os grilhões se romperam por si e caíram. Seu assistente, surpreso ao chegar e ver isto, lhe disse: "Quem te libertou dos grilhões?" Ele lhe disse: "Aquele que me libertou dos meus pecados apareceu-me ontem dizendo: 'Eis que te absolvi de todos os teus pecados por causa de tua perseverança'. Ele tocou os grilhões com o dedo e eles imediatamente caíram de mim". Tendo dito isto, o irmão partiu imediatamente para o Senhor.

N.528/15.131

Havia em Citópolis um oficial de justiça que cometera muitas coisas horrorosas e maculara seu corpo de todas as maneiras. Recobrando o juízo pela graça de Deus, renunciou ao mundo e, tendo construído uma cela num lugar deserto junto a uma torrente, fixou residência ali, cuidando de sua alma. Quando alguns conhecidos seus ficaram sabendo, começaram a enviar-lhe pão, tâmaras e tudo o que lhe poderia ser necessário. Ao perceber que estava vivendo com tranquilidade e nada lhe faltava, disse consigo mesmo: "Este repouso aqui nos priva do repouso que há de vir, porque sou indigno dele". Abandonou sua cela e foi embora dizendo: "Vamos, minha alma, para a tribulação. O que me convém é o capim e o alimento dos animais, pois fiz as obras dos animais privados de razão".

N.529

Quando visitamos Raithou, alguns irmãos nos contaram que havia um ancião muito laborioso que vivia nas cavernas acima do lugar chamado Israel. Sua mente era tão vigilante que, quase a cada passo, onde quer que caminhasse, em qualquer lugar que estivesse, examinava sua mente e lhe perguntava: "O que há, irmão? Onde estamos?" E, quando encontrava sua mente repetindo um salmo ou fazendo uma oração, tudo bem. Mas, caso se encontrasse contemplando qualquer outra coisa, imediatamente censurava-se a si mesmo, dizendo: "Sai daí, imbecil; vai trabalhar!" É assim que o ancião costumava falar a si mesmo: "Irmão, a hora da partida está próxima e, neste momento, não vejo nada entre ela e ti". Certa vez, apareceu-lhe satanás, dizendo: "Por que labutas? Acredita em mim, não serás salvo". Ele respondeu: "Pouco te importa se eu serei salvo ou não; eu me encontrarei acima de tua cabeça, mesmo que me encontre abaixo de todos no castigo".

N.530/15.132 *BHG* 1440pb, *de morte monachi qui fratres non iudicavit*

Perto dele vivia um irmão de Farã, cujo nome era Aretas, que era um tanto displicente na vida monástica. Quando estava prestes a morrer, alguns dos pais sentaram-se perto dele. Percebendo que este irmão estava partindo de seu corpo cheio de alegria e contentamento e querendo edificar irmãos, o ancião lhe disse: "Acredita, irmão, todos nós sabemos que não eras muito zeloso na ascese; por que então estás partindo desta vida tão alegremente?" O irmão disse: "Acredita em mim, pai, o que disseste é verdade. No entanto, desde que me tornei monge, quanto eu saiba, nunca julguei um homem; mas imediatamente, no mesmo dia, me reconciliei com ele. E quero dizer a Deus: 'Senhor-e-mestre, Tu disseste: Não julgueis e não sereis julgados [cf. Mt 7,1] e: Perdoai e sereis perdoados [cf. Mt 6,14]'". Todos ficaram edificados e o ancião lhe disse: "A paz esteja contigo, meu filho, pois foste salvo mesmo sem labuta".

N.531
O costume e a atividade do ancião eram o seguinte: Permanecendo sempre em sua cela, profundamente pensativo, inclinado para a terra, meneando continuamente a cabeça, dizia com um gemido: "O que irá acontecer?" Depois, novamente mantinha silêncio por uma hora e trabalhava em sua corda. E, inclinando continuamente a cabeça, dizia: "O que irá acontecer?" Era assim que ele passava todos os dias, sempre preocupado com sua partida.

N.532/15.133

Um irmão egípcio que era atacado pela *porneia* visitou o ancião e pediu-lhe que rezasse por ele, para que a batalha lhe fosse aliviada. O ancião consentiu e, durante sete dias, suplicou a Deus por ele. No sétimo dia perguntou ao irmão: "Como vai a batalha, irmão?" Ele lhe disse: "Muito mal; não experimentei realmente nenhum alívio". E o ancião ficou surpreso. E eis que, durante a noite, apareceu-lhe satanás e lhe disse: "Acredita em mim, ancião, retirei-me dele no primeiro dia em que rezaste a Deus; mas ele tem seu próprio demônio e sua própria batalha com a gula; eu não tenho nada a ver com sua batalha. Ele está em guerra consigo mesmo, comendo, bebendo e dormindo muito".

N.533

O ancião disse também: quando estiver em presença dos irmãos, um monge deve sempre dirigir o olhar para o chão e abster-se totalmente de olhar o rosto de alguém, sobretudo de um jovem. Mas, quando está sozinho, deve sempre olhar para o alto – porque os demônios se perturbam profundamente e se amedrontam quando nós olhamos para o alto, em direção ao Senhor.

N.534

Ele disse também: "Se vês alguém rindo e comendo muito, não o julgues. Dize, de preferência, que essa pessoa é bem-aventurada: ela não tem pecados e, por essa razão, sua alma rejubila".

N.535

Ele disse também: "Os maus *logismoi* são como ratos que entram numa casa. Se matas cada um quando entra, não terás aborrecimentos. Mas, se deixas que encham a casa, descobrirás que é muito cansativo livrar-se deles. Quer sejas forte ou desanimes, permitirás que a casa toda seja devastada".

N.536

Ele disse também: "As coisas apropriadas para um penitente são estas: viver sozinho, mostrar preocupação, trabalhar arduamente, chorar por seus pecados, não se preocupar com o mundo, não ser um fardo para ninguém, afligir-se, repreender-se a si mesmo, viver em pobreza, vigiar sempre durante a noite e implorar a misericórdia de Deus com trabalho fatigante do coração".

N.537 (cf. 15.134)

Visitamos Canopus, a dez milhas da cidade de Alexandria, e nos encontramos com Abba Teodoro, um homem de estrita autodisciplina, que tinha o carisma da paciência. Ele nos disse que vivia em Kellia um irmão que tinha o carisma da compunção. Aconteceu que, certo dia, inundou-o uma torrente de lágrimas provenientes da aflição no coração. Percebendo isto, o irmão disse consigo mesmo: "Certamente isto é um sinal de que o dia de minha morte está próximo". E as lágrimas se multiplicaram ainda mais ao refletir sobre este fato. Como as lágrimas se multiplicassem, disse novamente: "Certamente o tempo chegou" e, dia após dia, chorava cada vez mais.

Muito edificados com o relato do ancião, perguntamos-lhe a respeito das lágrimas: Por que às vezes elas vêm espontaneamente, ao passo que outras vezes elas não vêm, apesar do esforço? E o ancião disse: "As lágrimas são como o inverno e a chuva; o monge, que é o jardineiro, precisa empenhar-se para que nada da chuva se perca, mas que toda ela entre no jardim e o regue. Pois eu vos digo, irmãos, que muitas vezes existe um único dia de chuva no início do ano e ele salva todas as colheitas. Por isso, quando notamos que ele chegou, empenhemo-nos e permaneçamos vigilantes e dediquemo-nos a rezar continuamente a Deus, porque não sabemos se encontraremos esta chuva num outro dia" [15.134 termina aqui].

Então perguntamos-lhe novamente: "Pai, como um homem preserva a compunção quando ela vem?" O ancião respondeu: "Que ele não se encontre com ninguém nesse dia ou nesse momento. Vigie seu estômago e salvaguarde seu coração, para não imaginar que chora seriamente; seja também assíduo na oração e na leitura. Mas, de fato, quando nos vem a aflição, ela mesma nos diz as coisas que a trazem e a coisas que a impedem". Depois nos contou uma história: "Conheço um irmão que vivia em sua cela trabalhando na fabricação de cordas e, quando lhe vinham as lágrimas, levantava-se para rezar e elas imediatamente secavam. Quando sentava novamente, tomava sua corda e recolhia seus pensamentos, elas voltavam imediatamente. Da mesma forma ao ler: quando lhe sobrevinha a aflição, levantava-se e ela imediatamente parava; mas, logo que retomava o livro, ela voltava". Então o irmão disse que os pais tinham razão ao dizer que a aflição era uma mestra, porque ensina ao homem tudo o que lhe é útil.

N.538

O ancião nos contou também o seguinte: "Durante sua vida – disse ele – meu diretor gostava de retirar-se para os lugares mais remotos do deserto e ali praticar a *hêsychia*. Certo dia eu lhe disse: 'Abba, por que foges para o deserto dessa forma? Pois quem permanece próximo ao mundo, contemplando-o e desprezando-o por causa de Deus, recebe uma recompensa maior'. O ancião me disse: 'Acredita em mim, meu filho: enquanto um homem não atingir a estatura de Moisés e não se tornar quase um filho de Deus, ele não recebe nenhuma ajuda do mundo. Eu sou um filho de Adão e, como meu pai, quando vejo o fruto do pecado, desejo imediatamente compartilhá-lo; tomo-o, como-o e morro. É por isso que nossos pais costumavam fugir para o deserto e ali matar a gula, porque ali não encontravam os alimentos que geram as paixões".

N.539

Ele disse também: "Acredito que Deus conta entre os mártires um homem que se entrega espontaneamente à aflição, porque, em vez do sangue, as lágrimas contam a seu favor".

N.540

O ancião disse também: "Considerando que todo pecado que um homem comete é exterior ao corpo, quem comete a *porneia* peca contra seu próprio corpo, porque a poluição provém do corpo. Assim toda ação que um homem comete é exterior ao corpo, mas quem chora purifica sua própria alma e seu corpo; porque, como as lágrimas vêm de cima, elas lavam e santificam todo o corpo".

N.541

Abba Eulógio do Enaton [Nono marco miliário de Alexandria] costumava dizer: "Em Kellia vivia um irmão que, depois de passar vinte anos aplicando-se dia e noite à leitura, certo dia levantou-se, vendeu todos os livros que possuía e, tomando sua capa de pele de carneiro, partiu para o deserto interior. Abba Isaac encontrou-se com ele e lhe disse: 'Para onde vais, meu filho?' O irmão respondeu: "Pai, passei vinte anos ouvindo apenas as palavras dos livros sagrados e agora quero finalmente começar a pôr em prática o que ouvi destes livros'. O ancião rezou por ele e o despediu".

N.542
Um ancião disse: "Um jovem que expressa sua opinião no meio dos que são mais velhos do que ele é semelhante a um homem que joga fogo no peito de seu irmão".

N.543
Os anciãos costumavam dizer: "Repreendei as crianças, irmãos, a fim de que elas não vos repreendam".

N.544
Diziam também: "Entre os monges os jovens são uma armadilha do demônio pior do que as mulheres".

N.545
Diziam também: "Onde há vinho e jovens, não há necessidade de satanás".

N.546
Satanás se apresentou a um santo homem, justamente no momento em que estava prestes a morrer, e

lhe disse: "Tu me expulsaste". E o ancião disse: "Ainda não estou certo". Observai até que ponto os pais se abstinham de vangloriar-se de qualquer coisa.

N.547

Um irmão renunciou ao mundo junto com seu pai biológico e ambos viveram num mesmo mosteiro. Depois de algum tempo, o irmão ouviu dizer que seu pai havia curado uma pessoa doente possuída por um demônio. Aflito, foi relatar o caso a um grande ancião, dizendo: "Abba, meu pai fez progressos e expulsou um demônio de um irmão, ao passo que eu sou negligente e não faço nenhum progresso". O ancião lhe disse: "Meu filho, a essência do progresso não é uma questão de expulsar demônios ou de curar os doentes. Não é o homem que faz estas coisas, mas o poder de Deus e a fé daquele que vem para ser curado. No entanto, já que muitas pessoas não entendem isto, elas se inflam de orgulho e se perdem. Mas eu te digo: Se um homem chega à verdadeira humilhação, não existe nenhum progresso maior do que este progresso incessante. Para aquele que humilhou uma vez sua alma jogando-se por terra, que lugar lhe sobra para cair? E esta é a marca desse homem: ele rejubila quando é insultado".

N.548

O irmão perguntou também ao ancião: "Pai, como um homem chega a chorar?" O ancião disse: "Chorar é um hábito e quem o procura precisa meditar por longo tempo, para que sua mente sempre medite sobre os pecados que cometeu ou sobre o castigo ou sobre a memória do túmulo e, em suma, sobre todos estes pensamentos deploráveis; ou medite sobre seus pais, como viveram e onde estão agora". O irmão disse: "Pai, o monge deve então pensar em seus pais e antepassados?" O ancião respondeu: "Se sabes que alguma consideração traz lágrimas à tua alma, dedica um tempo a ela e, quando as lágrimas vierem, enxerta-as onde quiseres, seja em teus pecados ou em alguma outra boa reflexão. Conheço um irmão esforçado que, tendo um coração duro, muitas vezes costumava golpear-se a si mesmo e chorar com a dor e então refletia sobre seus pecados".

N.549

Um irmão experimentado foi certa vez de Scete para a Tebaida e permaneceu num cenóbio. Quase todos os homens do cenóbio eram santos, do tipo conhecido como Tabenesiotas. Depois de permanecer alguns dias, disse ao arquimandrita: "Reza por mim, abba, e despede-me, porque não posso permanecer aqui". O pai lhe disse: "Por que, meu filho?" O irmão disse: "Porque não existe aqui nenhuma luta, nenhuma recompensa; porque todos os pais são combatentes consumados, ao passo que eu sou um homem pecador. Prefiro ir a um lugar onde encontrarei insulto e desprezo, porque é isto que salva um homem pecador". Então o hegúmeno, surpreso e percebendo que ele era um trabalhador, despediu-o dizendo: "Vai, meu filho. 'Sê bravo, fortalece teu coração e espera no Senhor' [Sl 27,14]".

N.550

Um irmão visitou um grande ancião no monte de Phermê e lhe disse: "Abba, o que devo fazer, porque minha alma está se perdendo?" O ancião lhe disse: "Por que, meu filho?" E o irmão disse: "É porque, quando estava no mundo, eu jejuava muito e vigiava atentamente e havia em mim abundante compunção fervorosa; mas agora, abba, não vejo absolutamente nada de bom em mim". O ancião lhe disse: "Acredita em mim, meu filho: quanto a tudo o que fizeste quando estavas no mundo, foi a vanglória e o elogio dos homens que te deram o desejo de realizar estas coisas e elas não eram aceitáveis aos olhos de Deus. Por isso satanás não estava em guerra contigo; ele não se preocupava em eliminar teu desejo. Mas agora, vendo que te alistaste no exército de Cristo e partiste para o ataque contra ele, também ele se armou contra ti. Mas um único salmo que agora dizes com compunção é mais agradável a Deus do que mil salmos que costumavas dizer no mundo. E o pouquinho de jejum que agora fazes Ele o aceita mais prontamente do que as semanas que jejuavas no mundo". O irmão lhe disse: "Eu simplesmente não jejuo agora, mas todas as coisas boas que eu tinha no mundo me foram tiradas". O ancião lhe disse: "Irmão, o que tens é suficiente; persevera e isto será bom para ti".

Mas o irmão insistiu, dizendo: "Abba, minha alma está realmente se perdendo". Então o ancião lhe disse: "Acredita em mim, irmão: eu não queria falar-te por medo de violentar teu pensamento; mas, vendo-te chegar à apatia por obra de satanás, digo-te: O próprio fato de pensar que fazias boas ações e levavas uma vida virtuosa no mundo é arrogância. Foi assim que o fariseu perdeu todo o bem que fizera. Mas agora que te consideras alguém que não faz nenhuma coisa boa, irmão, isto basta para tua salvação, porque isto é humilhação e foi assim que o publicano – não tendo feito nada de bom – foi justificado [cf. Lc 18,10-14]. Porque um homem pecador e negligente, mas com um coração contrito e humilhado, agrada mais a Deus do que aquele que faz muitas ações boas e pensa estar fazendo algo completamente bom". Grandemente edificado, o irmão prostrou-se diante do ancião, dizendo: "Abba, hoje minha alma foi salva por teu intermédio".

N.551 *BHG* 1445vb, *de monacho iracundo*

Em Kellia – as celas conhecidas como Eremíticas, fora de Alexandria – vivia um ancião que facilmente se irritava e era pusilânime. Ao ouvir falar dele, um jovem irmão fez um pacto com Deus, dizendo: "Senhor, por todo o mal que fiz, vou morar com o ancião e tolerá-lo e servi-lo e encontrar repouso". Todos os dias o ancião o maltratava como um cachorro. Deus observou a tolerância paciente e a humilhação do irmão. Após passar seis anos com o ancião, ele viu em sonho um vulto terrível segurando um grande documento e mostrando-lhe metade do documento apagada e a outra metade escrita. O vulto disse ao irmão: "O Senhor-e-mestre apagou metade de tua dívida: luta pelo resto".

Ora, havia outro ancião, um homem espiritual, que vivia nas proximidades. Todo o tempo ouvia falar como o ancião menosprezava e atormentava o irmão e como o irmão se prostrava diante dele e, no entanto, o ancião não se reconciliava com ele. Sempre que o ancião espiritual se encontrava com o irmão, perguntava-lhe: "Como vão as coisas, meu filho? Como foi o dia de hoje? Lucramos alguma coisa? Apagamos algo do documento?" Sabendo que o ancião era um homem espiritual, o irmão não lhe ocultava nada, mas respondia: "Sim, pai, trabalhamos um pouco". Se, de vez em quando, passava um dia em que não era insultado, coberto de cuspes ou enxotado pelo ancião, ele ia até o vizinho de tarde e lhe dizia, chorando: "Infelizmente, hoje foi um dia ruim, abba; não lucrei nada, mas passei o dia em repouso". Após outros seis anos, o irmão morreu e o ancião espiritual afirmou: "Eu o vi com os mártires e ele implorava a Deus com confiança em favor de seu ancião, dizendo: 'Senhor, como tiveste misericórdia de mim por meio dele, agora tem misericórdia também dele, por tua afável bondade e em consideração a mim, teu servo'". Quarenta dias depois, Deus trouxe também o ancião para junto de si no lugar de repouso. Eis como têm livre--acesso os que suportam aflições por amor a Deus!

N.552
Um ancião disse: "Muitas vezes a humilhação, mesmo sem labuta, salvou muitas pessoas. Atestam--no o publicano e o filho pródigo: tudo o que fizeram foi dizer algumas palavras e foram salvos. A labuta de um homem lhe traz perdição se lhe faltar a humilhação, porque muitos chegam a tornar-se arrogantes por causa do grande trabalho que realizam, como fez o fariseu" [cf. Lc 15,11-32; 18,10-14].

N.553
Ele disse ainda: "Falar sobre a fé e ler as doutrinas seca a compunção do homem e a faz desaparecer, enquanto as vidas e palavras dos anciãos iluminam a alma".

N.554

Em Scete um ancião encontrou alguns ladrões saqueando sua cela e lhes disse: "Apressai-vos antes que cheguem os irmãos e me impeçam de cumprir o mandamento de Cristo que diz: 'Se alguém toma o que é teu, não lhe peças para devolver'" [Lc 6,30].

N.555

Perguntaram a um ancião: "O que significa 'prestar contas de uma palavra ociosa'?" [cf. Mt 12,36]. E ele respondeu: "Toda palavra dita a respeito de um assunto material é fala ociosa; mas a única fala que não é ociosa é falar sobre a salvação de uma alma. Em suma, é melhor observar e manter silêncio, porque, enquanto falas o que é bom, o que é mau aparece e se intromete".

N.556

Um irmão um tanto negligente vivia com um grande ancião e, vendo que o ancião comia uma vez por semana, lhe disse: "Abba, alguns dizem que a autodisciplina severa leva alguém à arrogância". O ancião lhe disse: "Neste caso, meu filho, se a humilhação vem através da negligência, vamos e arranjemos uma esposa; comamos carne e bebamos vinho. Infelizes de nós, meu filho. Como nos tornamos objeto de zombaria e não o sabemos! Não ouvimos Davi dizendo: 'Vê minha humilhação e minha labuta e perdoa todos os meus pecados' [Sl 25,18]? Porque aquele que pecou contra Deus precisa abster-se de todo amor humano, até ter certeza de que Deus se tornou seu amigo; porque o amor dos humanos muitas vezes nos separa do amor de Deus".

N.557

Certa vez um irmão líbio procurou Abba Silvano no Monte Panepho e lhe disse: "Abba, tenho um inimigo que me causou grande dano, pois roubou meu campo enquanto eu estava no mundo. Muitas vezes conspirou contra mim e agora incitou feiticeiros para causar-me dano; quero entregá-lo ao magistrado". O ancião lhe disse: "Faze o que te traz alívio, meu filho". O irmão disse: "Sim, abba; naturalmente sua alma terá grande proveito se ele for punido". O ancião disse: "Faze o que te parecer melhor, meu filho". Então o irmão disse ao ancião: "Levanta-te, pai, rezemos e depois procurarei o magistrado". O ancião levantou-se e começaram a rezar o Pai-nosso. Quando chegaram às palavras: "e perdoa-nos as nossas dívidas como nós perdoamos aos nossos devedores" [Mt 6,12], o ancião disse: "como *nós não perdoamos* aos nossos devedores". O irmão disse ao ancião: "Não é assim, pai". E ele lhe disse: "Como então, meu filho? Porque, naturalmente, se queres procurar o magistrado para ele te vingar, Silvano não faz nenhuma outra oração por ti". O irmão se prostrou e perdoou seu inimigo.

N.558

Perguntaram a Abba Longino: "Pai, qual é a maior de todas as virtudes?" E o ancião disse: "Se a arrogância é o pior de todos os pecados, a ponto de excluir alguns dos próprios céus, penso que a humildade é com certeza suficientemente forte para retirar um homem do próprio abismo, mesmo que o pecador seja semelhante a um demônio. Por isso o Senhor declara que 'os pobres em espírito' são 'bem-aventurados'" [Mt 5,3].

N.559

Ele disse também: "Assim como um cadáver não come, da mesma forma o humilde é incapaz de julgar um homem, mesmo que o veja adorando ídolos".

N.560

Ele disse também: "O jejum humilha o corpo; a vigília noturna purifica a mente; a *hêsychia* produz contrição, batiza o homem e o isenta de pecado".

N.561

Abba Longino costumava experimentar intensa compunção durante a oração e a salmodia. Certo dia seu discípulo lhe disse: "Abba, a regra espiritual é que um monge chore durante sua liturgia?" O ancião lhe disse: "Sim, meu filho; esta é a regra que Deus exige. Porque Deus não criou o homem para chorar, mas para a alegria e o júbilo, a fim de glorificá-lo na pureza e na inocência, como fazem os anjos. Mas, tendo caído em pecado, o homem teve necessidade de chorar. Onde não há pecado, ali não há necessidade de choro".

N.562

Um ancião disse: "Quando um irmão que encontrar-se com um irmão, o demônio da calúnia ou o precede ali ou o acompanha até o irmão".

N.563

Ele disse também: "Não há nada mais grave do que um mau hábito. Uma pessoa que o tem precisa de tempo e muito esforço para erradicá-lo, porque sem tempo e esforço é impossível erradicar um hábito. Muitos se esforçaram, mas poucos encontraram tempo, enquanto outros foram golpeados cedo pela morte. E só Deus sabe o que fará com eles no Dia do Juízo".

N.564

Um irmão que vivia solitariamente numa cela tornava-se muitas vezes indolente, porque cometia um pecado grave. Então, lamentando-se e não sabendo o que fazer, dizia: "O que está feito está feito". Sua consciência lhe retrocava: "Mas foi malfeito". E assim lamentou-se até morrer.

N.565/15.116

A respeito de Abba Serapião costumava-se dizer que sua vida era tal que parecia a vida de um pássaro. Não possuía nada deste mundo, nem permanecia numa cela. Costumava perambular como um ser incorpóreo, vestido com um lençol e levando consigo um pequeno livro do evangelho. Muitas vezes o encontravam sentado à beira da estrada fora de um povoado, chorando amargamente. Perguntavam-lhe: "Por que choras assim, ancião?" E ele lhes respondia: "Meu Senhor-e-mestre confiou-me sua riqueza. Mas eu a perdi e a esbanjei e ele quer se vingar de mim". Ao ouvir isto, as pessoas costumavam pensar que ele falava de dinheiro e, muitas vezes, davam-lhe um pouco de pão e diziam: "Toma isto e come, irmão; e, quanto à riqueza que perdeste, Deus é suficientemente poderoso para devolvê-la a ti". Ao que o ancião respondia: "Amém".

N.566/15.117

Outra vez ele encontrou em Alexandria um pobre tremendo de frio. Parando, pensou consigo mesmo: "Como posso eu, que sou considerado um monge, estar vestido com uma túnica, enquanto este pobre – ou melhor, Cristo [Mt 25,35-45] – está morrendo de frio? Se o deixo morrer, certamente serei julgado como homicida no Dia do Julgamento". Como um bom atleta, despiu a túnica que trazia e a deu ao pobre. Depois sentou-se com o pequeno livro do evangelho que sempre trazia sob a axila. Quando o chamado "guardião da paz" passava e o viu nu, disse-lhe: "Abba Serapião, quem te desnudou?" Mostrando o pequeno livro do evangelho, ele lhe disse: "Este me desnudou".

Levantando-se dali, encontrou uma pessoa que era levada presa por alguém por causa de uma dívida, porque ela não tinha com que pagá-la. Este imortal Serapião vendeu seu pequeno livro do evangelho e, dando o dinheiro apurado para quitar a dívida do homem que estava sendo violentado, retornou nu para sua cela. Ao vê-lo nu, seu discípulo lhe disse: "Abba, onde está tua pequena túnica?" O ancião lhe disse: "Meu filho, mandei-a para onde nós precisaremos dela". Ele disse: "E onde está o pequeno livro do evangelho?" O ancião respondeu: "Na verdade, meu filho, Aquele que me diz todos os dias: 'Vende tudo o que tens e dá-o aos pobres' [Mt 19,21], eu o vendi e dei o lucro a ele, para podermos ter maior liberdade de falar com Ele no Dia do Julgamento".

N.567/18.19
A respeito de Abba Marcelino da Tebaida os pais costumavam dizer que seu discípulo muitas vezes contava o seguinte: quando saía para a *synaxis* no domingo, ele se preparava e repetia de memória uma passagem das Escrituras até chegar à igreja.

Enquanto meditava sobre estas palavras pelo caminho, seus lábios não se moviam, de modo que ninguém podia ouvi-lo. E quando assistia à *synaxis*, seu peito se inundava de lágrimas. Ele costumava dizer: "Enquanto a *synaxis* é celebrada, vejo toda a igreja como um fogo e, quando a congregação se dispersa, o fogo se retira".

N.568/10.6

Um irmão perguntou a Abba Arsênio: "Por que existem alguns homens bons que, no momento da morte, adormecem atingidos por uma espécie de castigo corporal?" O ancião respondeu: "É para poderem partir puros, por assim dizer salgados com sal" [Mc 9,49].

[N.603 e N.604 seguem aqui em Sinai 448.]

N.569

Um irmão visitou um ancião e lhe perguntou: "Como estás, pai?" O ancião respondeu: "Mal". O irmão lhe disse: "Por que, abba?" O ancião disse: "Eis que por dezoito anos estou diante de Deus, amaldiçoando-me todos os dias e dizendo: 'Malditos os que se desviam de teus mandamentos' [Sl 119,21]". Ouvindo isto, o irmão saiu muito edificado pela humilhação do ancião.

N.570

Abba Zeno disse: "O monge dá sua palavra a Deus e recebe amor em troca".

N.571

Certa vez chegou a Raithou um estrangeiro rico que ofereceu a cada um dos irmãos uma moeda de ouro e enviou também uma moeda a um solitário que vivia ali numa cela. Naquela noite o ancião viu em sonho um campo cheio de cardos e alguém que lhe dizia: "Vai fazer a colheita no campo daquele que te fez a oferta". De manhã, o solitário mandou chamar o homem piedoso que lhe enviara a moeda de ouro e devolveu-lhe o ouro, dizendo: "Toma tua moeda de ouro, irmão, porque não cabe a mim colher os cardos de outro; oxalá eu possa pelo menos erradicar os meus!"

N.572

Um ancião disse que um homem que permanece em sua cela e medita os salmos é semelhante a um homem que procura o rei, mas aquele que reza continuamente é semelhante a alguém que fala com o rei. Quanto àquele que intercede com lágrimas, ele segura os pés do rei, pedindo-lhe misericórdia, como fez a prostituta [Lc 7,37-38].

N.573

Um ancião disse: "Se vives em *hêsychia* no deserto, não penses que estás realizando uma grande ação. Considera-te, antes, um cão que foi banido da convivência e amarrado porque mordia e atacava as pessoas".

N.574

Ele disse também: "Em Scete havia um irmão que era zeloso em sua execução da liturgia, mas negligente quanto ao resto. Certo dia, satanás apareceu a um dos anciãos e lhe disse: 'Que maravilha! O monge tal e tal me abraça com força para impedir que eu me retire dele, fazendo minhas vontades. E diz a Deus todo o tempo: Senhor, livra-me do maligno' [Mt 6,13]".

[Uma versão armênia acrescenta: "Deus teve misericórdia do monge e enviou sua tropa para expulsar dele satanás. Mas, por causa dos cuidados que tinha por seu corpo, o monge não permitiu que satanás saísse dele" – Regnault, *Anonymes*, p. 209].

N.575

Um ancião disse: "Acostuma, aos poucos, teu coração a dizer acerca de cada um dos irmãos: 'Realmente, este me supera em santidade'; e também: 'Aquele é mais zeloso do que eu'. E desta maneira chegarás a considerar-te inferior a todos – e o espírito de Deus habitará em ti. Mas, se deprecias alguém, a graça de Deus se retirará de ti e te entregará à impureza da carne. Teu coração se endurecerá e nenhuma compunção se encontrará em ti".

N.576

Um irmão virtuoso vivia numa cela. Ele se entusiasmava ao ouvir sobre as virtudes dos santos, pensando que poderia adquiri-las sem faina e luta. Dirigiu-se a um grande ancião e lhe falou sobre isto e o ancião deu-lhe a seguinte resposta: "Se queres adquirir a virtude, vai e torna-te como uma criança, ouve as lições de um mestre e aprende-as uma por uma. Começa neste mesmo ano a lutar até conseguires não comer até à saciedade; depois afadiga-te até odiares a vanglória como se fosse um inimigo. E, quando tiveres aprendido bem estas lições, luta para desembaraçar-te das posses materiais e confiar a Deus o teu cuidado. Então alegra-te porque, se um homem é bem-sucedido nestas três coisas, ele irá com alegria ao encontro de Jesus quando Ele vier".

N.577

Um ancião disse: "Evidentemente, se um homem é de fato um lutador, Deus exige dele que não tenha nenhum apego aos bens materiais, nem mesmo a uma agulha, porque esta pode ser para sua mente um empecilho à conversação com Jesus e à aflição".

N.578

Ele disse também: "Um homem que saboreou a doçura da indiferença às posses [*aktêmosynê*] é acabrunhado até pelo traje que ele veste e pelo cântaro de água, porque sua mente está ocupada alhures".

N.579

Ele disse também: "Aquele que não chegou a odiar os bens materiais é incapaz de odiar sua própria alma, como requer o mandamento do Senhor e mestre [Jo 12,25]".

N.580

Ele disse também: "Se um homem se esforça continuamente para condenar, disciplinar e depreciar sua própria alma em segredo, ele a convence de que ela vale menos do que os cães e os animais selvagens, porque estes não irritaram seu Criador nem serão julgados. É muito melhor para mim não ressuscitar para o julgamento do que ressuscitar para ser punido eternamente".

N.581

Ele disse também: "Ai de ti, minha alma, porque tens o hábito de apenas pedir e ouvir a palavra de Deus, mas não executas nada do que ouves. Ai de ti, meu corpo, porque, sabendo das coisas que te maculam, sempre as procuras: saciedade e prazer. Ai do jovem que enche seu estômago e confia em sua própria vontade, porque é vã sua renúncia ao mundo".

N.582/15.118

Havia um irmão que vivia nas Monidia (Solidões) e costumava cair na *porneia*, mas permanecia firme, reprimindo-se para não abandonar o hábito monástico. Quando executava sua pequena liturgia, implorava a Deus com gemidos, dizendo: "Salva-me, Senhor, quer eu queira ou não. Porque sou apenas pó, anseio pelo pecado; mas Tu, sendo um Deus poderoso, refreia-me. Se tens misericórdia dos justos, isso não é grande coisa; e, se salvas os puros, não há nada de admirável, pois estes são dignos de receber misericórdia. Mas em mim, Senhor-e-mestre, 'efetua o prodígio de tua misericórdia' [Sl 17,7] e mostra tua bondade amorosa, porque 'a vida dos pobres está em tuas mãos' [Sl 10,12]". Ele dizia estas coisas todos os dias, quer tivesse sucumbido ou não.

Certa vez, porém, tendo caído em seu pecado habitual, levantou-se imediatamente e começou a recitar o cânone dos salmos. Mas o demônio, estupefato com sua esperança e admirável confiança em Deus, apareceu-lhe visivelmente e lhe disse: "Quando cantas, como é que não te envergonhas totalmente de estar diante de Deus ou de pronunciar seu nome?" O irmão lhe disse: "Esta cela é uma forja; tu dás uma martelada e recebes uma martelada. Lutarei contra ti até à morte e finalmente chegarei ao último dia. E te asseguro, jurando por aquele que veio 'salvar os pecadores que se arrependem' [Lc 5,32], que não desistirei de rezar a Deus contra ti enquanto também tu não cessares de lutar contra mim. Veremos quem vencerá: tu ou Deus". Ao ouvir isto, o demônio lhe disse: "Na verdade, não lutarei mais contra ti, por medo de te granjear uma coroa como recompensa por tua perseverança". E, desde esse dia, o demônio se afastou dele.

Eis como é bom perseverar e não perder a esperança, mesmo que muitas vezes nos aconteça cair nas lutas, pecados e tentações! Quando experimentou a compunção, o irmão permaneceu firme, chorando por seus pecados. Quando lhe veio o pensamento de que seu choro era bom, disse ao pensamento: "Maldito este bem, porque o que aproveita a Deus se um homem 'perde sua alma' [Mt 16,25] e continua chorando por ela, quer a salve ou não?"

N.583/15.119
Havia um irmão que vivia isolado no mesmo mosteiro das Monidia (Solidões) e cuja constante oração era a seguinte: "Senhor, não tenho temor a ti; mas envia um raio, alguma outra catástrofe, uma doença ou um demônio, para que assim minha alma adamantina possa chegar a temer-te". Era isso que ele dizia e suplicava a Deus: "Sei que é impossível

me perdoares, porque pequei gravemente contra ti, Senhor-e-mestre. Mas perdoa-me se for possível, em virtude de tua grande misericórdia. Mas, se não for possível, castiga-me aqui e agora, Senhor-e-mestre, e não me castigues lá. Se também isto não for possível, dá-me uma parte de meu castigo aqui e reduze um pouco minha aflição lá. Por favor, começa a castigar-me já desde agora, mas não com tua cólera [Sl 38,2], Senhor-e-mestre".

Perseverou assim por um ano inteiro, rezando continuamente e suplicando a Deus, com lágrimas, com jejum e com verdadeira humilhação de espírito, dizendo a si mesmo: "Qual será o sentido do dito de Cristo: 'Bem-aventurados os que choram, porque serão consolados' [Mt 5,4]?" Certo dia, quando estava sentado no chão, lamentando-se como sempre, desgastado pelo desânimo, adormeceu; e eis que apareceu Cristo, dizendo-lhe com voz e semblante jovial: "O que é que há, ó homem? Por que choras?" O irmão lhe disse: "Porque caí, Senhor". A aparição lhe disse: "Ora, levanta-te!" O que estava deitado no chão respondeu: "Não posso, a não ser que me estendas a mão". Imediatamente o outro estendeu-lhe a mão e o levantou, dizendo-lhe novamente com alegria: "Por que choras, ó homem? O que é que te angustia?" O irmão disse: "Não queres que eu chore e me aflija, eu que tanto te magoei?" Então a aparição estendeu a mão e, colocando a palma sobre a cabeça do homem, ungiu-a dizendo-lhe: "Não te atormentes; Deus vem em tua ajuda e, porque tu te angustiaste, eu não me angustio mais por tua causa. Dei o meu sangue por ti; quanto mais não darei minha bondade amorosa a cada alma que se arrepende?" Quando voltou a si, após a visão, o irmão encontrou seu coração repleto de alegria e entendeu que Deus o tratou com misericórdia [Lc 10,37]. Permaneceu sempre em grande humildade, dando graças a Deus.

N.584

Um irmão assediado por pensamentos lascivos ficou profundamente perturbado e com grande humilhação disse: "Nutrindo esses pensamentos, não sou suficientemente bom para ser salvo". Foi procurar um grande ancião e pediu-lhe que rezasse para que esses pensamentos fossem removidos dele, mas o ancião lhe disse: "Isto não te traz nenhum proveito, meu filho". Mas ele continuou importunando o ancião e, quando este rezou a Deus, Deus mitigou a batalha do irmão, mas ele caiu imediatamente no orgulho e na vanglória. Então, ele foi pedir ao ancião que voltassem os pensamentos e a humilhação que ele tinha antes.

N.585

Outro dentre os afamados ascetas que moravam no Enaton de Alexandria caiu em grave pecado e, aproveitando sua negligência, os demônios o levaram ao desespero. Então, vendo-se vencido pela angústia, como um médico experiente, deu-se uma boa esperança, dizendo: "Acredito nas misericórdias de Deus e que Ele certamente me tratará com misericórdia". Dito isto, os demônios lhe disseram: "Certamente Ele te tratará com misericórdia!" E ele lhes respondeu: "Quem pensais que sois? Quer Ele tenha ou não piedade de mim, vós sereis para sempre filhos da geena e da perdição. Sendo assim, se Deus é bom, o que tendes a ver com isso?" Envergonhados desta maneira, eles se retiraram.

N.586

Em outra ocasião, satanás lhe apareceu e disse: "Tu não és cristão". O ancião lhe respondeu: "O que quer que eu seja, tenho mais valor do que tu". Satanás lhe disse: "Eu te digo: receberás a punição". E o ancião respondeu: "Tu não és meu juiz nem meu Deus".

N.587/15.120

Um irmão visitou um dos pais na Laura de Doukas, acima de Jericó, e lhe disse: "Então, pai, como estás?" O ancião respondeu: "Mal". O irmão lhe disse: "Por que, abba?" O ancião disse: "Eis que por trinta anos estive todos os dias diante de Deus em minha oração. Às vezes eu me amaldiçoo dizendo a Deus: 'Não tenhas misericórdia de todos os que praticam a maldade' [Sl 59,6] e: 'Malditos os que se desviam de teus mandamentos' [Sl 119,21]". E novamente, mentiroso como sou, digo cada dia a Deus: 'Tu destróis todos os que dizem mentiras' [Sl 5,7]. Eu, que tenho rancor contra meu irmão, digo a Deus: 'Perdoa-nos como nós os perdoamos' [Mt 6,12]. Eu, cuja única preocupação é com a comida, digo: 'Esqueço de comer meu pão' [Sl 102,5]. Eu, que durmo até a aurora, canto: 'À meia-noite eu costumava levantar-me para te confessar' [Sl 119,62]. Não tenho nenhuma compunção e, no entanto, digo: 'Estou cansado de gemer' [Sl 6,7] e: 'Minhas lágrimas são meu pão dia e noite' [Sl 42,4]. E, enquanto tenho maus pensamentos em meu coração, digo a Deus: 'A meditação de meu coração está sempre diante de ti' [Sl 18,15]. Estranho ao jejum, digo: 'Meus joelhos estão fracos por causa do jejum' [Sl 109,24]. Repleto de orgulho e repouso corporal, zombo de mim mesmo dizendo: 'Considera minha humilhação e lava todos os meus pecados' [Sl 25,18]. E, sendo despreparado, digo: 'Meu coração está preparado, ó Deus' [Sl 57,8]. Em suma: todos os meus atos de culto e minha oração tornaram-se para mim reprovação e vergonha". O irmão disse ao ancião: "Pai, penso que foi a respeito de si mesmo que Davi disse todas estas coisas". E o ancião gemeu e disse: "O que dizes, irmão? É evidente que caminhamos para a perdição se não observarmos as coisas que cantamos na presença de Deus".

N.588/15.121

Um irmão perguntou a um ancião: "Como é que esta geração não consegue manter a disciplina (*askêsis*) dos pais?" O ancião disse: "Porque ela não ama a Deus nem foge dos homens nem odeia os bens materiais do mundo. Compunção e disciplina espiritual vêm naturalmente ao homem que foge da companhia humana e dos bens materiais. Porque, assim como alguém que quer extinguir um fogo que está queimando seu campo não conseguirá extingui-lo se não tomar a dianteira e não remover os arbustos e galhos na frente dele, assim também, se um homem não for a um lugar onde possa ganhar seu pão com trabalho, ele não poderá adquirir a disciplina espiritual. Porque, se a alma não vê, ela também não deseja prontamente".

N.589/15.122

Um grande ancião vivia na Síria, na região de Antioquia, e tinha um irmão inclinado a julgar quando via alguém tropeçar. Muitas vezes o ancião o exortava a respeito, dizendo: "Meu filho, tu realmente te extravias e só perdes tua alma, porque ninguém conhece a situação de um homem a não ser o Espírito que nele habita [cf. 1Cor 2,10.11]. Porque existem muitas pessoas que muitas vezes cometem ações más diante dos homens, mas se arrependem em segredo diante de Deus. Nós vemos o pecado, mas só Deus conhece as boas obras que eles fazem. Além disso, existem muitos que, tendo passado toda a sua vida incorretamente, muitas vezes acabaram se arrependendo na hora da morte e foram salvos. E às vezes pecadores encontraram aceitação através da oração dos santos. Por isso, um homem não deve de maneira alguma julgar um outro, mesmo que veja com seus próprios olhos. Existe um único juiz: o Filho de Deus. Todo homem que julga um outro é considerado culpado e um deus rival de Cristo, porque, tornando-se um juiz, ele usurpa a dignidade e a autoridade que Deus Pai deu a Cristo".

N.590/15.124

Ele disse também: "Muitas vezes, logo depois de cometer o pecado, o ladrão, o mentiroso ou algum outro tipo de pecador suspira ou se repreende e chega ao arrependimento. Mas um homem que guarda rancor em sua alma, quer coma ou beba, quer durma ou ande, isso o corrói como um veneno. Assim ele nunca consegue libertar-se do pecado, sua oração se torna uma maldição para ele e toda a sua labuta se torna inaceitável, mesmo que derrame seu sangue por Cristo".

N.591

Um irmão que renunciara ao mundo foi viver na montanha da Nítria. Sua cela era adjacente à de outro irmão e todos os dias ele costumava ouvi-lo chorando copiosamente por seus pecados. Muitas vezes, quando após algum tempo não lhe vinham lágrimas, dizia à sua alma: "Tu não choras, infeliz? Não te lamentas? Acredita em mim: se não queres chorar, eu te farei chorar". Ele tinha um chicote feito de cordas grossas. Levantando-se, tomava-o na mão e se açoitava por algum tempo até chorar de dor. Surpreso, o irmão vizinho pediu a Deus que lhe revelasse se o outro agia corretamente ao torturar-se. E certa noite, em sonho, ele viu o irmão com uma coroa e de pé no coro dos mártires. Enquanto ele olhava, alguém lhe disse: "Vê como o exímio atleta, que se torturou por causa de Cristo, foi coroado com os mártires".

N.592.1

Um ancião vivia no golfo do bem-aventurado Antão, desde então chamado Clysma. Certo dia partiu para o Egito a negócios, levando consigo também seu discípulo. Chegaram a uma cidade chamada Kymo e permaneceram ali por uma semana. Viam homens e mulheres dirigindo-se aos túmulos desde a aurora, cada um lamentando seus mortos, até à terceira hora. O ancião disse ao discípulo: "Vês como estas pessoas passam a noite, irmão? Acredita em mim: se nós não fizermos o mesmo, caminharemos para a perdição. Ao retornar à cela, imediatamente construíram seus próprios túmulos um pouco distantes um do outro e, todos os dias, sentados diante deles desde a madrugada, cada um chorava por sua própria alma como se chora por um morto. Se alguma vez seu discípulo adormecia de madrugada após os salmos, o ancião gritava-lhe, dizendo: "Acorda, irmão, porque aquelas pessoas passaram uma hora junto aos túmulos cumprindo sua tarefa".

Certo dia, o irmão disse ao ancião: "Abba, minha alma está empedernida e não consigo chorar". O ancião respondeu: "Combate por um pouco de tempo e trabalha duro, meu filho. E o próprio Deus, vendo teu esforço, te dará a contrição e não precisarás mais labutar. Eu te digo, meu filho, assim como não há cura para o coração quando recebe uma flechada, assim também, se Deus o fere para produzir aflição, a dor nunca mais sai; e ele permanece ferido até a morte. E aonde quer que essa pessoa vá, a aflição está com ela, dentro dela". Certo dia o ancião notou que o irmão havia comido em excesso, porque na tarde anterior algumas pessoas os haviam visitado. Ele lhe disse a sós: "Não sabes que a aflição é uma lâmpada acesa e, se não a proteges cuidadosamente, ela se apaga imediatamente e sai? Assim o excesso de comida a apaga, o sono prolongado a obstrui, a difamação a expulsa e muita tagarelice a destrói. Em suma: qualquer relaxamento físico a estorva. Por isso, quem ama a Deus precisa desempenhar o papel de Cristo em cada um de seus empreendimentos".

N.592.2

O irmão disse: "Pai, qual é o sentido deste dito?" O ancião disse: "Quando te oferecem pão fresco, deixa-o para outro e come pão dormido por causa de Cristo. E se te oferecem vinho bom, mistura nele um pouco de vinagre e dize: 'Por amor a Cristo que bebeu vinagre'. Não o bebas à saciedade, mas deixa um pouco de lado, dizendo: 'Eis a parte de Cristo'. Se encontras um travesseiro macio, põe-no de lado e coloca uma pedra por amor a Cristo. Se sentes frio ao dormir, suporta-o, dizendo que outros nem sequer dormem. Se és injuriado, permanece em silêncio, dizendo que isso é por Cristo que foi injuriado por nós. Se estás cozinhando algo para ti, deteriora-o um pouco, dizendo: 'Outros que são dignos não têm pão para comer; como é que eu, indigno que sou, estou comendo alimentos cozidos quando deveria estar comendo pó e cinza?' Em suma: mistura um pouco de aflição em tudo o que empreendes. Vive com moderação e humilhação no comer, no dormir e no trabalhar, pensando sempre na maneira como viveram os santos, a fim de que a última hora chegue e nos encontre em aflição e angústia aqui e possamos encontrar repouso lá.

N.592.3

Não tenhas uma veste de sobra pendurada em tua cela, porque ela é morte para ti, já que tu, pecador, tens coisas supérfluas e outros, mais justos do que tu, estão tremendo de frio. Não guardes um recipiente supérfluo jogado num canto sem ser usado, nem mesmo uma pequena colher, porque deverás prestar conta dela.

N.592.4

Não adquiras ouro durante tua vida, senão Deus não cuidará mais de ti. Mas se te for apresentado ouro, e te falta algo necessário, seja veste ou alimento, compra-o imediatamente. Mas, se não passas necessidade, não o deixes dormir contigo*.

* ou seja: não o mantenhas durante a noite. "Dá-o aos pobres antes de anoitecer" acrescenta Regnault, *Anonymes*, p. 217.

N.292.5

Se tua mente te pede para preparar uma variedade de pratos para uma festa, não lhe prestes atenção, pois estás celebrando a festa à maneira judaica. Porque eles preparam estas coisas. Aflição e lágrimas são um bom alimento para um monge.

N.592.6

Se ouves dizer que alguém te odeia e te insulta, envia-lhe ou dá-lhe um pequeno presente, na medida de tuas possibilidades, a fim de que na hora do julgamento possas dizer: "Senhor-e-mestre, perdoa-nos as nossas dívidas como nós perdoamos aos nossos devedores" [Mt 6,12].

N.592.7
Se tens uma cela onde só há espaço para tua cabeça, não construas de modo algum outra, a fim de encontrares um lugar espaçoso lá em cima.

N.592.8
Se deixas tua cela para fazer uma visita em algum lugar e tua aflição se relaxa um pouco, volta depressa e recupera imediatamente teu estado anterior.

N.592.9
Se algumas pessoas vêm te visitar e se as vês ao longe, ergue-te para rezar e dize: "Senhor Jesus Cristo, livra-nos da calúnia e da injúria; e despede-as deste lugar em paz".

N.592.10
Se queres adquirir a contrição, esforça-te para que teus utensílios e objetos sejam pobres como os de teus irmãos que estão sentados na praça pública.

N.592.11
Se adquires um livro, não decores sua capa; não adquiras uma esteira de grande valor para a prostração em teu culto.

N.592.12

Tuas mãos não devem nem sequer tocar um recipiente de prata ou de ouro em tua cela, por pequeno que seja.

N.592.13

Não ponhas sobre teu corpo uma veste nova, nem mesmo um capuz vistoso.

N.592.14

Não pendures um punhal em teu cinto, porque todas estas coisas afastam de ti a compunção e a aflição.

N.592.15

Em suma, tudo – tua cama, tuas vestes e utensílios, teu calçado e teu cinto – deveriam ser tais que, se vierem pessoas para roubar, não encontrariam entre os objetos de tua cela nada de utilidade para levar.

N.592.16

Se vês uma vasilha ou qualquer tipo de utensílio de teu irmão, não o cobices, porque cairás num grande mal. Porque quem cobiça uma coisa pequena, caso veja uma coisa má, também a cobiçará.

N.592.17

Se tens uma vasilha, uma espada, uma enxada ou qualquer outra coisa e percebes que tua mente se deleita nela, joga-a para longe de ti, a fim de ensinar tua mente a não se deleitar em nada a não ser em Cristo somente.

N. 592.18

Se relutas em levantar de noite para tua liturgia, não dês a teu corpo seu alimento, pois a Escritura diz: "Se alguém não trabalha, também não coma" [2Ts 3,10]. Pois eu te digo: assim como no mundo quem rouba incorre em grave condenação, assim também Deus reserva uma condenação semelhante a toda pessoa que não se levanta para sua liturgia, exceto em casos de doença ou trabalho duro. Mas Deus exige também do doente e do trabalhador uma liturgia espiritual, porque esta pode ser oferecida a Deus independentemente do corpo.

N.592.19

Se calunias teu irmão e tua consciência te perturba, prostra-te diante dele e dize-lhe: "Eu te caluniei". E cuida de não te desencaminhares novamente. A difamação é a morte da alma.

N.592.20

Se alguém te traz uma oferta e sabes que ele é pobre, dá-lhe mais do que ele te ofereceu. Mas, se não tens nada para lhe dar, prostra-te diante dele dizendo: "Irmão, perdoa-me pelo amor de Deus por eu ser pobre; mas Deus te dará a recompensa".

N.592.21

Se ouves falar dos grandes feitos dos santos pais, empreende-os também tu, invocando o nome do Senhor, para que te dê força para realizar a tarefa que empreendeste. Se a completares, dá graças a Deus. Se não a completares, repreende tua própria fragilidade e reconhece tua fraqueza e humilha teu pensamento até o dia da morte, considerando-te incapaz, pobre e carente de perseverança, repreendendo sempre tua alma por começar uma coisa e não completá-la.

N.592.22

Se cometes pecados corporais, não te perguntes como os cometeste, porque tua alma se macula. Mas reza dizendo: "Senhor, tu os conheces; apaga-os como quiseres, porque eu não ouso refletir sobre eles".

N.592.23

Se vives no deserto e percebes que Deus cuida de ti, não deixes teu coração exaltar-se, porque Deus pode retirar de ti sua ajuda. De preferência, reza dizendo: Deus está sendo misericordioso comigo por causa da minha negligência e fragilidade, a fim de que eu possa perseverar e não cair na acídia.

N.592.24*

Se a *porneia* assedia teu corpo ou teu coração, procura descobrir donde surgiu o ataque e corrige-o: se vem da indolência, do sono ou da arrogância, ou do fato de te considerares melhor do que os outros ou de teres julgado alguém que pecou. Porque, na ausência destas coisas, um homem não é assediado pela *porneia*.

* N.592.25 em Guy, *Recherches*.

N.592.25*

Se dás esmolas e te perturba o pensamento de que deste demais a alguém, não prestes atenção ao pensamento, porque ele vem de satanás. Mas, na medida do possível, vive em pobreza e humilhação, de modo que sejas de preferência tu quem precisa sempre receber esmolas. Porque o doador se alegra em seu coração, pensando que faz uma boa ação, ao passo que aquele que nada tem, mas vive em pobreza, alcança grande humilhação ao pensar: "Não faço nada de bom e não dou nada a ninguém; mas, ao invés, procuro teu mandamento". Foi assim que nossos pais viveram; foi assim que Abba Arsênio encontrou a Deus.

* N.592.24 em Guy, *Recherches*.

N.592.26

Em toda tarefa que executas, deves dizer a todo momento: "O que acontecerá se Deus me examinar?" E observa o que tua mente responde. Se ela te condena, abandona imediatamente a tarefa em que estás empenhado, deixa-a de lado e assume outra, de modo a ter certeza de completá-la, pois o trabalhador precisa estar sempre pronto a seguir seu caminho. Se estás sentado trabalhando com tuas mãos, andando pelo caminho ou comendo, dize sempre: "O que acontecerá se Deus me chamar agora?" E observa o que tua consciência responde e apressa-te a fazer tudo o que ela te disser. E se queres saber se obtiveste misericórdia, interroga tua consciência e não cesses de fazê-lo até que teu coração fique totalmente seguro e tua consciência te diga que nós acreditamos na compaixão de Deus e que Ele sem dúvida alguma nos trata com misericórdia gratuita. Mas presta atenção a teu coração para que não pronuncie esta mensagem com hesitação; porque, se ele tiver um fiapo de descrença, a misericórdia está muito longe de ti.

N.592.27

Se empreendes uma disciplina ascética e depois a abandonas, retoma-a novamente e não cesses de executá-la até à morte, porque o homem chegará à meta para a qual caminha, seja ela a negligência ou o autocontrole. Todo dia, todo ano, toda semana, investiga se fizeste algum progresso na oração, no jejum, na *hêsychia* e, sobretudo, na humilhação. Porque este é o verdadeiro progresso da alma: que diariamente ela se considere mais humilde, dizendo: "Todo mundo é melhor do que eu". Sem esse pensamento, mesmo que o homem realize milagres e até ressuscite os mortos, ele se encontra bem distante de Deus.

N.592.28
Se visitas um ancião e, depois de pronunciares uma oração, ele te pede para sentar, dize-lhe: "Pai, dize-nos uma palavra de vida sobre como encontrar a Deus – e reza por mim, porque tenho muitos pecados". Limita-te a isto e não digas nenhuma outra palavra, a não ser que ele te faça alguma pergunta.

N.592.29
Se um irmão te conta um segredo e outro irmão insiste que o contes a ele, não divulgues o segredo de teu irmão e não temas seu juramento, pois é ele que é responsável pelo juramento.

N.592.30
Se não tens compunção, sabe que tens vanglória e que te deleitas na comida, porque estas não permitem que tua alma sinta compunção.

N.592.31

Se te faltam coisas necessárias ao corpo, não peças que os homens te deem, mas antes: "Lança tuas preocupações sobre o Senhor e Ele te alimentará" [Sl 55,23], porque quem abandonou a Deus e procura junto aos homens o que ele necessita não acredita que Deus é capaz de cuidar dele.

N.592.32

Se um homem te dá esmola espontaneamente e passas necessidade, aceita-a. Mas, se não passas necessidade, não a aceites de modo algum, porque talvez satanás te esteja tentando a aceitar algo de que não necessitas.

N.592.33

Se alguém te elogia em tua presença, reflete imediatamente sobre os teus pecados e implora-lhe dizendo: "Pelo amor do Senhor, irmão, não me elogies, porque sou um desgraçado e não o posso suportar". Mas se é uma pessoa importante, reza a Deus dizendo: "Senhor, protege-me do elogio e da censura dos homens".

N.592.34

Acostuma teus olhos a não olhar o corpo de um outro, nem mesmo, se possível, o teu próprio.

N.592.35

Se Deus te concede a contrição, não penses que fazes uma grande coisa, porque bem-aventurado é aquele que não precisa de contrição. Porque, se Deus vê alguém cujo coração exulta nas lágrimas, ele as retira e seu coração permanece doravante empedernido – e ele se perde.

N.592.36

Se tua alma trava guerra contigo para receber muitos tipos de alimentos, restringe-a ao pão somente, a fim de que ela peça para satisfazer-se apenas com pão.

N.592.37

Se interrogas os pais e deles ouves a palavra de Deus e da Escritura, apressa-te a executar o que ouves. E, mesmo se por algum tempo te tornaste negligente e não te puseste a trabalhar, não cesses de interrogar por causa disto. Porque aquele que interroga, ouve e mesmo assim desobedece, ainda encontrará um pouco de misericórdia, contanto que se condene e se humilhe. No entanto, aquele que não interroga, nem ouve, nem desobedece, não se humilha, nem obtém misericórdia. Com efeito, da mesma forma que uma pessoa doente que sofre do estômago sente náuseas ao receber muitos tipos de alimentos, mas depois, quando se encontrou um alimento que ela pode assimilar confortavelmente, ela o come se recupera, assim também a alma tímida, que muitas vezes ouve e desobedece, mas naturalmente se envergonha de quando em quando, provavelmente descobrirá uma atividade que lhe agrada, executá-la-á e será salva por ela.

N.592.38

Se cais na *porneia* e a pessoa com quem caíste se encontra próxima do lugar, abandona o lugar; caso contrário, não te arrependerás.

N.592.39

Se vês com teus próprios olhos um irmão cair em pecado, dize sem hesitar: "Maldito sejas, satanás! Meu irmão não deve ser censurado". E fortalece teu coração para que não julgue teu irmão, senão o Espírito Santo se retirará de ti.

N.592.40

Se um irmão falar mal de outro em tua presença, cuida para não rejeitar o irmão caluniado, dizendo: "Sim, é isso mesmo". Mas permanece em silêncio ou dize-lhe: "Irmão, eu próprio estou sendo condenado e não posso julgar um outro". Assim salvas a ti mesmo e o outro.

N.592.41

Se estás doente e pedes que alguém te dê algo de que necessitas e ele não te der, não te aflijas contra ele, mas dize antes: "Se eu fosse digno de receber a esmola, Deus teria convencido o irmão a dá-la". Não te esqueças de que existem três categorias relacionadas com o receber esmolas. Os ascetas consumados não aceitam facilmente qualquer coisa de alguém; os medianos nunca pedem que alguém lhes dê alguma coisa, mas se ele a der espontaneamente, a recebem como se fosse enviada por Deus. Mas se estamos doentes e incapazes de trabalhar para suprir as nossas necessidades, peçamos com grande humilhação, repreendendo-nos sempre.

N.592.42

Se vês que Deus te concedeu a compunção por algum tempo, desdenha teu trabalho manual durante esse tempo, se te parecer vantajoso fazê-lo, e dedica-te à contrição, no caso de o dia de tua partida estar próximo e, por esse motivo, Deus te concedeu tempo para chorar, a fim de que através do choro encontres um pouco de misericórdia. Porque, como satanás se apressa a provocar a perda de um homem no fim de sua vida, assim também Deus muitas vezes proporciona ao homem uma ocasião de salvar-se no fim de sua vida.

N.592.43

Quando te levantas após o sono, as primeiras palavras de tua boca glorificarão imediatamente a Deus, irrompendo em hinos e salmos. Pois a primeira coisa que a mente encontra desde a aurora, ela continua moendo-a como um moinho durante todo o dia, seja ela trigo ou joio. Portanto, sê sempre o primeiro a semear o trigo, antes que teu inimigo semeie o joio.

N.592.44

Se em sonhos tens a visão de mulheres, esforça-te para não trazer essas coisas à mente durante o dia, porque elas são morte e condenação para a alma.

N.592.45

Quando te deitas na tua cama, lembra-te de teu túmulo, dizendo: "Será que despertarei amanhã ou não?" Reza fervorosamente antes de dormir e ao levantar. E, quando te deitas, cuida para nunca alimentar um pensamento impuro e não penses de modo algum numa mulher, mesmo que seja uma mulher santa; mas, de preferência, adormece rezando. Porque qualquer pensamento que um homem nutre, esse mesmo pensamento atua durante a noite, seja bom ou mau; pois, quando alguém está na cama, todas as coisas convergem para um mesmo ponto. As memórias de mulheres ficam sentadas ao lado do monge na cama, mas existem anjos à sua inteira disposição, encarregados expressamente de preservá-lo. Quando teu coração, de noite ou de dia, te diz: "Levanta-te e reza", sabe que quem te fala é o anjo que está ao teu lado. E, quando te levantas, ele está a teu lado, rezando contigo, expulsando de ti os demônios que rangem os dentes contra ti. Mas, se não lhe prestas atenção e tardas em levantar-te, no futuro também ele se afastará de ti e tu cairás nas mãos de teus inimigos.

N.592.46

Se não tens a humilhação espiritual ou a oração espiritual, adquire pelo menos as corporais e, através das corporais, chegarão a ti também as espirituais; caso contrário, trabalhas em vão [cf. Sl 127,2].

N.592.47

Se estás ocupado com o trabalho manual em tua cela e chega o momento de tua oração, não digas: "Primero terminarei os poucos raminhos e o pequeno cesto e depois me levantarei". Mas levanta-te a cada hora e oferece a Deus a oração que lhe deves, porque, de outro modo, te acostumarás gradualmente a negligenciar a oração e o teu culto; e tua alma ficará deserta de toda obra, espiritual ou corporal. Porque é desde a aurora que se manifesta teu zelo.

N.592.48

Se estiveres de visita em algum lugar, não reveles intencionalmente teu estilo de vida, nem digas: "Não como azeite de oliveira ou alimentos cozidos ou peixe". Apenas não relaxes quanto ao vinho, se temes a batalha. E, se alguém te repreender, não te preocupes.

N.592.49

Se teu corpo está fraco, ocupa-te com ele e com tuas necessidades, para que ele não fique realmente doente e precises pedir vários alimentos e ser um peso para teu assistente.

N.592.50

Se te perturbam *logismoi* impuros, não os escondas, mas fala sem demora sobre eles a teu pai espiritual e repreende-os. Porque, na medida em que um homem oculta seus *logismoi*, eles se multiplicam e ganham força. Porque, assim como uma serpente foge imediatamente ao sair de sua toca, assim um mau *logismos* é eliminado logo que é trazido à luz. Exatamente como um verme se esconde na floresta, um mau *logismos* se esconde no coração. Quem manifesta seus *logismoi* é rapidamente curado, mas quem os oculta sofre com o orgulho. Porque, se não tens confiança em alguém para revelar-lhe tuas batalhas, isto é um sinal de que não possuis a humilhação. Porque para aquele que é humilde todos são santos e bons, enquanto ele próprio se considera o único pecador. Aliás, se uma pessoa invoca a Deus de todo o coração e consulta um homem a respeito de seus *logismoi*, o homem – ou melhor, através do homem, Deus que abriu a boca da mula no caso de Balaão [Nm 22,28] – lhe dará uma resposta adequada, mesmo que aquele que foi interrogado seja indigno e pecador.

N.592.51
Se no lugar onde vives existem túmulos, vai até eles continuamente e medita sobre os que ali jazem, especialmente em tempo de guerra contra a carne. E, quando ficas sabendo que um irmão está partindo para o Senhor, vai e permanece junto dele para poder contemplar como a alma se separa do corpo.

N.592.52
Se alguém te pede para rezar por ele, dize: "Pelas orações dos santos, irmão, Deus terá misericórdia de mim e de ti de acordo com sua vontade".

N.592.53
Se ouves dizer que alguém te insultou e ele se aproximar de ti, não lhe reveles que estás ao par, mas trata-o afavelmente e apresenta-lhe um semblante alegre, para poderes falar livremente em tua oração.

N.592.54

Se sentes o corpo pesado por algum tempo após a comida, entrega-te ao trabalho corporal para estar aliviado antes da noite e não ter visões más. Sê um bom combatente, enfrentando o diabo: se ele te golpeia aqui, golpeia-o lá. Se ele te domina pela comida, domina-o por vigílias noturnas. Se ele te sobrecarrega com sono, subjuga-o pelo trabalho físico. Se ele chega a te desencaminhar para a vanglória, faze algo ou toma diante dos homens uma atitude que os leve a desprezar-te. Presta atenção nisto: nada aflige mais satanás do que quando um homem deseja com afinco a humilhação e o desprezo.

N.592.55

Se ainda és jovem, foge do vinho como de uma serpente. Se bebes um pouco numa *agapê*, limita-te a isto. Se teus anfitriões te conjurarem e até se prostrarem diante de ti, não prestes atenção aos seus juramentos. Muitas vezes satanás sugere aos monges que pressionem os jovens a beber vinho, pois ele sabe que o vinho e as mulheres nos separam de Deus. Se te encontras em terra estranha e ninguém te acolhe, não te aflijas, mas dize: "Se eu fosse digno, Deus me providenciaria repouso".

N.592.56

Se te obrigam a comparecer a uma *agapê* e te colocam no último lugar, não deixes tua mente lamentar-se, mas dize: "Não sou digno nem sequer de estar aqui". Digo-te isto porque nenhuma tribulação vem a um homem a não ser do alto, de Deus, a fim de prová-lo e por causa de seus pecados. E quem não se mantém fiel a este pensamento não crê que Deus é um juiz justo [Sl 7,12].

N.592.57

Se vives no deserto, cuida que teus *logismoi* e os demônios não zombem de ti, dizendo: "Estás vivendo bem; eis que te afastaste da calúnia, dos homens, da tagarelice ociosa e executas tua pequena liturgia". Se alimentas esses pensamentos, Deus retirará de ti sua ajuda e então reconhecerás tua própria fragilidade. De preferência dize sempre: "Ai de mim! Meu corpo está no deserto, mas meu espírito se associa ao mundo. Os homens pensam que mantenho o estilo de vida dos pais, não sabendo que eu me degrado cada dia com *logismoi* impuros e com a negligência, comendo e dormindo".

N.592.58

Se vais consultar um pai a respeito de teus *logismoi*, reza primeiro a Deus e dize: "Senhor, se me mandas fazer alguma coisa, põe-na na boca do ancião para que ele me diga, pois eu ouvirei o que ele diz como se viesse de tua boca, Senhor. Fortalece-o em tua verdade, Senhor, para que eu possa ouvir tua vontade por intermédio dele". E então observa com perseverança e temor tudo o que o ancião te disser.

N.592.59

Se um irmão te visitar, remove de teu rosto a tristeza e oculta-a em teu coração até despedires o irmão. Depois põe-na de volta em teu rosto, porque os demônios fogem quando a veem em ti.

N.592.60

Se um *logismos* de arrogância te perturba, dize ao demônio: "Deus disse: 'Aquele que se exalta será humilhado' [Lc 14,11 e 18,14]. Se não cessas de dizer-me que sou bom, eu me convencerei de que sou estranho a Deus, porque 'o Senhor resiste aos soberbos' [Pr 3,34; Tg 4,6; 1Pd 5,5]".

N.592.61

Se cais no pecado e voltas as costas a ele e inicias a lamentação e o arrependimento, cuida de não cessar de lamentar-te e suspirar pelo Senhor até o dia de tua morte. Caso contrário, cairás de novo rapidamente no mesmo fosso. A tristeza segundo Deus é para a alma um freio que a impede de cair.

N.592.62

Quando satanás vê que Deus é misericordioso contigo e concede à tua alma a compunção, ele te propõe alguma tarefa necessária em tua cela, dizendo: "Faze isto hoje porque tens necessidade"; ou: "Vai visitar tal e tal porque ele está doente". Ele faz tudo isso para negar-te o lazer de desfrutar a doçura da aflição. Mas, se tens consciência da astúcia de satanás e te manténs vigilante, persistindo na oração com compunção, então aguarda imediatamente a tentação, seja dos homens ou dos demônios. Com efeito, satanás luta de maneira aviltante contra um homem no momento em que o homem luta corajosamente. O desejo elimina a compunção e a humilhação da alma mais do que qualquer outra coisa. Há momentos em que os *logismoi* e os demônios circulam ao teu redor enquanto estás sentado em tua cela. Levanta-te imediatamente e reza; sai e passeia e eles se dispersarão para longe de ti.

N.592.63

Apaixona-te pela pobreza e não desejes ter pequenos objetos materiais em tua cela. Quando a alma procura algum objeto e não o encontra, ela geme e se humilha. Então Deus a consola e lhe dá a compunção. E, quando a alma saboreia a doçura de Deus, ela quase chega a odiar o traje que ela veste e até mesmo seu próprio corpo.

N.592.64

Digo-te isto, meu filho, porque, se um homem não odiar seu próprio corpo como um inimigo e adversário, sem cuidar dele nem mesmo um pouco, ele é incapaz de libertar-se da armadilha do diabo. Porque a armadilha do diabo para apanhar o homem – e especialmente um jovem – é o nosso corpo, como proclama Abba Isaías, dizendo: "Não dês as mãos a ninguém; não te aproximes de outro corpo, a não ser no caso de doença grave – e, neste caso, com temor. Não deixes a mão de um outro aproximar-se de ti ou acariciar-te e nunca peças que alguém retire piolhos de tua barba, de tua cabeça ou de tua veste. Nunca em tua vida durmas perto de alguém. Não abraces um jovem imberbe, nem mesmo na igreja, nem alguém que vem de fora. Não rias com um jovem, para que tua alma não se perca; não te sentes ao lado dele nem andes com ele; que um não se aproxime do outro. Ao satisfazer as necessidades de teu estômago, não te sentes de modo algum com outra pessoa, porque quem é verdadeiramente devoto se envergonha até de sua própria pessoa. Porque muitos que desdenharam estas considerações como algo sem importância caíram no fosso por causa delas e se perderam. Todo grande mal começa como um pequeno mal e depois se torna grande. Mas o Senhor nos instruirá em seu temor".

N.593

Um ancião disse: "A respeito de Salomão está escrito que ele amava as mulheres e o masculino ama o feminino; mas nós reprimimos nossos *logismoi* e torturamos nossa natureza para levá-la à pureza e impedi-la de cair neste tipo de desejos".

N.594

Um ancião disse: "Se alguém deseja praticar a *hêsychia* deve viver ou no deserto ou numa laura, entre muitos irmãos. Se viver num lugar menos remoto, ele terá muitas distrações diariamente; porque, quando do alguém chega ali, ele deve acolhê-lo, já que essa pessoa não tem onde repousar. Se estás num lugar amplo, teu *logismos* não se distrairá, mesmo que não o acolhas, pois ele encontrará alhures um lugar para dormir. Os numerosos irmãos se tornam tua proteção e tu podes ter repouso".

N.595

Um ancião disse: "Tira as tentações e ninguém será santo, porque quem foge da tentação benéfica foge da vida eterna. Foram as tentações que providenciaram coroas aos santos".

N.596.1

Abba Daniel de Scete disse que certa vez um irmão que vivia no Egito estava de viagem. Quando anoiteceu entrou num túmulo para dormir por causa do frio. Aproximaram-se demônios e um disse ao outro: "Vês a audácia deste monge que está dormindo no túmulo? Vamos fazer-lhe uma sacanagem". O outro respondeu: "Por que queres sacaneá-lo? Ele já é dos nossos, pois come, bebe, calunia, negligencia sua *synaxis*. Em vez de gastar nosso tempo com ele, vamos atormentar os que nos atormentam, lutando contra nós de noite e de dia com suas orações".

N.596.3 *BHG* **2099z, 2254-2255,** *Marcus salus seu stultus Alexandriae*

A vida de Abba Daniel de Scete

Havia em Scete um ancião chamado Daniel e que tinha um discípulo. Um irmão chamado Sérgio viveu com o discípulo de Daniel por algum tempo e depois ele adormeceu no Senhor. Após a morte do irmão Sérgio, Abba Daniel permitiu que seu discípulo falasse livremente, porque o amava.

Certo dia o ancião tomou seu discípulo e dirigiu-se a Alexandria, pois era costume o hegúmeno de Scete dirigir-se ao papa de Alexandria por ocasião da grande festa da Páscoa. Chegaram à cidade por volta da undécima hora e, enquanto caminhavam pela estrada, viram um irmão nu trazendo cingida aos rins uma tanga de assistente de banho. Era o irmão que costumava fingir que era demente e havia outras pessoas dementes com ele. O irmão perambulava como um demente, emitindo sons sem sentido, roubando coisas no mercado e dando-as a outras pessoas dementes. Era chamado "Marcos de Hippos", porque Hippos era um edifício público. Era ali que Marcos o demente labutava, ganhando cem *noumia* por dia, e era ali que ele dormia, nos bancos. De suas cem *noumia* aproveitava doze *noumia* para comprar provisões para si e dava o resto aos outros dementes.

Toda a cidade conhecia Marcos de Hippos por causa dos sons sem sentido que ele emitia. O ancião disse a seu discípulo: "Vai e descobre onde mora este irmão demente". Então ele foi e perguntou e as pessoas disseram: "No Hippos, porque ele é demente". No dia seguinte, depois de cumprimentar o papa, o ancião encontrou, pela providência de Deus, Marcos o Demente junto à grande porta do Tetrápilo. O ancião aproximou-se e o agarrou e começou a gritar: "Ó homens de Alexandria, socorro! Este demente estava zombando do ancião". Uma grande multidão se reuniu em torno deles – o discípulo manteve-se discretamente a certa distância – e todos diziam ao ancião: "Não te ofendas: ele é demente". O ancião lhes disse: "Os dementes sois vós, porque hoje não encontrei na cidade nenhum homem a não ser este". Então chegaram alguns clérigos da igreja que reconheceram o ancião e lhe disseram: "O que afinal este companheiro demente te fez?" O ancião lhes disse: "Levai-o ao papa por mim". E eles o levaram. Então o ancião disse ao papa: "Não existe hoje nenhum instrumento de graça como este nesta cidade". Sabendo que o ancião fora informado por Deus em relação ao homem demente, o papa prostrou-se aos pés do demente e começou a implorar-lhe que lhes revelasse quem ele era. Ele, voltando a si, confessou dizendo: "Eu era um monge e o demônio da *porneia* me dominou por quinze anos. Recobrando o juízo, eu disse: 'Marcos, por quinze anos serviste ao inimigo; agora serve a Cristo de maneira semelhante'. Dirigi-me ao Quinto [marco miliário] e permaneci ali por oito anos; então, depois de oito anos, eu disse a mim mesmo: 'Agora, entra na cidade e torna-te demente por outros oito anos'. E eis que hoje completaram-se os oito anos de minha demência". Todos choraram unanimemente.

Marcos dormiu na residência episcopal e o mesmo fez o ancião. Quando amanheceu, o ancião disse a seu discípulo: "Irmão, chama Abba Marcos por mim, para fazermos uma oração por nós e podermos partir para nossa cela". O irmão foi e descobriu que Marcos adormecera no Senhor e veio anunciar ao ancião que Abba Marcos havia morrido. O ancião informou o fato ao papa e o papa ao comandante-geral, ordenando que não se fizesse nenhum trabalho na cidade. O ancião enviou seu discípulo a Scete dizendo: "Toca o sinal, reúne os pais e dize-lhes: 'Vinde receber a bênção do ancião'. Todos os habitantes de Scete se reuniram, vestidos de branco, carregando ramos e folhas de palmeira, junto com os monges do Enaton e de Kellia e da montanha da Nítria e de todas as lauras da região de Alexandria. Por isso os restos mortais permaneceram insepultos por cinco dias e precisaram embalsamar as relíquias do bem-aventurado Marcos. Então toda a cidade, com ramos, velas e lágrimas, borrifando a rua principal, carregaram os veneráveis restos mortais do bem-aventurado Marcos o demente, glorificando e louvando a Deus, o amante dos homens, que concede aos que o amam tanta graça e glória, agora e para os séculos dos séculos. Amém.

N.596.4 *BHG* 2102, *de mendico caeco*

O bem-aventurado irmão que era cego

Em outra ocasião, quando Abba Daniel foi para Alexandria com seu discípulo, o ancião observou um cego que estava nu, sentado na praça e dizendo: "Dai-me; sede misericordiosos". O ancião disse ao discípulo: "Vês este homem cego? Digo-te que é uma pessoa de grande estatura. Queres que eu te mostre que tipo de homem ele é? Espera aqui". O ancião se aproximou dele e disse: "Faze-me um favor, irmão, porque não tenho onde comprar folhas de palmeira para trabalhar e me alimentar". O cego lhe disse: "O que viste em mim? Como podes ver, estou nu e sou um mendigo e mesmo assim me dizes: 'Dá-me algum dinheiro para poder comprar folhas de palmeira e trabalhar'. No entanto, espera". E o ancião fez um sinal para que seu discípulo os seguisse. Partiram para São Marcos, fora da cidade, porque ali ele tinha sua cela. Disse ao ancião: 'Espera por mim, abba". E entrou e trouxe para o ancião um cesto contendo uvas, romãs, figos secos e três moedinhas. Tirou da boca um terço de uma moeda de ouro e a deu ao ancião, dizendo: "Reza por mim, abba". Achegando-se a seu discípulo, o ancião chorou, dizendo: "Quantos servos ocultos Deus possui! Pela vida do Senhor, não recusarei nenhum destes dons, porque são fruto da caridade".

Alguns dias mais tarde, após tê-lo deixado, ouviram dizer que o Grande Administrador estava sofrendo muito do fígado e estava recolhido à cama em São Marcos. O santo apóstolo e evangelista Marcos apareceu-lhe e disse: "Manda trazer o cego; ele colocará sua mão no lugar da dor e serás curado". Enviando seus próprios escravos, tomaram-no consigo com súplicas e com força. Depois de ele rezar e colocar a mão, de repente a dor desapareceu. E o fato tornou-se conhecido em toda a cidade. Quando o papa foi informado disto, foi ver o cego e o encontrou adormecido no Senhor. Isto se tornou conhecido em Scete e em toda a cidade. O ancião subiu com seu discípulo e muitos dos pais subiram com eles e receberam uma bênção do bem-aventurado confrade. Quase toda a cidade saiu e, após receberem uma bênção, carregaram os veneráveis restos mortais com hinos de ação de graças e glória. Colocaram-no sobre os restos mortais de Abba Marcos o Demente. Assim foi o estilo de vida do irmão: sempre que recebia uma esmola, com ela comprava maçãs, uvas e romãs e as distribuía cada domingo – pela mão de outro – entre as pessoas doentes nos asilos. Manteve este serviço virtuoso por quarenta e oito anos, para a glória do Senhor.

N.596.5 *BHG* 2453, 2453b + epílogo *Taís de Alexandria*

Uma jovem mulher casta e santa

O mesmo Abba Daniel subiu para Alexandria com seu discípulo e, enquanto ali estavam, aconteceu o seguinte. Havia um abba no mosteiro do Décimo Oitavo [marco miliário] de Alexandria. Ele tinha um filho; e seu filho tinha uma donzela de dezoito anos aproximadamente, que vivia com ele como esposa. Ora, o filho era pescador. O diabo, inimigo de nossas almas, incitou o abba ao desejo físico por sua nora. Começou a procurar uma oportunidade de estar sozinho com ela, mas não a encontrava. Então ele começou a beijá-la frequentemente e a donzela aceitava isso como se viesse de seu próprio pai.

Então, certo dia, alguns pescadores chegaram à noite, procurando o jovem para uma pescaria. Quando o jovem saiu, seu pai insinuou-se junto à donzela.

Ela lhe disse: "O que estás fazendo, pai? Vai e faze o sinal da cruz, porque o que fazes vem do demônio". Ele recusou-se a deixá-la e, embora ele tentasse, a donzela o repeliu. Ora, a espada do filho estava pendurada acima da cama. Querendo amedrontá-la, o pai apontou a espada para ela, dizendo: "Eu te atacarei com esta espada se não concordares com os meus desejos". Ela lhe disse: "Mesmo que eu precise ser dilacerada membro por membro, nunca farei esta ação iníqua. Enfurecido pela cólera, ele enfiou de repente a espada – ele estava sob o controle do diabo – nos rins da donzela e forçou-a para baixo, cortando-a em dois pedaços. E instantaneamente Deus o cegou. Ele tateou em volta de si procurando a porta, mas não conseguiu encontrá-la.

Alguns pescadores vieram ao raiar do dia em busca do jovem. Ao chamá-lo em voz alta, seu pai respondeu: "Ele foi pescar; mas onde está a porta, porque não posso ver?" Eles disseram: "Está aqui". E, abrindo-a, entraram. Então viram a calamidade que ocorrera. Ele lhes disse: "Prendei-me e entregai-me, pois cometi um assassinato". Eles o levaram e o entregaram ao governador da cidade. O governador o interrogou e foi informado por ele de toda a verdade e então mandou torturá-lo e executá-lo.

Algum tempo depois Abba Daniel disse a seu discípulo: "Vamos ver os restos mortais da donzela". E partiram para o Décimo Oitavo [marco miliário] de

Alexandria. Os pais do Décimo Oitavo e os monges ouviram falar dele, ou seja, que Daniel estava chegando, e saíram ao seu encontro. O ancião lhes disse: "Rezai, ó pais, porque os restos mortais da donzela não devem ser sepultados a não ser com os pais". Alguns deles começaram a murmurar sobre o fato de permitir que os restos mortais de uma mulher fossem sepultados com os pais – e ela, vítima de um assassino! Mas o ancião lhes disse: "Esta donzela é minha mãe e vossa mãe [*amma*] espiritual, pois morreu pela causa da castidade". Então ninguém se opôs ao ancião e a sepultaram com os pais. Depois de abraçar os pais, o ancião retornou a Scete com seu discípulo.

Epílogo

Certo dia, um irmão dessa mesma Scete estava sendo assediado pelo demônio da *porneia*. Em sua grave aflição, chegou e confessou o fato ao ancião. O ancião lhe disse: "Vai ao Décimo Oitavo [marco miliário] de Alexandria e aguarda diante do cemitério dos pais e dize: 'Ó Deus de Thomais, ajuda-me e livra-me da tentação da *porneia*'. Confio em Deus que serás libertado desta tentação". Tendo recebido a oração e a diretriz do ancião, o irmão chegou ao Décimo Oitavo e fez como o ancião o instruíra. Ao retornar a Scete três dias depois, prostrou-se aos pés do ancião e lhe disse: "Graças a Deus e às tuas orações, senhor-e-mestre, fui libertado do assédio da *porneia*". O ancião lhe disse: "Como foste libertado?" O irmão lhe disse: "Logo depois de fazer doze prostrações e deitar-me diante do cemitério dos pais, acordei e uma donzela veio e me disse: 'Abba, Abba; recebe esse dom e vai em paz para tua cela'. E, após receber a oferta, o assédio sossegou e eu soube que estava livre dele. Não tenho ideia do que era o dom". O ancião disse: "Ah! Os que lutam pela causa da castidade têm essa liberdade de acesso a Deus!"

N.596.2 *BHG* 79, 80 *Anastasia patricia sub Iustiniano*

A Nobre Senhora que teve o nome mudado para o de um eunuco

Havia um eunuco que vivia no deserto interior de Scete. Sua cela distava aproximadamente dezoito milhas de Scete. Uma vez por semana ele procurava Abba Daniel de noite, sem o conhecimento de ninguém, excetuado o discípulo de Daniel. O ancião mandava seu discípulo encher um recipiente com água para o mesmo eunuco uma vez por semana, levá-lo e colocá-lo no chão fora da porta. "Bate, mas nada mais do que isso. Então afasta-te e, é claro, não fales com ele. Mas, se por acaso encontrares junto à porta da gruta um caco de louça com algo escrito, traze-o contigo". E era isso que o discípulo costumava fazer. Então, certo dia, o discípulo encontrou um caco de louça no qual estava escrito: "Traze tua ferramenta e vem sozinho, excetuado teu discípulo". Quando o ancião leu o que estava escrito no caco de louça, caiu num choro convulsivo e disse ao discípulo: "Ai do deserto interior que hoje está perdendo uma tal pilastra!" E disse ao discípulo: "Toma as ferramentas e segue-me imediatamente. Ai! Oxalá cheguemos até o ancião a tempo e não sejamos privados de suas orações, porque ele está prestes a partir para o Senhor".

Pondo-se ambos a caminho com lágrimas nos olhos, encontraram o eunuco ardendo de febre. O ancião debruçou-se sobre seu peito e chorou copiosamente, dizendo: "Bem-aventurado és tu, que focaste tua atenção nesta hora da morte, não levando em consideração os reinos terrestres e todos os homens". O eunuco respondeu: "Bem-aventurado és tu, novo Abraão e hospedeiro de Cristo; quantos frutos Deus recebe por tuas mãos!" O ancião disse: "Reza por nós, pai". O eunuco lhe disse: "Eu preciso de muitas orações nesta hora". O ancião lhe disse: "Se eu já tivesse chegado a esta hora, eu intercederia por ti". Sentando-se em sua esteira, o eunuco tomou a cabeça do ancião em suas mãos e o beijou, dizendo: "O Deus que me trouxe a este lugar te concederá longa vida, como fez com Abraão". O ancião tomou o discípulo e sentou-o nos joelhos do eunuco, dizendo: "Abençoa meu filho, pai". Beijando-o, o eunuco lhe disse: "O Deus que nesta hora está a meu lado para separar-me deste corpo sabe quantos passos este discípulo deu para chegar a esta cela em teu nome. Possa o espírito de seus pais repousar sobre ele, assim como o espírito de Elias veio repousar sobre Eliseu". Então o eunuco disse ao ancião: "Pelo amor do Senhor, não me desnudes de minhas vestes, mas antes envia-me ao Senhor como eu sou. E não deixes ninguém, a não ser vós dois, saber a meu respeito". Então disse ao ancião: "Dá-me a comunhão". Depois de comungar, ele disse: "Dá-me o sinal do amor em Cristo e reza por mim". E, olhando para a direita, disse: "Sois bem-vindos; vamos". Com o rosto brilhando como fogo, fez o sinal da cruz sobre a boca e disse: "Em tuas mãos, ó Deus, deposito o meu espírito" [Lc 23,46]. E assim entregou sua alma ao Senhor.

Ambos choraram e depois cavaram uma sepultura diante da gruta. O ancião despiu a veste que trazia e disse ao discípulo: "Põe isto sobre as vestes dele". Ele vestia uma roupa branca feita de fibras de palmeira e um manto remendado. Enquanto o irmão o estava vestindo, olhou e viu que ele tinha os seios de mulher, como duas folhas secas, mas não disse nada. Depois de sepultá-lo rezaram e o ancião disse a seu discípulo: "Quebremos o jejum hoje e façamos uma *agapê* na presença do ancião". Depois de receber a comunhão descobriram que o eunuco tinha alguns pães secos e algumas lentilhas. Realizaram a *agapê* em sua presença e, levando a corda que ele fizera, voltaram à sua própria cela, dando graças a Deus.

O discípulo disse ao ancião: "Sabes que este eunuco era uma mulher? Vi seus seios ao vesti-lo e eram de uma mulher, como folhas secas". O ancião lhe disse: "Eu sei que ela é uma mulher, meu filho. Queres que eu te conte tudo a respeito dela? Ouve. Ela era a primeira dama da classe dos patrícios na ordem palatina. O imperador Justiniano queria tê-la no palácio por causa de sua admirável inteligência. Ao ser informada disso, Teodora ficou irritada e quis mandá-la para o exílio. Ao saber disso, a senhora alugou um barco, pôs a bordo algumas de suas coisas de noite e fugiu. Chegou a Alexandria e fixou residência no Quinto [marco miliário], onde construiu um mosteiro, conhecido até hoje como Mosteiro de Patrícia. Após a morte de Teodora, ela foi informada novamente que o imperador desejava convocá-la à sua presença. Novamente fugiu de Alexandria durante a noite. Ela chegou aqui, perto de mim, sozinha, e pediu-me que lhe desse uma cela fora de Scete, explicando-me toda a situação com os mínimos detalhes. Dei-lhe aquela gruta e ela adotou as vestes masculinas. Hoje já são vinte e oito anos que ela estava em Scete e ninguém sabia a respeito dela a não ser tu, um outro irmão e eu, o ancião. Sempre que saía para outro lugar, eu pedia que o irmão enchesse o recipiente com água para ela. Ninguém, a não ser tu, sabia quem ela era. Oh! Quantos agentes secretos o imperador Justiniano enviou em sua busca! E não só ele, mas também o papa de Alexandria e toda a cidade. No entanto, até hoje ninguém soube em que lugar ela vivia".

Vês assim como os que moram em palácios se estressam lutando contra o diabo e como eles sofrem em seus corpos. Mas nós, que no mundo mal e mal conseguíamos encontrar uma maneira de saciar-nos com pão, chegamos agora à vida monástica e vivemos em excessivo conforto, sem conseguir cultivar uma única virtude. Por isso, rezemos para que o Senhor nos torne também dignos deste caminho e nos conceda a felicidade de encontrar misericórdia naquele dia no tribunal de nosso Senhor Jesus Cristo, junto com os santos pais e também com Abba Anastásio o Eunuco – pois ela se chamava Anastásia –, pelas preces e intercessão de nossa Senhora Mãe de Deus e de todos os santos e de Abba Daniel.

N.596.10 *BHG* **121** *et seq. Andronicus et Athanasia*

Um ourives e sua esposa

Havia na grande cidade de Antioquia um ourives. Era um homem jovem chamado Andrônico. Tomou como esposa a filha de um ourives chamado João, cujo nome era Atanásia, pois era realmente "imortal" em suas obras e em seu pensamento. Andrônico era muito temente a Deus, cheio de boas obras e sua esposa igualmente. Eram muito ricos. Seu estilo de vida era o seguinte: dividiam os lucros do negócio e de suas fortunas pessoais em três porções: uma porção para assistência aos pobres, uma destinada aos monges e outra para sua subsistência e para as despesas da oficina. Toda a cidade gostava de Mestre Andrônico por causa de sua bondade. Ele teve relações sexuais com sua esposa e ela concebeu e deu à luz um filho a quem deu o nome de João. Depois ela concebeu novamente e deu à luz uma filha, a quem deu o nome de Maria. Mas, depois disso, Andrônico nunca mais teve relações sexuais com sua esposa. Toda a sua preocupação consistia em dedicar-se às boas obras, junto com outros ourives tementes a Deus. No domingo, segunda, quarta e sexta, desde a noite até o amanhecer, Andrônico ia ao banho dos homens da irmandade e, da mesma forma, sua esposa ia ao banho das mulheres, a fim de praticar boas obras.

Após um período de doze anos, certo dia a Senhora Atanásia, voltando ao clarear do dia depois de executar suas boas obras, foi ver seus filhos e encontrou-os gemendo. Aflita, deitou na cama e segurou os dois junto ao peito. Quando o bem-aventurado Andrônico entrou, começou a censurar sua esposa por dormir tanto tempo, mas ela lhe disse: "Não te irrites comigo, meu senhor, porque as crianças estão doentes". Ele as tocou e verificou que estavam com febre. Ele suspirou, dizendo: "Seja feita a vontade do Senhor". E saiu da cidade para rezar em São Juliano, porque ali haviam sido sepultados seus pais. Permaneceu ali até a hora sexta e depois, ao retornar, escutou lamentos e agitação em sua casa. Aflito, correu e encontrou quase toda a cidade junto à sua casa – e as crianças mortas. Ao ver os filhos deitados juntos na cama, entrou em seu oratório, prostrou-se diante do Salvador e, chorando, disse: "Nu saí do ventre de minha mãe e nu para lá retornarei. O Senhor deu e o Senhor tirou. Como aprouve ao Senhor, assim aconteceu. Bendito seja o nome do Senhor desde agora e para sempre" [Jó 1,21 LXX, Sl 113,2 LXX]. Sua esposa tentou estrangular-se dizendo: "Morrerei com meus filhos".

Toda a cidade reuniu-se para o funeral das crianças e também o patriarca veio com todo o seu clero. Sepultaram-nos no *martyrion* de São Juliano, junto com seus avós. O patriarca tomou consigo o bem-aventurado Andrônico e entraram na residência episcopal; sua esposa não quis voltar para casa e dormiu no *martyrion*. No meio da noite o mártir apareceu-lhe disfarçado de monge e lhe disse: "Por que não deixas em seu repouso os que estão aqui?" Ela disse: "Oh, meu Senhor, não te irrites comigo, porque estou sofrendo. Eu tinha só dois filhos e hoje sepultei os dois juntos". Ele lhe disse: "Qual a idade dos filhos?" Ela lhe disse: "Um tinha doze anos e o outro dez". E ele lhe disse: "Então por que estás chorando por eles? Deverias chorar por teus pecados! Digo-te, mulher, da maneira como a natureza de um homem pede alimento e é impossível não lhe dar algo para comer, assim as crianças pedem neste dia a Cristo as boas coisas que hão de vir, dizendo: 'Justo juiz, Tu nos privaste dos prazeres terrenos; não nos prives também dos celestes'". Ela ficou profundamente comovida ao ouvir isto e converteu sua tristeza em alegria, dizendo: "Se meus filhos estão vivos no céu, por que estou chorando?" Virou-se, procurando o abba que lhe falara. Circulou por toda a igreja, mas não o encontrou. Bateu à porta do porteiro e disse: "Onde está o abba que entrou há pouco?" O porteiro lhe disse: "Podes ver com teus próprios olhos que todas as portas estão trancadas e tu dizes: 'Onde está o abba que entrou há pouco!'" E o porteiro mostrou indiferença, percebendo que ela tivera uma visão. A mulher ficou aterrorizada e pediu para retornar para sua casa. O porteiro tomou-a e levou-a para casa e ela contou ao marido o que havia visto.

Então a bem-aventurada Atanásia lhe disse: "Na verdade, meu senhor, eu queria dizer-te isto quando as crianças estavam vivas, mas tive vergonha. Agora eu te digo depois de sua morte. Atende ao meu pedido: coloca-me num mosteiro e deixa-me chorar pelos meus pecados". Ele lhe disse: "Vai, prova tua mente por uma semana e, se ainda tiveres a mesma opinião, examinaremos o caso". Mas ela voltou e repetiu a mesma coisa. O bem-aventurado Andrônico convocou seu sogro e entregou-lhe toda a sua riqueza, dizendo: "Vamos rezar nos Lugares Santos. Se sofrermos a sorte comum do gênero humano, decide entre ti e Deus como dispor destes bens. Peço que beneficies tua alma construindo um hospital e uma hospedaria para os monges". Libertou seus escravos, dando-lhes heranças. Depois, tomando uma pequena soma em dinheiro e dois cavalos deixou a cidade de noite: ele e sua esposa, sozinhos. Quando viu sua casa de longe, a bem-aventurada Atanásia olhou para o céu e disse: "Ó Deus, que disseste a Abraão e Sara: 'Deixa tua própria terra e teus parentes e dirige-te a uma terra que eu te mostrarei' [Gn 12,1], guia-nos com temor a ti, porque eis que deixamos nossa casa aberta por teu nome; não feches a porta de teu reino diante de nós". E, depois de chorar, ambos seguiram seu caminho.

Quando chegaram aos Lugares Santos, fizeram suas devoções e depois, reunindo-se a muitos pais, chegaram a São Menas em Alexandria, onde se beneficiaram com as relíquias do mártir. Por volta da hora nona, Andrônico olhou atentamente em torno e viu um monge discutindo com uma pessoa secular. Ele disse ao secular: "Por que insultas o abba?" E ele lhe disse: "Senhor-e-mestre, ele alugou meu animal para ir a Scete e eu lhe disse: 'Vamos agora e viajemos toda a noite e amanhã até a hora sexta, para chegar antes do grande calor do dia'. Mas ele não quer partir imediatamente". Mestre Andrônico lhe disse: "Tens outro animal?" Ele respondeu: "Sim". "Então vai e traze-o; eu tomarei um animal e o abba o outro, porque eu também quero descer até Scete. Andrônico disse à sua esposa: "Permanece aqui em São Menas enquanto eu desço até Scete para ser abençoado pelos pais e depois retorno". Sua esposa lhe disse: "Leva-me junto". Ele disse: "Mas uma mulher não vai a Scete". Entre lágrimas ela disse: "Responderás a São Menas se permaneceres lá e não retornares para levar-me a um mosteiro". Abraçaram-se e se separaram.

Ele desceu até Scete e, depois de prestar suas homenagens aos pais em cada laura, ouviu falar de Abba Daniel. Continuou seu caminho e, com grande dificuldade, conseguiu encontrar-se com ele. Explicou toda a sua situação ao ancião e o ancião lhe disse: "Vai e traze tua esposa. Eu escreverei para ti uma carta e tu levarás a esposa à Tebaida, ao Mosteiro dos Tabenesiotas". Andrônico fez como o ancião lhe disse: foi e a trouxe ao ancião e este falou a palavra da salvação a ambos. Escreveu uma carta e os enviou ao Mosteiro dos Tabenesiotas. Quando Andrônico voltou, o ancião deu-lhe o hábito monástico e ensinou-lhe os costumes monásticos. E Andrônico permaneceu com ele por doze anos.

Depois disso, Andrônico pediu ao ancião permissão para ir aos Lugares Santos. O ancião rezou por ele e mandou-o seguir seu caminho. Ora, enquanto Abba Andrônico viajava pelo Egito, sentou-se à sombra de um acanto para aliviar-se um pouco do calor do dia. E eis que, pela providência de Deus, sua esposa aproximou-se vestida com um hábito de homem: ela também estava a caminho dos Lugares Santos. Eles se abraçaram e a pomba reconheceu seu companheiro, mas *ele* como poderia reconhecer essa beleza consumida e alguém que parecia um etíope? Ela lhe disse: "Aonde vais, senhor abba?" Ele lhe disse: "Aos Lugares Santos". Ela lhe disse: "Eu também desejo ir para lá". E ele lhe disse: "Gostarias que caminhássemos juntos?" Ela disse: "Mas caminhemos em silêncio, como se não estivéssemos juntos". Andrônico disse: "Como desejas". E ela lhe disse: "Não és na verdade o discípulo de Abba Daniel?" Ele disse: "Sim". Ela lhe disse: "Oxalá as orações do ancião caminhem conosco". E Andrônico disse: "Amém".

Depois de viajarem juntos e fazerem suas devoções nos Lugares Santos, retornaram a Alexandria e Abba Atanásio disse a Abba Andrônico: "Gostarias que vivêssemos juntos numa cela?" Andrônico disse: "Sim, se quiseres; mas primeiro eu gostaria de ir e receber a oração do ancião". Abba Atanásio lhe disse: "Vai então e eu esperarei por ti no Décimo Oitavo [marco miliário] e, se vieres, viveremos juntos como viajamos juntos: em silêncio. Mas, se não puderes suportar isto*, não venhas. Eu, de minha parte, permanecerei no Décimo Oitavo". Ele foi e saudou o ancião e depois contou-lhe a situação. O ancião lhe disse: "Vai, dedica-te ao silêncio e permanece com o irmão, porque ele é aquilo que um monge deve ser". Ele retornou e, encontrando Abba Atanásio, viveram juntos, fortalecidos no temor de Deus, por outros doze anos e Abba Andrônico não soube que se tratava de sua esposa.

Muitas vezes o ancião subia para visitá-los, falando-lhes palavras benéficas. Certa vez, quando subiu e se despedira deles, Abba Andrônico alcançou-o antes de chegar a São Menas e lhe disse: "Abba Atanásio está partindo para o Senhor". O ancião voltou e o encontrou sofrendo. Abba Atanásio começou a chorar e o ancião lhe disse: "Estás chorando em vez de alegrar-te porque estás indo ao encontro do Senhor?" Abba Atanásio lhe disse: "Só estou chorando por Abba Andrônico. Faze-me este favor: após meu sepultamento, encontrarás um bilhete debaixo do meu travesseiro. Lê o bilhete e entrega-o a Abba Andrônico". Depois de rezarem e ele ter recebido a comunhão, Abba Atanásio adormeceu no Senhor. Vieram para sepultá-lo e eis que se descobriu que seu sexo era feminino – e a notícia se espalhou por toda a laura. O ancião mandou trazer todas as pessoas de Scete e do deserto interior; também subiram todas as lauras de Alexandria. A cidade inteira se reuniu; os de Scete vestidos de branco, pois esse era o costume de Scete. Sepultaram os veneráveis restos mortais da bem-aventurada Atanásia com ramos e palmas, glorificando a Deus que concedeu tal perseverança à mulher.

O ancião permaneceu para a comemoração do sétimo dia da bem-aventurada Atanásia e depois pretendeu levar consigo Abba Andrônico, mas ele não quis. Ele disse: "Quero morrer com minha senhora". Novamente o ancião se despediu; mas, antes de chegar a São Menas, o irmão alcançou-o dizendo: "Abba Andrônico está sofrendo". Novamente o ancião enviou alguém a Scete para dizer: "Subamos, porque Abba Andrônico está seguindo o irmão Atanásio". Ao ouvir isto, subiram e o encontraram ainda vivo; após receberem dele uma bênção, ele adormeceu no Senhor.

Surgiu uma disputa entre os pais do Décimo Oitavo e os de Scete, dizendo estes últimos: "O irmão é nosso e vamos levá-lo para Scete para que suas orações nos assistam". Mas os do Décimo Oitavo disseram: "Vamos sepultá-lo junto à sua irmã". Sendo mais numerosos os de Scete, o arquimandrita do Oitavo disse: "Faremos o que o ancião disser". Abba Daniel disse que ele devia ser sepultado ali, mas eles não lhe deram atenção, dizendo: "O ancião é de idade avançada e já não teme a guerra contra o corpo, mas nós somos mais jovens e queremos o irmão para que suas orações possam nos assistir. É suficiente para vós o fato de vos deixarmos Abba Atanásio". Ao ver a grande agitação que estava acontecendo, o ancião disse aos irmãos: "Naturalmente, se não quereis ouvir-me, permanecerei aqui e serei sepultado com meu filho". Então eles se acalmaram e levaram o irmão Andrônico para sua sepultura. Disseram então ao ancião: "Vamos para Scete". O ancião lhes disse: "Deixai-me guardar o sétimo dia pelo irmão". Mas eles não o deixaram permanecer. Foram estas coisas que Abba Daniel confiou a seu discípulo. Rezemos para que, pelas orações de todos os santos, também nós possamos atingir a estatura de Abba Atanásio e de Abba Andrônico. Amém.

* Ou: "Se o ancião não vos permitir fazer isto" – Sinai 448.

N.596.7 *BHG* 2101, *de virgine quae ebrietatem simulabat*

Aquela que fingia ser ébria

Junto com seu discípulo, Abba Daniel subiu de Scete para a Alta Tebaida para a comemoração de Abba Apolo e todos os pais saíram para encontrar-se com ele, percorrendo aproximadamente sete milhas. Eram cerca de cinco mil e, deitados com o rosto na areia, pareciam uma tropa de anjos recebendo Cristo com temor. Alguns estendiam seus mantos diante dele, outros seus capuzes; e as lágrimas derramadas pareciam um manancial. O arquimandrita avançou, prostrando-se sete vezes antes de aproximar-se do ancião, e depois ambos se abraçaram e se sentaram. Então pediram-lhe que lhes fizesse um discurso, porque ele não falou imediatamente a ninguém. Quando se sentaram na areia fora do cenóbio, porque a igreja não podia acomodá-los, Abba Daniel disse a seu discípulo: "Escreve o seguinte: Se quereis ser salvos, buscai a pobreza e o silêncio, porque destas duas virtudes depende toda a vida monástica". Seu discípulo entregou o que havia escrito a um dos irmãos e este o traduziu para o egípcio. Quando o escrito foi lido em voz alta aos irmãos, eles choraram e escoltaram o ancião em seu caminho, porque ninguém ousou dizer-lhe: "Tem a bondade [de ficar conosco?]".

Quando chegou a Hermópolis, ele disse a seu discípulo: "Vai e bate à porta do mosteiro de mulheres e dize à hegúmena que eu estou aqui". Porque havia ali de fato um mosteiro de mulheres conhecido como "Abba Jeremias", no qual viviam cerca de trezentas irmãs. O discípulo foi e bateu. A porteira lhe disse em voz baixa: "Deus te salve! Bem-vindo. O que queres?" Ele lhe disse: "Chama-me a mãe arquimandrita; desejo falar com ela". Ela disse: "Ela nunca se encontra com ninguém; mas dize-me o que queres e eu lhe direi". Ele disse: "Dize-lhe que certo monge deseja falar com ela". Ela foi e lhe contou o caso. Então a hegúmena veio e disse ao irmão em voz baixa: "A amma mandou-me perguntar-te o que queres". O irmão respondeu: "Solicito que nos faças o favor de permitir que eu e outro ancião durmamos aqui, pois está anoitecendo e as feras podem nos devorar". A amma lhe disse: "Nenhum homem nunca vem aqui; é melhor serdes devorados pelas feras lá fora do que pelas feras que estão aqui dentro". O irmão disse: "O outro ancião é Abba Daniel de Scete". Ao ouvir isto, ela abriu as duas portas e saiu correndo e toda a comunidade fez o mesmo. Elas estenderam seus xales em todo o caminho desde a porta até o lugar onde estava o ancião, prostrando-se a seus pés e beijando-lhe as plantas dos pés.

Quando entraram no mosteiro, a senhora arquimandrita trouxe uma grande bacia cheia de água morna e ervas. Ela dividiu as irmãs em dois grupos e lavou os pés do ancião e também do discípulo. Depois, tomando outra vasilha, mandou as irmãs se apresentarem e, tirando água da bacia, derramou-a sobre suas cabeças. Por fim derramou um pouco sobre seu próprio peito e sua própria cabeça. Podia-se ver todas as irmãs mudas como se estivessem sobre um pedestal imóvel e todo o seu ofício ocorria mediante um toque de instrumentos; este movimento delas era angélico. Então o ancião disse à hegúmena: "Elas estão nos reverenciando ou as irmãs são sempre assim?" Ela disse: "Tuas servas são sempre assim, senhor-e-mestre, mas reza por elas". O ancião disse: "Dize a meu discípulo que ele me importuna como um bárbaro". Ora, uma das irmãs estava deitada dormindo no átrio, vestida com farrapos. O ancião disse:

"Quem é esta que dorme ali?" A hegúmena disse: "É uma das irmãs; ela é uma ébria e não sabemos o que fazer com ela. Temos medo de expulsá-la do mosteiro por causa da responsabilidade; mas, se a deixarmos aqui, ela corrompe as irmãs". O ancião disse a seu discípulo: "Traze a bacia e joga um pouco de água sobre ela". Quando ele o fez, ela levantou-se como se despertasse de uma embriaguez. A amma disse: "Ela é sempre assim, senhor-e-mestre".

Então a hegúmena tomou o ancião e o levou para o refeitório onde ela preparara uma refeição para as irmãs, dizendo: "Abençoa tuas servas para que possam comer em tua presença". E ele as abençoou. Só ela e a suplente sentaram-se com eles; ela apresentou ao ancião um prato de legumes ensopados, verduras cruas, tâmaras e água. Ao discípulo ela apresentou lentilhas fervidas, um pequeno pão e um pouco de vinho aguado. Muitos pratos foram apresentados às irmãs: peixe e vinho, tanto quanto quisessem. Comeram muito bem e ninguém falou. Depois de se levantarem, o ancião disse à hegúmena: "O que fizeste? Nós hóspedes é que deveríamos ter comido bem, mas fostes vós que comestes coisas boas". A amma lhe disse: "Tu és um monge e eu te apresentei comida monástica. Tu discípulo é um discípulo de monge, por isso lhe apresentei comida de discípulo. Mas nós somos todas noviças e comemos comida de noviças". Então o ancião lhe disse: "Oxalá teu amor seja lembrado; fomos realmente edificados".

Quando se recolheram para dormir, Abba Daniel disse a seu discípulo: "Vai e vê se a ébria está dormindo no átrio onde estava deitada". Ele foi e olhou e depois voltou e disse: "Ela está perto da entrada dos banheiros". E o ancião disse a seu discípulo: "Vigia comigo esta noite". Quando todas as irmãs haviam ido dormir, o ancião tomou seu discípulo e puseram-se atrás do biombo. Viram que a "ébria" se levantara e erguera as mãos para o céu. Suas lágrimas escorriam como um rio; seus lábios se moviam e ela executava prostrações, deitando-se sobre o pavimento. Quando viu uma das irmãs dirigindo-se ao banheiro, jogou-se no chão, roncando. Ela continuou assim todos os seus dias. Então o ancião disse a seu discípulo: "Chama discretamente a hegúmena para mim". Ele foi e a chamou e também a suplente; então, ficaram a noite inteira observando o que ela fazia. A hegúmena começou a chorar, dizendo: "Oh! Que maldade fizemos com ela!"

Quando tocou o sinal para as orações, espalhou-se pela irmandade um murmúrio a respeito dela. Ela o detectou e escapuliu discretamente até onde o ancião dormia, roubou seu cajado e capuz e depois abriu discretamente a porta do mosteiro e escreveu um bilhete que dizia: "Rezai por mim e perdoai-me qualquer ofensa que vos causei". Enfiou-o no buraco da fechadura e então desapareceu.

Quando raiou o dia, procuraram-na, mas não a encontraram. Foram até a varanda e encontraram a porta aberta e também o bilhete escrito; houve então uma grande lamentação no mosteiro. O ancião disse: "Eu vim aqui por causa dela. Deus ama os ébrios como ela". Toda a comunidade confessou ao ancião o que haviam feito com ela e, depois de o ancião fazer uma oração pelas irmãs, elas foram para suas celas dando glória e ações de graças a Deus que é o único a saber quantos servos ocultos Ele tem.

N.596.9 *BHG* 618, *Eulogius latomus*
Eulógio o pedreiro
Abba Daniel, o sacerdote de Scete, esteve na Tebaida acompanhado por um de seus discípulos. Na viagem de regresso, navegando rio abaixo, visitaram uma propriedade, conforme o ancião ordenara aos marinheiros. O ancião disse: "Hoje permaneceremos aqui". E seu discípulo começou a queixar-se dizendo: "Por quanto tempo ainda ficaremos perambulando? Vamos a Scete". Mas o ancião disse: "Não! hoje permaneceremos aqui". Sentaram-se no centro do povoado como estranhos e o irmão disse ao ancião: "Será que agrada a Deus ficar sentados aqui como sócios de um clube? Vamos pelo menos ao santuário de um mártir". O ancião disse: "Não! ficaremos sentados aqui". E permaneceram sentados ali até tarde da noite. O irmão começou a discutir com

o ancião, dizendo: "Terei uma morte miserável por tua causa".

Enquanto estavam falando aproximou-se um homem mundano idoso, alto e completamente grisalho. Ao ver Abba Daniel começou a beijar-lhe os pés, chorando todo o tempo. Abraçou também seu discípulo e depois lhes disse: "Vinde à minha casa". Trazia uma lâmpada e percorria as vielas do povoado procurando pessoas estranhas. Tomou consigo o ancião, seu discípulo e todos os estranhos que encontrou e foi para sua casa. Despejou água numa bacia e lavou os pés dos irmãos e do ancião. Ele não tinha ninguém mais em sua casa nem em qualquer outro lugar, a não ser Deus somente. Sentou à mesa diante deles e, após terem comido, tomou os bocados que sobraram e jogou-os aos cães do povoado. Era seu costume fazer isso. Não deixava nenhuma sobra permanecer da noite até a aurora. Tomando-o à parte, o ancião sentou-se e falou com ele com muitas lágrimas acerca da salvação e continuou até quase ao clarear do dia. Ao amanhecer, abraçaram-se um ao outro e seguiram seus caminhos diferentes.

Enquanto caminhavam, o discípulo prostrou-se diante do ancião e disse: "Por favor, pai, dize-me quem é este homem idoso e donde o conheces". Mas o ancião não quis contar a seu discípulo. Novamente o irmão prostrou-se, dizendo: "Tu me confiaste muitas outras coisas e agora não queres confiar-me as coisas referentes a este idoso?" Com efeito, o ancião compartilhara com ele com confiança as virtudes de muitos santos, mas não estava disposto a contar ao irmão as coisas referentes ao idoso, de modo que isto irritou o irmão e este não falou com o ancião até chegarem a Scete.

Chegando à sua cela, o irmão não lhe trouxe a pequena porção habitual de comida, porque o ancião costumava jejuar até a undécima hora todos os dias de sua vida. Quando caiu a noite o ancião chegou à cela do irmão e lhe disse: "Por que deixaste teu pai morrer de inanição, meu filho?" Ele lhe disse: "Eu não tenho nenhum pai; porque, se tivesse um pai, ele amaria seu filho". O ancião disse: "Muito bem. Se não tens pai, cuida de tua subsistência". Ele já tinha a mão na porta para sair quando o irmão se adiantou e o reteve. Começou a beijá-lo, dizendo: "Pelo amor do Senhor, não te deixarei ir sem me dizeres quem era aquele idoso". Porque, devido ao seu grande amor por ele, o irmão não podia suportar ver o ancião aflito. O ancião lhe disse: "Primeiro prepara-me um pouco de comida e depois te contarei". Depois de comer, disse ao irmão: "Para não seres obstinado, eu não quis te contar a respeito do idoso, porque discutiste no povoado e te queixaste; agora, assegura-me que não repetirás a ninguém o que estás ouvindo".

"Este idoso se chama Eulógio e é um pedreiro de profissão. Com o trabalho de suas mãos ele ganha cada dia a soma de um *keration* e não come nada até a noite. De noite ele sai para o povoado e traz consigo para casa todos os estranhos que encontra. Ele os alimenta e joga os restos dos pães partidos aos cães, como viste. Ele exerce a profissão de pedreiro desde a juventude até hoje. Agora tem quase 100 anos de idade. Cristo lhe dá força para ganhar a mesma soma diária de um *keration*. Quando eu era jovem, há uns quarenta anos atrás, subi para vender meus trabalhos manuais naquele povoado e, quando caiu a noite, ele veio e levou-me a mim e outros irmãos comigo, como era seu costume, e nos recebeu como seus hóspedes. Vindo aqui, após ver a virtude do homem, comecei a jejuar uma semana inteira de cada vez, suplicando a Deus que lhe proporcionasse uma renda maior a fim de poder receber e beneficiar um número maior de pessoas. Após jejuar por três semanas, deitei-me semimorto por causa de meu ascetismo. Então vi uma pessoa de aparência sacrossanta aproximando-se de mim e dizendo-me: 'O que há contigo, Daniel?' Eu lhe disse: 'Senhor-e-mestre, eu prometi a Cristo que não provaria pão até ele me ouvir a respeito de Eulógio o pedreiro: que lhe providenciasse mais bênçãos para ele beneficiar muitos outros'. E ele me disse: 'Não, está bem assim'. E eu lhe disse: 'Deverias de preferência dar a ele, senhor, para que todos possam glorificar teu santo nome através dele'. Ele me disse: 'Eu te digo que está tudo certo assim. Mas, se queres que eu lhe proporcione mais, garante-me que sua alma será salva quando ele tiver mais – e então eu o suprirei'. Então eu lhe disse: 'Confia sua alma em minhas mãos'.

E então vi como se estivéssemos no Santo Sepulcro e um jovem sentado na Pedra Santa e Eulógio de pé à sua direita. E ele enviou-me um dos que estavam de pé junto dele e me disse: 'É este o fiador de Eulógio?' E todos disseram: 'Sim, Senhor-e-mestre'. Novamente ele falou: 'Dizes-lhe que preciso exigir-lhe a garantia'. E eu lhe disse: 'Sim, meu Senhor-e--mestre; apenas dá a ele'. Então vi que eles despejavam uma grande quantia de dinheiro no regaço de Eulógio e o regaço de Eulógio recebeu tudo o que despejaram. Ao acordar eu soube que fora ouvido e glorifiquei a Deus.

Eulógio saiu para trabalhar e, ao golpear uma rocha, ouviu um som um tanto abafado. Golpeou novamente e encontrou uma pequena abertura; golpeou mais uma vez e descobriu uma caverna cheia de dinheiro. Estupefato, Eulógio disse a si mesmo: 'Este é o dinheiro dos israelitas; o que devo fazer? Se o levar ao povoado, o governador será informado a respeito; ele virá e o confiscará e eu correrei perigo. Irei antes a um país distante onde ninguém me conhece'. Então alugou alguns animais como se estivesse transportando pedras e levou o dinheiro ao longo de rio de noite, abandonando a boa obra que costumava executar diariamente. Pondo o dinheiro a bordo de um barco, chegou a Bizâncio.

Ora, naquele tempo reinava Justino o Velho. Eulógio deu grandes quantias de dinheiro ao imperador e a seus nobres e, como resultado, tornou-se comandante da sagrada Guarda Pretoriana. Comprou para si uma grande mansão que até hoje é conhecida como mansão 'do Egípcio'. Dois anos mais tarde, em sonho, vi novamente aquele jovem no Santo Sepulcro e disse a mim mesmo: 'Onde será que está Eulógio agora?' E, logo depois, vi Eulógio sendo retirado à força da presença do jovem por um etíope. Ao acordar, eu disse a mim mesmo: 'Ah! Infeliz de mim, pecador! Perdi minha alma!' Tomei meu fardo e fui ao povoado como se fosse vender meus trabalhos manuais. Esperava encontrar Eulógio, mas foi ficando muito tarde da noite e ninguém me acolheu. Por isso, me levantei e pedi a uma mulher idosa, dizendo-lhe: 'Certamente tu, mãe, dar-me-ás três côdeas de pão seco para eu poder comer, porque hoje não comi'. Ela foi e me trouxe um pouco de comida cozida e a pôs diante de mim. Sentou-se e começou a falar-me palavras benéficas, dizendo: 'Senhor Abba, não te dás conta de que, sendo jovem, não devias ter saído para um povoado? Ou não sabes que a vida monástica requer silêncio?' – e outras coisas. Eu lhe disse: 'Mas o que me aconselhas fazer, porque eu vim vender meus trabalhos manuais'. Ela disse: 'Mesmo que estejas vendendo teus trabalhos manuais, não permaneças tão tarde assim num povoado. Se queres ser um monge, vai para Scete'. Eu lhe disse: 'Na verdade, poupa-me estas admoestações. Não existe neste povoado um homem temente a Deus que acolhe os estranhos?' E ela disse: 'Ah, senhor Abba, o que disseste? Costumávamos ter aqui um pedreiro que fez muitas coisas boas para os estranhos. Deus viu suas obras e foi misericordioso com ele: pelo que ouvimos dizer, agora ele é um nobre'. Ao ouvir isto, eu disse para mim mesmo: 'Fui eu que cometi este assassinato'.

Embarquei num navio e dirigi-me a Bizâncio. Após indagar acerca da mansão de Eulógio o Egípcio, sentei-me diante de seu portão até ele chegar. Vi-o com um cortejo numeroso e gritei para ele: 'Tem piedade de mim: quero dizer-te algo privadamente'. Mas ele não me deu atenção e seus assessores me bateram. Alcancei-o novamente e gritei de novo, mas novamente eles me bateram. Passei quatro semanas sofrendo assim atrozmente e não consegui entrar em contato com ele. Desanimado, fui e prostrei-me diante do ícone da santíssima Mãe de Deus. Chorando, disse ao Salvador: 'Senhor, ou livra-me da fiança que prestei por esse homem, ou eu também retornarei ao mundo'.

Enquanto dizia estas coisas em minha mente, adormeci e eis que começou uma gritaria e diziam: 'A imperatriz está se aproximando'. E iam à sua frente milhares e milhares de fileiras de anjos. Gritei dizendo: 'Tem misericórdia de mim, minha Senhora'. Detendo-se ela me disse: 'O que há contigo?' Eu lhe disse: 'Prestei fiança pelo comandante Eulógio; por favor, resgata-me desta fiança'. Ela me disse: 'Isto não é da minha conta; paga tua fiança da melhor forma que puderes'. Quando despertei, disse a mim mesmo: 'Mesmo que custe minha vida, não deixarei este portão sem entrar em contato com Eulógio'. Fui novamente para a frente do portão e, quando ele se aproximou, gritei, mas o porteiro correu em minha direção e me golpeou até quebrar todas as partes de meu corpo. Depois, em desespero, eu disse a mim mesmo: 'Vamos a Scete e, se Deus quiser, ele salvará também Eulógio'.

Parti em busca de um navio e encontrei um de Alexandria. Logo que embarquei deitei-me exausto e adormeci. E novamente me vi no Santo Sepulcro e vi o jovem sentado sobre a Pedra. Lançou-me um olhar ameaçador, de modo que tremi como uma folha com medo dele e não consegui abrir a boca, pois meu coração se tornara uma pedra. Ele me disse: 'Não honrarás tua fiança?' Deu ordens a dois assistentes que me penduraram com as mãos nas costas e ele me disse: 'Não ofereças garantias que não tens possibilidade de cumprir; não te oponhas a Deus'. E eu não pude abrir a boca enquanto estava ali pendurado.

Então ouvi uma voz que dizia: 'A imperatriz está se aproximando!' Ao vê-la criei coragem e, prostrando-me diante dela, disse-lhe em voz baixa: 'Tem misericórdia de mim, senhora-e-soberana do mundo'. Ela me disse: 'Ora, o que queres?' Eu lhe disse: 'Estou pendurado aqui por causa da fiança que prestei por Eulógio'. E ela disse: 'Vou interceder por ti'. Vi como ela foi e beijou os pés do jovem. Então ele me disse: 'Nunca faças uma coisa dessas novamente'. Respondi: 'Não o farei, Senhor-e-mestre'. E implorei que me tratasse docilmente, não com dureza. Eu disse: 'Pequei, Senhor-e-mestre; perdoa-me'. Por ordem dele baixaram-me e então ele me disse: "Vai para tua cela e não procures saber como trarei Eulógio de volta ao seu primeiro estado'. Acordei e regozijei-me com extraordinária alegria por ter sido desobrigado daquela fiança e embarquei, dando graças a Deus.

Três meses mais tarde ouvi dizer que o imperador Justino (518-527) havia morrido e que Justiniano (527-565) estava reinando. Então, pouco depois, Hipácio, Dexikrates, Pompeu e também o comandante Eulógio se rebelaram contra ele. Três deles foram executados; todos os seus pertences foram saqueados, como o foi a propriedade de Eulógio, mas ele fugiu de Constantinopla durante a noite. Justiniano ordenou que, onde quer que Eulógio fosse encontrado, devia morrer. Em sua fuga, chegou ao seu povoado, onde trocou suas roupas pelas dos camponeses. Todo o povoado se reuniu para ver Eulógio e lhe disseram: 'Bem-vindo! Ouvimos dizer que te tornaste um nobre'. Ele disse: 'Ora! Se me tivesse tornado um nobre, estaria eu olhando vocês no rosto? Não! Esse é um outro Eulógio desta região, pois eu estava nos Lugares Santos'. Então caiu em si e disse: 'Desventurado Eulógio, levanta-te! Retoma teu ofício de pedreiro e põe-te a trabalhar. Não há aqui nenhum lugar onde possas perder a cabeça'. Então tomou seus instrumentos de pedreiro e dirigiu-se à rocha onde encontrara o dinheiro, pensando que poderia encontrar um pouco mais. Golpeou até a hora sexta, mas não encontrou nada. Então começou a lembrar os cortejos, as traições, o prestígio, a comida e a bebida e novamente disse a si mesmo: 'Levanta-te, desventurado Eulógio, põe-te a trabalhar! – porque aqui é o Egito'. E, aos poucos, o santo jovem e nossa senhora-e-mestra, a Mãe de Deus, o reintegraram em sua condição anterior, porque Deus não era tão injusto a ponto de esquecer seus trabalhos anteriores.

Pouco depois, subi até aquele povoado para vender meus trabalhos manuais e eis que, ao cair da noite, ele veio e me acolheu como costumava fazer antes. Suspirei ao vê-lo coberto de pó e, entre lágrimas, eu disse: 'Oh! Senhor, quão maravilhosas são tuas obras: fizeste-as todas com sabedoria' [Sl 104,24]. 'Qual deus é tão grande como o nosso Deus? Tu és o único Deus que faz maravilhas' [Sl 77,14-15], que 'levanta da terra o pobre e ergue do monturo o necessitado' [Sl 113,7]. 'O Senhor torna pobre e torna rico; ele humilha e exalta' [1Sm 2,7]. 'Quem rastreará tuas obras maravilhosas e teus julgamentos?' [cf. Eclo 18,4b.6b]. Eu, pecador, resolvi fazê-lo e 'minha alma quase morou no Hades' [Sl 94,17].

Ele me levou e, derramando água numa bacia, lavou meus pés e os pés dos outros hóspedes da maneira usual e, em seguida, preparou uma mesa diante de nós. Depois de comermos eu lhe disse: 'Como estás, Abba Eulógio?' Ele me disse: 'Reza por mim, senhor Abba, porque sou um homem desventurado, não tendo nada obtido por minhas mãos'. Eu lhe disse: 'Praza a Deus! O que possuías não se iguala ao que possuis agora'. Ele respondeu: 'Por que dizes isto, senhor Abba? Acaso te escandalizei de alguma forma?' Eu exclamei: 'Em que não me escandalizaste?' E então lhe contei tudo o que tinha acontecido. Ambos caímos no choro e ele me disse: 'Reza, senhor Abba, para que Deus me envie necessidades e doravante me corrigirei'. Eu lhe disse: 'Realmente, meu filho, não esperes nunca que, enquanto estiveres neste mundo, Cristo te confie novamente alguma coisa a não ser este *keration* ganho com labuta'. E eis que por muitos anos Deus o supriu com a força para ganhar seu *keration* com o trabalho de suas mãos. Olha, meu filho, agora te contei donde eu o conheço; e tu não o repitas a ninguém".

Foi isto que Abba Daniel confiou a seu discípulo após retornarem da Tebaida. É realmente maravilhoso o amor de Deus pelos homens: como num curto espaço de tempo Ele elevou Eulógio e depois o humilhou para seu próprio bem. Rezemos para que nós também possamos ser humilhados, a fim de encontrar misericórdia diante do terrível tribunal de nosso Senhor Jesus Cristo, na presença de sua glória. A Ele seja dada glória para todo o sempre. Amém.

N.597

Um ancião disse: "Alguns santos que tinham Cristo falando em seu íntimo nos contaram a respeito do acordo feito por quatro sacerdotes santos: tendo vivido juntos em união de alma e mente neste mundo, combinaram entre si reunir-se no céu, pois confiavam na palavra do Senhor que diz: 'Se dois de vós entrarem em acordo na terra para pedir qualquer coisa, o pedido será concedido por meu pai celestial' [Mt 18,19]. Três deles dedicaram-se à vida acética, vivendo em *hêsychia* no deserto, enquanto o outro atendia às suas necessidades. Aconteceu que dois deles morreram em Cristo e partiram desta vida e foram levados para um mesmo lugar de repouso, enquanto dois deles foram deixados na terra: o assistente e um que vivia em *hêsychia*. Por maquinação do demônio mau, o assistente caiu na *porneia*. A um dos santos anciãos que tinha clarividência foi revelado que os dois que haviam morrido imploravam a Deus pelo assistente, dizendo: 'Concede que o irmão seja devorado por um leão ou por qualquer outra fera, de modo que, purificado de seu pecado, possa vir ao lugar onde estamos e nosso acordo não seja desfeito'.

Ora, aconteceu que o irmão assistente saiu para seu serviço costumeiro e, ao voltar para junto do que vivia em *hêsychia*, um leão veio ao seu encontro e procurou matá-lo. O que vivia em *hêsychia* soube do que estava acontecendo – pois lhe foi revelado – e se manteve em oração, intercedendo a Deus em favor do irmão e, como resultado, imediatamente o leão se deteve. Os dois pais que já haviam morrido suplicavam a Deus, dizendo: 'Pedimos-te, Senhor-e--mestre, permite que ele seja devorado a fim de que possa vir conosco para a bem-aventurança. Ó Santo, não ouças aquele que está rezando por ele na terra'. Com oração fervorosa e lágrimas, o ancião na cela rezava para que Deus tivesse misericórdia do irmão e o livrasse do leão. Deus ouviu o grito do ancião e disse aos pais que estavam no céu: 'É justo ouvi-lo. Vós estais aqui no conforto, livres da labuta e do suor da vida, enquanto ele está exausto na aflição da carne e em conflito com os espíritos do mal. É mais justo ser benévolo com ele do que convosco'. Imediatamente o leão deixou o irmão sozinho e ele, ao entrar na cela, encontrou o ancião chorando por ele. Ele contou-lhe tudo o que lhe acontecera, confessando seu pecado. Reconhecendo que Deus o havia poupado, arrependeu-se e, em pouco tempo, recuperou seu antigo estado. Por fim ambos morreram e completaram suas vidas em Cristo. Ao supramencionado santo que tinha clarividência foi revelado que os quatro estão num mesmo lugar, de acordo com as infalíveis promessas de nosso Senhor Jesus Cristo.

N.598

Havia também outro administrador de um grande cenóbio e aconteceu que, ao gerir os negócios do convento, ele caiu no lamaçal da libertinagem. Ora, aconteceu que ele morreu e seu rosto se tornou como a fuligem de uma panela. Quando o pai do mosteiro, uma pessoa espiritual, viu o que acontecera, reuniu toda a comunidade e disse: "Este irmão partiu desta vida. Como sabeis, ele trabalhou seriamente para vosso conforto e tranquilidade em seus negócios como administrador e, sendo humano, caiu na armadilha do maligno. Como foi por nossa causa que ele caiu em pecados, vinde e supliquemos fervorosamente em seu favor, intercedendo junto a Deus, o amante dos homens, porque 'suas misericórdias se estendem a todas as suas obras' [Sl 145,9]". Portanto, começaram a jejuar com lágrimas e suplicar que Deus tivesse misericórdia do irmão. Passaram três dias e três noites em jejum, sem comer nada e lamentando a perda do irmão.

O abba do mosteiro entrou em êxtase e contemplou o Salvador simpatizando com o esforço dos irmãos, mas o diabo começou a acusar, dizendo: "Senhor-e-mestre, ele é meu! Eu te peço, ele atua como um de nós; eu cooperei com ele no pecado. Como és um juiz justo, Senhor, julga com justiça". O Salvador respondeu dizendo: "Sou um juiz justo, mas também misericordioso. Minha justiça é limitada pela misericórdia e por meu amor à humanidade. Como sou misericordioso e amante da humanidade, não é razoável eu rejeitar o pedido apresentado por tantos homens santos em favor de uma pessoa ferida; e, além disso, alguém que caiu no pecado por causa das muitas pessoas que estão intercedendo. Ele não podia viver em *hêsychia* como todos os do mosteiro e manter-se invulnerável às tuas armas, ó maligno. Foi por administrar os negócios dos irmãos que ele, sendo humano, resvalou. Não vês como todos ele se expuseram à possibilidade da morte por causa dele e todos morrerão por causa de um só irmão? No entanto, convence-os a desistir de interceder junto a mim e leva-o. Porque, se tantas almas se expõem por três dias e três noites ao risco de morrer de fome, intercedendo por ele e implorando-me com lágrimas, não desistindo de suas orações feitas com gemidos e prostrações e cinzas derramadas sobre suas cabeças; se tão grande multidão está intercedendo não por um irmão que pecou intencionalmente ou por apostasia, mas por alguém que foi arrastado ao pecado por ser homem, não é razoável que se beneficiem com seu pedido? Se, entre os reis da terra, quando uma cidade inteira vê alguém condenado injustamente sendo levado à morte, a intercessão da multidão invoca o privilégio real e arranca o acusado das mãos do verdugo, quanto mais eu, o rei verdadeiramente justo e amante da humanidade, não concederei a meus soldados a intercessão e acolherei o pedido que me dirigem em favor de um só deles?"

Quando o Senhor disse isto, o diabo se envergonhou e desapareceu. Retornando de seu êxtase, o abba do mosteiro contou tudo aos irmãos e "eles se regozijaram com imensa alegria" [Mt 2,10] e, aos poucos, o rosto do irmão começou a ser purificado de sua negrura e tornou-se totalmente limpo. Convencidos de que Deus concedera à sua alma a herança da vida, tomaram seus restos mortais e os sepultaram, alegrando-se com a salvação miraculosa do irmão, porque "o Senhor está próximo dos que o invocam" [Sl 145,18].

N.599

O bem-aventurado Paulo o Simples contou o seguinte: "Eu tinha um discípulo que, sem eu saber, costumava cair em diversos pecados. No devido tempo ele morreu. Implorei veementemente a Deus e invoquei a santa Mãe de Deus que me mostrassem em que estado ele encontrava após deixar o corpo. Após perseverar em oração por um número considerável de dias, entrei em êxtase e contemplei meu discípulo carregado por duas pessoas; tornara-se completamente duro como uma concha da cabeça aos pés. Não havia nenhum sinal de atividade, mental ou corporal, nem qualquer fala; estava como que petrificado. Fiquei profundamente angustiado e, como que inspirado por Deus, lembrei a palavra do Senhor que diz: 'Amarrai as mãos e os pés daquele que está sem a veste nupcial e jogai-o nas trevas; ali haverá choro e ranger de dentes' [Mt 22,13]. Ter as mãos e os pés amarrados não significa outra coisa senão estar apagado [cf. Is 42,3] e permanecer inativo diante de todo mau pensamento e intenção que não está de acordo com a vontade de Deus neste mundo.

Quando retornei do êxtase, comecei a ficar muito triste e perturbado. Na medida de minha capacidade, comecei a dar esmolas e oferendas por ele, implorando que a santa Mãe de Deus tivesse piedade dele, e a interceder junto a Deus, o amante da humanidade, em seu favor. Comecei a mortificar-me em Scete e a comer alimentos crus, mesmo tendo chegado a uma idade bastante avançada. Alguns dias depois, vi a santíssima Mãe de Deus dizendo-me: 'Por que te entristeces e te inquietas, querido pai?' Eu disse: 'Por causa do irmão, minha Senhora, porque o vi em má situação'. Em resposta, ela disse: 'Mas não me imploraste, querendo vê-lo? Eis que teu desejo foi cumprido'. Eu disse: 'Sim, eu te pedi; mas eu não queria vê-lo neste estado. O que ganhei ao vê-lo, senão choro e lamentação?' A santa Mãe de Deus me disse: 'Está bem! Por causa de tua labuta, de tua humilhação e de teu amor, mostrá-lo-ei a ti para impedir que fiques triste'.

No dia seguinte vi o irmão novamente, aproximando-se de mim todo alegre, caminhando espontaneamente e rindo. Ele me disse: 'Pai, tuas orações tornaram propícia a santíssima Mãe de Deus, porque ela te ama muito. Ela suplicou ao Salvador e Ele soltou meus grilhões, porque eu estava fortemente ligado pelos grilhões de meus pecados'. Enchi-me de alegria quando o irmão disse isto. Imediatamente vi a santíssima Mãe de Deus e ela me disse: 'Estás satisfeito agora, ancião?' Eu disse: 'Sim, estou, minha Senhora. E causou-me grande alegria vê-lo em repouso'. Ela disse: 'Agora vai e lembra-te sempre do irmão em tuas orações, esmolas e oferendas, porque a própria esmola e a oferenda asseguram a misericórdia para quem morreu'".

N.600

Abba Atanásio, bispo de Alexandria, disse: "Um de vós diz muitas vezes: 'Onde existe a perseguição para eu poder ser martirizado?' Sofre o martírio em tua consciência, morre para o pecado, 'mortifica teus membros terrenos' [cf. Cl 3,5] e te tornarás um mártir pela intenção. Os mártires antigos lutavam contra imperadores e governantes; tu tens o diabo, imperador do pecado, como adversário e os demônios como governantes. Porque naquele tempo eles tinham diante de si um santuário e um altar e, como uma abominação da idolatria, um ídolo execrável. Reflete atentamente: ainda hoje existe um altar e um santuário e um execrável ídolo espiritual na alma. Um altar, que é a gula voluptuosa; um santuário, que é o desejo dos prazeres; um ídolo, que é o espírito da cobiça. Porque aquele que é escravo da *porneia* e gasta seu tempo nos prazeres da carne negou Jesus e é um adorador de ídolos, tendo dentro de si a efígie de Afrodite, ou seja, os prazeres vergonhosos da carne. Igualmente aquele que é escravo da cólera e da ira e não extirpa a loucura de sua paixão negou Jesus, tendo em si Ares como um deus, porque ainda está adorando a ira que é um ídolo da loucura. Outro ainda, que é amigo do dinheiro e do prazer, que 'fecha suas entranhas de compaixão' diante de seu irmão [cf. 1Jo 3,17] e não é misericordioso com seu próximo, também ele negou Jesus e serve aos ídolos, porque tem em si a efígie de Hermes, adorando a criatura em vez do Criador, 'porque o amor ao dinheiro é a raiz de todo mal' [1Tm 6,10]. Portanto, se adquires o autocontrole e te guardas contra estas paixões insensatas, calcaste aos pés os ídolos, renegaste a superstição e te tornaste um mártir fazendo uma boa confissão".

N.601

Abba Macário disse: "Por que julgas os assassinos, os adúlteros, os violadores de túmulos e todo tipo de pessoas perversas? Eles têm seu próprio mestre e juiz. Ao invés, não examines suas ações com parcialidade, mas preocupa-te com tuas próprias faltas e muitas vezes te descobrirás pior do que eles, porque muitas vezes olhas com olhos licenciosos, sabendo que isto é cometer adultério. Muitas vezes zombas de teu irmão, mas não sabes que a respeito disso o Senhor declarou que quem diz que seu irmão é um louco 'corre o perigo do fogo do inferno' [Mt 5,22]?" Mas talvez o pior de tudo é que te aproximas dos santos mistérios indignamente e te tornas réu do corpo e do sangue de Cristo (cf. 1Cor 11,27). Quanto àquele que julgas, ele apenas assassinou um homem, ao passo que tu te revelas assassino do próprio Cristo e responsável por sua imolação, ao participar indignamente do imaculado corpo e sangue. Pois foi dito: 'Quem come e bebe indignamente é réu do corpo e do sangue de Cristo'; ele 'come e bebe sua própria condenação' (cf. 1Cor 11,27.29). Ou seja: como os judeus o crucificaram, assim também os que participam indignamente de seu corpo e sangue fazem o mesmo – e com razão, porque quem rasgou ou maculou a túnica de púrpura do imperador sofre a mesma morte. Portanto, os que dilaceraram seu corpo outrora e os que o maculam agora, participando dele com alma impura, sofrerão o mesmo castigo como os que o crucificaram, de acordo com a afirmação do apóstolo".

N.602.21.5

Um ancião disse: "Deus não quer o relutante e a pessoa preguiçosa".

N.603

Abba Antão disse: "Os pais de outrora partiram para o deserto. Foram curados e se tornaram médicos; voltaram e curaram outros. Mas nós queremos curar os outros logo que saímos do mundo, antes de sermos curados. Recaímos na doença e a última condição é pior do que a primeira (cf. Mt 12,45; Lc 11,26) e ouvimos do Senhor: 'Médico, cura-te a ti mesmo' [cf. Lc 4,23]".

N.604

Um ancião disse: "Deus tolera os pecados do mundo, mas não tolera os pecados do deserto. Vês, meu irmão, como aquilo que se exige de quem se retirou do mundo não tem comparação com aquilo que se exige do mundo? Com efeito, a pessoa mundana tem muitas desculpas, mas nós que desculpas encontraremos para oferecer? Na verdade, atroz é o fogo e muitos os castigos para os que conheciam a vontade do Senhor e a desconsideraram, seguindo sua própria vontade. Deleitando-se e regalando-se em prazeres vãos e transitórios, eles dizem: 'É para as necessidades do corpo que adquiro dinheiro e bens materiais, de modo que possa dominar meu corpo'. Esta própria afirmação mostra muito bem a verdade; porque, se estivessem preocupados unicamente com as necessidades – dizendo: 'Preocupo--me com as necessidades do corpo' –, já não seria necessário deixar-se empolgar se forem apresentados bens ou alimentos caros a alguém que leva uma vida solitária, mas apenas prover tranquilamente as necessidades do corpo. E onde estão os que adquirem estas coisas e ainda buscam outras; os que comem estas coisas e desejam alimentos ainda melhores? Se trabalhas, não recebas dinheiro. Se recebes dinheiro, não trabalhes a fim de não te distraíres; mas nós queremos dinheiro e também trabalhar. Nós te apresentamos as causas das paixões pelas quais quem aparenta ser monge é julgado pior do que os mundanos, porque muitos deles levam uma vida decente e dão esmolas, ao passo que o monge não tem compaixão nem de seu próprio irmão, mas vive em conforto excessivo, transformando a casa de Deus em casa de comércio [cf. Mt 21,13] ou, melhor, em loja de varejista. Falamos um pouco sobre as coisas que tendem à vaidade para que, reconhecendo-as, possamos fugir delas e ser salvos. Muitos de nós pensamos que esta profissão monástica consiste em vestir o hábito, dizendo: 'Senhor, Senhor...', e em ser conhecidos como monges. Na verdade, meus irmãos, se não prestarmos atenção a nós mesmos, é pior para nós do que para os mundanos cair no fosso, pois seremos incapazes até mesmo de invocar a Deus. Portanto, é preciso ter temor e verdadeira humilhação. Porque, em sua maioria, os nossos irmãos, que pensam estar na humilhação e viver a vida monástica, não obedecem à vontade de Deus ao viver de fato em busca de suas próprias vontades. Estão enredados em seus próprios desejos, em vãs distrações e preocupações, desperdiçando o tempo que lhes foi dado para o arrependimento que, por procurarem muitas coisas, não encontrarão".

N.605
Perguntaram a um ancião sobre o sonho erótico – seja havendo nele relação sexual com uma mulher, seja estando sozinho – e ele respondeu: "Não prestes absolutamente atenção a ele, mas imagina que assoaste o nariz. Porque, se passeias num lugar público e vês uma taberna e, ao te aproximares dela de passagem, sentes o odor de carne, comeste ou não? Dirás: é claro que não. Da mesma forma um sonho erótico não te causa nenhuma impureza. Se, no entanto, o inimigo te vê apreensivo, ele atacará ainda mais. Mas cuida de não ceder ao desejo quando retomares a consciência".

N.606

Um irmão que estava sendo roubado disse ao ladrão: "Apressa-te antes que os irmãos cheguem" [cf. N.554].

N.607

Outro sacerdote, quando malfeitores chegavam na hora da *synaxis*, disse aos irmãos: "Deixai-os fazer seu trabalho e nós façamos o nosso".

N.607*bis* (apenas S)

Outro, quando os malfeitores estavam chegando, trouxe uma bacia com água e começou a lavar-lhes os pés. E eles ficaram tão impressionados que mudaram seu estilo de vida.

N.608

Dois irmãos viviam juntos e aconteceu que aquele que provia às necessidades trouxe uma quantia menor do que de costume. Então, o irmão que permanecia recluso perguntou-se se o outro estava sendo enganado ou se estava gastando mais do que o razoável. Querendo entender o que ocorria, seguiu-o. Quando este entrou num lugar de má fama, o outro resolveu entrar e, tendo entrado, prostrou-se diante de seu irmão e pediu-lhe que se arrependesse. Mas, enquanto o que não pecara implorava frequentemente ao que pecara que rezasse por ele como alguém que pecou e estava disposto ao arrependimento, aconteceu que o isento de pecado recebeu seu chamado; e, estando prestes a partir, confessou a seu irmão dizendo: "Eu sou inocente do pecado que me imputas; fiz isto por tua causa, para que te arrependas". Após sua morte, aquele que pecara aplicou-se à disciplina do arrependimento.

N.608*bis*
Um outro, sendo informado de que seu irmão pecava com a criada que provia às necessidades deles, não o repreendeu, mas suspirava em silêncio e aumentava suas súplicas, pedindo a seu companheiro que rezasse por ele, acrescentando que ele pecara muito e desejava ser libertado de suas faltas antes de morrer. Enquanto o que pecara estava admirado e o auxiliava, aconteceu que o isento de pecado recebeu seu chamado e, assim, na hora da morte revelou o caso ao irmão.

N.609
Outro, quando seu irmão abandonou o estilo de vida monástica e retornou ao mundo, fingiu que também ele tinha a mesma intenção. E assim, depois de o Senhor mostrar novamente misericórdia, eles se arrependeram e reassumiram sua disciplina original com ainda maior vigor.

N.610

Um irmão que estava de viajem se extraviou e perguntou a algumas pessoas a fim de reencontrar o caminho. Mas eles eram malfeitores e o fizeram perambular por lugares desertos. E um deles seguiu-o de perto a fim de roubá-lo. Obrigaram-no a cruzar um canal e, justamente quando começavam a cruzá-lo, um crocodilo atacou o ladrão. O servo de Deus não se mostrou indiferente, mas gritou para o malfeitor, prevenindo-o do assalto da fera. Como resultado, quando foi salvo, o ladrão agradeceu-lhe e admirou seu amor.

N.611

A respeito de um irmão pobre e necessitado, ouvimos dizer o seguinte: quando lhe traziam o alimento de que necessitava, se acontecia que outra pessoa lhe trouxesse algo, ele não aceitava, dizendo: "O Senhor já me alimentou e isso me é suficiente".

N.611*bis*

Um ancião disse: "O diabo ataca a fraqueza de um monge. Um hábito que se estabeleceu por um longo tempo assume a força de natureza e isso ocorre com os menos zelosos. Por essa razão, recusa-te a dar aos irmãos qualquer alimento que eles buscam por causa de seu sabor, especialmente quando são sadios".

N.611*ter* (cf. 483)

Um irmão perguntou a um ancião: "O que devo fazer? Porque amei a glória e ela me perturba". O ancião lhe disse: "Muito bem. Foste tu quem criou o céu e a terra?" O irmão ficou surpreso com estas palavras e prostrou-se dizendo: "Perdoa-me, abba, porque eu não fiz nada disso". E o ancião lhe disse: "Então, se aquele que fez estas coisas veio ao mundo na humilhação, porque tu, que és o servo, és arrogante?"

N.612

Perguntaram aos anciãos de Scete sobre a *porneia* e sobre quando um homem vê uma pessoa e seu pensamento fica pasmo diante dela. Eles responderam: "Esta situação se assemelha a uma mesa cheia de iguarias: se alguém tem a intenção e o desejo de comer delas, mas não estende a mão para apanhá-las, ele permanece alheio a elas".

N.613

Um irmão perguntou a um ancião: "É melhor visitar os anciãos ou permanecer em *hêsychia*?" O ancião lhe disse: "Visitar os anciãos era a regra dos antigos pais".

N.614

Alguns irmãos partiram para estabelecer-se na montanha de Diolcos e aprenderam como trabalhar na produção de folhas de papiro e trabalhavam para ganhar um salário. Mas, como não eram qualificados, ninguém lhes deu trabalho. Então um ancião encontrou-se com eles e lhes disse: "Por que não trabalhais?" Como eram prudentes, responderam: "Porque fazemos um trabalho ruim". Mas o ancião conhecia um artífice piedoso e lhes disse: "Ide a tal e tal ancião e ele vos arranjará trabalho". Eles foram e ele com alegria lhes arranjou trabalho. Mas os irmãos lhe disseram: "Nosso trabalho é ruim, pai". E o ancião disse: "Confio em Deus que, por vosso trabalho manual, o resto correrá bem". E, transbordando de amor, o ancião os estimulou a trabalhar. Em verdade, como podeis ver, os violentos conquistam o céu à força [cf. Mt 11,12].

[*O sentido desta passagem não está claro*].

N.615

Um dos pais egípcios relatou o seguinte: "Certa vez tive a ideia de partir para o estrangeiro. Embarquei num navio e cheguei a Atenas. Quando estava para entrar na cidade, vi um monge idoso vestido com um manto. Ele tinha um pequeno alforge babilônio fechado. Ele corria e os outros corriam atrás dele. Quando chegou à cidade, uma grande multidão veio ao seu encontro e o conduziram ao teatro. Perguntei a alguém quem ele era e ele me disse: 'Este homem é o maior entre todos os filósofos gregos; tornou-se cristão, construiu para si um mosteiro e tornou-se monge. Depois de quinze anos ele veio à cidade e por isso estamos correndo para ouvir o que ele diz'. Eu também fui com eles e, quando os magistrados chegaram, suplicaram-lhe: 'Dize-nos o que tens a nos dizer'. E ele disse: 'Não existe sob o céu nenhuma raça como a raça dos cristãos e, além disso, não existe outra ordem como a ordem dos monges. Mas apenas uma coisa os prejudica: é que o diabo os leva a ter ressentimento uns contra os outros a ponto de dizerem: Ele me disse e eu lhe disse; ele tem suas impurezas diante dos olhos e não as vê'. Ao ouvirem isso, todos o aclamaram e se retiraram".

N.616

Um ancião disse: "Eu odiava a arrogância dos jovens, porque se afadigam e não têm nenhuma recompensa, procurando honrarias humanas". Outro ancião, de grande sabedoria, lhe disse: "Quanto a mim, eu os aprovo inteiramente. É vantajoso para uma pessoa jovem ser arrogante e não negligente. Com efeito, quem é arrogante precisa ter controle de si, vigiar e exercitar-se, adquirir amor e suportar a aflição para conquistar elogios. Depois de viver assim, a graça de Deus vem a ele e lhe diz: 'Por que não labutas por mim, mas pelos homens?' Então ele se deixa persuadir a não prestar atenção à honra humana, mas à glória de Deus". E, ao ouvir isso, disseram: "É realmente assim".

N.617

Um irmão dominado pela tristeza importunava Abba Nonos dizendo: "O que devo fazer? Meus pensamentos me assediam, dizendo: 'Renunciaste ao mundo no momento errado; não podes ser salvo'". O ancião lhe disse: "Mesmo se não pudermos entrar na terra da promessa, é melhor que nossos membros desmoronem no deserto do que retornar ao Egito".

N.618

Um ancião disse que um homem vivia no deserto interior há muito tempo e possuía o dom da previsão, de modo que conversava com os anjos. Então aconteceu o seguinte: Dois monges irmãos ouviram falar dele e desejavam vê-lo e beneficiar-se junto a ele. Saindo de suas celas, caminharam com fé em direção a ele e procuraram o servo de Deus no deserto. Após muitos dias aproximaram-se da gruta do ancião e, de longe, viram alguém semelhante a um homem vestido de branco numa das colinas próximas ao homem santo, a cerca de três milhas de distância. E ele os chamou dizendo: "Irmãos, irmãos!" E eles responderam dizendo: "Quem és e o que queres?" E ele lhes disse: "Dizei a esse abba que estais prestes a encontrar: 'Lembra-te da oração'".

Chegando e encontrando o ancião, eles o abraçaram e, caindo a seus pés, pediram para ouvir dele uma palavra de salvação. E, instruídos por ele durante algum tempo, tiraram grande proveito. E lhe falaram sobre o homem que haviam visto enquanto vinham até ele e sobre o que ele revelou. Ao ouvir isso ele reconheceu quem ele era, mas fingiu não saber nada a respeito dele. Disse que ninguém mais vivia ali, mas eles o persuadiram a contar quem era aquele que lhes apareceu, prostrando-se repetidas vezes diante dele e segurando-lhe os pés. Mas ele os ergueu, dizendo: "Dai-me vossa palavra de que não falareis a ninguém sobre mim como um dos santos até eu partir para o Senhor e eu vos contarei o caso".

Eles fizeram como ele lhes pediu e ele lhes disse: "Aquele que vistes vestido de branco é um anjo do Senhor que, chegando aqui, fortaleceu minha fraqueza, dizendo: 'Implora o Senhor por mim para eu ser reintegrado em meu lugar, porque o tempo estabelecido para mim pelo Senhor agora se cumpriu'. Quando lhe perguntei qual foi o motivo de sua punição, ele me disse: 'Aconteceu que, em certa aldeia, muitos homens irritaram grandemente a Deus com pecados e Ele me enviou para puni-los com misericórdia. Mas, quando os vi comportarem-se tão perversamente, apliquei-lhes um golpe mais forte, de modo que muitos morreram. Por isso fui afastado da visão de Deus que me enviou'. Eu disse: 'E como sou eu competente para interceder junto a Deus em favor de um anjo?' E ele disse: 'Se eu não soubesse que Deus atende a seus verdadeiros servos, não teria vindo importunar-te'. Lembrei-me da inefável misericórdia do Senhor e de seu infinito amor ao homem, a tal ponto que se dignou a falar com ele e cuidar dele e mandou seus anjos atendê-los e falar a seus bem-aventurados servos Zacarias e Cornélio e Elias o profeta e ao resto dos santos, e, admirado com estas coisas, glorifiquei sua terna misericórdia". Após narrar estas coisas, nosso bem-aventurado pai partiu para seu descanso e os irmãos, com hinos e preces, sepultaram-no honrosamente. Esforcemo-nos também nós para imitar suas virtudes, pela força de nosso Senhor Jesus Cristo, que quer que todos os homens se salvem e cheguem ao conhecimento da verdade [cf. 1Tm 2,4].

N.619

Um abba se retirou para o deserto interior com um irmão e permaneciam separados um do outro por seis dias, mas no sétimo se reuniam, rezavam e comiam, sem trocar entre si nenhuma outra palavra. Investindo contra um deles, os demônios começaram a enganá-lo em muitas coisas, mostrando-lhe de antemão as chegadas dos irmãos e o que acontecia em muitos lugares. Vendo estas coisas e ouvindo falar que elas aconteciam, ele começou a acreditar nos demônios, pensando que eles eram potências santas.

Eles o impediram de sair para encontrar-se com o irmão no dia estabelecido. Mas, como era seu costume, saiu para visitar um irmão doente e sugeriu a alguns membros do mosteiro – como se falasse de outra pessoa – que era possível conhecer algumas coisas que acontecem no mundo. Ao ouvir isso, pensando que ele próprio estava se desviando do bom caminho, repreenderam-no, dizendo: "Se gastas teu tempo com essas coisas, não nos visites mais". E ele se arrependeu imediatamente e renunciou a todas estas coisas. Quando ele se retirou novamente para o deserto, os demônios se aproximaram para desencaminhá-lo. Mas ele começou a chamá-los de mentirosos e eles se transformaram imediatamente em animais e, após ameaçá-lo, foram embora.

N.620 *BHG* 1450x, de *monacho superbo*, de acordo com J. Wortley, *AB* 100 (1982) 351-363

Certa vez alguém contou que um monge costumava pedir a Deus que o tornasse digno de ser como Isaac, um dos patriarcas dos tempos antigos. Depois de muitas intercessões, veio-lhe uma voz enviada por Deus, dizendo: "Não podes ser como Isaac". E ele disse: "Se não for como Isaac, então talvez como Jó". E novamente a voz divina veio a ele dizendo: "Se puderes lutar com o diabo como ele fez, poderás ser como ele". Então o monge concordou e ouviu a voz divina: "Vai para tua cela". Então, alguns dias depois, o diabo se transformou num soldado e se apresentou ao monge, dizendo: "Abba, imploro-te por tua santidade, tem misericórdia de mim porque sou perseguido por meu rei. Toma – disse ele – estas duzentas libras de ouro e esta donzela e o escravo e conserva-os em segurança junto a ti num lugar oculto, porque eu vou embora para outro país". Desconhecendo a cilada do diabo, o monge lhe disse: "Filho, não posso aceitar estas coisas, porque sou um homem modesto e incapaz de garantir sua segurança". Então o disfarçado de soldado coagiu o monge e o monge lhe disse: "Filho, vai e esconde-os no rochedo aqui ao lado". No dia seguinte, o monge se deixou convencer e, enganado pelo demônio, recebeu o dinheiro, a donzela e o escravo.

Alguns dias depois, desencadeou-se no monge uma luta em relação à donzela. Ele a violou e depois, com remorso pelo que aconteceu, matou-a. Então sua consciência lhe disse: "Mata também o escravo, de modo que não possa denunciar o que aconteceu". E, por isso, matou também o escravo. Novamente a consciência lhe falou: "Toma o dinheiro que te foi entregue e foge para outro lugar, a fim de escapar da importunação daquele que te entregou o dinheiro". Ele foi para outro país e, com o dinheiro, construiu um oratório. Quando terminou ali sua obra, o diabo apresentou-se sob a aparência de um soldado e começou a gritar, dizendo: "Violência, socorro! Este monge construiu este edifício com o dinheiro que lhe confiei". E, estimuladas pelo astuto soldado, as pessoas locais expulsaram-no com total desprezo. Encorajado por suas ameaças o "soldado" partiu dizendo que faria ao monge coisas que nunca lhe passaram pela cabeça. E, retirando-se, foi embora.

Ora, o monge não encontrou paz nem de dia nem de noite, lutando com seus *logismoi*, até sua consciência convencê-lo a deixar o lugar, dizendo: "Ora. ele conseguiu revelar minha situação. Tomarei o dinheiro que sobrou e irei a uma cidade distante aonde esse soldado não poderá chegar". Partiu, portanto, para a cidade e ali deparou com uma donzela que era filha de um verdugo. Falou com o pai dela e a tomou como esposa. Depois de algum tempo, chegou o magistrado regional recém-nomeado e, como o pai da donzela havia morrido, pediu ao departamento quem deveria servir à justiça como verdugo. As pessoas do departamento disseram: "Prevalece entre nós o seguinte costume: quem se casa com a esposa do verdugo falecido ou com sua filha assume a função dele, mesmo que não queira". O magistrado lhes disse: "Existe essa pessoa entre vós?" Eles disseram: "Existe. É aquele que parece ter o *status* de monge". E ele disse: "Ide e trazei-o à minha presença". Então trouxeram-no ao magistrado e, sob coerção, ele concordou em servir à justiça.

Quando algumas pessoas foram alvo de acusações, o antigo monge, agora verdugo, recebeu ordem – acreditai em mim, meus sentimentos naturais não me permitem continuar o relato sem lágrimas – o antigo monge recebeu ordens do magistrado de aplicar piche ou outra tortura aos investigados. Enquanto o novo verdugo executava seu trabalho, eis que satanás, disfarçado de soldado, chegou e começou a gritar de tal maneira que se reuniu uma grande multidão por causa dos seus gritos, pedindo ao magistrado vingança pelo homem injustiçado. Então, assumindo o caso, o magistrado disse ao soldado: "Calma, homem! E, quando recuperares a consciência, informa-me sensatamente sobre teu caso e deixa de gritar dessa maneira como um cão que late". Então o soldado disse ao magistrado: "Este verdugo costumava ser um monge e, quando eu era perseguido por alguns inimigos, entreguei muito dinheiro a ele, junto com meu jovem escravo e uma donzela virgem. Manda-o devolver meu depósito".

O magistrado aceitou de bom grado a explicação da questão em vista do lucro. Perguntou ao antigo monge, agora verdugo, se aquilo que o soldado disse eram, em sua opinião, palavras verdadeiras. Quando ele concordou que eram, pediram-lhe a devolução dos bens. Tendo dificuldade de explicar o depósito, ele acabou confessando, contra sua vontade, o assassinato do escravo e da donzela e também todo o esbanjamento do dinheiro. Vendo que não havia nada a ganhar dele, o magistrado ordenou que o malvado verdugo fosse levado à morte. Mas enquanto caminhava para o lugar de seu fim, eis que o soldado e acusador encontrou-se com ele na praça pública e lhe disse: "Sabes quem eu sou, abba?" Ele disse: "Penso que és o soldado que tive a desventura de conhecer, aquele que deixou comigo o escravo, a donzela e o dinheiro". Mas ele lhe disse: "Eu sou satanás, aquele que desencaminhou Adão, o primeiro homem. Estou em guerra contra os homens e farei o possível para que ninguém seja salvo ou se torne como Isaac ou Jó, mas lutarei para torná-los como Aquitófel e Judas Iscariotes, como Caim e os anciãos da Babilônia e todos os que são semelhantes a eles. Vai-te também tu, que não resististe à minha astúcia e não aprendeste a lutar a guerra invisível. Evita vangloriar-te com excessiva audácia de tua capacidade de lutar e resistir. No caso de Jó, não negligenciei nada dessa habilidade militar que sempre mobilizei contra a humanidade".

Dito isto e muito mais, ele se tornou invisível e o infeliz sofreu a morte por estrangulamento, insultado pelos demônios por sua arrogância. Portanto, sejamos precavidos para não pedir a Deus mais do que podemos administrar e não concordar em fazer o que somos incapazes de entregar. Porque é melhor percorrer o caminho real pelo qual, sem desviar-nos nem para a direita nem para a esquerda, poderemos ser salvos do perverso século presente, tendo humildade em todas as coisas.

N.621

Um dos anciãos costumava dizer: "Em nossa região, certa vez, os anciãos se reuniram para seu proveito e um deles se levantou, tomou a pequena almofada colocada sobre seu assento e a colocou nos ombros. Segurando-a com as duas mãos, ficou de pé no meio deles, olhando para o oriente e rezou dizendo: 'Deus, tem misericórdia de mim'. E Ele próprio respondeu, dizendo: 'Se queres que eu tenha misericórdia de ti, depõe o que trazes e eu terei misericórdia de ti'. Novamente ele disse: 'Deus, tem misericórdia de mim'. E Ele próprio respondeu dizendo: 'Ouviste; depõe o que trazes e eu terei misericórdia de ti'. Depois de fazer isto muitas vezes, ele se sentou e os pais lhe disseram: 'Dize-nos o que significa aquilo que fizeste'. E ele lhes disse: 'A pequena almofada que eu trazia nos ombros é minha vontade. Eu pedia a Deus que tivesse misericórdia de mim e Ele me disse: Deixa o que trazes e eu terei misericórdia de ti. E nós – disse ele –, se queremos ser tratados misericordiosamente por Deus, abandonemos nossa própria vontade e receberemos misericórdia'".

N.622

Certa vez dois irmãos chegaram a um acordo e se tornaram monges. Tendo conseguido seu intento, julgaram melhor construir duas celas a pouca distância uma da outra e cada um se retirou sozinho para viver em *hêsychia*. Durante muitos anos não se viram, porque não saíam de sua cela. Então aconteceu que um deles caiu doente e os pais vieram visitá-lo. Aconteceu que ele perdeu a consciência e depois começou a recuperar os sentidos e acordou. Os pais lhe perguntaram: "O que viste?" Ele disse: "Vi anjos de Deus chegando. Eles tomaram a mim e meu irmão e nos levaram para o céu. Potências adversas vieram ao nosso encontro, mas foram incapazes de prevalecer contra nós. E aconteceu que, quando passávamos por elas, uma voz começou a dizer: 'A pureza confere grande liberdade de acesso'". E, com estas palavras, morreu. Vendo isso, os pais enviaram um irmão para anunciar a seu irmão que ele morrera e esse irmão o encontrou também morto. Todos ficaram admirados e glorificaram a Deus.

N.623

Perguntaram a um ancião: "É bom intervir numa disputa entre irmãos?" E, em resposta, ele disse: "Fugi destas coisas, porque está escrito que o homem justo 'tapa os ouvidos para não ouvir nada sobre derramamento de sangue e fecha os olhos à vista do mal' [Is 33,15]".

N.624

Perguntaram a um ancião: "Como pode um homem viver sozinho?" E, em resposta, ele disse: "Se um atleta não lutar com muitos, não poderá aprender a habilidade de vencer para, desta maneira, ser capaz de travar um combate individual com o adversário. Assim também o monge: se não for treinado com irmãos e não aprender a habilidade de contra-atacar os maus pensamentos, não poderá viver sozinho nem resistir aos maus pensamentos".

N.625

Um ancião disse: "Dá o propósito e recebe a força".

N.626

Perguntaram a um ancião: "É bom utilizar as Sagradas Escrituras?" Mas ele disse: "A ovelha recebe do pastor ervas boas para comer, mas consome também produtos do deserto. Quando sente inflamação por causa dos espinhos, ela pasta na grama e sua boca fica adocicada e o suco dos espinhos é mitigado. Da mesma forma, meditar sobre as Sagradas Escrituras é bom para o homem contra o assalto dos demônios. Com efeito, se alguém se dedica a salmodiar, seja com muitos ou com alguns poucos, e fecha a boca para não clamar a Deus, esse homem faz o trabalho dos demônios; porque os demônios, não podendo ouvir o louvor de Cristo, criam obstáculos aos que salmodiam".

N.627

Perguntaram a um ancião: "Por que sou incapaz de conviver com os irmãos?" Ele disse: "Porque não temes a Deus. Se te lembrares que está escrito que, em Sodoma, Ló foi salvo por não ter julgado ninguém, poderás começar a viver com os animais selvagens" [Gn 19,29].

N.628/20.24

O bispo de certo lugar morreu e as pessoas das redondezas dirigiram-se ao arcebispo para pedir-lhe que lhes ordenasse um bispo para substituir o que morrera. O arcebispo lhes disse: "Apresentai-me aquele que sabeis ser apto para ser um pastor do rebanho de Cristo e eu o ordenarei". Eles disseram: "Não temos nenhum, a não ser aquele que teu anjo nos providenciar". O arcebispo lhes disse: "Estais todos aqui?" Eles disseram: "Não". E ele lhes disse: "Ide, reuni-vos todos e voltai a mim para que vosso bispo seja escolhido graças ao acordo de todos". Eles foram, reuniram-se todos e voltaram, pedindo que lhes fosse ordenado um bispo. Ele lhes disse: "Apresentai-me aquele que tem vossa confiança e eu o ordenarei para vós". Eles disseram: "Não temos nenhum, a não ser alguém que teu anjo nos conceder". Ele lhes disse:

"Estais todos aqui?" Eles disseram: "Estamos todos aqui". E ele disse: "Não falta ninguém de vós?" E eles disseram: "Não falta ninguém, a não ser aquele que cuida do asno de nosso prefeito". Então o arcebispo lhes disse: "Confiareis em mim se eu vos der aquele em quem eu confio?" E eles disseram: "Confiaremos". E o arcebispo mandou trazer o companheiro que cuidava do asno do prefeito e o ordenou para ser seu bispo. Eles o aceitaram com grande alegria e voltaram de barco para seu lugar.

Em sua região houve uma grande seca. O que se tornara bispo intercedeu junto a Deus nessa intenção e Deus lhe disse: "Vai a tal e tal portão da cidade logo ao amanhecer e detém o primeiro que vires chegando. Ele rezará – e a chuva virá". Ele o fez e saiu com seu clero. Sentou-se e eis que entra um etíope idoso trazendo uma carga de lenha para vender na cidade. O bispo levantou-se e o deteve e imediatamente o idoso depôs sua carga de lenha. O bispo pediu-lhe, dizendo: "Abba, reza para que possa vir chuva!" Ele rezou e eis que imediatamente a chuva caiu do céu como cataratas; e a chuva não teria parado se ele não rezasse novamente. O bispo implorou ao idoso dizendo: "Por favor, abba, para nosso proveito conta-nos sobre tua vida, para que também nós possamos imitá-la". O ancião disse: "Perdoa-me, senhor. Como vês, eu saio e corto para mim um pequeno feixe de lenha e depois entro para vendê-la. Não retenho mais do que o suficiente para dois pãezinhos, com os quais me alimento. Durmo na igreja e depois saio novamente no dia seguinte e faço a mesma coisa. Se faz mau tempo, permaneço jejuando um ou dois dias, até que volte o bom tempo e eu possa sair e cortar lenha". Edificados com isto, o bispo e seu clero glorificaram a Deus e lhe disseram: "Tu cumpriste realmente o que está escrito: 'Sou um estrangeiro sobre a terra' [cf. Sl 39,13]".

N.629

Um discípulo de um grande ancião relatou a respeito de seu abba: "Certa vez, quando chegou a hora nona, ele ficou com fome e queria comer. Após dispor a mesa, ficamos de pé para a oração e cantamos dois salmos. O ancião começou a recitar de cor. Chegou a noite, chegou a aurora, chegou a hora nona e então ele desistiu, porque sua mente estava contemplando os mistérios lá de cima".

N.630

"Outra vez, estando novamente em viagem, o ancião parava com grande frequência e eu lhe disse: "Abba, avança um pouco". Mas, em resposta, ele me disse: "Não ouves?" E eu disse: "Ouvir o quê, abba?" E ele disse: "Os anjos estão cantando no céu. Também nós devemos vigiar, porque Abba Antão disse que um monge não deveria ter outra preocupação a não ser a salvação de sua alma".

N.631

Um dos pais pediu que Deus o informasse a qual estatura ele havia chegado e Deus lhe revelou: "Em tal e tal cenóbio existe um irmão melhor do que tu". O ancião levantou-se e foi ao cenóbio e os monges dirigentes [*hêgoumenoi*] saíram ao seu encontro com alegria, porque ele era grande e famoso. O ancião lhes disse: "Desejo ver todos os monges e saudá-los". Por ordem do hegúmeno os irmãos vieram, mas aquele sobre o qual o ancião fora informado não veio. Em resposta, ele disse: "Existe outro irmão?" Eles disseram: "Sim, mas ele é louco e passa seu tempo no jardim". O ancião disse: "Chamai-o". Eles o chamaram e, ao vê-lo, o ancião levantou-se e depois o abraçou. E, conversando em particular com ele, perguntou-lhe: "Dize-me qual é o teu trabalho". E ele, em resposta, disse: "Eu sou um homem louco". Após o ancião suplicar-lhe por algum tempo, ele lhe disse: "O abba põe comigo em minha cela o boi que faz funcionar a máquina e cada dia ele estraçalha as cordas da esteira de junco na qual trabalho. Eis que suporto isto por trinta anos e nunca permiti à minha mente ter qualquer coisa contra meu abba. Também nunca bati no boi, mas sempre recomeço a trançar as cordas com muita paciência, dando graças a Deus". O ancião ficou admirado, porque isto lhe revelou também o resto de sua prática de observância dos mandamentos.

N.632

Certa vez, quando um dos pais estava sentado em sua cela, um demônio veio e se pôs na cama do ancião e começou a recitar de cor o livro dos Números. Desanimado, o demônio assumiu a forma de um pobre e dirigiu-se até o ancião mancando, com um bastão e um pequeno cesto. O ancião lhe disse: "Sabes recitar de cor?" Ele disse: "Sim. O Antigo Testamento". O ancião lhe disse: "Conheces o Novo Testamento?" Ao ouvir "o Novo Testamento", o demônio tornou-se invisível.

N.633

Um irmão perguntou a um ancião: "O que é a vontade e o que é fazer violência a si mesmo?" O ancião lhe disse: "Quando a alma está ansiosa para considerar a paixão no momento em que a mente é assaltada, isso é a vontade. Quando teus pensamentos te forçam a olhar a paixão que te atormenta, dizendo: 'Que dano existe se olhas para ela ou a vês' e tu não cedes, isso é fazer violência a si mesmo".

N.634/10.180

Um ancião disse que a rivalidade induz um homem à cólera, a cólera induz à cegueira e a cegueira o leva a cometer todo tipo de mal.

N.635/12.14

Um irmão visitou um ancião dotado de discernimento e lhe suplicou dizendo: "Reza por mim, pai, porque estou doente". Em resposta, o ancião lhe disse: "Certa vez um dos pais disse que aquele que toma óleo em sua mão para ungir uma pessoa doente é o primeiro a participar das riquezas do óleo através de sua mão. Da mesma forma, aquele que reza por um irmão sofredor, antes que este se beneficie com a oração, participa ele próprio do benefício através de sua propensão ao amor. Portanto, meus irmãos, rezemos uns pelos outros para sermos curados, porque Deus nos mandou fazer isso através do Apóstolo" [Tg 5,16].

N.636/17.30

Perguntaram a um ancião: "Como pode um homem adquirir o dom espiritual de amar a Deus?" Em resposta, ele disse: "Se alguém vê seu irmão vivendo em pecado e pede ajuda em seu favor, ele chega a compreender como alguém deve amar a Deus".

N.637

Um ancião disse: "A ação de graças intercede por nossa impotência diante de Deus".

N.638

Um ancião disse: "É bom confessar os *logismoi* aos pais. Eis que dois irmãos se aproximaram de um ancião: um era idoso, o outro mais jovem. O mais velho queixou-se amargamente contra o mais jovem. Mas, voltando-se para o mais jovem, o santo lhe disse: 'Ele está falando a verdade a teu respeito?' Ele concordou, dizendo: 'Sim, é verdade, porque eu o ofendo muito'. Então o irmão redobrou suas acusações. Resmungando consigo mesmo, o mais jovem disse num sussurro: 'Cala-te, senão o ancião pensará que é verdade o que estás dizendo'. Ouvindo isto o ancião gritou. Quando os irmãos lhe perguntaram: 'Por que gritaste?', ele respondeu dizendo: 'Quando estes dois irmãos entraram e se aproximaram de mim, um mouro trazendo um arco ficou a postos e, a cada acusação feita pelo ancião, ele disparava uma flecha contra o mais jovem, mas a flecha nem sequer atingia suas vestes. Finalmente, quando o mais novo resmungou consigo mesmo, o mouro disparou contra ele uma flecha que ia atingi-lo. Foi para impedir que ele fosse atingido que eu gritei'. Quando os dois irmãos pediram para serem curados de sua paixão, o ancião disse: 'Quando cairdes em disputa, lembrai-vos do mouro e acalmai-vos. Eles o fizeram e foram curados".

N.639

Alguém contou que certo bispo chegou a um lugar no Domingo santo e disse aos seus diáconos: "Procurai o sacerdote do lugar para que ele celebre a santa oferta dos divinos mistérios". Eles procuraram e encontraram o sacerdote, muito rústico – inculto, por assim dizer. Quando foi convidado pelo bispo para oferecer os dons, o bispo viu o sacerdote todo em chamas junto à santa mesa e sem se queimar. Terminada a oferta, o bispo conduziu o sacerdote para a assim chamada sacristia e lhe disse: "Abençoa-me, digno servo de Deus". Mas o sacerdote lhe disse: "Como é possível um bispo ser abençoado por um sacerdote, alguém que foi ordenado por ele? De preferência, abençoa-me tu, pai". O bispo disse: "Sou incapaz de abençoar alguém que permanece de pé em chamas ao oferecer a Deus os santos dons. Em todo caso, o inferior é abençoado pelo melhor, de acordo com o Apóstolo". O sacerdote disse: "Eu presto o culto conforme o costume do lugar; mas existe em algum lugar um bispo ou um sacerdote que assiste aos santos mistérios sem estar no fogo divino?" Ao ouvir isso, o bispo ficou muito admirado com a pureza do homem e com a simplicidade de suas maneiras e retirou-se com grande proveito.

N.640

A respeito de certo diácono da Igreja de Constantinopla contava-se que, quando era diácono, ele negou a Cristo, estudando magia e envenenamento. Algum tempo depois suas práticas se tornaram conhecidas e ele foi preso e lançado no cárcere do chamado pretor. Durante a investigação, o pretor pediu-lhe que dissesse como ousava estar de pé ao lado do altar divino, abanando a santa oferta com o resto dos diáconos. E ele disse: "Logo que tomo o leque sagrado, vem um anjo do Senhor e o toma de minhas mãos e me empurra para fora do lugar, abanando os dons imaculados em meu lugar e apresentando-se como se fosse eu. Também no momento da comunhão o anjo de Deus comunga em meu lugar e todos pensam que me veem comungando". Vemos, portanto, a longânime paciência de Deus, que tolera estas coisas e prossegue seus castigos até o fim, por causa das palavras de seus julgamentos que ele conhece.

N.641 *BHG* 1450y, *de monacho ad superbiam propenso*

Havia na Tebaida um monge com uma disciplina e estilo de vida em grau máximo: perseverava com total indiferença aos bens mundanos em muitas vigílias, intercessões e súplicas, exaurindo seu corpo com jejum e labutas. No início recolhia um punhado de ostras na água em volta e as comia cada noite e, posteriormente, satisfazia-se com esta ração a cada dois dias. Depois de seguir este regime por longo tempo, chegou ao ponto de comer um dia por semana, que era o domingo. Assim viveu por longo tempo servindo-se de ostras que encontrava ou ervas selvagens à noite, de domingo em domingo, demarcando as semanas. Mas o diabo, inventor do mal, teve ciúmes e procurou derrubá-lo com as mesmas armas que o levaram à queda que ele próprio havia sofrido: pelo orgulho. Aproximou-se dele e despertou em sua mente um pensamento de presunção: "Praticas um estilo de vida sumamente elevado e jejuas como nenhum outro homem; mas precisas dar uma demonstração de milagres para que possas ter mais entusiasmo na disciplina e beneficiar os homens que veem as maravilhas de Deus e glorificam nosso pai que está no céu [Mt 5,16]. Portanto, peçamos o poder de fazer milagres, pois o próprio Salvador disse: 'Pedi e vos será dado' [Mt 7,7]".

Então o monge apresentou a Deus este pedido com o máximo fervor. Mas Deus, que é bom e amante da humanidade e deseja que "todos os homens sejam salvos" [1Tm 2,4], viu que ele estava sendo desencaminhado e, lembrando-se da sua labuta e disciplina, não permitiu que o adversário o seduzisse completamente e o abatesse com a queda do orgulho, a mais grave de todas as quedas. Por isso se aplica muito bem a ele o versículo dos salmos: "Se cair, não naufragará, porque o Senhor o segura pela mão" [Sl 37,24]. Veio-lhe então à mente um pensamento expresso pelo Apóstolo: Somos incapazes de pensar alguma coisa por nós mesmos [2Cor 3,5]. Ele pensou: "Se uma pessoa como ele disse: 'Eu sou incapaz', quanto mais eu necessito de instrução! Portanto, procurarei tal e tal anacoreta e tudo o que ele me disser ou aconselhar, eu o acolherei como orientação vinda de Deus para minha salvação".

Ora, o abba a quem ele se dirigiu era grande e renomado; muito avançado na contemplação, podia ser benéfico para os que a ele recorriam e edificar apropriadamente os que o interrogavam. Nosso monge saiu da sua cela e foi ao seu encontro. Ao entrar na cela, o ancião viu dois macacos sentados em seus ombros controlando seu pescoço com uma corrente, cada um tentando puxá-lo para si. Ao ver isto e percebendo o motivo – era um homem "instruído por Deus" [1Ts 4,9] –, ele soluçou e chorou em silêncio. Após a oração e a saudação habitual, sentaram-se por uma hora sem falar, porque esse era o costume dos pais naquele lugar. Depois o monge visitante disse: "Pai, faze-me um favor: dá-me instruções sobre o caminho da salvação". O ancião respondeu: "Eu sou incapaz disso, meu filho, porque eu próprio preciso ser conduzido pela mão". Mas ele lhe disse: "Senhor Abba, não te recuses a fazer-me um favor, porque confio em ti e decidi receber teu conselho". Mas ele sacudiu a cabeça, dizendo: "Tu não me ouvirás e é por isso que me recuso". Novamente o monge comprometeu-se e deu-lhe sua palavra: "Se me falares, eu te ouvirei como se fosses um anjo".

Então o ancião lhe disse: "Toma esta bolsa com dinheiro. Vai à cidade e compra dez pães, dez medidas de vinho e dez onças de carne e traze-as aqui". Ele começou a ficar muito aflito, mas tomou a bolsa e partiu. Durante o caminho ruminou muitos pensamentos: "O que se passou na cabeça deste ancião? Como devo comprar estas coisas? Os mundanos se escandalizarão ao ver-me comprando-as!" Seguiu seu caminho, chorando e lamentando-se. Depois, envergonhado, comprou os pães através de uma pessoa, o vinho através de outra. E disse: "Ai de mim, desventurado! Como comprarei a carne, eu mesmo ou através de outra pessoa?" Envergonhado, abordou sorrateiramente um mundano e deu-lhe o dinheiro; este a comprou e lhe deu. Então o monge tomou as compras e as trouxe ao ancião. E o ancião lhe disse: "Consome a carne". Relutantemente, ele a consumiu. Depois o ancião lhe disse: "Não te esqueças; prometeste-me obedecer a tudo o que eu te disser. Por isso, toma estas coisas, entra em tua cela, faze uma oração e come um pão, uma medida de vinho e uma onça de carne cada dia; e daqui a dez dias vem aqui". Depois de ouvir sem ousar protestar, tomou as provisões e partiu, chorando e lamentando-se pelo ocorrido, dizendo: "A que ponto chegarei após este jejum? Devo fazê-lo ou não? Se não o fizer, estrarei em desacordo com Deus, porque dei minha palavra no sentido de que eu receberia como vindo de Deus tudo o que ele dissesse. Agora, Senhor, olha minha desgraça, tem misericórdia de mim e perdoa-me os meus pecados. Eis que agora sou obrigado a agir contra meu propósito de moderação".

Chorando assim, chegou à sua cela e fez como o ancião lhe ordenou. Aplicou-se à oração com fervor ainda maior e regava o alimento com lágrimas antes de comer, intercedendo e dizendo: "Senhor, me abandonaste?" Por isso, Deus foi atencioso com seu arrependimento e humilhação. Confortou seu coração e ele, reconhecendo o motivo pelo qual chegou a ser indiferente ao alimento, como pensava, deu graças a Deus e espontaneamente concordou com a palavra do Profeta: "Toda a justiça do homem é como um farrapo sujo" [Is 64,5] e: "Se o Senhor não constrói uma casa e não guarda a cidade, em vão vigia o guarda" [cf. Sl 127,1]. Então retornou ao ancião, fisicamente abatido e mais desgastado do que quando passava semanas sem alimento. Vendo-o tão humilhado, o ancião o recebeu com um sorriso no rosto e, depois de rezarem, sentaram-se em silêncio. Depois o ancião disse: "Meu filho, Deus, o amante da humanidade, cuidou de ti e não permitiu que o adversário levasse vantagem sobre ti – porque ele está acostumado a desencaminhar com palavras melífluas os que seguem a virtude e levá-los à presunção de espírito. Ele também os coage e os leva a empreender altos graus de boas ações para desta maneira derrubá-los. Não existe paixão pecaminosa mais abominável aos olhos de Deus do que o orgulho e nenhuma atividade mais louvável vinda dele do que a da humilhação. Observa os dois exemplos do fariseu e do publicano: os extremos dos dois lados são, portanto, perigosos, porque um dos anciãos disse que o excesso é dos demônios. Segue, portanto, o caminho real – como diz a Escritura –, não te desviando nem para a esquerda nem para a direita [cf. Nm 20,17], mas mantém o justo meio na alimentação, comendo moderadamente cada tarde. Mas, se surgir a necessidade, não tenhas escrúpulo de infringir este prazo; por causa do sofrimento, ou por qualquer outra razão, deves deixar de lado a hora marcada. E, se te acontecer comer novamente no dia – ou seja, duas vezes ao dia –, não tenhas escrúpulo, porque não estamos sob o regime da lei, mas sob o regime da graça [Rm 6,14]. Ao comer, não queiras empanturrar-te; mas controla-te, especialmente tratando-se dos pratos mais saborosos. Procura sempre os pratos mais frugais e vigia teu coração, pondo em prática a humildade de todas as formas; porque, como diz o Profeta: 'O sacrifício a Deus é um espírito contrito; um coração esmagado e contrito Deus não desprezará' [Sl 51,19]. E novamente diz o próprio santo Davi: 'Eu fui humilhado e Deus me salvou' [Sl 116,6]. E, através do Profeta Isaías, o Senhor diz: 'Com quem encontrarei meu repouso senão com aquele que é humilde e contrito de coração e treme às minhas palavras?' [Is 66,2]. Portanto, põe toda a tua esperança no Senhor, meu filho. Segue teu caminho em paz [Lc 7,50; 8,48] e 'Ele te sustentará'

[Sl 55,23] e 'manifestará tua justiça como a luz e teu direito como o meio-dia' [Sl 37,6]".

Depois de ter beneficiado assim o irmão e o ter confortado com o que encontrou, despediu-o, alegrando-se no Senhor. E então, enquanto caminhava, ele dizia: "Voltem se para mim os que te temem e os que conhecem os teus testemunhos" [Sl 119,79]; e: "O Senhor me castigou e corrigiu; mas não me entregou à morte" [Sl 118,18]; e: "Que o justo me golpeie com misericórdia e me repreenda" [Sl 141,5]. E disse para si mesmo: "Volta ao repouso, ó minha alma, pois o Senhor te tratou generosamente" [Sl 116,7]. Retornando assim à sua cela, viveu de acordo com as instruções do ancião, passando todo o resto de sua vida em humilhação e compunção, até chegar "ao estado de homem perfeito, à medida da estatura da plenitude de Cristo" [Ef 4,13].

N.642-643 *BHG* 2101abc, *de coenibita ad iudicem delato, de Doulo monacho*

Abba Doulas

Abba Daniel contou que havia um monge chamado Doulas, que era um dos grandes entre os pais. No início este Daniel viveu num cenóbio por quarenta anos e costumava dizer: "Depois de aplicar vários testes, descobri que os que vivem em cenóbios fazem um progresso sempre mais rápido na prática das virtudes se estiverem ali com um coração verdadeiro. Num cenóbio havia – disse ele – um irmão de semblante humilde e menosprezado, mas de grande e nobre inteligência. Ele se alegrava e ficava contente quando não faziam caso dele e o desprezavam, quando os irmãos se exacerbavam contra ele sob instigação do adversário, alguns golpeando-o, outros cuspindo nele, outros ainda cobrindo-o de ofensas. Tendo isso continuado por vinte anos, o inimigo, incapaz de tolerar a persistência de sua resistência, propôs a certo irmão que, enquanto os irmãos faziam a sesta, entrasse na igreja, roubasse todo o equipamento sacerdotal – ou seja, as vestes, os vasos etc. – e deixasse secretamente o cenóbio. Quando era hora da *synaxis*, o mestre de cerimônias veio para colocar o incenso e viu que tudo fora removido. Foi e relatou o fato ao abba e tocou o *sêmantron*. Todos os irmãos se reuniram e começaram a ficar perturbados e diziam: 'Ninguém senão tal e tal irmão os levou e é por isso que ele não veio para a *synaxis*. Se não o tivesse feito, ele teria chegado primeiro, como sempre'. Mandaram procurá-lo e o encontraram de pé em oração. Depois de bater, entraram e o arrastaram à força. Mas ele suplicou-lhes dizendo: 'O que é que há, pais?' Mas eles, proferindo insultos e ofensas contra ele, disseram: 'Saqueador, indigno até mesmo de viver, não estás satisfeito por ter-nos perturbado por tantos anos e agora feriste nossas almas?' Ele apenas disse: 'Perdoai-me, eu agi mal'. Eles o levaram ao abba e lhe disseram: 'Abba, foi este que perturbou o cenóbio desde o início'. E, um a um, começaram a dizer: 'Sei que ele come repolho às escondidas'. Outro: 'Ele costumava roubar pães e os distribuía fora'. E outro: 'Eu o encontrei bebendo o melhor vinho'. Acreditou-se em todos os que mentiam, mas o que dizia a verdade não foi ouvido. O abba despiu-o do hábito monástico dizendo: 'Estes não são os atos de um cristão'. Colocaram-lhe grilhões e o entregaram ao administrador da laura.

Este o despiu e o açoitou com tendões de boi, procurando descobrir se eram verdadeiras as coisas que diziam dele. Mas ele, rindo, disse apenas: 'Perdoai-me porque agi mal'. Irritado com estas palavras, ele mandou lançá-lo num lugar de castigo, depois de amarrar seus pés com troncos de madeira na prisão, e escreveu ao duque a respeito do caso. Logo vieram comissários que o agarraram e o puseram sobre um asno sem sela – ele trazia uma pesada coleira de ferro ao redor do pescoço – e o arrastaram para o centro da cidade. Levado à presença do juiz, perguntaram-lhe como se chamava, donde vinha e por que se tornara monge; mas ele não disse nada, a não ser: 'Perdoai-me, porque agi mal'. Furioso, o duque mandou que o deitassem e lhe lacerassem as costas com rudes tendões de boi. Ele foi estendido para as quatro direções e açoitado impiedosamente com tendões. Mas, com rosto sorridente,·ele disse ao duque: 'Bate, bate;

estás tornando mais brilhante minha prata'. E o duque disse: 'Mostrarei tua loucura ainda mais brilhante do que a neve'. Mandou espalhar fogo debaixo de sua barriga e misturar sal com vinagre para despejar em suas feridas. Admirados com essa resistência, os que assistiam lhe disseram: 'Dize-nos onde puseste o equipamento sacerdotal e te deixaremos ir'. Mas ele disse: 'Não é da minha conta'. Logo depois de mandar livrá-lo da tortura, o duque ordenou que ele fosse levado ao cárcere, para ficar preso sem comida e sem cuidados.

No dia seguinte enviou alguém para a laura e mandou trazer os membros do cenóbio e o abba. Quando chegaram, o duque lhes disse: 'Fiz tudo o que pude e sujeitei-o a muitos castigos, mas não consegui descobrir nada mais'. Os irmãos lhe disserem: 'Meu senhor, ele fez muitas outras coisas más e o toleramos por amor a Deus, esperando que se corrigisse e eis que, ao invés, ele chegou a um comportamento pior'. Ele lhes disse: 'O que devo fazer com ele?' E eles disseram: 'O que está de acordo com as leis?' Ele lhes disse: 'A lei executa os culpados de sacrilégio'. E eles disseram: 'Manda executá-lo'. Ele os despediu e mandou trazer o irmão. Sentou-se no tribunal e lhe disse: 'Confessa, desgraçado, e te livrarás da morte'. O irmão disse: 'Se me mandares dizer o que não é verdade eu o direi'. E ele disse: 'Não quero que prestes falso testemunho'. Mas o irmão disse: 'Não estou ciente de ter feito nenhuma das coisas sobre as quais estou sendo interrogado'. Percebendo que ele não diria nada, o duque mandou decapitá-lo. E os carrascos o agarraram e o levaram-no para ser decapitado.

Enquanto ele estava sendo levado embora, o que roubara os tesouros começou a sentir compunção e disse consigo mesmo: 'Se agora ou em qualquer outro tempo o caso se tornar conhecido e se não fores descoberto aqui, o que dirás naquele dia? Como explicarás teus atos?' Procurou o abba e disse: 'Manda rapidamente alguém para evitar que o irmão morra, porque o equipamento sacerdotal foi encontrado'. Então ele enviou alguém que relatou isto ao duque. O irmão foi libertado e eles o trouxeram ao cenóbio e todos se prostraram diante dele e disseram: 'Pecamos contra ti, perdoa-nos'. Ele, porém, começou a chorar e a dizer: 'Perdoai-me, porque devo agradecer-vos muito, já que, através destes pequenos tormentos, eu mereço grandes benefícios. Eu sempre me sentia afortunado ao ouvir as coisas ultrajantes ditas por vós a meu respeito, porque, através destes poucos menosprezos, merecerei grandes honras naquele dia terrível. Por me terdes feito isto, alegro-me mais do que se não tivesse sido atormentado por vossa causa, porque prevejo o repouso que me aguarda no Reino dos Céus: a recompensa por estas provações'.

O irmão viveu mais três dias e então partiu para o Senhor. Quando um irmão veio ver como ele estava, encontrou-o de joelhos – estava fazendo um ato de arrependimento e rezando – e foi assim que ele entregou sua alma: o corpo permanecendo imóvel em arrependimento. O irmão foi e contou ao abba e este ordenou que o corpo fosse levado para a igreja a fim de ser ali sepultado. Depois que o colocaram diante do altar, o abba ordenou que fosse tocado o *sêmantron* para que toda a laura pudesse reunir-se e seu corpo ser enterrado com honras. Quando estavam reunidos, todos queriam tomar uma relíquia dele, de modo que, ao ver isto, o abba colocou seu corpo no santuário e, guardando as chaves, esperou que chegasse o abba da laura para poder sepultá-lo publicamente. O pai da laura chegou com o clero e, depois de rezarem, disseram: 'Abba, abre e traze o corpo para poder ser sepultado, porque já é a hora nona' Ele abriu e não encontrou nada ali, exceto suas roupas e as sandálias. Todos ficaram admirados e glorificaram a Deus com lágrimas, dizendo: 'Irmãos, olhai o que a paciência e a humilhação nos proporciona, como vistes. Esforçai-vos da mesma forma, suportando ser desprezados e provados, pois sabemos que isto proporciona o Reino dos Céus pela graça de nosso Senhor Jesus Cristo'".

**N.644 = N.660; N.645-651 = N.676-682;
N.652-656 = N.684-688; N.657-659 = N.689-691
[N.303-305]**

N.660 *BHG* 1442kb, *de chartula iuramenti*

Um irmão vivia em submissão num cenóbio e tirava proveito humilhando-se em todas as coisas. Ele obtinha ganhos em nove pontos, mas falhava em um. Então partiu para outro cenóbio e diminuiu um: obtinha ganhos em oito, mas falhava em dois. Saiu dali e dirigiu-se a outro cenóbio e novamente obtinha ganhos em sete e falhava em três. Partiu novamente, fazendo a mesma coisa. Quando percebeu que obtinha ganhos em cinco pontos e falhava em cinco, decidiu entrar num outro cenóbio de uma vez por todas. Mas, antes de entrar, tomou um pedaço de papiro, sentou-se e disse consigo mesmo: "Se confias em tua mente, o mundo inteiro é insuficiente para a tua mania de viajar. Mas põe em tua cabeça o propósito de perseverar e escreve a seguinte anotação: 'Saíste deste cenóbio porque te distraíste e daquele outro por causa disso e daquilo...'; e registra todos os fatores que te fizeram sair do cenóbio". E depois disso ele escreveu: "Se encontrares aqui todos estes fatores, perseverarás?" E por fim ele escreveu: "Em nome de Jesus Cristo, filho de Deus, eu persevero". Enrolou-o, colocou-o no cinto, fez uma oração e entrou no cenóbio.

Depois de estar ali por algum tempo, começou a notar que aconteciam algumas das coisas que ele observara com preocupação. Quando começou a ficar preocupado, tomou às escondidas aquela anotação e, ao lê-la, encontrou: "Em nome de Jesus Cristo, filho de Deus, eu persevero". Então se acalmou e disse consigo mesmo: "Renunciaste ao mundo por Deus; pede-lhe ajuda". Da mesma forma, quando via outra coisa que lhe causava preocupação, fazia o mesmo e encontrava alívio. Mas o maligno não suportava a paciente resistência do irmão. Deu aos irmãos a oportunidade de observar como o irmão tinha sucesso com a leitura e eles disseram: "Ele é um mágico e com a leitura não se angustia como nós nos angustiamos". Dirigiram-se ao abba e lhe disseram: "Não podemos permanecer com este irmão, porque ele é um feiticeiro e sua feitiçaria está em seu cinto. Se queres mantê-lo aqui, deixa-nos partir".

Ora, o abba era uma pessoa espiritual e conhecia a humilhação do irmão. Sabia que a alegação provinha da malícia do diabo e disse aos irmãos: "Ide rezar; eu também rezarei e, dentro de três dias, vos darei a resposta". Então, enquanto o irmão dormia, o abba afrouxou seu cinto, leu a anotação, colocou-a de volta e lhe reajustou o cinto. Três dias depois, os irmãos vieram e disseram ao abba: "Apieda-te de nós; dize-nos o que estás fazendo". Ele disse: "Chamai o irmão". "E o abba lhe disse: "Por que escandalizas os irmãos?" E ele respondeu: "Eu pequei, perdoa-me e reza por mim". E o abba disse aos irmãos: "O que dissestes que este irmão está fazendo?" E eles disseram: "Ele é um feiticeiro e sua feitiçaria está em seu cinto". E o abba disse: "Retirai sua feitiçaria". Como ele não lhes permitisse afrouxar seu cinto, o abba deu a ordem e eles o cortaram e encontraram o pedaço de papiro. O abba o entregou a um dos diáconos e ordenou que ficasse de pé num lugar elevado e o lesse, dizendo: "É para que, também nisto, o diabo seja envergonhado, ele que ensina a feitiçaria aos homens". Então foi lido aos irmãos o pedaço de papiro com a frase: "Em nome de Jesus Cristo, filho de Deus, eu persevero". Os irmãos – ou melhor, o diabo – ficaram envergonhados; prostraram-se diante do abba, dizendo: "Nós pecamos". O abba lhes disse: "Vós vos prostrais diante de mim? Prostrai-vos diante de Deus e diante do irmão". E ao irmão o abba disse: "Rezemos para que Deus os perdoe". E começaram a rezar por eles.

N.661/693

Um irmão perguntou a um ancião: "Por que é que, quando realizo minha pequena liturgia, às vezes percebo que não há nenhuma gordura* em meu coração, às vezes nenhuma avidez?" O ancião lhe disse: "Como se tornará patente que um homem ama

a Deus?" E em seguida o ancião disse: "Meu corpo nunca aceitou obedecer a tudo o que se requer dele".
* Cf. N.673.

N.662/694

Havia um ancião de Scete que morava no monte de Abba Paesios. Foi-lhe apresentada uma pessoa do palácio possuída por um demônio e ele a curou. A pessoa ofereceu-lhe um cesto cheio de ouro, mas o ancião não quis aceitá-lo. Vendo a pessoa aflita, ele guardou o cesto vazio, dizendo-lhe: "Dá o ouro para alívio dos pobres". Com o cesto o ancião fez uma túnica – ele era feito de crinas duras – e a vestiu por um longo tempo para macerar sua carne.

N.663/695

Um irmão foi comprar fibras de linho de uma viúva e ela suspirou e as vendeu a ele. O irmão lhe disse: "O que há contigo?" A viúva lhe disse: "Deus te enviou hoje para prestar auxílio a teus irmãos e meus órfãos". E o irmão ficou aflito ao ouvir isto. Tirando algumas fibras de sua bolsa a tiracolo jogou-as no colo da viúva e assim lhe causou alegria.

N.664/696

Perguntaram a um ancião: "O que é a vida de um monge?" E ele respondeu: "É uma boca que fala a verdade, um corpo santo e um coração puro".

N.665/697

Um ancião disse que os pais entraram através da aspereza, mas nós entramos através da suavidade se formos capazes de fazê-lo.

N.666/3.35

Abba Hiperéquio disse: "O monge que vigia e é fervoroso na oração e nas intercessões transforma a noite em dia. Ferindo seu coração, ele derrama lágrimas e invoca a misericórdia dos céus".

N.667 (cf. N.4.55 e 2Rs 6,7)

Ele disse também: "O corpo do monge, ressequido pelo jejum, ergue a alma das profundezas; o jejum seca os canais do prazer de um monge".

N.668 (cf. N.4.62)

Um ancião disse: "Sobrepuja o demônio da gula, dizendo-lhe: 'Espera, porque não morrerás de fome'. E come com moderação. Quanto mais ele te coagir, come constantemente com moderação. É assim que ele coage uma pessoa a querer comer tudo desde a primeira hora do dia".

N.669/7.27

Abba Hiperéquio disse: "Que haja um hino espiritual em tua boca e a meditação alivie o peso das tentações que te assaltam. Um exemplo claro disso é alguém que está sobrecarregado de trabalho e alivia o cansaço com um cântico".

N.670/7.28

Ele disse também: "Devemos armar-nos antes das tentações, porque elas virão. E desta maneira nos mostraremos preparados para elas quando se abaterem sobre nós".

N.671/8.17

Abba Poimen disse: "Certamente quem busca exclusivamente a amizade dos homens se distancia da amizade de Deus, e por isso não é coisa boa agradar a todos. 'Ai de vós – diz ele – quando todos os homens falarem bem de vós' [Lc 6,26]".

N.672/8.28

A respeito dos Scetiotas dizia-se que, se alguém tomava conhecimento de sua virtude, eles já não a consideravam virtude, mas pecado.

N.673/8.29

Um ancião disse: "O pensamento humano remove toda a gordura espiritual [cf. Sl 63,6] de um homem e o deixa ressequido".

N.674/10.145

A respeito de Moisés um ancião disse: "Ao matar o egípcio, ele olhou para um lado e para o outro e não viu ninguém – ou seja, olhou para dentro de seus pensamentos e percebeu que não estava fazendo nada de errado, mas agindo em nome de Deus – e então 'ele matou o egípcio' [Ex 2,12]".

N.675/10.146

A respeito do que está escrito nos Salmos – "Porei sua mão sobre o mar e sua direita sobre os rios" [Sl 89,26] – um ancião disse que isto se refere ao Salvador. Sua mão esquerda sobre o mar, ou seja, o mundo; "e sua direita sobre os rios" – esses são os apóstolos que regam o mundo pela fé.

N.676 = N.645/10.151

Um dos pais disse: "Diz-se [Lv 11,3-4] que o animal puro rumina seu alimento e tem o casco fendido. Assim acontece com o homem que acredita apropriadamente e aceita os dois Testamentos, acreditando no que se encontra na santa Igreja, mas é deixado de lado de várias maneiras entre as heresias. Um homem deve ruminar o bom alimento e de maneira alguma o mau. O alimento benéfico são os bons pensamentos, a tradição dos santos mestres e qualquer outra coisa semelhante. O alimento impuro são os maus pensamentos envolvidos em vários pecados e nas iniquidades dos homens".

N.677 = N.646/10.164

Um ancião disse: "Se um dito se insinua no coração de um irmão que mora numa cela e o irmão não lhe dá importância, incapaz de superá-lo nem atraído por Deus, os demônios estão à sua espera e lhe mostram o dito no sentido que ele deseja".

N.678 = 647/11.60

Abba Poimen disse que o temor de Deus é o começo e o fim, porque está escrito: "O princípio da sabedoria é o temor de Deus" [Sl 111,10] e novamente, quando Abraão concluiu a construção do altar, o Senhor lhe disse: "Agora sei que temes a Deus" [Gn 22,12].

N.679 = N.648/11.76 Hiperéquio 7

Abba Hiperéquio disse: "Fixa teu pensamento sempre no Reino dos Céus e em breve o herdarás".

N.680 = N.649/11.77

Ele disse também: "Que a vida de um monge imite a de um anjo, incinerando os pecados".

N.681 = N.650/II.82

Um ancião disse: "Esforça-te diligentemente para não pecar, para não ofender o Deus que está contigo e expulsá-lo de tua alma".

N.682 = N.651/II.93

Um ancião disse que é preciso "não se preocupar" [cf. Mt 6,23ss] com nada que não seja o temor de Deus. E disse: "Se fui obrigado a 'preocupar-me' com alguma necessidade corporal, nunca pensei nela antes do tempo".

N.683 = N.267/II.94

N.684 = N.652/II.97

Um ancião disse: "Desde uma tarefa pequena até uma tarefa grande que realizo, eu penso no fruto que ela renderá, seja em pensamentos ou em atos".

N.685 = N.653/II.112

Um ancião disse: "Irmãos, sejamos sóbrios, vigilantes [cf. 1Pd 5,8] e atentos às orações, para que, fazendo as coisas que agradam a Deus, possamos ser salvos. O soldado que parte para a guerra preocupa-se unicamente com sua vida, da mesma forma o caçador. Sejamos como eles. Quem vive de acordo com Deus vive com Ele, pois Ele diz: 'Habitarei no meio deles e andarei no meio deles e serei seu Deus e eles serão meu povo' [2Cor 6,16]".

N.686 = N.654/11.117

Certa vez um homem que vivia em Kellia procurou um dos pais e lhe falou sobre um pensamento que o perturbava. O ancião lhe disse: "Jogaste por terra o grande instrumento, ou seja, o temor de Deus, e preferiste guardar para ti como bordão um caniço, ou seja, pensamentos perversos. De preferência, toma para ti o fogo, ou seja, o temor de Deus. E, quando acontecer que um pensamento mau se aproxima de ti, ele é inteiramente queimado pelo fogo como um caniço. Porque o mal não tem poder contra aquele que possui o temor de Deus".

N.687 = N.655

Certa vez um viajante arruaceiro encontrou um monge que vivia sozinho numa cela. E então o arruaceiro, sem saber quem ele era, começou a rezar por ele e a dizer: "Deus tenha misericórdia deste desgraçado". Fez a mesma coisa novamente na volta e, por isto, ele foi justificado. O ancião contou isso por causa de alguns visitantes que diziam aos anciãos: "Deus vos proteja por causa de nós, pecadores", a fim de se assegurarem de que têm sua recompensa por causa disto.

N.688 = N.656/15.55

Um ancião disse: "O solo que Deus nos mandou cultivar [Gn 3,23] é a humildade".

N.689 = N.657 [N.303]; N.690 = N.658 [N.304]; N.691 = N.659 [N.305]

N.692 = N.660/15.80

Um ancião disse: "Nunca saí de minha condição para bancar o importante, nem me perturbei quando mergulhado na humilhação; porque toda a minha preocupação é rezar a Deus até Ele me tirar do alcance do velho homem".

N.693 = N.661/10.84

Um irmão perguntou a Abba Poimen a respeito das paixões corporais. Ele lhe disse: "Elas são os que cantam junto à estátua de Nabucodonosor, porque, se os flautistas não tivessem tocado as flautas e as harpas para os homens, estes não teriam adorado a estátua [cf. Dn 3,5]. Assim o inimigo canta para a alma nas paixões, para ver se consegue desencaminhá-la através das paixões corporais".

N.694 = N.662/10.96

Abba Paládio disse: "A alma que está se treinando para Deus precisa aprender fielmente o que ela não sabe ou ensinar simplesmente o que ela sabe. Se não quiser fazer nenhuma destas duas coisas, ela sofre de demência, porque o início da apostasia é o desdém pela doutrina e a falta de apetite pela palavra – as coisas pelas quais a alma amante de Deus sempre anseia".

N.695 = N.663/11.114

Um ancião disse: "Se vês um irmão que pecou, não o repreendas por isto, mas atribui a responsabilidade àquele que guerreia contra ele, e dize: 'Se ele foi derrotado, também eu poderei ser". Chora e busca a ajuda de Deus e compadece-te de quem padece involuntariamente. Ninguém quer pecar contra Deus, mas todos nós somos desencaminhados".

N.696 = N.664/12.4

Abba Evágrio disse: "Quando estás desanimado, reza. Pois está escrito: 'Reza com temor e tremor; com esforço e sobriedade e vigilância' [cf. 1Pd 5,8]. É assim que se deve rezar, especialmente contra os malévolos e perversos que desta maneira nos querem prejudicar: refiro-me aos nossos inimigos invisíveis".

N.697 = N.665/12.5

Ele disse também: "Se desperta um pensamento adverso no teu coração, não procures através da oração algumas coisas para substituir outras, mas afia a espada das lágrimas contra o adversário".

N.698 = N.666/14.26

Um ancião disse: "Irmãos, o Salvador usava a aflição e a tribulação como início de seus ensinamentos. Aquele que foge do início está fugindo do conhecimento de Deus. Assim como, para o início do ensino, dá-se às crianças o alfabeto para se tornarem cultas, da mesma forma o monge, adquirindo a obediência através de labutas e aflições, se torna co-herdeiro com Cristo e filho de Deus".

N.699 = N.667/15.67

Abba Hiperéquio disse: "A humildade é uma árvore da vida que se eleva às alturas".

N.700 = N.668/15.101

Um ancião disse: "Prefiro ser ensinado a ensinar".

N.701 = N.669/15.102

Ele disse também: "Não ensines antes do tempo; do contrário, por toda a tua vida tua inteligência será limitada".

N. 702 = 670 (incompleto)

O bem-aventurado João Crisóstomo disse: "Quando te sentas para ler as palavras de Deus, pede-lhe primeiramente que abra os olhos do teu coração, a fim de não apenas ler o que está escrito, mas também praticá-lo, para que não seja para nossa própria condenação. Estudemos meticulosamente as vidas e os ditos dos santos.

N.703/2.31

Abba Moisés disse: "Aquele que está muito próximo de Jesus e se inter-relaciona com Ele faz muito bem em não introduzir ninguém em sua cela".

N.704 = N.500

N.705/11.124

Um irmão perguntou: "Qual é o cultivo da alma para que ela possa produzir fruto?" E o ancião respondeu: "O cultivo da alma é a *hêsychia* do corpo e muita oração corporal e não prestar atenção às faltas dos homens, mas apenas às suas próprias. Se um homem persistir nestas coisas, não demorará muito para sua alma produzir fruto".

N.705*bis*

Um irmão perguntou: "O que é o progresso do homem?" E o ancião respondeu: "Ser humilhado. Não existe outro progresso. Na medida em que alguém é rebaixado na humilhação, ele é elevado".

N.706 = N.107; N.707 = N.556, *finis*

N.708/16.7

A respeito de Abba Longino costumava-se dizer: Certa vez um de seus discípulos foi difamado diante dele para que o mandasse embora. Os companheiros de Abba Teodoro vieram e lhe disseram: "Abba, ouvimos tais e tais coisas a respeito deste irmão; manda-nos removê-lo para longe de tua presença e as coisas melhorarão para ti". Mas o ancião lhes disse: "Não o expulsarei, porque ele me dá repouso". Ao ouvir o motivo, o ancião Teodoro disse: "Ai de mim! Viemos aqui para tornar-nos anjos e nos tornamos animais impuros".

N.709/18.11

A respeito de Abba Longino diziam também que certa vez um proprietário de um barco trouxe ouro, fruto dos negócios com seus navios, e o ofereceu a ele. O abba não quis aceitá-lo e lhe disse: "Aqui não há necessidade disto. Mas faze-me o favor de montar em teu animal e ir às pressas à Escadaria de São Pedro. Ali encontrarás um homem jovem vestido assim e assim. Dá-lhe todo o dinheiro e pergunta-lhe como ele está". O proprietário do barco partiu sem demora e encontrou o jovem exatamente como o ancião lhe dissera. Perguntou-lhe: "Aonde vais, irmão? Porque estive no Enaton com Abba Longino, ele me mandou procurar-te para te dar este ouro". Ao ouvir falar de Abba Longino, o jovem falou ao proprietário do barco sobre seus apuros. "Estou totalmente imerso em dívidas e, como não sou um homem de recursos, vim para cá para me enforcar, fora da cidade. Para acreditares em mim, olha a corda que eu trouxe". E, tirando-a das dobras de seu manto, mostrou-a a ele. O proprietário do barco deu-lhe o ouro e o convenceu a voltar à cidade. Quando retornou a Abba Longino e lhe contou o caso, o ancião lhe disse: "Acredita em mim, irmão: se não fosses rápido e não o alcançasses, tanto tu quanto eu seríamos submetidos a julgamento por causa de sua alma".

N.710/18.12

Certa vez, quando estava sentado em sua cela com alguns pais que o visitaram, Abba Longino levantou-se subitamente e, sem dizer palavra a ninguém, deixou a cela e foi apressadamente em direção à praia. Quando ele se aproximava da praia, aportou um barco vindo do Egito. Estava a bordo um ancião que desejava visitá-lo. Saudaram-se um ao outro no Espírito Santo e depois ficaram de pé em oração. O egípcio disse a Deus: "Senhor, eu te pedi que minha situação não fosse revelada ao ancião para ele não ser incomodado". Foram até a cela de Abba Longino e na manhã seguinte o ancião egípcio morreu.

N.711 = N.559

N.712/17.12

Abba Poimen disse: "Faze o melhor que puderes para não causar mal a ninguém e mantém teu coração puro com todo homem".

N.713/18.43-44 (cf. N.389)

Alguns monges, saindo de suas celas, reuniram-se e começaram a discutir sobre a vida ascética, a piedade e a maneira de agradar a Deus. Enquanto falavam, dois anjos apareceram a alguns dos anciãos dentre eles. Traziam estolas e aplaudiam cada um dos que falavam da piedade, ao passo que aqueles a quem a visão foi revelada permaneciam em silêncio. No dia seguinte, reunidos no mesmo lugar, ao questionar certo irmão sob a justificativa de ele ter pecado, começaram a acusá-lo. Aos mesmos anciãos apareceu um porco totalmente imundo, exalando um mau odor. Aqueles a quem foi revelada a visão, percebendo o passo em falso, descreveram aos irmãos o aplauso dos anjos e o espetáculo do porco. Então os anciãos disseram que todos deviam ser compassivos com o irmão, seja qual fosse o seu caso. Era preciso assumi-lo com o corpo e revestir-se do homem todo [cf. Ef 4,24]. Era preciso ser simpático com ele em todas as coisas, chorar com ele e alegrar-se com ele. Em suma, ter os mesmos sentimentos dele, porque ele veste o mesmo corpo, tem o mesmo rosto, a mesma alma. Deveríamos afligir-nos por nós mesmos quando a aflição se abate sobre ele, pois assim está escrito: "Nós somos um só corpo em Cristo" [Rm 12,5] e: "A multidão dos crentes tinha um só coração e uma só alma" [At 4,32]. E a prática do ósculo santo demonstra isto.

N.714 *BHG* 1449rb, *dialogus de contemplatione cet.*

Sobre a maneira de permanecer sentado em sua cela e sobre a contemplação, em forma de pergunta e resposta

1.

P: Um irmão perguntou a um ancião: Como alguém deve praticar o ascetismo enquanto está em sua cela?

R: Aquele que permanece em sua cela deveria não guardar nenhuma lembrança de qualquer homem.

2.

P: Que tipo de atividade ele precisa ter no seu coração?

R: A atividade perfeita do monge é esta: dedicar-se sempre a Deus sem se distrair.

3.

P: Como a mente deve expulsar os *logismoi* que perturbam?

R: Por si mesma ela é incapaz, porque não tem a força para fazê-lo. Mas, quando ocorre um *logismos* na alma, o homem deve fugir suplicando para aquele que a fez; e ele derreterá os *logismoi* como cera, "pois o nosso Deus é um fogo abrasador" [Hb 12,29].

4.

P: Então como os pais em Scete lidaram com o *logismos* contrário?

R: Essa atividade é enorme e excepcional, que exige grande esforço e não é segura para todos. Ela faz alguém correr o risco de perder o juízo.

5.

P: Como assim?

R: Quando ocorre um *logismos* na alma e ela, com grande esforço, consegue expulsá-lo, chega outro e a ocupa e, dessa forma, a alma que se opõe aos *logismoi* nunca tem tempo para a contemplação de Deus.

6.

P: Mediante qual procedimento um *logismos* pode refugiar-se em Deus?

R: Se um *logismos* de *porneia* te acomete, desliga dele imediatamente tua mente e renuncia a ele vigorosamente sem hesitação, porque é na hesitação que começa o consentimento.

7.

P: Caso se apodere da alma um *logismos* da vanglória de ter agido muito bem, não deve a mente contrapor-se a ele?

R: Pouco importando o momento em que alguém se contrapõe a ela, a vanglória se torna mais forte e mais violenta. Ela encontra mais do que fazes para contrapor-te e o Espírito Santo não providencia ajuda até este ponto. Tu te encontras na situação de alguém que diz: "Sou capaz por mim mesmo de lutar contra as paixões". Assim como aquele que tem um pai espiritual deposita nele toda a sua preocupação e fica despreocupado em todas as coisas e já não teme o julgamento de Deus, da mesma forma aquele que se dedicou a Deus não deve preocupar-se com os *logismoi*, ou contradizê-los ou permitir-lhes algum lugar para entrarem. E se algum *logismos* entra, apresenta-o a teu Pai e dize: "Não tenho nenhuma preocupação com isso; eis que existe meu Pai; ele sabe". E, enquanto o carregas até a metade do caminho, ele te deixou e fugiu, porque não é capaz de chegar até ele contigo. Em toda a Igreja não existe atividade maior ou mais livre de cuidados do que esta.

8.

P: Como os homens de Scete agradavam a Deus com o *logismos* contrário?

R: Eles agiam com simplicidade e temor de Deus e por isso Deus vinha em seu auxílio e, no devido tempo, com a ajuda de Deus, a própria atividade da contemplação chegava até eles através de seu copioso esforço e amor a Deus. O grande que ensinou estas coisas diz: "Quando estive em Scete, visitei um santo homem que estava ali há muito tempo e ele não fez mais do que abraçar-me. Sentamo-nos e ele não me disse nenhuma outra palavra. Permaneci ali gastando um tempo em contemplação, enquanto ele, trabalhando na fabricação de cordas, não levantou a cabeça para observar-me. E, embora tivesse passado seis dias sem comer, não me convidou para comer. Trabalhou o dia inteiro, trançando cordas. Quando caiu a tarde, novamente umedeceu alguns ramos de palmeira e permaneceu trançando durante a noite. No dia seguinte, pela hora décima, ele me respondeu, dizendo: 'Irmão, onde aprendeste esta atividade?' Mas eu disse: 'Onde aprendesse tu tua atividade? Quanto a nós, nossos pais nos ensinaram isto desde a infância'. O ancião de Scete disse: 'Quanto a mim, eu não recebi estes ensinamentos de meus pais; mas, como me vês agora, permaneci assim todo o tempo de minha vida: um pequeno trabalho manual, uma pequena meditação, uma pequena oração e, na medida do possível, purgando os *logismoi* e discutindo com os que entram. E assim me veio o espírito da contemplação sem eu saber ou ter sequer aprendido que existem alguns que praticaram essa atividade'".

9.

P: Eu respondi: "Onde havia um ensinamento como este? De que maneira uma pessoa deve aplicar-se à contemplação?"

R: As Escrituras revelaram como fazer.

10.

P: Como assim?

R: Daniel imaginou o Senhor como o Ancião dos Dias [cf. Dn 7,9.13.22], Ezequiel como querubim numa carruagem [cf. Ez 9,3; 10,1-22], Isaías como alguém sentado num trono, alto e elevado [cf. Is 6,1]), mas Moisés perseverou como se visse o invisível [cf. Ex 3,4-6].

11.

P: Como a mente pode ver o que ela nunca viu?

R: Nunca viste um imperador sentado num trono como nos ícones?

12.

P: Deve a mente representar o divino?

R: É melhor representar o divino do que associar-se a *logismoi* impuros.

13.

P: E no caso de ser considerado um pecado?

R: Triunfa nisto como os profetas viram literalmente e a perfeição virá a ti, como diz o Apóstolo: "Agora vemos de maneira obscura como num espelho; mas então veremos face a face" [1Cor 13,12]. O "então" revela – diz ele – que, quando o intelecto se torna perfeito, ele vê com visão desimpedida.

14.

P: Não existe o perigo de perder totalmente o juízo se alguém combate o bom combate na verdade?

R: Ele disse: "Alguém disse que costumava gastar toda uma semana e não recordava nenhuma lembrança humana". Outro me disse: "Certa vez eu estava caminhando pela estrada e vi dois anjos caminhando comigo, um de cada lado, e não lhes prestei atenção".

15.

P: Por que isso?

R: Porque está escrito: "Nem os anjos nem os principados são capazes de nos separar do amor de Deus" [Rm 8,38].

16.

P: Pode o intelecto contemplar o tempo todo?

R: Se não puder o tempo todo, ainda assim, quando a mente é dominada por *logismoi* e não tarda a refugiar-se em Deus, ela não é privada da contemplação. Pois eu vos digo: Se teu *logismos* atinge a perfeição neste aspecto, é mais fácil mover uma montanha do que recuar. Exatamente como um condenado encarcerado na escuridão, quando é libertado e vê a luz, não quer mais lembrar a escuridão, assim acontece com o intelecto, quando começa a ver seu próprio esplendor. Um dos santos costumava dizer: "Certa vez, desejando pôr à prova meu intelecto, eu disse: 'Se eu o libero, ele vagueará pelo mundo'. E, quando o liberei, ele ficou parado no mesmo lugar, não sabendo para onde ir – até que o retomei novamente. Porque ele sabia que, se perambulasse sem rumo, eu o refrearia. A *hêsychia* com oração põe esta atividade no rumo certo. Costumava-se dizer que rezar continuamente leva a mente a progredir rapidamente".

17.

P: Eu lhes disse: "Como pode alguém rezar todo o tempo? O corpo fica cansado na liturgia".

R: Não é só o estar presente no momento da oração que se chama rezar, mas o tempo todo.

18.

P: Como pode ser o tempo todo?

R: Não desistindo de rezar, seja ao comer, ao beber ou ao executar uma tarefa.

19.

P: Se estás falando com alguém como podes cumprir o mandamento de rezar o tempo todo?

R: É por isso que o Apóstolo diz: "Rezar sempre com orações e súplicas" [Ef 6,18]. Quando não tens liberdade de rezar porque estás falando com alguém, então reza com súplicas.

20.

P: Que tipo de oração devemos rezar?

R: O "Pai nosso, que estais no céu etc." [Mt 6,9].

21.

P: Que limite deve haver?

R: Ele não revelou um limite. Dizer: "Rezai sem cessar" não estabelece nenhum limite, porque, se é só ao estar de pé na oração que um monge reza, esse monge não está rezando de modo algum. Ele disse que esse monge deve ver todos os homens como um só e abster-se da difamação.

N.715/18.46 *BHG* 1444j, *de episcopo et communicantibus*

A respeito de certo bispo um ancião contou o seguinte, para que, haurindo especial confiança do caso, possamos tornar-nos responsáveis por nossa salvação: "Algumas pessoas relataram ao nosso bispo local – como ele mesmo contou – que entre os mundanos havia duas senhoras piedosas da classe alta que não levavam uma vida decente. Um tanto perturbado pelos informantes e suspeitando que isso pudesse ser verdade também a respeito de outros, o bispo implorou a Deus que lhe revelasse a exata verdade e nisto foi bem-sucedido.

Após aquela divina e temível Eucaristia, ele viu, através dos rostos, as almas dos que se aproximavam para participar dos santos mistérios e o tipo de pecados aos quais estavam escravizados; e viu os rostos dos pecadores pretos como fuligem. Alguns deles tinham o rosto queimado e flamejante com olhos injetados de sangue. Ele viu outros dentre eles não só com rostos brilhantes, mas com roupas brancas. Quando comeram o corpo do Senhor, para alguns ele se tornou abrasador e como que em chamas, ao passo que para os outros tornou-se como uma luz e, entrando pela boca, iluminou todo o seu corpo. Entre eles havia alguns que haviam assumido a vida monástica e alguns casados que experimentaram estas coisas. Então – disse ele – apressou-se a dar a comunhão às mulheres, para saber que tipo de mulheres elas eram em suas almas, e a mesma coisa aconteceu também com elas: viu algumas com rosto preto, com olhos injetados de sangue e flamejantes, e outras brancas. Entre as mulheres chegaram também as duas mulheres que haviam sido acusadas perante o bispo e por cuja causa o bispo foi oferecer especialmente aquela oração. Ao se aproximarem dos santos mistérios de Cristo ele as viu com rosto brilhante e respeitável e vestidas com roupa branca. Então, após receberem os mistérios de Cristo, o dom se tornou para elas resplandecente.

O bispo, por sua vez, recorreu novamente à sua costumeira intercessão junto a Deus, desejando saber o que significavam as revelações a ele feitas. Um anjo do Senhor se apresentou e disse-lhe que perguntasse a respeito de cada assunto. O santo bispo perguntou imediatamente sobre as duas mulheres – se a acusação anterior contra elas era verdadeira ou falsa – e o anjo declarou que tudo o que foi dito a respeito delas era verdadeiro. Então o bispo disse ao anjo: 'Como então, ao receberem os mistérios de Cristo, elas tinham rostos brilhantes, vestiam roupas brancas e irradiavam não pequena luz?' O anjo disse: 'É porque elas chegaram à percepção dos atos cometidos e renunciaram a eles com lágrimas, suspiros e com esmolas penitenciais. Mediante a confissão alcançaram a reconciliação divina, depois de declarar que, se obtivessem o perdão por seus pecados anteriores, nunca cairiam novamente nos mesmos hábitos maus. E com isso alcançaram a reconciliação divina e foram libertadas das acusações. Estão vivendo o resto de suas vidas de maneira sóbria, justa e devota'.

O bispo confessou estar maravilhado, não tanto com a transformação das mulheres – pois isto aconteceu com muitas delas –, mas com a generosidade de Deus, porque não só se absteve de sujeitá-las a um castigo, mas também as julgou dignas de tal graça. O anjo disse ao bispo: 'Tens boas razões para te admirares com isso, porque és um homem. Mas nosso Mestre e vosso Deus, sendo bom por natureza e amante da humanidade, não só não envia castigos aos que renunciam a seus pecados e se prostram diante dele em confissão, mas retém sua cólera e os julga dignos de honra. Pois Deus ama o mundo a ponto de entregar seu filho único por eles [cf. Jo 3,16]. Portanto, aquele que optou por morrer pelos que eram seus inimigos não haverá, com maior razão, de livrar do castigo os que se tornaram seus amigos – tendo passado por uma mudança de coração em relação aos atos por eles cometidos antes – e considerá-los dignos de desfrutar as coisas boas que para eles preparou? Portanto, presta muita atenção ao seguinte: Nenhuma das transgressões humanas supera o amor de Deus pela humanidade, contanto que a pessoa abandone, mediante o arrependimento, os males que anteriormente cometeu. Porque, por ser amante da humanidade, Deus compreende a fraqueza de nossa raça, a força das paixões, o poder e a malignidade do diabo. Os homens que pecam ele os perdoa como filhos ou espera pacientemente que se autocorrijam, mudem de coração e supliquem por sua bondade. Por ser compassivo com os fracos, ele deixa de lado imediatamente os castigos e lhes concede as boas coisas preparadas para os justos'.

Então o bispo disse ao anjo: 'Agora, por favor, conta-me a respeito das diferenças nos rostos: a que tipos de transgressões cada um deles está sujeito, a fim de que, instruído sobre estas coisas, eu possa ser libertado de toda ignorância'. O anjo do Senhor lhe disse: 'Os que têm rosto luminoso e brilhante vivem em sobriedade, pureza e justiça; eles são modestos, compassivos e misericordiosos. Os que têm rosto preto são os artífices da *porneia*, da licenciosidade e outros tipos de devassidão e libertinagem. Os que aparecem com os olhos injetados de sangue e flamejantes vivem na desonestidade e na maldade; eles são caluniadores e blasfemos, traiçoeiros e homicidas'. E novamente o anjo lhe disse: 'Ajuda-os, se desejas sua salvação, pois é por isso – disse ele – que tuas orações foram ouvidas: a fim de que, aprendendo ao ver os pecados dos que estão em fase de instrução, possas, mediante conselhos e exortações, torná-los melhores através do arrependimento em Jesus Cristo nosso Senhor, que por eles morreu e ressuscitou dos mortos. Na medida em que tens força, zelo e amor proveniente de teu Senhor-e-mestre Cristo, protege-os com todo o cuidado para afastá-los de suas transgressões, orientando-os em direção a Deus, persuadindo-os a respeito do tipo de transgressões a que estão sujeitos e impedindo que desesperem de sua própria salvação. Porque, a partir disso, existe para os que se arrependem e se voltam para Deus, salvação da alma e gozo das coisas boas que estão por vir. E te aguarda uma grande recompensa por imitares teu Senhor-e-mestre que, pela salvação dos homens, deixou os céus e estabeleceu sua permanência na terra".

N.716/15.23

A respeito da humildade Abba Isaías disse que ela não tem língua para dizer a alguém que ele é negligente ou dizer a outro que ele menospreza. Nem tem olhos para observar as imperfeições dos outros nem ouvidos para ouvir coisas desvantajosas para sua alma. Também não tem nada a ver com qualquer coisa a não ser com seus próprios pecados. Mas é pacífica para com todos os homens de acordo com o mandamento de Deus [cf. Tg 3,17], não por causa de alguma amizade. Porque, se alguém jejua por seis dias seguidos e se dedica a uma dura labuta e a mandamentos estranhos a este caminho, todas as suas labutas são em vão.

N.717 *PG* 90: 536, n. 32

Abba Máximo disse: "Assim como o estanho que ficou escuro brilha novamente, assim também os crentes, mesmo que estejam escurecidos por pecar, brilham novamente quando se arrependem. Talvez seja por isso que a fé é comparada ao estanho".

N.718

Um ancião disse: "Lembremo-nos daquele que disse não ter 'onde reclinar a cabeça' [Mt 8,20]. Pensa nisto, ó homem, e não alimentes pensamentos elevados. Sendo quem ele é, olha o que teu Senhor-e-mestre se tornou por ti: um estranho, que não tem um lar. Ah! Teu indizível amor à humanidade, Senhor! Por que te humilhaste tanto por mim, tua criatura? Se aquele que fez todas as coisas através de sua palavra não tem onde repousar a cabeça, por que te inquietas com as posses, homem infeliz? Por que te cegas com a falta de fé? Por que te iludes? Por que não recolhes e entesouras a riqueza que está lá encima? Examina tudo e retém o que é bom" [cf. 1Ts 5,21].

N.719 = *Pratum Spirituale* 115

Abba João da Cilícia, hegúmeno de Raithou, costumava dizer aos irmãos: "Meus filhos, assim como fugimos do mundo, fujamos também dos desejos da carne".

Disse também: "Imitemos nossos pais que viveram aqui em *hêsychia* e trabalho duro". Disse também: "Meus filhos, não manchemos este lugar que nossos pais limparam dos demônios". Disse também: "Este é um lugar de ascetas, não de comerciantes".

Ele disse também: "Encontrei anciãos que passaram mais de setenta anos aqui, comendo apenas vegetais e tâmaras". O ancião disse também: "Passei setenta e seis anos neste lugar, sofrendo muitas coisas perversas e terríveis da parte dos demônios".

N.720

Dois filósofos, ao visitar um ancião, pediram-lhe que lhes dissesse algo benéfico, mas o ancião permaneceu em silêncio. Novamente os filósofos falaram: "Não nos dás nenhuma resposta, pai?" Então o ancião lhes disse: "Por um lado, sei que sois homens de letras, enquanto, por outro lado, asseguro que não sois verdadeiros filósofos. Quanto demorará para aprenderdes, vós que não sabeis como falar? Que vossa filosofia seja meditar sempre sobre a morte; permanecei em silêncio e *hêsychia*".

N.721

Um ancião disse: "Muitos dos monges distribuíram seus bens, deixando pai e mãe, irmãos e parentes, por causa de Deus e de seus próprios pecados. Entrando num cenóbio, alcançaram as grandes virtudes, mas tropeçaram nas pequenas e insignificantes e se tornaram joguete dos demônios. Isto aconteceu porque fabricaram para si bolsas e arcas contendo frutas e guloseimas, agulhas e tesouras, facas e cintos. Estas pessoas foram chamadas de egoístas pelos que discernem corretamente. De acordo com a Sagrada Escritura, elas são lançadas como malditas nas trevas exteriores [cf. Mt 23,13; 25,30], porque ela diz: maldito é aquele que muda as normas dos pais [cf. Gl 3,10]. Elas merecem a sorte de Ananias e Safira [cf. At 5; 2Tm 3,8] por serem seus iniciados e partícipes".

N.722

Um irmão perguntou a um ancião: "Pai, dize-me que bem devo praticar a fim de fazer a vontade de Deus?" O ancião disse: "Meu filho, se queres fazer a vontade de Deus, abstém-te de toda injustiça, cobiça e avareza. Não retribuas mal com mal, injúria com injúria, nem golpe com golpe, nem maldição com maldição. Lembra-te que o Senhor diz: 'Não julgues e não serás julgado' [Lc 6,37], perdoa e ser-te-á perdoado, sê misericordioso a fim de seres tratado com misericórdia, plenamente consciente de que 'os olhos do Senhor, milhares de vezes mais brilhantes do que o sol [Eclo 23,19], observam os filhos dos homens e nada lhe escapa, nem um pensamento, nem uma ideia, nem quaisquer segredos do coração. E é realmente necessário comparecer diante do tribunal de

Cristo [cf. Rm 14,10] para que todos possam ser recompensados de acordo com suas ações. Por isso, filho, devemos servi-lo com temor e tremor [cf. Sl 2,11] e com toda a devoção, como ele próprio ordenou e os apóstolos ensinaram, a fim de sermos constantes na oração [cf. 1Pd 4,7], perseverando em jejuns e intercessões, implorando que Deus que tudo vê não nos exponha à tentação [cf. Mt 6,13]".

N.723

O mesmo pai disse que aquele que ensina os outros sobre sua salvação deve primeiramente colher ele próprio o fruto do ensinamento, porque como pode reformar um outro alguém que não se reformou a si mesmo? Como pode alguém dominado pela avareza e desencaminhado pelo demônio da avareza instruir outras pessoas a serem misericordiosas? E alguém que se ocupa em dar e receber, comprar e vender, gastando e dissipando seus dias e anos com preocupações terrenas, como pode instruir os outros acerca das coisas boas que hão de vir, se Ele, o mestre, abandonando as coisas celestiais, consumiu-se nas coisas passageiras que hoje estão aqui e amanhã se foram? Evidentemente os que o veem e os que são instruídos por ele aprenderão o seguinte: desdenhar o que é eterno e ao mesmo tempo investir toda a sua preocupação na vida presente. A ele Deus diz: "Por que recitas meus preceitos e tens minha aliança em tua boca, quando odeias ser reformado e rejeitaste minhas palavras?" [Sl 50,16-17] e novamente: "Ai daqueles por cuja causa meu nome é blasfemado" [cf. Rm 2,24]. É bom ensinar se aquele que fala age de tal modo que sua prática está de acordo com sua fala – e seja conhecido pelas coisas que ele passa em silêncio. Bem-aventurado não é quem ensinou, mas quem fez o que ensinou.

N.724

Um irmão perguntou a um ancião: "Como é que os que vivem no mundo e são desatentos aos jejuns, indiferentes às orações, não envolvidos em vigílias, consomem todos os tipos de alimentos, dedicam-se a dar e receber exatamente como querem, devorando--se uns aos outros e gastando a maior parte de seus dias em juramentos e promessas, como é que não caem nem dizem: 'Estamos pecando', nem se excomungam a si mesmos, ao passo que nós monges nos empenhamos em jejuns, vigílias, dormindo no chão e comendo alimentos secos, privados de todo conforto físico, e nos afligimos e nos lamentamos e dizemos que estamos perdidos, que caímos fora do Reino dos Céus e que somos candidatos à geena?"

Com um suspiro o ancião respondeu: "Irmão, tens razão ao dizer que os mundanos não estão caindo, porque sua única queda é séria e difícil; também não são capazes de levantar-se nem têm de onde cair.

Pois que interesse teria o diabo em combater com os que já estão caídos e nunca se levantam novamente? Os monges lutam com o inimigo, às vezes vencendo e às vezes perdendo, às vezes caindo e às vezes se levantando, às vezes atormentando e às vezes sendo atormentados, às vezes atacando e às vezes sendo atacados; ao passo que os mundanos, satisfeitos por permanecer em profunda ignorância, à primeira queda nem sequer percebem que caíram. Por isso deves aprender, meu filho, que não só eu e tu, que parecemos ser monges – mas estamos muito longe do estilo de vida monástica –, precisamos chorar todo o tempo e lamentar-nos. Também os grandes pais – ou seja, os ascetas e anacoretas – precisaram lamentar-se. Por isso, ouve atentamente e reconhece que Deus disse que a falsidade vem do diabo e que olhar lascivamente uma mulher é contado como adultério [cf. Mt 5,28] e que a cólera contra o próximo se compara ao assassinato [cf. Mt 5,22] e revelou que é preciso prestar contas de uma palavra fútil [cf. Mt 12,36]. Portanto, quem é esse homem e onde o procuramos: inexperiente na falsidade, totalmente não iniciado na satisfação de um rosto atraente, nunca encolerizado com seu próximo, nunca considerado responsável por uma palavra ociosa de modo que não precisa se arrepender? Reconhece isto, meu filho: aquele que não se dedica totalmente à cruz, entregando-se à mentalidade de humilhação e desprezo, e não se prostra diante de todos para ser calcado aos pés e desprezado, tratado injustamente e ridicularizado – e não suporta tudo isso com ação de graças e regozijo por amor a Deus, sem reivindicar coisas humanas, ou seja, glória ou honra ou louvor ou deleite em comida, bebida e vestuário –, este não pode ser um verdadeiro cristão". Ao ouvir isso, o irmão disse: "Muito bem, pai, é preciso mais esforço e labuta".

N.725

Abba Ireneu disse aos irmãos: "Lutemos e perseveremos firmes na luta, pois somos soldados de Cristo, o rei celestial. E, assim como os soldados de um rei terreno têm um *capacete de bronze* [1Sm 17,38], nós temos os dons celestes, ou seja, as virtudes. Eles têm uma couraça de cota de malha, nós temos uma couraça espiritual, que a fé forja para nós no calor do espírito. Eles têm uma lança, nós temos a oração. Eles têm um broquel, nós temos a esperança em Deus. Eles têm um grande escudo, nós temos a Deus. Eles derramam sangue na batalha, nós oferecemos a disposição de fazê-lo. Por esta razão, o Rei celestial permite que os demônios guerreiem contra nós, a fim de não esquecermos os seus benefícios. Porque, quando as coisas estão tranquilas, frequentemente os homens, em sua maioria, simplesmente não rezam – ou, se rezam, não rezam realmente, mas de maneira descuidada e distraída – e isto não deve ser considerado oração, já que não se deve supor que seja ouvido. Como podem ser ouvidos realmente aqueles que falam a Deus com os lábios, enquanto no coração dialogam com o mundo? Mas nós, quando somos atormentados, então rezamos atentamente e muitas vezes rezamos em nossa mente sem nossos lábios cantarem, fazendo subir até ele a palavra do nosso coração e falando com ele em soluços. Portanto, irmãos, imitemos os soldados do rei mortal e lutemos energicamente. Imitemos, de preferência, os Três Jovens e esmaguemos a fornalha das paixões com pureza e apaguemos as brasas das tentações pela oração e envergonhemos o diabo – o Nabucodonosor virtual – e apresentemos nossos corpos como um sacrifício vivo a Deus e ofereçamos nossos sentimentos piedosos como holocaustos".

N.726

Um irmão perguntou a Abba Silvano: "O que devo fazer, Abba? Como posso obter a compunção? Sou muito atormentado pela acídia e pelo sono e, quando me levanto de noite, luto duramente e não recito um salmo sem uma melodia e não consigo resistir ao sono". O ancião respondeu: "Meu filho, recitar os salmos com uma melodia é para ti o maior orgulho e vanglória, porque sugere o seguinte: Eu estou recitando salmos, enquanto o irmão não está recitando salmos. Porque o canto endurece o coração, impedindo a alma de sentir compunção. Portanto, se queres atingir a compunção, abandona o canto e, quando estás de pé fazendo tuas orações, deixa tua mente contemplar o sentido do versículo e lembra-te que estás de pé diante de Deus que 'sonda o coração e os rins' [Sl 7,10]. E quando te levantas do sono, antes de qualquer coisa, tua boca deve glorificar a Deus. E não comeces o cânon imediatamente, mas sai de tua cela e recita o 'Creio' e o 'Pai nosso que estás nos céus' e depois entra e começa o cânon de maneira descontraída, suspirando e lembrando teus pecados e o lugar do castigo onde serás torturado".

O irmão disse: "Pai, desde que me tornei monge eu canto a sequência do cânon e as horas e os conteúdos do Oktoêchos (Oito tons)". E o ancião disse: "É por isso que a compunção e a tristeza fogem de ti. Pensa nos grandes pais, como eram simples, conhecendo apenas alguns salmos. Eles não conheciam melodias nem tropos e brilhavam como luminárias no mundo. E testemunhas do que te digo são Abba Paulo, Abba Antão, Abba Paulo o Simples, Abba Pambo, Abba Apolo e assim por diante, que chegaram a ressuscitar os mortos e receberam poder sobre os demônios, não por melodias e tropos, mas na oração e no jejum. Não é a elegância da melodia que salva o homem, mas o temor de Deus e a observância dos mandamentos de Cristo. O canto levou muito às profundezas da terra e não só mundanos, mas também sacerdotes; ele os entrincheirou na *porneia* e em muitas paixões. O canto é para os mundanos, meu filho; é por isso que as pessoas se reúnem nas igrejas. Meu filho, pensa apenas como existem muitas categorias de anjos no céu; e não está escrito que eles cantam de acordo com o Oktoêchos, mas uma categoria canta incessantemente 'Aleluia', outra canta 'Santo, santo, santo é o Senhor dos exércitos' e outra canta 'Bendita seja a glória do Senhor neste lugar e em sua casa'. Portanto, também tu, meu filho, ama a humilhação de Cristo e cuida de ti mesmo, mantém sob vigilância tua mente no tempo da oração e, aonde quer que fores, não te mostres como um espírito sagaz e um mestre, mas sê humilde. E Deus te concederá a compunção".

N.727

Um governador procurou Abba Paládio, desejando vê-lo, porque ouvira falar a respeito dele. Contratando um taquígrafo, ordenou-lhe dizendo: "Vou encontrar-me com o abba; portanto, põe por escrito com muita precisão o que ele me disser". O governador entrou e disse ao ancião: "Reza por mim, abba, pois tenho muitos pecados". O ancião disse: "Só Jesus Cristo é sem pecado". O governador disse: "Abba, seremos punidos por cada pecado?" O ancião disse: "Está escrito: 'Restituis a cada um de acordo com suas obras' [Sl 62,13]". E o governador disse: "Explica-me este dito". O ancião disse: "Ele dispensa explicações; mas ouve atentamente. Afligiste teu próximo? Espera o mesmo. Apanhaste os bens dos necessitados? Bateste numa pessoa pobre? Julgaste com parcialidade? Envergonhaste alguém? Insultaste uma pessoa? Extorquiste alguém? Deste falso testemunho? Cobiçaste as esposas de outros? Prestaste juramentos? Modificaste os regulamentos dos pais? Usurpaste a propriedade dos órfãos? Oprimiste as viúvas? Prezaste mais os prazeres presentes do que as coisas boas contidas nas promessas? Aguarda a retribuição por estas coisas, porque aquilo que o homem semeia, o mesmo ele colhe [cf. Gl 6,7]. Por outro lado, se fizeste algumas das coisas boas, aguarda a múltipla recompensa por elas, porque se diz: 'Retribuis a cada um segundo as suas obras' [Rm 2,6]. Se estiveres atento a esta explicação ao longo de tua vida, conseguirás evitar a maior parte de tuas faltas".

Disse o governador: "E o que se deve fazer, abba?" O ancião disse: "Lembra-te das coisas eternas, infinitas e perpétuas nas quais não existe noite, onde não há sono (a imagem da morte), onde não há comida, onde não há bebida (os sustentáculos de nossa fraqueza), doença, sofrimento, clínicas médicas, tribunais de justiça, mercados, dinheiro (origem dos males, alicerce das guerras, a raiz da hostilidade), mas uma terra dos vivos, dos que não morrem por causa do pecado, mas vivem a verdadeira vida em Cristo

Jesus". Suspirando, o governador disse: "Realmente, abba, é como disseste". E, grandemente edificado, voltou para seu lugar, dando graças a Deus.

N.728

Um irmão perguntou a Abba Macário: "O que é manter-se firme e rezar?" E o ancião disse: "Manter--se firme e rezar é resistir a toda tentação que aparece, seja vinda dos homens ou dos demônios, como está escrito: 'Permaneci firme como uma mulher em trabalho de parto' [Is 42,14], ou seja, 'eu resisti'; porque a resistência é boa e é bom rezar com constância. Portanto, somos obrigados a rezar a Deus até que Ele nos ajude, com sua cooperação, a corrigir nosso comportamento. Porque é alheio aos monges irar-se com seu irmão e é alheio a eles constranger seu próximo. Mas, como está escrito, somos realmente obrigados a agir e falar [cf. At 1,1], pois o Apóstolo diz: 'Somos tratados como a escória da terra, os refugos da humanidade até hoje' [1Cor 4,13]; 'Somos loucos por causa de Cristo' [1Cor 4,10]; e 'Somos servos por causa de Cristo' [2Cor 4,5]. Somos obrigados a alegrar-nos quando desonrados e a considerar as aflições e injustiças que nos acontecem por causa do Senhor como um grito de aplauso. É o apóstolo Pedro que diz: 'Sois bem-aventurados quando sois injuriados por causa do nome do Senhor, porque o espírito da glória de Deus repousa sobre vós' [cf. 1Pd 4,14]. Portanto, quando fordes desonrados pelo amor de Deus, alegrai-vos, dizendo: 'Somos bem-aventurados porque nos tornamos dignos de ser desonrados por causa do nome de Deus'. Não sabeis que os filhos são obrigados a imitar os pais? Somos obrigados a estar bem conscientes de que somos filhos dos santos apóstolos, porque Paulo brada e diz: 'Pois vós sois minha prole em Cristo Jesus através do evangelho' [1Cor 4,15]. Sendo, portanto, filhos destes apóstolos, devemos imitar seu estilo de vida, porque eles costumavam alegrar-se ao serem açoitados e permaneciam tranquilos quando caluniados. E, quando ouviram os gregos e os judeus dizerem que eles haviam subvertido o mundo [cf. At 17,6] com suas falas e venenos, em todas estas coisas eles não só não se entristeceram, mas falaram com franqueza, dizendo: 'Quando insultados, nós bendizemos etc.' [1Cor 4,12].

Foi por isso que escreveram, para que possamos imitá-los. Portanto, quando sois insultados ou caluniados ou feridos, deveis ter em mente que estais adquirindo grandes coisas, tornando-vos companheiros e associados dos apóstolos e dos santos mártires. E deveis esperar aflições maiores do que estas, a fim de que os ganhos sejam maiores. Os cristãos devem contemplar estes assuntos, a fim de saberem que são discípulos dos que pregaram estas coisas, especialmente os monges humildes que renunciaram ao mundo e a todas as coisas do mundo".

N.729

Abba Apolo, discípulo de Abba Sisoés, relatou-nos o seguinte: "No início, quando fui morar com Abba Sisoés, passei três anos sob ataque das paixões sem confessar o caso ao ancião. Fui atormentado especialmente pela mentira, pela calúnia e pela arrogância. O ancião não desistiu de me exortar – eu estava numa grande luta a respeito do sacerdócio – e me levou a sonhar que eu estava sendo ordenado bispo. Abba Sisoés não desistiu de me exortar e repreender, de modo que fugi dele por causa do excessivo aborrecimento e repreensões. Fugi para junto de meus parentes consanguíneos em Alexandria, para poder ser ordenado e tornar-me um sacerdote na igreja da santa Theotokos (Mãe de Deus). Enquanto ia embora, vi pelo caminho um homem idoso, completamente nu, com rosto negro, horrível de olhar, com cabeça de peixe, pés pequenos, confuso, sem joelhos, malformado, com unhas de ferro, olhos flamejantes, como um javali selvagem, andrógino, preto como fuligem, com lábios grossos e seios de mulher e testículos enormes e com o corpo parecido ao de um asno. Ele balançava para mim seus órgãos genitais e me mostrava as nádegas semelhantes às do corpo de uma mulher. Fiquei muito apavorado ao vê-lo e fiz o sinal da cruz, mas ele se aproximou de mim, me abraçou e me beijou muitas vezes, dizendo: 'Por que fazes o sinal da cruz e foges de mim? Porque és realmente meu amigo e vives fazendo as coisas que eu quero; por isso vim para caminhar contigo até completares e executares as coisas que desejas. Por isso sou andrógino: empresto minhas partes da frente aos mentirosos, amaldiçoadores e caluniadores e minhas partes de trás aos arrogantes e soberbos'.

Incapaz de suportar seu odor fétido, levantei os olhos para o céu e gritei, dizendo: 'Ó Deus, pelas orações de Abba Sisoés, livra-me deste perigo'. Imediatamente ele se transformou numa mulher muito linda e de boa aparência e, desnudando-se, me disse: 'Satisfaze teus desejos lascivos, porque me causaste muito prazer. Sou uma trançadora de cordas, e na medida em que providencias juncos, na mesma medida eu os tranço. Mas, já que as orações do venerável glutão estão me afastando, eis que fujo de ti'. E, dizendo isto, tornou-se invisível. Voltei e prostrei-me diante do ancião. Contei a ele e aos irmãos o que acontecera e, depois de fazer uma oração, permaneci com ele desde então".

N.730
Um irmão interrogou um dos pais a respeito do *logismos* da blasfêmia, dizendo: "Abba, minha alma é atormentada pelo demônio da blasfêmia. Sê misericordioso e dize-me donde me veio este *logismos* e o que devo fazer". Em resposta, o ancião lhe disse: "O *logismos* da blasfêmia nos vem como consequência da calúnia e do menosprezo e do julgamento e

especialmente da arrogância; e como consequência de alguém fazer sua própria vontade, negligenciar sua oração, irritar-se e enraivecer-se – sendo tudo isso uma marca do orgulho. É o orgulho que nos predispõe a cair nas supramencionadas paixões de caluniar, menosprezar e julgar, das quais se origina o *logismos* da blasfêmia. Se ele permanece por algum tempo na alma de alguém, o demônio da blasfêmia o entrega ao demônio da *porneia* e à aberração mental. Além disso, se não recobrar o juízo, o homem se perde".

N.731

Um ancião disse: "Assim como alguém que morre numa cidade não ouve a voz dos que ali habitam nem a fala nem o som de ninguém, mas após a morte é transferido para um outro lugar onde não há as vozes nem os gritos dessa cidade, assim é aquele que vive a vida monástica. Quando vestiu o hábito e saiu de sua cidade, ele é obrigado também a abandonar os pais, os parentes e os amigos e a não se dedicar aos cuidados da vida, às suas distrações e fadigas, às perturbações e agitações da vaidade do mundo que destroem a alma. Se, ao começar a viver como monge, não sair de sua cidade ou de seu povoado, ele é como um cadáver que jaz cheirando mal numa casa, do qual fogem todos os que sentem o cheiro".

N.732

O mesmo ancião disse: "Um monge que, após renunciar ao mundo, se entrega às distrações e fadigas desta vida infeliz, a dar e receber, é como um pobre indigente que, carente de toda necessidade corporal, e mesmo assim levando uma vida frívola através de sua negligência e preocupando-se com o que alimentar-se e o que vestir, se entrega ao sono. Em sonho ele se vê como um homem rico que jogou fora seus trapos sujos e vestiu um traje magnífico. Depois, acordando de seu júbilo, descobre que a pobreza é seu quinhão. O mesmo acontece com o monge, caso não se controle, mas passe seus dias na distração, ridicularizado pelos *logismoi* e exaurido pelos demônios que o iludem, levando-o a pensar que suas distrações e fadigas são por causa de Deus. No momento da separação entre a alma e o corpo, ele se descobre indigente, pobre e destituído, privado de toda virtude. Então ele pensará quantas coisas boas alguém proporcionaria se for sóbrio e atento a si mesmo e em quantos castigos as distrações e fadigas da vida se transformaram".

N.733

Ele disse também: "A carne se deteriora se não lhe for acrescentado sal e cheira mal a ponto de as pessoas desviarem o rosto por causa do mau cheiro e os vermes se introduzem nela, nela se escondem e se espalham; mas, quando o sal a acompanha, os vermes são eliminados e, estando mortos, o mau cheiro também cessa, porque a natureza do sal elimina os vermes e ao mesmo tempo erradica o mau cheiro. Da mesma forma o monge que se dedicou aos assuntos terrenos e às distrações, não permanecendo em *hêsychia* em sua cela, nem armando-se com o temor de Deus e não participando do poder de Deus – a oração, a vigília e o jejum, ou seja, o sal espiritual –, este monge se deteriorou e está cheio do odor fétido de muitos *logismoi* maus, de modo que o rosto de Deus e dos anjos se desvia do terrível mau cheiro dos *logismoi* vãos e das trevas das paixões que atuam nessa alma. Agora pensa nos espíritos da iniquidade e nos poderes das trevas que perambulam como vermes em nossos *logismoi* perversos e imundos, devorando-nos totalmente, insinuando-se e espalhando-se em nós, destruindo e apagando nossa própria alma. Mas, quando o monge se refugia em Deus, se desvencilha das distrações e acredita que Deus é capaz de curá-lo, então lhe é enviado o sal espiritual, o Espírito bom e amante do homem. E, quando ele chega, as paixões fogem".

N.734

Um irmão perguntou a um ancião: "Pai, o que o profeta entende quando diz: 'Muitos dizem à minha alma: Sua salvação não está em seu Deus?' [Sl 33]".

O ancião disse: "Ele se refere aos *logismoi* impuros, aqueles que distanciam a alma de Deus, quando aqueles sobre os quais eles pousam estão aflitos".

N.735

Um ancião disse: "É preciso fugir de todos os obreiros da iniquidade, quer sejam amigos ou parentes ou pertençam às categorias de sacerdotes ou príncipes. Porque manter-nos afastados dos obreiros da iniquidade nos proporciona amizade e familiaridade com Deus".

N.736

O ancião disse também: "É melhor viver com três que temem a Deus do que com milhares que não o temem. Nos últimos dias, nos cenóbios com cem no máximo, achar-se-ão poucos que se salvam; penso que menos ainda nos que têm cinquenta, porque todos estarão extraviados, apaixonados por banquetes e glutoneria. 'Muitos são chamados, mas poucos são escolhidos' [Mt 22,14]. Mas muitos estão entregues à busca do poder e do dinheiro".

N.737

O mesmo ancião disse: "Não é bom andar na companhia dos iníquos, nem na igreja, nem no mercado, nem na assembleia, nem no tribunal, nem em qualquer outro lugar. É preciso abster-se completamente da companhia dos iníquos, porque todos eles merecem ser evitados e participam do castigo eterno".

N.738

Um ancião disse: "Não há nada mais pobre do que uma mente que filosofa a respeito de Deus permanecendo afastada de Deus. Porque aquele que ensina, quer na igreja ou numa cela, deve ser o primeiro a executar o que Ele diz e ensina. 'O agricultor que trabalha deve ser o primeiro a receber sua parte dos frutos' [2Tm 2,6]".

N.739

Ele disse também: "É inconveniente para um monge viver perto de árvores com belos ramos, de fontes sombreadas, de prados bem floridos, ou perto de jardins cheios de todo tipo de legumes ou em casas luxuosas ou passar o tempo recordando mulheres. Ele não deve ser presunçoso ou ambicioso, nem deixar sua mente ocupar-se com um rebanho de ovelhas ou manadas de bois, nem solicitar uma oferta gratuita para as necessidades da vida, nem considerar a vida no deserto um caminho para a satisfação pessoal. Se um monge se afrouxa a ponto de ficar enredado nessas coisas, ele é incapaz de tornar-se amigo de Deus ou de fugir da repreensão dos homens, porque dele se exige que discuta acerca de propriedades e casas suntuosas. Ele recebe magnatas, é importunado por todos a respeito de jardins, é escravo de seus rebanhos, ocupado com seus bois, e se envolve em terras cultivadas e campos, enreda-se em recriminações acerca de parreirais e sua irrigação. Uma pessoa deslocou o marco divisório do parreiral e acrescentou a diferença ao seu próprio patrimônio; outra introduziu seu rebanho no pasto e outra ainda desviou o fluxo da água para seu jardim. Assim alguém é molestado e precisa lutar e planejar estratagemas piores do que os dos loucos e convocar magistrados para a sua defesa. A um monge que renunciou a esta vida e às coisas desta vida, que bem traz um novo envolvimento nos negócios? Foi dito: 'Nenhum soldado em serviço se deixa envolver nos negócios desta vida' [2Tm 2,4]; por isso comecemos a afastar-nos dos negócios. Desprezemos o dinheiro e todas as coisas que sobrecarregam a mente e a submergem completamente. Deixemos de lado a carga pesada para que o navio possa velejar um pouco e a mente que maneja o leme de nossa alma possa salvar-se, junto com os *logismoi* que navegam com ela".

N.740

A respeito de Abba Marcelo, Abba Theonas contou o seguinte: Abba Marcelo vivia em *hêsychia* perto de um grande povoado em algum lugar do Líbano, numa gruta ao sopé de um monte. Ora, Abba Marcelo era muito meigo, sensato, devoto, casto e autodisciplinado. Os homens do povoado tinham muita fé nele e sentiam atração por ele, de modo que muitos acorriam a ele para que os instruísse. Depois de permanecer nesse lugar por seis anos, o ancião foi acometido de muitas tentações provindas dos demônios, que queriam expulsá-lo da gruta e interromper sua *hêsychia*. Mas não tiveram sucesso, porque ele suportava facilmente toda tentação lançada contra ele pelos demônios.

Então, por fim, o demônio se disfarçou, tornando-se igual ao ancião, e começou a seduzir as mulheres que viviam na cidade, procurando estar com elas de manhã e à noite e falando com elas de maneira indecente, persuadindo-as de que não é pecado cometer *porneia* em segredo. O demônio teve sucesso em fazer isto não apenas uma ou duas vezes, mas muitas vezes. Sempre que via uma mulher andando sozinha, falava com ela disfarçado. As mulheres procuraram seus maridos e lhes contaram isto. O boato se espalhou pelo povoado e os da cidade se reuniram na casa do Senhor. O sacerdote peripatético interrogou as mulheres para saber a verdade, se era realmente assim, e as mulheres – que eram mais de vinte – insistiram dizendo: "Não só uma vez, mas muitas vezes, ele nos coagiu a deixá-lo ficar conosco". Ao ouvir isto, o sacerdote peripatético, junto com seu clero, ignorando que se tratava de um astuto ardil do demônio, mandou alguns jovens expulsar o ancião com crueldade.

Os jovens partiram e o golpearam com bastões, arrancando os fios de sua barba. Arrastaram-no para fora da gruta e, depois de golpeá-lo violentamente, deixaram-no no meio do caminho, semimorto. Algumas pessoas que vinham de Beirute encontraram o ancião deitado ali, com o sangue escorrendo dele como um rio. Perguntaram o que lhe acontecera, mas o ancião pediu-lhes que o carregassem e o levassem para a gruta. Então os homens concordaram em levá-lo embora e trazê-lo para o lugar onde estava antes. Ao saber que ele estava na gruta, os homens do povoado foram para lá, insultando-o e ultrajando-o, mas ele disse: "Eu apenas continuei dando graças a Deus".

Quando havia passado dezoito meses na gruta, ridicularizado e vilipendiado por todos e elevando preces a Deus para a salvação de suas almas, o caso do embuste foi revelado em sonhos ao sacerdote peripatético. Os jovens e as mulheres começaram a ficar possuídos pelo demônio e a espumar pela boca. O ancião disse: "Sabendo do que acontecera, as pessoas do povoado vieram com as mulheres e as crianças para que eu as abençoasse, mas eu fugi delas e vim morar na montanha da Nítria". E o ancião me disse: "Abba Theonas, se queres passar os dias de tua vida tranquilo, sem comprar uma briga com os demônios, não mores na proximidade de uma cidade ou povoado – e experimentarás o repouso".

N.741

Um irmão perguntou a Abba Paládio: "Pai, dize-me o que devo fazer, porque por três anos jejuei dois dias seguidos e não consigo livrar-me do demônio da *porneia*". O ancião disse: "Meu filho, Isaías falou assim aos israelitas: 'Grita em voz alta e não te contenhas; e levanta tua voz como uma trombeta e anuncia ao povo suas transgressões e à casa de Jacó suas iniquidades. Eles me buscam dia após dia e desejam aproximar-se de Deus, dizendo: Por que nós jejuamos e Tu não tomas conhecimento? Por que nós humilhamos nossas almas e Tu não vês?' Deus respondeu dizendo-lhes o seguinte: 'Porque nos dias de vossos jejuns fazeis as coisas que vos agradam e maltratais os vossos subordinados; exasperais todos os vossos inimigos. Jejuais tendo contendas e discussões para que vossa voz possa ser ouvida junto ao Senhor. Eu não escolhi este jejum – diz o Senhor – e ele não consiste em curvar vossa cabeça como um junco nem em deitar-se sobre um saco e cinza'. Nada disto pode ser considerado um jejum agradável ao Senhor [cf. Is 59,1-5]. Portanto, meu filho, quando jejuas, como o fazes?" Ele lhe disse: "Em primeiro lugar ponho de molho as folhas de palmeira e recito salmos enquanto trabalho e, quando completei um pequeno cesto, eu rezo. Pelo meio-dia deito um pouco e depois, ao levantar, saio da cela e trabalho novamente até completar três cestos. Ao cair da noite rezo e, depois de fazer cem prostrações, vou dormir e me levanto para o cânon dos salmos. No dia seguinte, à hora nona, preparo algum alimento cozido e como até saciar-me".

O ancião lhe disse: "Isto não é jejuar, meu filho. Se te absténs do alimento e falas mal de alguém ou o condenas ou lhe guardas rancor ou te entregas espontaneamente a maus pensamentos ou desejas em tua mente qualquer coisa do tipo, é melhor para ti comer o dia inteiro e evitar essas coisas do que encher-te delas enquanto jejuas. Porque qual é o benefício de abster-se dos alimentos e satisfazer todos os outros desejos? Não sabes que todo aquele que satisfaz seu desejo na mente já está empanturrado e intoxicado, independentemente do alimento exterior? Mas, se desejas controlar-te e jejuar para seres agradável a Deus, trata sobretudo de abster-te de toda palavra má, da calúnia, de guardar rancor e de condenar e de ouvir palavras más. Purifica-te 'de toda imundície da carne e do espírito' [2Cor 7,1], de todo rancor e cobiça sórdida. E no dia em que jejuas, satisfaze-te com pão, água e legumes, dando graças a Deus. Calcula o custo da refeição que irias tomar naquele dia e dá-o a um irmão pobre que veio de longe ou a uma viúva ou a um órfão, para que aquele que o recebe e farta sua própria alma reze ao Senhor por ti. Domina teu corpo com numerosas prostrações e vigílias em meditação silenciosa. Dorme sentado e deixa de lado também almofadas, usando em vez disso cestos. Porque, se os jovens não se disciplinam com muito trabalho e labuta, jejuns e vigílias, deitados no chão e comendo alimentos secos, eles não conseguem evitar o demônio da *porneia*. Por isso nossos pais não toleravam que os jovens permanecessem em celas ou lugares de *hêsychia*, mas vivessem em cenóbios, não trajando vestes delicadas, mas grosseiras e esfarrapadas, mantidos em completa segurança pelos superiores. Porque o ócio, o relaxamento, comer duas refeições por dia e dormir costumam despertar em nós não só o demônio da *porneia*, mas também o demônio da acídia, da arrogância e do orgulho".

N.742

Um irmão perguntou a um ancião: "O que devo fazer, abba? Quando vejo alguém cometendo pecado, eu o odeio. Se ouço falar a respeito de um irmão negligente, eu o condeno e perco minha alma". O ancião disse: "Quando ouves uma coisa destas, abandona rapidamente esse *logismos* e pensa naquele dia terrível. Imagina o terrível tribunal do julgamento, o juiz incorruptível, os rios de fogo, os que são arrastados diante do tribunal e rapidamente ardem no fogo, as espadas afiadas, as duras punições, o interminável castigo, a escuridão onde não há luz, as trevas exteriores, o verme venenoso, os grilhões inquebrantáveis, o ranger de dentes e o choro que não pode ser consolado [cf. Mc 9,44-48; Mt 2,18]. Pensa apenas nestas coisas e nas inevitáveis condenações. Esse juiz não precisa de acusadores, testemunhas, evidências ou registros de acusação; mas, como foram feitas por nós, essas coisas aparecerão diante dos olhos dos que as praticaram. Então não haverá ninguém para negociar ou para livrar alguém do castigo: nem um pai, um filho, uma filha, uma mãe ou qualquer outro parente, vizinho, amigo ou advogado; nenhum presente em dinheiro ou abundância de riqueza, nenhum senhorio – todas estas coisas desaparecem como pó embaixo dos pés. Só aquele que é julgado pagará pelas coisas que fez e receberá uma sentença de libertação ou condenação. Portanto, ninguém é julgado pelas faltas de outro, mas cada um por suas próprias faltas. Sabendo estas coisas, meu filho, não julgues ninguém e permanecerás tranquilo, não temendo nenhuma queda".

N.743

Um ancião disse: "Um pouco de absinto estraga um pote de mel e o pecado corporal afasta alguém do Reino dos Céus e o precipita na geena. Humilde monge, foge do pecado corporal".

N.744 *Pratum Spirituale* 187

Quando saímos do Getsêmani e subimos ao Monte das Oliveiras, deparamos com o mosteiro de Abba Abraão. Nesse mosteiro o hegúmeno era Abba João de Cízico. Certo dia lhe perguntamos: "Abba, como se adquire a virtude?" O ancião respondeu dizendo: "Se alguém deseja adquirir uma virtude, ele não pode adquiri-la sem odiar o vício, que é sua antítese. Se queres ter sempre a contrição, odeia o riso. Almejas a humilhação? Odeia o orgulho. Se queres ser moderado, odeia a glutoneria. Se queres ser pudico, odeia a libertinagem. Queres ser indiferente às posses? Odeia o amor ao dinheiro. Quem quer viver no deserto, odeie as cidades por causa dos escândalos. Quem quer alcançar a *hêsychia*, odeie a fala irrestrita. Quem quer ser um estranho, odeie a ostentação. Quem deseja controlar sua cólera, odeie o contato com a multidão. Quem não quer guardar ressentimento, odeie a recriminação. Quem quer ser sereno, viva sozinho. Quem quer dominar sua língua, tape os ouvidos a fim de não ouvir muito. Quem deseja ter sempre o temor de Deus, deverá odiar o repouso corporal e amar a aflição e a angústia".

N.745

Um irmão perguntou a um ancião: "Pai, como podem alguns dizer que têm revelações e visões de anjos?" O ancião disse: "Meu filho, bem-aventurado aquele que pode sempre ver seus próprios pecados, pois um homem como ele está sempre vigilante". O irmão lhe disse: "Pai, alguns dias atrás vi um irmão expulsando um demônio de outro irmão". E o ancião lhe disse: "Eu não tenho nenhum desejo de expulsar demônios e curar doenças, mas desejo e peço a Deus que nenhum demônio entre em mim, para eu poder purificar-me dos pensamentos impuros – e eis que me tornei grande! Porque, se alguém se purifica dos pensamentos impuros e executa decididamente as horas e a observância de sua regra de vida, é claro que será considerado digno do Reino dos Céus junto com os pais que fizeram milagres prodígios".

N.746

Abba Menas nos contou: "Certa vez, quando eu estava em minha cela, chegou um irmão de longe e suplicou-me dizendo: 'Leva-me até Abba Macário'. Levantei-me e fui com ele até o ancião. Depois de ele fazer uma prece por nós, sentamo-nos e o irmão disse ao ancião: 'Pai, passei trinta anos sem comer carne e ainda preciso lutar para não fazê-lo'. O ancião lhe disse: 'Não me digas que passaste trinta anos sem comer carne, mas informa-me sobre o seguinte, meu filho, e conta-me a verdade: quantos dias viveste sem falar contra teu irmão, sem condenar teu próximo e sem nenhuma palavra vã sair de tua boca?' O irmão prostrou-se, dizendo: 'Reza por mim, pai, para que eu possa começar'".

N.747

Um irmão perguntou a Abba Sisoés: "O que devo fazer? Como posso ser salvo? Como posso ser agradável a Deus?" O ancião lhe disse: "Se queres agradar a Deus, sai do mundo, afasta-te da terra, abandona a criação e aproxima-te do Criador. Mediante a oração e a contrição une-te a Deus e encontrarás repouso tanto no tempo presente quanto no tempo vindouro" [cf. Mt 11,29].

N.748

O mesmo ancião disse: "Existem alguns que passam seus dias na negligência e buscam ser salvos em pensamentos e palavras, mas não se aplicam ao trabalho. Leem as Vidas dos Pais, mas não imitam sua humilhação, sua indiferença às posses, suas orações, suas vigílias, sua autodisciplina, sua *hêsychia*, seu hábito de dormir no chão, suas genuflexões. Mas por sua inatividade desmentem as Vidas dos Pais, dizendo que é impossível uma pessoa suportar tais práticas, nunca considerando que, onde Deus mora através da graça do sagrado batismo e da observância dos mandamentos, as ações e os dons espirituais superam os naturais".

N.749

O sofista Sofrônio e eu visitamos Abba José no Enaton. O ancião falou prontamente conosco com toda a solicitude, porque estava ornado com todas as virtudes e era experiente também nos conhecimentos seculares. Enquanto estávamos ali sentados falando de assuntos benéficos à alma, chegou uma pessoa amante de Cristo proveniente de Aila e deu ao ancião três moedas de ouro, dizendo: "Toma-as, venerável pai, e reza por meu navio, porque pus uma carga a bordo e mandei que partisse para a Etiópia". Mas o ancião não lhe prestou nenhuma atenção. Mestre Sofrônio disse ao ancião: "Toma as moedas e dá-as a um irmão necessitado". O ancião disse "Meu filho, é uma dupla desgraça para mim aceitar aquilo de que não necessito e colher os espinhos de outros com minhas mãos. Oxalá eu pudesse colher apenas os espinhos de minha alma! Pois está escrito: Se semeias, semeia tua própria semente, porque a mais implacável entre as ervas daninhas é de outro [cf. Mt 13,24-30]; e isso, meu filho, especialmente porque o pedido não se refere à alma".

Sofrônio lhe disse: "Por que Deus não leva em consideração quaisquer atos de doação de esmolas que um homem realiza?" O ancião me disse: "Meu filho, há muitas diferenças no motivo da doação de esmolas. Um dá esmolas para que sua casa seja abençoada e Deus abençoa sua casa. Outro dá esmolas por seu navio e Deus é misericordioso para com seu navio. Outro dá esmolas por seus filhos e Deus protege seus filhos. Algum outro o faz para ser honrado e Deus lhe confere honras. Deus não rejeita ninguém, mas concede o que cada um deseja, contanto que sua alma não seja prejudicada por esse desejo. Mas nem todos alcançam suas recompensas, porque não reservam nada para si mesmos com Deus – porque o objetivo de sua doação de esmolas não se relacionava com o bem da alma. Deste esmolas para tua casa ser abençoada? Deus abençoou tua casa. Deste pelo navio? Deus protegeu teu navio. Deste por teus filhos? Deus protegeu teus filhos. Deste para ser honrado? Deus te concedeu honras. Portanto, tudo o que deves fazer, faze-o em benefício de tua alma e tua alma será salva, pois está escrito: 'O Senhor te concede de acordo com teu coração' [Sl 20,5]. Existem muitas pessoas ricas que, embora aparentem dar esmolas, irritam a Deus".

Nós lhe dissemos: "Pai, explica-nos este dito". E ele disse: "Deus lhes manda oferecer as primícias da produção, trigo, cevada, legumes, vinho, azeite, lã, frutos, os primogênitos dos homens e dos animais puros sem defeitos – ou seja, que não tenham orelhas cortadas ou rabo amputado – e os melhores frutos da terra, tendo em vista a remissão dos pecados. Mas os ricos fazem o oposto: consomem os produtos aproveitáveis e dão os imprestáveis aos pobres. Bebem o melhor vinho e fornecem o vinho azedo às viúvas e aos órfãos. O que lhes adianta darem roupas rasgadas e gastas aos pobres, distribuindo frutas podres, imitando Caim? Para eles o que é oferecido em seu próprio benefício se torna inaceitável para Deus. E se alguém entre os ricos tem filhos e filhas elegantes e bonitos, ele olha em volta e põe toda a sua preocupação em procurar dotes e casamentos e homens jovens belos e ricos. Mas, se alguém tem um filho ou filha aleijado ou destituído de beleza: se for homem, é preparado para um mosteiro; se for mulher, é preparada para um cenóbio. Essas pessoas deviam saber e ter levado em sóbria consideração que, quando desejamos honrar homens mortais sujeitos à decadência, concedemos a eles bens eminentes e de alta qualidade e nos esforçamos em oferecer-lhes coisas que lhes pareçam ser as mais valiosas; portanto, por que não exigir que ofereçamos os dons mais valiosos e eminentes a Deus? Deus exige claramente a mesma atitude que está em nossas palavras e na justa ação de graças, não como se precisasse de palavras, mas a fim de treinar-nos a ter uma mente correta e não descartar o que procede de nossos lábios, ou seja, dar-lhe com muito esforço e solicitude, com afeição e temor, aquilo que concordamos e decidimos dar a Deus. Exatamente como o sacrifício de Noé – que consistia em odor e fumaça – subiu à presença do Senhor como odor agradável, como está escrito: 'E o Senhor respirou um agradável odor' [Gn 8,21], assim a oferta de frutos e o sacrifício e os dons dos homens malvados serão considerados uma abominação pelo Senhor. Ouçamos o profeta falando aos judeus e estes a seu povo: 'Vosso incenso é para mim uma abominação' [Is 1,13], pois o mal dessas ofertas fez com que o incenso de agradável odor fosse considerado uma abominação. Por isso, todo aquele que deseja ser salvo precisa não só executar as orações e a doação de esmolas com sinceridade e com toda solicitude, mas também oferecer a Deus o que temos de mais precioso e mais eminente, de modo que nossa oferta não retorne ao nosso seio com vergonha e nosso sacrifício, considerado censurável, se torne inaceitável e nossos frutos sejam descartados como podres e inúteis, como os dons de Caim".

Também lhe perguntamos: "A alma é prejudicada por abrigar um *logismos*?" Ele disse: "Se ela não é prejudicada por *logismoi* vergonhosos e impuros, tampouco se beneficia dos bons, puros, piedosos e divinos. Porque exatamente como estes são benéficos, aqueles são prejudiciais. Porque, mesmo que repousemos em infinita paz e atenção ao exterior, ainda assim a perturbação e a confusão são trazidas para dentro a partir da desordem dos *logismoi*; a paz exterior não é nenhuma vantagem – como no caso de uma cidade que, embora cercada por muitos muros e trincheiras, sofre traição por parte dos que vivem dentro. Porque, se nos guardamos de concordar com os *logismoi* vergonhosos, o Senhor-e-mestre nos prometeu grandes e enormes coisas para além do que podemos imaginar, ou seja, o repouso do Reino, a posse de indizíveis coisas boas, conversa com os anjos, libertação da geena. Estas coisas e outras semelhantes não têm limite, não admitem fim e não conhecem mudança, porque são firmes e imutáveis".

Ao ver que estávamos em dúvida sobre o que ele dissera, o ancião pôs-se de pé diante de nós, levantou os olhos ao céu e disse de modo que pudéssemos ouvir: "Jesus Cristo nosso Deus, que fizeste o céu, a terra e o mar, redentor e salvador de nossas almas, se o que eu disse aos irmãos é falso, que esta rocha permaneça incólume; se é verdade, que ela se despedace". Mal e mal estas palavras haviam saído de sua boca e a rocha se rompeu em cinco pedaços. A "rocha" fazia parte de uma coluna de quatro côvados de comprimento.

Ficamos admirados e, muito edificados, partimos. Ao acompanhar-nos, o ancião disse: "Meus filhos, vinde no próximo sábado, porque preciso de vós". Retornamos no sábado à terceira hora e o encontramos morto. Nós o sepultamos e nos retiramos dando graças a Deus por termos sido considerados dignos de celebrar os funerais de um homem tão santo.

N.750

Um irmão visitou Abba Vítor, que vivia em *hêsychia* na laura Eliagou, e lhe disse: "Pai, como a paixão da negligência está levando vantagem sobre mim, o que devo fazer?" O ancião respondeu: "Ela é uma doença da alma. Assim como os que têm uma doença nos olhos, quando estão sofrendo têm a impressão de ver mais luz, ao passo que os sadios veem pouca luz, assim os pusilânimes ficam rapidamente perturbados com uma pequena negligência e pensam que é uma grande negligência, enquanto aqueles que têm a alma sadia tendem a alegrar-se nas tentações".

N.751 *BHG* 1450xa, *de silentio*

Um dos pais relatou: "Em Tessalônica havia um mosteiro [*askêtêrion*] de virgens, uma das quais foi forçada, por obra do inimigo, a sair do mosteiro [*monastêrion*]. Depois de sair ela caiu na *porneia* sob a influência do demônio que a convencera a sair. Após cair, passou um tempo considerável na *porneia*. Tendo-se arrependido do fato com a ajuda do bom Deus, voltou ao seu cenóbio onde se arrependeu e, caindo diante do portão, morreu. Sua morte foi revelada a um dos santos. Ele viu os santos anjos chegando para receber sua alma e os demônios acompanhando-os. Ouviu um diálogo que ocorria entre eles: por um lado, os anjos dizendo: 'Ela chegou ao arrependimento' e, por outro lado, os demônios dizendo: 'Ela nos serviu por tanto tempo e é nossa'. Depois de discutir longamente sobre estas coisas, os demônios disseram: 'Ela nem chegou até o cenóbio; portanto, como podeis dizer que ela se arrependeu?' Os anjos responderam dizendo: 'Logo que viu que sua intenção se inclinava para esta direção, Deus aceitou seu arrependimento. Ela foi senhora do arrependimento em virtude de seu objetivo intencionado; o mestre da vida é o Senhor e dono de tudo'. Os demônios ficaram envergonhados por estes argumentos e se retiraram. O santo ancião que teve esta revelação – e que também era bispo – relatou estas coisas – disse ele – enquanto nós as ouvimos e as relatamos a vós. Portanto, irmãos, sabendo destas coisas, cuidemos primeiramente, com a ajuda de Deus, para não ceder aos *logismoi* a fim de cometer algum tipo de pecado. Mas oponhamo-nos e resistamos, especialmente para não sairmos de nosso próprio mosteiro. Porque sabemos do que nos retiramos, mas não sabemos onde cairemos quando nos retiramos".

N.752

O bem-aventurado Seridos, dirigente de um cenóbio em Thavatha, tinha um amigo egípcio que vivia em Ascalon e tinha um discípulo. Certa vez, no tempo do inverno, aquela pessoa enviou seu discípulo até Abba Seridos com uma carta, pedindo que lhe trouxesse um rolo de papiro. Quando o jovem estava vindo de Ascalon, começou a chover muito, de modo que as águas do Rio Thyathon engrossaram. Estava chovendo quando ele entregou a carta a Abba Seridos e o jovem lhe disse: "Dá-me a folha de papiro para eu poder partir". Mas ele lhe disse: "Está chovendo; para onde podes ir agora?" O jovem lhe disse: "Recebi uma ordem e não posso esperar". Como insistisse, o ancião lhe entregou a folha de papiro e ele partiu com a permissão e a bênção do abba. Então o abba disse aos que estavam com ele, entre os quais Abba Teodoro, que é um dos que estavam conosco: "Vamos ver o que ele faz no rio". Porque a chuva caía forte.

Quando chegaram ao rio, ele se afastou deles, tirou a roupa, embrulhou a folha de papiro na roupa, colocou-a no topo da cabeça, amarrou-a e lhes disse: "Rezai por mim". E jogou-se no rio. Quando Abba Seridos contou isto aos seus companheiros, eles não pensaram em outra coisa senão em enviar alguém até o mar para encontrar seus restos mortais. Mas o jovem continuou a lutar e a resistir às águas impetuosas e, levado pela corrente até certo ponto, chegou à outra margem do rio. Admirados com sua obediência até à morte, nós glorificamos a Deus. Esta é a obediência que, de acordo com os pais, é inabalável e confere grande confiança em Deus àquele que é considerado digno dela. Ele nos considerará também a nós dignos da mesma graça, de modo que, passando nossos dias de maneira despreocupada e pacífica, possamos encontrar misericórdia com nossos pais na presença de Deus.

N.753

Um dos pais contou uma parábola a respeito da humildade. Os cedros disseram aos caniços: "Como é que vós, que sois fracos e frágeis, não sois quebrados na tempestade, ao passo que nós, sendo tão grandes, somos despedaçados e às vezes arrancados?" Os caniços responderam, dizendo: "Quando chega a tempestade e sopram os ventos fortes, nós nos inclinamos para um lado ou para outro conforme o vento e, por essa razão, não somos quebrados, enquanto vós correis perigo por resistir aos ventos". O ancião disse isto porque, quando alguém faz uma declaração insultuosa ou acontece o início de uma discussão acalorada ou algo semelhante, é necessário dar lugar à cólera e não resistir e cair em *logismoi* e atos inapropriados, de acordo com a afirmação do santo Apóstolo: "Dai lugar à ira" [Rm 12,19].

N.754

Ele disse também: "As pessoas santas, tendo Cristo consigo, herdam através da *apatheia* as coisas que estão aqui e também as que estão lá, porque tanto estas quanto aquelas são de Cristo. Ou melhor, quem tem Cristo tem a Ele e também o que é dele. Mas aquele que tem paixões, mesmo que tenha o mundo inteiro, não tem nada mais que as paixões que o dominam".

N.755
Um ancião disse: "Conhece a vida boa por experiência e não a temas como algo impossível".

N.756
Ele disse também: "Não te admires de que, sendo um homem, não podes tornar-te um anjo. Glória igual à dos anjos é posta na tua frente e o árbitro das competições a promete aos que competem".

N.757
O ancião disse também: "Nada leva tanto os monges a Deus como a bela e digna pureza amada por Deus, que concede um serviço ininterrupto, nobre e fiel ao Senhor, como atestou o Espírito totalmente santo através da estrela de Paulo" [cf. 1Cor 7,34-35].

N.758 *BHG* 2329b, *apophthegmata de cantu monachorum*
Abba Pambo enviou seu discípulo à cidade de Alexandria para vender seus trabalhos manuais. Passando dezesseis dias na cidade – como nos disse – costumava dormir à noite no átrio da Igreja de São Marcos. Tendo presenciado o rito da Igreja Católica, retornou ao ancião. Ele havia aprendido também

os *troparia*. Por isso o ancião lhe disse: "Meu filho, vejo-te perturbado; por acaso te sobreveio alguma tentação na cidade?" O irmão disse ao ancião: "Tu sabes, abba, estamos desperdiçando nossos dias em negligência neste deserto e não aprendemos nem os cânones nem os *troparia*. Quando saí de Alexandria vi os membros da hierarquia da Igreja e como eles cantam e fiquei muito triste porque nós não aprendemos os cânones e os *troparia*".

O ancião lhe disse: "Ai de nós, meu filho, porque chegou o tempo em que os monges abandonam o alimento sólido pronunciado pelo Espírito Santo e correm atrás de cantos e melodias. Que tipo de compunção, que lágrimas nascem dos *troparia*? Que tipo de compunção existe para um monge quando está de pé na igreja ou na cela e levanta sua voz como os bois? Se estamos diante de Deus, precisamos estar com grande compunção, sem soberba. Porque os monges não vieram para este deserto para ficar de pé diante de Deus e ensoberbecer-se, gorjear cantos, criar melodias, agitar as mãos e rodopiar. De preferência, devemos oferecer nossas orações a Deus com grande temor e tremor, com lágrimas e suspiros, com reverência e com voz totalmente contrita, moderada e humilde. Meu filho, digo-te que dias virão em que os cristãos destruirão os livros dos santos evangelhos e dos santos apóstolos e dos divinos profetas, apagando as santas Escrituras e escrevendo *troparia* e poemas pagãos; e sua mente estará intoxicada de *tropa-ria* e poesia pagã. Por isso nossos pais disseram que os escribas que se encontram no deserto não escrevem as vidas e os ditos dos santos pais sobre pergaminho, mas sobre folhas de papiro, porque a próxima geração irá apagar as vidas dos santos pais e escrever de acordo com sua própria vontade".

O irmão lhe disse: "Então os costumes e as tradições dos cristãos serão mudados? E não haverá sacerdotes na Igreja para que isso aconteça?" O ancião disse: "Naqueles tempos o amor de muitos esfriará [Mt 24,12]. Haverá aflição em não pequena escala, incursões de nações, deslocamento de pessoas, derrubada de reis, desordem entre governantes, libertinagem entre os sacerdotes, negligência entre os monges. Os hegúmenos não darão a menor importância à sua própria salvação e à do rebanho, todos ávidos e zelosos em sentar-se à mesa, dispostos a procurar uma briga, lentos para as orações, prontos a caluniar, preparados para condenar, não imitando nem ouvindo as vidas e os ditos dos anciãos, mas antes dizendo insensatamente: 'Se estivéssemos naqueles dias, também nós teríamos combatido o bom combate'. E os bispos desses tempos reverenciarão os poderosos, julgando mediante subornos, não protegendo os pobres nos tribunais, atormentando as viúvas, desprezando os órfãos. Haverá entre as pessoas descrença, devassidão, ódio, inimizade, ciúmes, intrigas, roubos, farras, embriaguez, adultérios, fornicações, homicídios e saques". O irmão disse: "O que se deve fazer naqueles tempos e ocasiões?" E o ancião disse: "Naqueles dias salvar-se-á quem salvar sua própria alma e será chamado grande no Reino dos Céus" [Mt 5,19].

N.759
Abba Antão disse: "Mesmo que queira ser bom, um homem nunca é bom se Deus não morar nele: 'Ninguém é bom a não ser Deus' [Mc 10,18]".

N.760
Ele disse também: "Quem suporta voluntariamente uma injustiça e perdoa seu próximo tem a natureza de Jesus. Quem não comete nem sofre uma injustiça tem a natureza de Adão. Quem comete injustiça ou vai atrás de lucros ou conspira maldosamente tem a natureza do diabo".

N.761 *BHG* 1448w, *de anachoreta Ioanne a Persis occiso*
Sobre a tomada de Jerusalém

Na laura de Heptastomos, a cerca de quinze estádios [aproximadamente três mil metros] de distância da laura de nosso santo pai Sabas, vivia um anacoreta admirável chamado João com seu discípulo. Vendo a calamidade e a opressão causadas diariamente pelos persas, o discípulo implorou a seu pai que lhe dissesse o que aconteceria com a cidade santa de Cristo nosso Deus, dizendo: "Como acredito, pai, que Deus não esconderá de ti as coisas que Ele fará, peço-te que me digas se a cidade será abandonada". Mas o ancião lhe disse: "Como posso saber sobre isso, sendo um homem pecador?" No entanto, o discípulo continuou implorando-lhe, querendo saber.

Então, entre lágrimas, o ancião disse: "Meu filho, como vejo que estás muito desejoso de saber sobre isso, contar-te-ei as coisas que Deus me mostrou. Cinco dias atrás eu estava pensando sobre este assunto e me vi arrebatado até o santo Calvário e todas as pessoas junto com todo o clero gritavam: 'Senhor, tem misericórdia'. Olhando atentamente, vi nosso Senhor Jesus Cristo pregado na cruz e a santíssima Mãe de Deus, Senhora do mundo, intercedendo em favor do povo. Mas Cristo desviou do povo o olhar dizendo: 'Não darei ouvidos a eles, porque profanaram meu altar'. Depois de gritar com lágrimas e suspiros: 'Senhor, tem misericórdia', saímos para a Igreja de São Constantino, clamando também ali: 'Senhor, tem misericórdia'. Entrei na igreja junto com os ordenados, ou seja, com o clero. Saí para prostrar-me no lugar onde se encontram as preciosas relíquias da cruz que vivifica e vi a lama entrando na igreja. Havia ali dois veneráveis anciãos e eu lhes disse: 'Não temeis a Deus, porque nem sequer podemos rezar por causa da lama? Donde vem o mau cheiro aqui?' Eles disseram: 'Das iniquidades do clero deste lugar'. Eu lhes disse: 'E não podeis purificá-lo a fim de podermos rezar?' Mas eles disseram: 'Acredita em mim, irmão: as coisas por aqui não serão purificadas a não ser pelo fogo'. E a visão terminou aqui".

Tendo dito isso, o ancião falou a seu discípulo entre lágrimas: "E te digo, meu filho: saiu uma sentença de que serei decapitado. Implorei insistentemente a Deus que me perdoasse e Ele me revelou que isso certamente vai acontecer; e só Ele sabe que eu nunca costumei derramar sangue sobre a terra". E, enquanto diziam estas coisas, os bárbaros os atacaram. O discípulo fugiu aterrorizado, mas eles capturaram e mataram o ancião e depois fugiram apressadamente. O discípulo chegou e, vendo seu ancião morto, chorou amargamente. Tomou-o e sepultou-o com os pais.

N.761*bis*

O admirável João o Sabaíta relatou: "Certa vez, quando eu vivia no deserto mais remoto – disse ele – um irmão do mosteiro me visitou. Comecei perguntando-lhe como estavam os irmãos e ele me disse: 'Estão bem, graças às tuas orações'. E então lhe perguntei sobre um irmão que tinha uma má reputação. Ele me disse: 'Acredita em mim, pai, não há mudança nessa reputação'. Ao ouvir isto, eu disse: 'Ah!' – e ao dizer 'Ah!' fui arrebatado pelo sono, como que em êxtase, e me vi de pé diante do santo Gólgota e nosso Senhor Jesus Cristo crucificado entre os dois ladrões. Avancei para prestar culto e, aproximando-me dele, prostrei-me. Quando observou isto, Ele ordenou em alta voz a seus santos anjos que estavam a seu lado, dizendo: 'Expulsai-o, porque ele é meu anti-cristo: ele condenou seu irmão antes de eu condená-lo'. Sendo perseguido, quando eu estava a ponto de sair pela porta, meu pálio prendeu-se e, deixando-o ali, já que a porta estava firmemente fechada, acordei imediatamente. Eu disse ao meu visitante: 'Este é um dia terrível para mim'. E ele me disse: 'Como assim, pai?' E então eu lhe contei o que havia visto e disse: 'Meu pálio era a proteção de Deus para mim e fui privado dele'. E, a partir desse dia, passei sete anos como se estivesse na glória do Senhor, vagando pelos desertos, sem provar pão, nem me abrigar sob um teto, nem encontrar-me com algum homem, até que, de maneira semelhante, vi meu Senhor ordenando que meu pálio me fosse devolvido'". Ao ouvir isto a respeito do admirável João, dissemos: "Se o justo mal e mal pode salvar-se, onde aparecerão os ímpios e pecadores" [1Pd 4,18].

N.761*ter* 18.48 *BHG* 1448c, *visio de eucharistica oblatione*

Teófilo, arcebispo de Alexandria, sobre o Santo Sacrifício

A respeito de certo irmão costumava-se dizer que, havendo uma *synaxis* num domingo, ele se levantou para ir à igreja como de costume e o diabo o enganou, dizendo: "Como é que vais à igreja para compartilhar o pão e o vinho e os homens dizem que é o corpo e o sangue do Senhor? Não te deixes enganar!" O irmão foi convencido pelo *logismos* e não foi à igreja como de costume. Os outros irmãos estavam esperando pelo irmão, porque esse era o costume num domingo especial, pois costumavam não realizar a *synaxis* enquanto não chegassem todos.

Depois de esperar por longo tempo, e vendo que ele não chegava, levantaram-se e foram até ele, dizendo: "Será que ele está doente ou morreu?" Quando chegaram à cela do irmão, perguntaram, dizendo: "Por que não vieste à igreja, irmão?" Mas o irmão ficou com vergonha de responder. Reconhecendo o mau conselho do diabo e sua astúcia, os irmãos se prostraram, suplicando que lhes confessasse a maldade do diabo. Ele lhes respondeu, dizendo: "Perdoai-me, pais: levantei-me como de costume para ir à igreja e ocorreu-me o *logismos* de que não é corpo e sangue que ireis compartilhar, mas pão e vinho. Portanto, se quereis que eu vá à igreja convosco, curai-me deste pensamento acerca do santo sacrifício". Eles lhe disseram: "Vem à igreja conosco e nós imploraremos que Deus te mostre a *dynamis* divina descendo".

Ele se levantou e foi à igreja com eles e, com uma grande intercessão a Deus em favor do irmão, começaram a celebrar a *synaxis* da liturgia, com o irmão de pé no meio da igreja. E até a congregação ser despedida, o irmão não cessou de inundar o rosto com lágrimas. Após a *synaxis*, chamaram o irmão e lhe perguntaram, dizendo: "Dize-nos se Deus te mostrou alguma coisa, para que também nós possamos receber algum benefício".

Com muitas lágrimas, exultando e tremendo ao mesmo tempo, ele começou a dizer-lhes: "Quando foi lido o ensinamento dos apóstolos e o diácono subiu para ler o santo evangelho, eu vi o teto da igreja aberto e o céu visível. E, enquanto o santo evangelho era lido, o diácono, de pé no *analogeion*, tornou-se como fogo. E novamente vi a terra no santo santuário aberta e os sacerdotes segurando o dom dos santos mistérios ali de pé com temor. Novamente vi os céus abertos e fogo descendo e, com o fogo, uma multidão de anjos e, no meio deles, dois outros personagens virtuosos cuja beleza é impossível descrever, porque seu brilho era semelhante ao raio quando troveja. E os anjos estavam em torno da santa mesa com uma criança no meio deles. Quando os sacerdotes se aproximaram para partir os pães da oferenda, vi como os dois personagens acima da mesa seguravam as mãos e os pés da criança e, com uma espada, mataram a criança e despejaram seu sangue numa taça colocada sobre a santa mesa e, cortando seu corpo em pedaços, colocaram-no sobre os pães e os pães se tornaram corpo. Lembrei-me do apóstolo dizendo: 'Cristo, nossa Páscoa, foi imolado por nós' [1Cor 5,7]. Quando os irmãos se aproximaram para participar do santo sacrifício, foi-lhes dado corpo e, quando exclamaram dizendo: 'Amém', ele se tornou novamente pão em suas mãos. Mas quando me aproximei para participar do santo sacrifício, foi-me dado corpo e não pude participar dele e ouvi uma voz dizendo em meus ouvidos: 'Homem, por que não estás participando? Não é isto que estavas procurando?' Eu olhei e disse: 'Sê indulgente comigo, Senhor; não posso participar do corpo'. E Ele me disse ainda: 'Se um homem fosse capaz de participar do corpo, seria o corpo de Deus, como verificaste. Mas o homem não pode comer o corpo e, por isso, nosso Senhor e Deus estipulou pães para a oferenda. Exatamente como, no início, Adão se tornou carne nas mãos de Deus e Deus soprou nele o sopro da vida e a carne foi separada e colocada na terra, mas o espírito permaneceu, assim também Cristo dá sua própria carne com o Espírito Santo e, enquanto a carne sobe ao céu, o corpo permanece em nossos corações. Portanto, se creste, participa'. Eu disse: 'Eu creio, Senhor'. E, ao dizer isso, o corpo em minha mão se tornou pão e, dando graças a Deus, participei do santo sacrifício. Quando a *synaxis* prosseguiu e os sacerdotes se reuniram, novamente vi o teto da igreja aberto e os poderes divinos sendo elevados aos céus". Após ouvirem estas coisas e obtendo uma grande compunção através do dom dos santos mistérios, os irmãos se retiraram cada qual para sua cela, glorificando a Deus. Amém.

N.762 *BHG* 2128

A respeito de Eulógio

Os discípulos de Abba Eulógio nos relataram o seguinte: "Quando costumava enviar-nos a Alexandria para vender os trabalhos manuais, o ancião nos dava ordens para não passar mais de três dias. Dizia: 'Se passardes mais de três dias, não me responsabilizo por vossos pecados'. Perguntamos-lhe como os monges nas cidades e povoados não sofrem danos, estando em contato com pessoas mundanas dia e noite. O ancião abriu sua boca, que era totalmente incapaz de mentir, e nos disse: 'Acreditai em mim, meus filhos: desde o tempo em que me tornei monge, passei trinta e oito anos sem sair de Scete. Depois dos trinta e oito anos, fui com Abba Daniel até o papa Eusébio em Alexandria por motivos de necessidade. Quando entramos em Alexandria, vimos muitos monges e vi alguns deles sendo bicados por corvos, alguns com mulheres nuas que os abraçavam e falavam aos seus ouvidos; outros estavam nus com jovens do sexo masculino violentando-os e besuntando-os com excremento humano, enquanto outros lhes davam carne, vinho e bebidas fermentadas para cheirar. E vi algumas pessoas saindo munidas com uma espada e cortando em pedaços carne humana e dando-a aos monges para comer. E compreendi que cada monge, seja qual for paixão com que estiver lutando, tinha demônios semelhantes acompanhando-o e falando à sua mente. E por essa razão, irmãos, não quero que vos demoreis na cidade, para não serdes perturbados por tais *logismoi* – ou melhor, demônios".

N.763

Um dos pais confinou-se temporariamente para os santos quarenta dias do santo jejum [Quaresma]. Mas o diabo, sempre invejoso dos que combatem o bom combate, encheu toda a sua gruta, do chão ao teto, com percevejos, tanto a água como o pão e tudo o que era dele, de modo que nem sequer um espaço da largura de um dedo da gruta estava livre deles. Suportando a provação, este nobre homem disse: "Mesmo que eu tenha que morrer, não sairei antes da santa festa [Páscoa]". Na terceira semana do santo jejum, viu ao amanhecer uma indescritível multidão de formigas adultas entrando na gruta para destruir os percevejos e, como na guerra, expulsando-os para a parte externa, mataram todos e os carregaram para fora da gruta. Portanto, é bom suportar as provações, pois certamente virá um final bom.

N.764

A respeito de Abba Isaías

Abba Isaías nos contou: "Certa vez, quando eu morava perto de Abba Macário, chegaram sete irmãos vindos de Alexandria e, para testá-lo, disseram: 'Dize-os, pai, como seremos salvos?' Tomando uma tabuleta e sentando-me à parte, comecei a pôr por escrito o que saía de sua boca.

Com um suspiro, o ancião abriu sua boca iluminada e disse: 'Ó irmãos, cada um de nós sabe como será salvo, mas nós não queremos ser salvos!' Eles lhe disseram: 'Nós queremos muito ser salvos, mas os *logismoi* maus não nos permitem. O que devemos fazer?' O ancião disse: 'Se sois monges, por que circulais em companhia de pessoas mundanas ou vos aproximais de um lugar onde mora um mundano? Os que renunciaram ao mundo e trazem o santo hábito e estão no meio dos mundanos se enganam a si mesmos. Essas pessoas trabalham em vão, porque o que podem ganhar com os humanos senão o repouso da carne? No entanto, onde existe repouso da carne, não pode morar o temor de Deus, especialmente num monge. Por que um monge? Porque, sozinho, ele fala com Deus dia e noite. O monge que passa um ou no máximo dois dias com os mundanos, para vender seus trabalhos manuais e obter aquilo de que necessita – porque não pode viver sem as coisas necessárias para a vida – precisa retornar e arrepender-se sinceramente pelos dois dias que passou na cidade vendendo seus trabalhos manuais, mas sem colher nenhum benefício. Um monge que permanece com os mundanos não colhe nenhum benefício, apesar das virtudes que adquire sobretudo quando está em contato com eles: controlar a língua desde o início, jejuar e depois humilhar-se até tornar-se conhecido e se difundir a fama de que tal e tal monge é um servo de Deus. Então satanás manda imediatamente que os mundanos supram todas as suas necessidades – de vinho, azeite, dinheiro e quaisquer mercadorias –, dizendo: 'O santo, o santo!' E, como acontece geralmente com a vanglória, ao ouvir a palavra 'santo', o humilde monge se envaidece e começa a andar constantemente na companhia dos mundanos, comendo e bebendo e relaxando. Depois, quando está de pé para o canto dos salmos, ele levanta a voz até os mundanos dizerem: 'Tal e tal monge está cantando'. E permanece em vigília até que eles o elogiem. Então novamente ele se exalta e se vangloria e imediatamente a humilhação se afasta dele. E, se alguém lhe diz uma palavra ríspida, ele lhe responde com uma pior. Subsequentemente, observando os mundanos dia e noite, o diabo o instiga a voltar-se para as mulheres e para os jovens e para as preocupações da vida; e ele é arrebatado, como disse nosso Senhor Jesus Cristo no evangelho: 'Todo aquele que olha para uma mulher desejando-a já cometeu adultério em seu coração' [Mt 5,28]. Se consideramos que estas coisas são fábulas, ouçamos o Senhor dizendo: 'Passará o céu e a terra, mas minhas palavras não passarão' [Mt 24,35].

Depois ele se incumbe de acumular o necessário para um ano e, em seguida, duplica os esforços para acumular ouro e prata, até que os demônios o tornam complacente com a raiz do amor ao dinheiro. E, se alguém lhe traz uma coisa pequena, ele a devolve dizendo: 'Não a aceito, porque não me aposso de nada'. Depois, se alguém lhe traz ouro ou prata, um manto ou qualquer coisa que lhe agrade, ele a aceita imediatamente com alegria, prepara uma mesa festiva e se põe a comer; enquanto o pobre – ou melhor, Cristo – bate à porta lá fora e ninguém lhe presta atenção, ninguém o ouve. Foi a estas pessoas que nosso Senhor Jesus Cristo disse: 'É mais fácil um camelo passar pelo buraco de uma agulha do que um rico entrar no Reino dos Céus' [Mc 10,25; Lc 18,25; Mt 19,24].

Talvez digamos: 'Nós não somos ricos' ou: 'Não preciso de nada porque sou rico'. Mas então muitas vezes prosseguimos dizendo: 'Não prejudico ninguém; meus rendimentos vêm do meu trabalho manual e do que Deus me manda'. Dizei-me, pais, será que os anjos no céu acumulam ouro e prata ou a glória de Deus? E nós, irmãos, por que recebemos o hábito: para acumular dinheiro e bens, ou para tornar-

-nos anjos? Ou não sabeis que a classe que caiu do céu está cheia de monges? Portanto, irmãos, por que renunciamos ao mundo? E se renunciamos, por que então, quando relaxamos novamente, o diabo nos afastou do caminho da humilhação? Ou não sabeis que o vinho, as mulheres, o repouso da carne e a associação com os mundanos – todas estas coisas nos afastam de Deus? Porque 'o amor ao dinheiro é a raiz de todos os males' [1Tm 6,10]. Tanto quanto o céu dista da terra, assim o monge amante do dinheiro dista da glória de Deus.

Além disso, não existe nenhum mal maior do que o mal de um monge amante do dinheiro. Um monge que mantém conversações com os mundanos precisa de muitas orações dos santos pais. Ou não ouvistes o bem-aventurado João dizendo: 'Não ameis o mundo nem o que há no mundo. Se alguém ama o mundo, o amor de Deus não está nele?' [1Jo 2,15]. E da mesma forma também Tiago: 'Se alguém parece ser um amigo do mundo, ele é de fato um inimigo de Deus' [Tg 4,4]. Fujamos do mundo, irmãos, como alguém foge de uma serpente. Todo aquele que é picado por uma serpente dificilmente se recupera. Portanto, também nós, se queremos ser monges, fujamos do mundo. Meus irmãos, é vantajoso para nós travar uma só guerra, não muitas e inumeráveis. Dizei-me, pais e irmãos, onde nossos pais adquiriram as virtudes: no mundo ou no deserto? Assim nós, como queremos adquirir a virtude enquanto estamos no mundo? Se nós não passamos fome, não sentimos sede, não trememos de frio, não habitamos com os animais selvagens e não morremos no corpo, como podemos viver na alma? Como podemos nós, vivendo no meio dos mundanos, desejar herdar o Reino dos Céus? Consideremos o reino dos homens: se um soldado não lutar e não vencer e depois não distribuir dinheiro, ele não recebe nenhuma honra. Quanto mais isto vale para nós, que queremos herdar o Reino dos Céus comendo vorazmente e bebendo e vivendo entre os mundanos!

Não deixemos o diabo propor-nos *logismoi* maus como este: 'Vou acumular para obter renda'. Porque aquele que não está disposto a dar uns trocados como esmola não dará mil *denarii*. Não sejais assim, meus irmãos, pois este é o caminho dos mundanos. Deus não quer que nós monges tenhamos ouro ou prata, roupas e bens. O Senhor recomendou, dizendo: 'Olhai as aves do céu: elas não semeiam nem colhem nem reúnem em celeiros e nosso pai celestial as alimenta' [Mt 6,26]. O monge que tem ouro e prata e bens não acredita que Deus é capaz de alimentá-lo. Se Ele não pode providenciar-nos pão, também não pode dar-nos seu reino. Uma coisa eu sei: quando tenho uma coisa e outra pessoa – especialmente se é um mundano – me traz algo seu, este ato vem das obras do diabo. Mas, se eu não tenho e busco uma ou duas vezes, então Deus, sabendo que passo necessidade, o traz para mim, como fez com Daniel na Cova dos Leões [Dn 14,33-39]. Se não passo necessidade, mas possuo ouro e prata e bens e não me desfaço deles, mas aguardo que alguém me traga aquilo de que necessito, torno-me cúmplice de Judas Iscariotes, que renunciou à graça que lhe foi dada e correu atrás do amor ao dinheiro. E por isso o bem-aventurado apóstolo, ciente disso, não só disse que o amor ao dinheiro é a raiz de todos os males [cf. 1Tm 6,10], mas também o chamou de idolatria [cf. Cl 3,5].

Portanto, observemos o grande mal para o qual esta doença arrasta o monge, a ponto de lançá-lo na idolatria. O monge amante do dinheiro se separa do amor de Deus e venera os ídolos esculpidos pelos homens: ou seja, o dinheiro. Oh amor ao dinheiro, que afasta o monge da glória de Deus! Oh terrível e amargo amor ao dinheiro, que afasta o monge da ordem dos anjos! Oh amor ao dinheiro, raiz de todos os males, que induz o monge a preocupar-se com todas as coisas até levá-lo a abandonar a norma do céu e apegar-se aos governantes da terra. Oh amor ao dinheiro, fornecedor de todo mal, que afia a língua do monge para a insolência, os insultos e os distúrbios, até levá-lo a julgar os litígios dos mundanos. Ai do monge que dá acesso ao demônio do amor ao dinheiro. Ai do monge amante do dinheiro, porque abandonou o mandamento do Salvador que diz: 'Não adquirais nem ouro nem prata' [Mt 10,9].

Mas o demônio lhe propõe muitas vezes o seguinte *logismos*: 'Levanta-te, observa uma vigília e amanhã convida os irmãos a reunir-se e fazer uma *agapê*'. Então o demônio sai em busca dos que foram convidados, dizendo: 'Leva contigo aquilo de que precisas'. Então o monge diz: 'Não dispensarei o cânon [ofício da aurora]; observarei a hora terceira, a hora sexta e a hora nona', ignorando que 'nem todo aquele que diz 'Senhor, Senhor' entrará no Reino dos Céus' [Mt 7,21]. E: 'que dano me causará o ouro, a prata e os bens?' – não sabendo que, onde há ouro, prata e bens, existe acesso aos demônios, destruição do corpo e da alma. Como pode a compunção entrar num monge amante do dinheiro? Porque ele abandonou a vontade daquele que o fez e o chamou à vida eterna. Ele venera o dinheiro e o abraça: Como pode esse homem chegar à compunção? E o diabo muitas vezes lhe sugere lágrimas e suspiros e o leva a bater no peito, dizendo: 'Eis que Deus te deu ouro e prata e compunção' – a fim de não extirpar dele completamente a raiz do amor ao dinheiro.

Ó meus amados irmãos, como podemos nós monges possuir ouro, prata, roupas e bens e ainda não desistir de acumulá-los, enquanto o pobre – ou melhor, Cristo – está doente, faminto, sedento e tremendo de frio e vós não o supristes em nenhuma destas coisas? Que desculpa daremos, irmãos, a Cristo Senhor-e-mestre, se após renunciar ao mundo retornamos a ele e nos perturbamos por conta do hábito porque ele é angélico, e fomos nós que o transformamos numa coisa desta vida por causa do ouro, porque o tinham e não o deram em todas as ocasiões a fim de serem completamente elogiados por todos? Não, meus queridos irmãos: fujamos do mundo. É difícil ser salvo mesmo no deserto. Portanto, como não seremos salvos definitivamente, nós que estaremos simplesmente entre os mundanos, especialmente quando o Senhor diz: 'Quem não renuncia ao mundo e a tudo o que ele possui [cf. Lc 14,33], até mesmo à sua própria alma, e não toma sua cruz e me segue não é digno de mim'? [cf. Mt 10,38]. 'Como eu vivo – diz o Senhor [cf. Jo 14,19] – 'saí do meio deles e afastai-vos' [2Cor 6,17; cf. Is 52,11].

Como vedes, irmãos amados, é um grande benefício fugir de contatos com os que levam esta vida. É melhor tanto para nós quanto para eles, porque sua conversação gira em torno de comparar e vender, mulheres e filhos e posses – e esse contato afasta a mente de Deus. Quanto dano traz o comer e beber com eles! Não digo isto porque eles são impuros – realmente não são! –, mas porque comem todo tipo de comestíveis uma ou até duas vezes por dia, enquanto nós nos abstemos deles, ou seja, dos comestíveis, e comemos apenas uma vez por dia. Se eles nos veem comendo o suficiente, imediatamente nos condenam e dizem: 'Vede, os monges estão se empanturrando' – sem considerar que nós também somos revestidos de carne como eles o são. E se novamente nos veem abstendo-nos de nosso alimento, imediatamente nos julgam dizendo: 'Vede, eles querem agradar aos homens'. E eles perdem suas almas por nossa causa. Novamente, se nos veem comendo sem lavar as mãos ou trajando roupas sujas, dizem: 'Vede como é repugnante'. Mas, se nos veem comendo com as mãos limpas, dizem: 'Vede, até os monges se lavam'. E desta maneira eles se destroem através de nós e nós nos tornamos culpados e responsáveis por sua perdição.

Fugindo, fujamos de suas mesas. Busquemos sua censura em vez de seus elogios, porque seu elogio constitui um elogio do castigo, mas sua censura nos proporciona coroas. O apóstolo Paulo atesta: 'Que vantagem obtenho se agrado aos homens e provoco a cólera do Senhor meu Deus? – pois ele diz: Se eu quisesse ainda agradar aos homens, não seria servo de Cristo' [Gl 1,10]. Portanto, rezemos diante do Senhor dizendo: 'Jesus, nosso Deus, livra-nos e afasta-nos de seu elogio e censura'. E oxalá possamos não realizar nada para agradar-lhes, porque seu elogio não conseguirá introduzir-nos no Reino dos Céus, nem sua palavra é suficientemente forte para impedir-nos a vida eterna. Tenhamos consciência, benditos e amados irmãos, de que prestaremos contas de cada palavra inútil [Mt 12,36] ao Senhor nosso

Deus, ao qual pertence a glória e o poder pelos séculos dos séculos. Amém".

N.765

P: Quais virtudes deve um homem adquirir para poder ser salvo?

R: Existem quatro virtudes propostas ao homem: jejum, oração, trabalho manual e autocontrole do corpo. Foi lutando contra estas virtudes que satanás expulsou Adão do Paraíso, fazendo-o tropeçar através da comida e depois levando-o a envergonhar-se e a fugir para esconder-se e não chegar à presença de Deus, a fim de evitar que, prostrando-se Adão diante de Deus, seu pecado lhe fosse perdoado. E, quando Adão foi expulso do Paraíso, o diabo estava pronto para precipitá-lo de ponta-cabeça em outro pecado através da negligência, esperando que ele entrasse em desespero por sua própria conta. Mas o Senhor-e--mestre, conhecendo a intriga malvada do diabo, deu a Adão o trabalho, dizendo: "Trabalha a terra da qual fostes tirado". Então, ocupado com o trabalho, Adão pôde expulsar as trapaças do diabo. Portanto, o diabo luta contra o jejum, a oração e o trabalho manual, porque o trabalho manual reduz suas colossais intrigas. Ele luta também contra o autocontrole virtuoso. Mas, se uma pessoa é considerada digna de praticar estas quatro virtudes, ela domina também todas as outras virtudes.

Bibliografia seleta

Apophthegmata patrum, collectio alphabetica [*APalf*]. Ed. Jean-Baptiste Cotelier. In: *Monumenta Ecclesiae Graecae*, vol. 1. Paris, 1647, reed. Jacques-Paul Migne, PG 65, 71-440.

ATANÁSIO DE ALEXANDRIA. *The Life of Antony, the Coptic Life and the Greek Life*. Trad. Tom Vivian & A.N. Athanasakis. Collegeville/MN, 2003.

BOUSSET, W. *Apophthegmata: Studien zur Geschichte des ältesten Mönchtums*. Composta com base nos restos literários de Bousset por Theodor Hermann & Gustav Krüger. Tübingen, 1923.

CHITTY, D. *The Desert a City: an Introduction to the Study of Egyptian and Palestinian Monasticism under the Christian Empire*. Oxford, 1966.

CHRYSSAVGIS, J. *Abba Isaiah of Scetis: Ascetic Discourses*. Collegeville/MN, 2002.

CHRYSSAVGIS, J. *In the Heart of the Desert: the Spirituality of the Desert Fathers and Mothers*. Bloomington, 2003.

ESCALON, P. *Le Monachisme syrien du IVᵉ au VIIᵉ siècle: un monachisme charismatique*. Paris, 1999.

EVELYN WHITE, H.G. *The Monasteries of the Wadi'n Natrun*, vol. 2. *The History of the Monasteries of Nitria and Scetis*. Nova York, 1912.

FESTUGIÈRE, A.-J. *Les Moines d'Orient*, 4 vols. in 5. Paris, 1961-1965.

GOULD, G. *The Desert Fathers on Monastic Community*. Oxford, 1993.

GUILLAUMONT, A. *Études sur la spiritualité de l'Orient Chrétien*. Bellefontaine, 1966.

GUILLAUMONT, A. "Le Désert des Kellia, un grand site monastique". In: ORBAN, Myriam (ed.). *Déserts chrétiens d'Égypte*, p. 29-45. Nice, 1993.

GUY, J.-C. *Recherches sur la tradition grecque des Apophthegmata Patrum*, 2. ed. Bruxelas, 1962.

GUY, J.-C. *Les Apophthegmes des Pères: collection systématique*, 3 vols. Paris, 1993, 2003, 2005. *Sources Chrétiennes* 387, 474 e 498.

HARMLESS, W. *Desert Christians: an Introduction to the Literature of Early Monasticism*. Oxford/Nova York, 2004.

JOÃO DE ÉFESO. *Lives of the Eastern Saints*. Texto siríaco: ed. e trad. E.W. Brooks. *PO* 17/1, XV + 1-306.

JOÃO RUFO, Bispo de Maiúma. *Plerophoriai*. Ed. Frédéric Nau. *PO* 8, 1-161.

NAU, F. "Histoires des solitaires égyptiens". *Revue de l'Orient Chrétien* 12 (1907) – 18 (1913).

PALLADIUS. *The Lausiac History*, ed. G.J.M. BARTE-LINK. *Palladio, La Storia Lausiaca*. Milão, 1974, trad. John Wortley. *Palladius' Lausicac History* (no prelo).

PAUL EVERGETINOS. *Synagogê*. Veneza, 1783; 6. ed., 4 vols., Atenas, 1980.

PELÁGIO e JOÃO, *Verba Seniorum*. Ed. Heribert Rosweyde. *Vitae Patrum*. Antuérpia 1615, livros V e VI, repr. Jacques-Paul Migne, *PL* 73: 855-1022; trad. Benedicta Ward. *The Desert Fathers: Sayings of the Early Christian Monks*. Nova York/Londres, 2003.

REGNAULT, L. *The Day-to-Day Life of the Desert Fathers in Fourth-Century Egypt*. Bronx, Nova York, 2000, publicado primeiramente como *La vie quotidienne des pères du désert en Égypte au IVe siècle*. Paris, 1990.

REGNAULT, L. *Les Sentences des Pères du Désert, troisième recueil & tables*. Solesmes, 1976.

REGNAULT, L. *Les Sentences des Pères du Désert, nouveau recueil: apophtegmes inédits ou peu connus...* Solesmes, 1977.

REGNAULT, L. *Les Sentences des Pères du Désert, série des anonymes*. Solesmes e Bellefontaine, 1985.

RUSSELL, N. *The Lives of the Desert Fathers: the Historia Monachorum in Aegypto*. Oxford, 1981.

TAFT, R. *The Liturgy of the Hours in East and West*. Collegeville/MN, 1985.

WARD, B. *The Sayings of the Desert Fathers: the Alphabetical Collection.* Oxford/Kalamazoo, 1975.

WILLIAMS, R. *Silence and Honey Cakes: the Wisdom of the Desert.* Oxford, 2003.

WORTLEY, J. *The Book of the Elders: Sayings of the Desert Fathers, the Systematic Collection.* Collegeville/MN, 2012.

WORTLEY, J. *The Spiritual Meadow of John Moschos (Pratum Spirituale).* Collegeville/MN, 1992.

Índice

As indicações se referem aos ditos.

Aarão, sumo sacerdote 450

Abba Jeremias, mosteiro de mulheres 596/7

abelhas, semelhantes a demônios 369

abóbora 481

Abraão, mosteiro de Abba 744

Abraão, patriarca 295, 596/2, 596/10, 678

absinto 182, 743

acídia 33, 157, 196, 374, 487, 490, 592/23, 726, 741

Adão 378, 620, 760, 761*ter*, 765

Adão, antepassado 538

administrador 263, 596/4, 598, 642-643; do bispo 462; Grande Administrador 596/4

Afrodite 600

agapê 592/55, 592/56, 596/2, 764

Agatão, Abba 495

águia, figura de 68

Aila 749

Alexandria 1, 47,162, 334, 349, 490, 537, 541, 551, 566, 596/2, 596/3, 596/4, 596/5, 596/9, 596/10, 729, 758, 762, 764

alforge babilônio 615

almofada 24, 621, 741

Alta Tebaida 596/7

ameixas 156

anacoretas 132/2; os Doze 487

Ananias e Safira 721

Anastásia/Anastásio 596/2

ancião, como visitar um 592/28

andrógino 729

Andrônico, ourives 596/10

ânfora 158

anjo, substitui um ministro pecador 640; dois anjos 19, 713, 714/14

Anophor, Abba 422

Anoub, Abba 448

Antão, Abba 202, 277, 490, 518, 520, 592/1, 603, 630, 726, 759

antílopes 62

Antinoe 175

Antioquia 46, 334, 589, 596/10

Apameia 84

apatheia 754

Apolo, Abba 596/7, 726, 729

Aquitófel 620

Ares 600

Aretas, irmão 530

Arphat, Abba 518

arquimandrita 132/6, 549, 596/6, 596/7, 596/10

Arsênio, Abba 14, 15, 264, 568, 592/25

árvore 204, 252, 285, 396/10, 699. 739

Ascalon 752

asno/burro 431, 490*bis*, 628, 642, 729

assassinato 596/9, 620, 724

assistente 22, 61, 256, 293, 317, 368, 522, 527, 592/49, 596/3, 596/9, 597

Atanásia 596/10

Atanásio 596/10

Atanásio, bispo de Alexandria 1, 600

Atenas 615

atleta 51, 143, 454, 470, 488, 506, 583, 591, 507

Babilônia 206, 620

bacia 134, 246, 351, 443, 596/7, 596/9, 607*bis*

banheiro 596/7

banho 433, 596/10

bárbaros 175, 596/7, 761

bastões flamejantes 492

Belial 488

Bessarion 9

beterraba 160

Bizâncio 596/9

blasfêmia 730

boi 276, 490*bis*, 631, 642-643, 739, 758

búfalos 132/2, 510

cabelo 38, 132/2, 132/3, 418

cabritos e ovelhas 307

caça 442; // cães de caça 203

cachorro/cão 306, 434, 551, 573, 580, 596/9, 620

cadáver 18, 38, 335, 559, 731; redivivo 294; lançado no deserto 520

Caim 620, 749

calúnia 225, 238, 417, 488, 502, 503, 507, 562, 592/7, 502/9, 729, 730, 741

Calvário 761

cambista 48

camelo 176, 192, 344, 436, 439, 764

caminho real 620, 641

caminho estreito e apertado 249

Canopus 537

cântico 669

canto 67, 79, 486, 587, 592/3, 726, 758, 764

capa de pele de carneiro 207, 215, 278, 348, 394, 526, 541

cárcere 640, 642-643

carestia 281, 404, 514

cardos 208, 488, 571

casa 37, 38, 48, 52, 61, 168, 191, 263, 275, 286, 374, 403, 414, 486, 489, 490, 535, 596/9/ 596/10, 604, 620, 641, 726, 731, 739, 740, 741; em ruínas 168

cavalos pretos 492

cego 22, 39, 596/4, 596/5

cegueira 634

cenóbio 22, 30, 32, 46, 52, 62, 70, 71, 72, 132/2, 135, 177, 201, 207, 229, 255, 284, 328, 449, 454, 456, 457, 461, 479, 516, 549, 596/7, 598, 631, 642-643, 660, 721, 736, 741, 749, 751, 752

cesta com alimentos 411

cinto 644

Cirilo, papa de Alexandria 70

Citópolis 528

ciúme 132/2, 175, 641

Chalkan 522

clarividência 66, 85, 217, 278, 359, 365, 367, 421, 454, 597

Clysma 59, 592/1

colheita 192, 278, 291, 350, 520, 537, 571

Coluna de Nuvem 206

combatente/combater 166, 172, 406, 549, 592/54, 724

compunção 66,135, 140, 184, 395, 433, 460, 520, 537, 550, 553, 561, 575, 582, 587, 588, 502/14, 592/30, 592/42, 592/62, 592/63, 641, 642-643, 726, 758, 761, 764

comunhão 596/2, 640, 715
condenação 217, 503, 592/18, 601, 702, 742
Constantino Magno 410, 489
Constantino, Igreja de São 761
Constantinopla 39, 308, 497, 596/9, 640
coroa(s) 98, 185, 191, 210, 211, 218, 375, 416, 454, 582, 591, 595, 764
corpo, desaparecimento 642-643
crianças 543; duas crianças 596/10
Cristo visita um cenóbio 479
crocodilo 46, 294, 610
cultivo da alma 705

Daniel na cova dos leões 764
Daniel de Scete, Abba 596/1, 596/2, 596/7, 596/9, 506/10, 642-643
Davi, rei 491
decapitar 642-643. 761
dedo polegar do pé 441
depreciar 478, 523, 575, 580
descida para Scete 73, 171, 596/10

desespero 50, 64, 132/3, 134, 175, 210, 217, 393, 437, 486, 585, 596/9, 715, 765
difamação 592/1, 592/19, 714/21
dinheiro recusado 258, 259, 260
Diolcos 459; montanha de 614
discrição 52, 84, 93, 106, 185, 217, 222, 225, 341, 417, 451
dívida 497, 551, 557, 566, 592/6, 709
documento 521, 551
doçura 362, 449, 464, 578, 592/2, 592/63
doente 4, 21, 30, 32, 37, 38, 47, 61, 132/4, 134, 135, 147, 151, 153, 156, 157, 174, 187, 195, 209, 212, 260, 261, 348, 348*bis*, 350, 356, 357, 445, 449, 461, 486, 491, 492, 494, 520, 547, 592/18, 592/37, 592/41, 592/49, 592/62, 596/4, 596/10, 619, 622, 635, 761*ter*, 764
Doulas, monge 642
duque 642-643

ébrio 596/7

edifício aberto para os quatro lados 270

Eliagou 750

Elias, profeta 70, 596/2, 618

Eliseu, irmão 520

Eliseu, profeta 363, 596/2

emprestar a Deus 450

Enaton 541, 585, 596/3, 709, 749

ensinar 71, 175, 221, 240, 448, 516, 537, 592/17, 660, 694, 698, 700, 714/8, 714/9, 722, 723, 737, 738, 761*ter*

Eremíticas 551

erro 146, 474

Escadaria de São Pedro 709

escondido/oculto 177, 596/4, 596/7

escriba 375, 517, 519, 520, 758

esmola 38, 40, 261, 282, 599, 749

espada 25, 132/2, 592/17, 596/5, 697, 742, 761*ter*, 762

espelho 96, 134, 250, 714/13

espinhos 204, 362, 488, 626, 749

esposa 9, 37, 82, 84, 132/2, 174, 190, 287, 405, 410, 556, 596/5, 596/10, 620, 727

esquecer 27, 150, 157, 175, 273, 407, 479, 596/9, 725

estanho 717

estola 159, 713

estrangular 480, 596/10, 620

estupro 460

etíope 174, 426, 596/9, 596/10, 628

Etiópia 749

Eucaristia, visão na 68, 715

Eugênia, Amma 447

Eulógio o pedreiro 596/9

Eulógio, Abba 541, 762

eunuco 334, 512, 596/2

Eusébio, papa de Alexandria 762

Evangelho 392, 464, 565, 566, 728, 758, 761*ter*, 764

Evágrio, Abba 696

exílio voluntário [*xeniteia*] 26, 110, 306, 367

face 13, 34, 298, 342, 421, 486*bis*, 488, 509-510

fantasias 507

Farã 530

febre 596/2, 596/10
feiticeiro 557, 660
fígado 132/2, 596/4
filha 9, 52, 189, 190, 263, 293, 596/10, 620, 742, 749
filho da desobediência 187
Filoromo, monge 517
filósofos, dois 720
flecha 638
fogo: em Scete 361; queimando num campo 589; trabalho do monge é como 286
forja 582
formigas 763
fornalha 206, 295, 725
fosso 592/61, 592/64. 604
fuligem 598, 715, 729
fumaça 146, 278, 372, 488, 749
funcionários imperiais 37

Gabriel 310, 491
geena 585, 724, 743, 749
Getsêmani 744
Gólgota 761*bis*
governador 39, 41, 177, 486*bis*, 513, 527, 596/5, 596/9, 727
Gregório o Teólogo 2, 486

grilhões 517, 527, 559, 642-643, 742
gruta 132/2, 132/4, 190, 201, 211, 333, 596/2, 618, 740, 763
Guarda Pretoriana 596/9
guardião da paz 576

hábito monástico 51, 55, 243, 246, 279, 365, 373, 460, 582, 596/10, 604, 642-643, 731, 764
hegúmeno 125, 154, 326, 388, 549, 596/3, 596/7, 631, 719, 744, 758
Heptastomos, laura 761
Heráclio, Abba 495
Hermes 600
Hermópolis 596/7
hiena 369, 440*bis*, 512
Hierax 33
Hiperéquio, Abba 666, 669, 679, 699
humildade 98, 211, 305*bis*, 316, 318, 328, 449, 483, 486, 486*bis*, 558, 583, 620, 641, 688, 699, 716, 753
humilhação 31, 43, 64, 78, 107, 115, 133, 137, 174, 175, 222, 291, 298, 302,

304, 307, 315, 323, 330,
373, 381, 402, 416, 421,
471, 495, 499, 500, 504,
520, 521, 523, 547, 550,
551, 552, 556, 569, 583,
584, 587, 592/2, 592/25,
592/27, 592/41, 592/46,
592/50, 592/54, 592/62,
599, 604, 611, 641, 642,
643, 660, 692, 705, 724,
726, 744, 748, 764

ícone 596/9, 714/11
Ilíria 486*bis*
imperador 214, 268, 308,
398, 410, 469, 517, 596/2,
596/9, 600, 601, 714/11
imperatriz 596/9
inferno 175, 437, 486*bis*,
487, 601
iniciante 243
insetos 189
Ireneu, Abba 725
irmã 32, 43, 233, 596/10
irmãos, dois 4, 5, 6, 41, 77,
179, 180, 181, 186, 216,
246, 288, 294, 346, 352,
355, 367, 454, 474, 489,
509-510, 521, 608, 622,
638; sete 764

Isaac, patriarca 620
Isaac, Abba 541
Isaías, Abba 592/64, 716,
764
Israel 24, 147, 450, 506, 529

Janes e Jambres, jardim de
488
jardim 419, 488, 520, 526,
537, 631, 739
jardineiro com o pé
gangrenado 261
Jericó 587
Jerusalém 79, 344, 450, 466,
487, 761
Jesus, possuir 500, 577, 703
Jó 378, 437, 470, 620
João Crisóstomo 702
João de Cízico, Abba 744
João da Cilícia, Abba 719
João da Pérsia, Abba 761
João o Sabaíta 761*bis*
João, ourives 596/10
José, Abba 412, 749
José, patriarca 454
José de Arimateia 24
Josué filho de Nun 301
jovem/juventude 84, 123*bis*,
173, 237, 340, 341, 412,
456, 509-510, 513, 526,

533, 544, 581, 592/64,
596/9, 616, 740, 742
Judas Iscariotes 620, 764
judeu 592/5
judeus 487, 601, 728, 749
julgamento, tribunal do
596/2, 596/9, 722, 742
Juliano, igreja de 596/10
Juliano, imperador 409, 517
Justino I, imperador 596/9
Justiniano, imperador 596/2,
596/9

keration 596/9
Kymo 592/1

ladrão/assaltante 166, 337,
459, 488, 554, 590, 606,
610,760
lágrimas 126, 142, 175, 176,
340, 344, 433, 487,
509-510, 514, 520, 521,
523, 537, 539, 540, 548,
567, 572, 583, 587, 591,
592/5, 592/35, 596/3,
596/7, 596/9, 596/10, 597,
598, 620, 641, 642-643,
666, 697, 715, 758, 761,
761*ter*, 764
lâmpada 18, 38, 77, 151, 175,
189, 491, 592/1, 596/9

laura 509-510, 587, 594, 594,
596/3, 596/10, 642-643,
750, 761; do Egito 29
lavar os pés 482, 496
Lázaro 376
leão 17, 333, 597
legumes 286, 412, 481,
596/7, 739; não regar 229
leme 394, 731
lepra 37, 254, 260, 263, 517
ler 53, 81, 195, 388, 425,
509-510, 537, 553, 596/2,
596/7, 660, 702, 761*ter*
levitôn 132/3, 132/5, 143,
172, 358
Líbano 740
linho 38, 59, 132/2, 375, 663
livro(s) 53, 81, 185, 227, 228,
450, 537, 541, 565, 566,
592/11, 632, 758
Ló 627
lobo 491
logismos contrário 714/4,
714/8
Longino, Abba 558, 561,
708, 709, 710
louco 132/6, 408, 601, 631,
739; por amor de Cristo
71, 120, 728
Lugares Santos 596/9,
596/10

macacos 641

Macário, Abba (o Grande) 16, 349, 489, 490*bis*, 494, 601, 728, 746, 764

Macário, Abba (louco) 631

Macário de Alexandria, Abba 484

machado 480

madianitas 184

magia 640

mãe 84, 135, 159, 182, 198, 263, 404, 405, 460, 513, 514, 596/5, 596/7, 596/9, 596/10, 599, 721, 742

Mãe de Deus 596/2, 596/9, 729, 761

maldição 587, 590, 592/34, 721, 722, 729

magistrado 177, 557, 615, 620, 739

magnata 259, 442, 739

Marcelino, Abba 567

Marcelo, Abba 740

Marcos de Hippos 596/3

Marcos, Igreja de São 596/4, 758

mártir 69, 86, 539, 551, 591, 596/9, 596/10, 600, 728

matrimônio do clero 410

mau hábito 563, 611, 715

Máximo, Abba 717

Mazices 132/3

médico 37, 38, 132/3, 217, 261,493, 509, 585, 603

meditação 83, 168, 225, 274, 587, 669, 714/8, 741

meditar 184, 366, 487, 488, 548, 567, 572, 592/51, 626, 720

Menas, Abba 746

Menas, Igreja de São 47, 596/10

Metemer 520

Miguel, arcanjo 492

moageiro 322

moinho 276, 592/43

Moisés, Abba 187, 703

Moisés, patriarca 70, 132/2, 206, 538, 674, 714/10

Moisés, filho de Teodoro 519

monge orgulhoso 620

Monidia 582, 583

Monte das Oliveiras 487, 527, 744

Monte Sinai 519, 524, 526

mouro 638

mulher(es) 31, 49, 50, 52, 66, 84, 125, 132/2, 154, 159, 172, 173, 175, 177,

186, 189, 287, 330, 346, 410, 418, 430, 455, 459, 489, 506, 513, 544, 592/1, 592/44, 592/45, 592/55, 593, 596/5, 506/7, 596/9, 596/10, 605, 724, 728, 729, 740, 764; duas mulheres 489, 715

Nabucodonosor 693, 725
Nabuzardã 466
não julgar 475
Natanael 14
naufrágio 218, 393, 442, 641
navio 39, 191, 393, 459, 506, 596/9, 615, 709, 740, 749
Niceia 410
Nilópolis 368
Nítria, montanha da 621, 291, 596/3, 740
Noé 749
Nonos, Abba 617
nu 38, 51, 61, 132/2, 132/5, 143, 263, 340, 358, 406, 520, 566, 596/3, 596/4, 596/10, 729, 762

obediência 23, 53, 173, 211, 225, 241, 290, 292, 294, 296, 362, 521, 698, 752

obra de Deus [*opus Dei*] 395, 399, 401
oportunidade perdida 265
oração silenciosa 726
ordem angélica 186
ordem dos monges 191, 250, 615
Ostrakine 263
ourives 490, 596/10
Oxirrinco 132/3, 214, 282

padeiro 473
Paesios, Abba 448, 662
Pafúncio, bispo 410
pagão 263, 493, 750, 758; templo 162; sacerdote 77, 190, 191
Paládio, Abba 694, 727, 741
Palestina 39, 482
pálio 31, 32, 761*bis*
Pambo, Abba 383, 726, 758
Panepho, Monte 557
papiro, rolo de 752
parábola sobre a humildade 751
paraíso 378, 751
pároco 254
parreiral 739
pátio 146, 189
Patrícia, mosteiro de 596/2

Paulo o Simples, Abba 599, 726

pé, gangrena 261, 493

pedreiro 596/9

Pedro, bispo de Alexandria 1, 69

peito 182, 488, 507, 509-510, 567, 596/2. 596/7, 596/10, 764

penas 488

peneira 375

percevejos 763

perfumaria 471

pergunta e resposta 714

peripatético, sacerdote 740

perseguição 132/3, 410, 412, 469, 600

pescadores 596/5

Phermê, monte de 550

pira 440*bis*

pobre 9, 46, 47, 132/2, 132/3, 214, 233, 259, 281, 286, 358, 392, 404, 409, 450, 479, 514, 566, 582, 592/4, 592/10, 592/20, 592/21, 596/9, 611, 632, 662, 727, 732, 738, 741, 749, 758, 764

pobreza 331, 497, 536, 592/25, 592/63, 596/7, 732

Poimen, Abba 184, 391, 426, 448, 495, 671, 678, 693, 712

polícia 513

pomba 190, 596/10

porcos 132/6, 359, 364, 713

porcos-espinhos 520

porneia 11, 31, 44, 63, 64, 78, 82, 94, 163, 164, 165, 166, 169, 170, 176, 178, 179, 180, 183, 184, 185, 186, 187, 188, 190, 191, 194, 328, 346, 393, 422, 426, 427, 429, 434, 455, 477, 488, 512, 517, 522, 540, 582, 592/24, 592/38, 596/3, 596/5, 597, 600, 611, 714/6, 715, 726, 730, 740, 741, 751

Porphyrites 371

porteiro 332, 403, 479, 596/9, 596/10

pretor 640

prostituta 43, 44, 572

prostrações, cem 741

Públio, monge 409

punhal 592

purificação 79, 100, 223, 334, 351, 357, 379, 540, 560, 597, 598, 741, 745, 761 queixar-se 192, 376, 596/9

Raithou 132/2, 522, 529, 571, 719
ratos 535
recipientes, dois 223
refeitório 596/7
relíquias 596/3, 596/10, 642-643, 761
rezar: secretamente 502; a cada hora 592/47; //pelos mortos 525
rico 47, 51, 84, 214, 368, 376, 407, 447, 450, 479, 492, 497, 571, 596/9, 596/10, 732, 749
rio 46, 50, 61, 79, 159, 175, 177, 293, 294, 408, 424, 448, 459, 596/7, 596/9, 675, 740, 742, 752
rir 54, 139, 279, 437, 534, 592/64, 599
riso 744
rocha/rochedo 79, 132/5, 596/9, 620, 749
roupa 38, 48, 49, 50, 61, 71, 132/2, 132/3, 287, 294, 342, 358, 375, 460, 488, 596/2, 596/9, 642-643, 715, 749, 752, 764

Sabas, laura de São 761
sacerdócio 418, 729
sacerdote: maniqueu, 289; em chamas 639; quatro sacerdotes santos 597
Sagrada Escritura 721
sal 291, 642-643, 733
Santo André, *martyrion* de 48
Santo Sepulcro 596/9
sapateiro 490
satanás 13, 22, 34, 35, 63, 64, 189, 191, 261, 266, 268, 273, 382, 400, 413, 458, 488, 498, 524, 529, 532, 545, 546, 550, 574, 586, 592/25, 592/32, 592/39, 592/42, 592/54, 592/55, 592/62, 620, 764, 765
satanás não morreu 266
seca 520, 628
segredo 127, 334, 580, 589, 592/29, 596/3, 722, 740
seios 596/2, 729
sepulcro 24
Serapião, Abba 565, 566
Sérgio, irmão 596/3
Seridos, bem-aventurado 752
serpente 383, 487, 592/50, 592/55, 764; encantador de 184

silêncio (*siôpê*) 274, 321
Silvano 408
Silvano, Abba 217, 557, 726
Simeão 84
Síria 285, 589
Sisoés, Abba 384, 729, 747
Sodoma 627; e Gomorra 515
Sofrônio, o sofista 749
soldado(s) 39, 267, 460, 488, 598, 620, 685, 725, 739, 764
sonho erótico 605
Sunamita 363

Tabenesiotas 549, 596/10
taberna 167
tabuleta 764
Tamiathis 14
taquígrafo 727
teatro 454, 615
Tebaida 33, 132/2, 180, 211, 307, 410, 549, 567, 596/7, 596/9, 596/10, 641
Tebas 191, 287
temperança (*egkrateia*) 143
templo de ídolos 176
tentação 26, 39, 44, 45, 52, 168, 171, 192, 194, 200, 207, 208, 293, 315, 338, 346, 368, 372, 422, 430,
486, 592/62, 595, 596/5, 722, 728, 740, 744, 758
Teodora, Augusta 596/2
Teodoro, Abba 537, 708, 752
Teodósio II, imperador 308
Teódoto 11
Teófilo, bispo de Alexandria 161, 162, 761*ter*
Tessalônica 751
Tetrápilo 596/3
Thavatha 752
Theonas, Abba 740
Theotokos, igreja 729
Theoupolis (Antioquia) 46
Thyathon, rio 752
Thomais 596/5
Tiro 39, 360
Tithoes, Abba 391
Tomé, apóstolo 391
tortura 41, 86, 132/3, 469, 487, 591, 593, 620, 642-643, 726
transgressões contra a natureza 521
travesseiro 4, 592/2, 596/10
tridente 491
trimesis 39
trono 191, 211, 226, 714/10, 714/11
troparia 758

túmulos, de dois irmãos
592/1
túnica 132/2, 566, 601, 662

ungir 38, 81, 132/2, 132/3,
143, 217, 406, 488, 493,
583, 635
utensílios 452, 592/10,
592/15, 592/16
uvas 131, 428, 494, 596/4

veneno 590, 728
verdugo 620
verdureiro 67
vermes 196, 733
veste 132/5, 174, 592/3,
592/13, 592/64, 599
Vidas dos Pais 748
vinho 60, 144, 148, 157, 330,
465, 545, 592/2, 592/55,
596/7, 641, 749, 761*ter*,
762
virgem consagrada 187
Vítor, Abba 750
viúva 52, 84, 263, 282, 663,
727

Zeno, Abba 598-510, 570
Zoilos, Abba 14